Kostenrechnung

Lizenz zum Wissen.

Sichern Sie sich umfassendes Wirtschaftswissen mit Sofortzugriff auf tausende Fachbücher und Fachzeitschriften aus den Bereichen: Management, Finance & Controlling, Business IT, Marketing, Public Relations, Vertrieb und Banking.

Exklusiv für Leser von Springer-Fachbüchern: Testen Sie Springer für Professionals 30 Tage unverbindlich. Nutzen Sie dazu im Bestellverlauf Ihren persönlichen Aktionscode C0005407 auf *www.springerprofessional.de/buchkunden/*

Springer für Professionals.
Digitale Fachbibliothek. Themen-Scout. Knowledge-Manager.

- Zugriff auf tausende von Fachbüchern und Fachzeitschriften
- Selektion, Komprimierung und Verknüpfung relevanter Themen durch Fachredaktionen
- Tools zur persönlichen Wissensorganisation und Vernetzung

www.entschieden-intelligenter.de

Springer für Professionals

Jürgen Horsch

Kostenrechnung

Klassische und neue Methoden
in der Unternehmenspraxis

2., vollständig überarbeitete Auflage

Prof. Dr. Jürgen Horsch
HAWK – Hochschule für angewandte
Wissenschaft und Kunst
Hildesheim/Holzminden/Göttingen
Fakultät Ressourcenmanagement
Göttingen
Deutschland

ISBN 978-3-658-07311-4   ISBN 978-3-658-07312-1 (eBook)
DOI 10.1007/978-3-658-07312-1

Die Deutsche Nationalbibliothek verzeichnet diese Publikation in der Deutschen Nationalbibliografie; detaillierte bibliografische Daten sind im Internet über http://dnb.d-nb.de abrufbar.

Springer Gabler
© Springer Fachmedien Wiesbaden 2010, 2015
Das Werk einschließlich aller seiner Teile ist urheberrechtlich geschützt. Jede Verwertung, die nicht ausdrücklich vom Urheberrechtsgesetz zugelassen ist, bedarf der vorherigen Zustimmung des Verlags. Das gilt insbesondere für Vervielfältigungen, Bearbeitungen, Übersetzungen, Mikroverfilmungen und die Einspeicherung und Verarbeitung in elektronischen Systemen.
Die Wiedergabe von Gebrauchsnamen, Handelsnamen, Warenbezeichnungen usw. in diesem Werk berechtigt auch ohne besondere Kennzeichnung nicht zu der Annahme, dass solche Namen im Sinne der Warenzeichenund Markenschutz-Gesetzgebung als frei zu betrachten wären und daher von jedermann benutzt werden dürften.
Der Verlag, die Autoren und die Herausgeber gehen davon aus, dass die Angaben und Informationen in diesem Werk zum Zeitpunkt der Veröffentlichung vollständig und korrekt sind. Weder der Verlag noch die Autoren oder die Herausgeber übernehmen, ausdrücklich oder implizit, Gewähr für den Inhalt des Werkes, etwaige Fehler oder Äußerungen.

Gedruckt auf säurefreiem und chlorfrei gebleichtem Papier

Springer Fachmedien Wiesbaden ist Teil der Fachverlagsgruppe Springer Science+Business Media
(www.springer.com)

Für Anna Mirjam und Johannes

*Denn wer ist unter euch, der einen Turm bauen will und setzt sich nicht zuvor hin und überschlägt die Kosten, ob er genug habe, um es auszuführen?
Lukas 14, 28
Die Bibel nach der Übersetzung Martin Luthers*

Vorwort

Die Kosten- und Erlösrechnung ist für eine erfolgsorientierte Steuerung der betrieblichen Aktivitäten von erheblicher Bedeutung und gilt für ein operatives Controlling als dessen wichtigstes Instrument. Viele privatwirtschaftliche und in zunehmendem Maße auch öffentliche Unternehmen haben diese Bedeutung erkannt.

Das vorliegende Buch will Ihnen in kompakter Form die zentralen Inhalte der Kosten- und Erlösrechnung vermitteln. Die Inhalte werden in sieben Kapiteln gegliedert. 33 Fallbeispiele, 16 Übungsaufgaben mit Lösung und Ergebnisse einer vom Verfasser durchgeführten empirischen Untersuchung vertiefen die Inhalte zusätzlich.

Das vorliegende Buch eignet sich sowohl für Studierende an Universitäten, Fachhochschulen, Wirtschafts-, Berufs- und Verwaltungsakademien als auch für Praktiker für das Selbststudium. Da die Kosten- und Erlösrechnung zum unverzichtbaren Handwerkszeug der Betriebswirtschaft zählt, sind die Inhalte nicht nur für (angehende) Kaufleute von Interesse, sondern auch für Ingenieure.

Für die zweite Auflage wurde das Buch vollständig überarbeitet. Die Struktur wurde modifiziert und neue Themen wie beispielsweise das Target Costing aufgenommen.

Für Anregungen und konstruktive Kritik danke ich meinen Studierenden der HAWK Hochschule für angewandte Wissenschaft und Kunst Hildesheim/Holzminden/Göttingen.

Mein Dank gilt Frau Hauser-Fahr, Frau Pietras und Herrn Rieck vom Gabler-Verlag für die gute Zusammenarbeit.

Göttingen, Januar 2015　　　　　　　　　　　　　　　　　　　　　　　　　Jürgen Horsch

Inhaltsverzeichnis

1	**Kosten- und Erlösrechnung als Teil des Rechnungswesens**	1	
	1.1 Teilsysteme des Rechnungswesens	1	
	1.2 Basisbegriffe des Rechnungswesens	4	
	1.2.1 Auszahlung, Ausgabe, Aufwand bzw. Einzahlung, Einnahme, Ertrag	4	
	1.2.2 Kosten	5	
	1.2.3 Erlöse	9	
	1.2.4 Abgrenzung Kosten/Erlöse vs. Aufwand/Ertrag	10	
2	**Grundlagen der Kosten- und Erlösrechnung**	15	
	2.1 Begriff, Ziele und Aufgaben der Kosten- und Erlösrechnung	15	
	2.1.1 Begriff der Kosten- und Erlösrechnung	15	
	2.1.2 Ziele und Aufgaben der Kosten- und Erlösrechnung	17	
	2.1.3 Kosten- und Erlösrechnung vs. Controlling	20	
	2.1.4 Kosten- und Erlösrechnung vs. Finanzbuchführung	23	
	2.2 Kostendifferenzierung	24	
	2.2.1 Kostendifferenzierung nach der Abhängigkeit von der Beschäftigung	24	
	2.2.2 Kostendifferenzierung nach der Zurechenbarkeit auf den Kostenträger	35	
	2.2.3 Synthese	36	
	2.3 Systeme der Kosten- und Erlösrechnung	37	
	2.3.1 Ist-, Normal- und Plankostenrechnung	37	
	2.3.2 Vollkostenrechnung und Teilkostenrechnung	41	
	2.3.3 Synthese	41	
3	**Vollkostenrechnung**	43	
	3.1 Kostenartenrechnung	43	
	3.1.1 Materialkosten	46	
	3.1.2 Personalkosten	58	

	3.1.3	Dienstleistungskosten und sonstige Grundkosten	65
	3.1.4	Kalkulatorische Abschreibungen	66
	3.1.5	Kalkulatorische Zinsen	76
	3.1.6	Kalkulatorische Wagnisse	82
	3.1.7	Kalkulatorischer Unternehmerlohn	84
	3.1.8	Kalkulatorische Miete	85
	3.1.9	Kritische Betrachtung kalkulatorischer Kostenarten	86
3.2	Kostenstellenrechnung		89
	3.2.1	Aufgaben und Systematik der Kostenstellenrechnung	89
	3.2.2	Bildung und Arten von Kostenstellen	90
	3.2.3	Betriebsabrechnungsbogen	93
	3.2.4	Verteilung primärer Gemeinkosten	96
	3.2.5	Verteilung sekundärer Gemeinkosten	98
	3.2.6	Ermittlung der Istzuschlagsätze und der Kostenabweichungen	106
	3.2.7	Fallbeispiel Kostenstellenrechnung	108
	3.2.8	Übungsaufgabe zur Kostenstellenrechnung	111
3.3	Kostenträgerstückrechnung		113
	3.3.1	Kalkulationsarten in Abhängigkeit von den Fertigungsmethoden	113
	3.3.2	Divisionskalkulation	116
	3.3.3	Äquivalenzziffernkalkulation	122
	3.3.4	Kuppelkalkulation	127
	3.3.5	Zuschlagskalkulation	132
	3.3.6	Maschinenstundensatzrechnung	145
3.4	Kurzfristige Erfolgsrechnung		156
	3.4.1	Erlösrechnung	157
	3.4.2	Gesamtkostenverfahren und Umsatzkostenverfahren	162
	3.4.3	Fallbeispiele zum Gesamtkostenverfahren und Umsatzkostenverfahren	164
	3.4.4	Übungsaufgabe zur Erfolgsrechnung	166
3.5	Planung und Kontrolle		167
	3.5.1	Aufgaben der Planung und Kontrolle	167
	3.5.2	Planung von Erlösen und Kosten	169
	3.5.3	Kontrolle von Erlösen	170
	3.5.4	Kontrolle von Einzelkosten	173
	3.5.5	Kontrolle von Gemeinkosten mittels starrer Plankostenrechnung	176
	3.5.6	Kontrolle von Gemeinkosten mittels flexibler Plankostenrechnung	182
	3.5.7	Mehrfachflexible Plankostenrechnung	189
	3.5.8	Übungsaufgabe zur Plankostenrechnung	192

4 Teilkostenrechnung ... 193
- 4.1 Kostenspaltung ... 193
- 4.2 Deckungsbeitrag ... 197
- 4.3 Einstufige Deckungsbeitragsrechnung – Direct Costing ... 198
  - 4.3.1 Kostenartenrechnung ... 198
  - 4.3.2 Kostenstellenrechnung ... 198
  - 4.3.3 Kostenträgerstückrechnung ... 200
  - 4.3.4 Erfolgsrechnung ... 200
  - 4.3.5 Planung und Kontrolle mittels Grenzplankostenrechnung ... 208
- 4.4 Mehrstufige Deckungsbeitragsrechnung ... 210
  - 4.4.1 Kostenartenrechnung ... 210
  - 4.4.2 Kostenstellenrechnung ... 211
  - 4.4.3 Erfolgsrechnung ... 211
  - 4.4.4 Kostenträgerstückrechnung ... 213
  - 4.4.5 Kundenerfolgsrechnung ... 214
  - 4.4.6 Übungsaufgabe zur mehrstufigen Deckungsbeitragsrechnung ... 215

5 Entscheidungsorientierte Kostenrechnung ... 221
- 5.1 Break-Even-Analyse ... 221
  - 5.1.1 Grundlagen ... 221
  - 5.1.2 Kennzahlen der Break-Even-Analyse ... 223
  - 5.1.3 Übungsaufgabe zur Break-Even-Analyse ... 227
- 5.2 Preisgrenzen ... 230
  - 5.2.1 Preisobergrenze ... 231
  - 5.2.2 Preisuntergrenze ... 232
  - 5.2.3 Übungsaufgabe zur Preisgrenzenermittlung ... 234
- 5.3 Planung des Produktions- und Absatzprogramms ... 236
  - 5.3.1 Übersicht über die Methoden ... 237
  - 5.3.2 Programmplanung bei ausreichenden Kapazitäten ... 237
  - 5.3.3 Programmplanung bei einer Kapazitätsbeschränkung ... 239
  - 5.3.4 Programmplanung bei mehreren Kapazitätsbeschränkungen ... 245
- 5.4 Verfahrensauswahl ... 256
  - 5.4.1 Kurzfristige Entscheidung bei ausreichenden Kapazitäten ... 256
  - 5.4.2 Kurzfristige Entscheidung bei Kapazitätsbeschränkung ... 257
  - 5.4.3 Langfristige Entscheidung ... 259
- 5.5 Eigenfertigung oder Fremdbezug ... 260
  - 5.5.1 Kostenrechnerische Entscheidungsbasis und sonstige Entscheidungskriterien ... 260
  - 5.5.2 Übungsaufgabe zur Entscheidung zwischen Eigenfertigung und Fremdbezug ... 265

6 Prozesskostenrechnung ... 269
6.1 Grundlagen ... 269
6.1.1 Ausgangssituation ... 269
6.1.2 Begriffe Prozess und Prozesskostenrechnung ... 271
6.1.3 Einsatzbereich der Prozesskostenrechnung ... 271
6.1.4 Hauptziele der Prozesskostenrechnung ... 273
6.1.5 Vergleich zwischen Prozesskostenrechnung und Zuschlagskalkulation ... 277
6.2 Kostenstellenrechnung ... 278
6.2.1 Festlegung der zu untersuchenden Hauptprozesse ... 278
6.2.2 Hauptprozess und Hauptprozessverdichtung ... 279
6.2.3 Tätigkeiten der Teilprozesse ... 281
6.2.4 Kostenverrechnung auf Teilprozesse ... 281
6.2.5 Kostentreiber ... 282
6.2.6 Bildung der Prozesskostensätze ... 284
6.3 Kalkulation der Hauptprozesskosten ... 284
6.4 Prozessorientierte Kalkulation ... 287
6.5 Gemeinkostenkontrolle ... 290
6.6 Beurteilung der Prozesskostenrechnung ... 290

7 Target Costing ... 295
7.1 Konzept des Target Costing ... 295
7.1.1 Notwendigkeit ... 295
7.1.2 Bestimmung der Zielkosten ... 296
7.1.3 Dynamisierung des Target Costing ... 297
7.2 Fallbeispiel zum Target Costing ... 301
7.2.1 Produktfunktionen ... 301
7.2.2 Zielverkaufspreis und Zielkosten ... 302
7.2.3 Zerlegung der Zielkosten auf die Produktkomponenten ... 302
7.2.4 Ermittlung des Kostensenkungsziels ... 304
7.3 Beurteilung des Target Costing ... 307

Literatur ... 311

Sachverzeichnis ... 315

Abbildungsverzeichnis

Abb. 1.1	Teilsysteme des Rechnungswesens	3
Abb. 1.2	Grundbegriffe des Rechnungswesens	4
Abb. 1.3	Zusammenhänge zwischen Auszahlung, Ausgabe und Aufwand	5
Abb. 1.4	Zusammenhänge zwischen Einzahlung, Einnahme und Ertrag	5
Abb. 1.5	Preisbewertung	7
Abb. 1.6	Begriff Leistung und Erlös	9
Abb. 1.7	Externer vs. interner Erfolg	11
Abb. 2.1	Kernunterschiede zwischen Finanzbuchführung und Kosten-/Erlösrechnung	23
Abb. 2.2	Kosten in Abhängigkeit von der Beschäftigung	26
Abb. 2.3	Abbaubarkeit fixer Kosten	28
Abb. 2.4	Nutz- und Leerkosten	29
Abb. 2.5	Kostenverläufe	32
Abb. 2.6	Kostendifferenzierung nach Beschäftigung und Zurechenbarkeit auf den Kostenträger	37
Abb. 2.7	Kostenrechnungssystem nach Zeitbezug und Verrechnungsumfang	42
Abb. 3.1	Vollkostensystem	44
Abb. 3.2	Basis der Kostenartenrechnung	45
Abb. 3.3	Erfassung des Materialverbrauchs	47
Abb. 3.4	Methoden zur Ermittlung des Materialverbrauchs	48
Abb. 3.5	Bewertung des mengenmäßigen Materialverbrauchs	53
Abb. 3.6	Einkaufspreisermittlung	53
Abb. 3.7	Reststoffmengen und Materialverlustkosten	58
Abb. 3.8	Personalkosten	59
Abb. 3.9	Akkordlohn am Beispiel Zeitakkord	61
Abb. 3.10	Entwicklung der Arbeitskosten	63
Abb. 3.11	Personalkostenstruktur	64
Abb. 3.12	Werteverzehr bei Betriebsmitteln	67
Abb. 3.13	Abschreibungsverläufe	69

Abb. 3.14	Beispiel einer leistungsbedingten Abschreibung	69
Abb. 3.15	Substanzverlust	70
Abb. 3.16	Abschreibung auf Basis des Wiederbeschaffungszeitwertes	71
Abb. 3.17	Lösung des Substanzverlustes beim Wiederbeschaffungszeitwert	72
Abb. 3.18	Optionen bei Abschreibungsfehlern	74
Abb. 3.19	Zinsaufwand vs. kalkulatorische Zinsen	77
Abb. 3.20	Kalkulatorische Wagnisse und mögliche Bezugsgrößen	83
Abb. 3.21	Forderungswagnis	84
Abb. 3.22	Harmonisierung der Datenbasis	88
Abb. 3.23	Systematik der Kostenstellenrechnung	91
Abb. 3.24	Mögliche Kostenstellenhierarchie	91
Abb. 3.25	Übersicht über Hilfs- und Hauptkostenstellen	93
Abb. 3.26	Betriebsabrechnungsbogen	94
Abb. 3.27	Kalkulationsschema bei einer Zuschlagskalkulation	95
Abb. 3.28	Mengen- und Wertschlüssel	98
Abb. 3.29	Grundsätzliche Kostenstellenbeziehungen	99
Abb. 3.30	Kalkulationsart und Fertigungsmethode	115
Abb. 3.31	Varianten der Divisionskalkulation	116
Abb. 3.32	Bewertung des Lagerbestandes und der Absatzleistungen	119
Abb. 3.33	Vorgehensweise bei der einstufigen Äquivalenzziffernkalkulation	123
Abb. 3.34	Kuppelkalkulationsverfahren mittels Restwertverfahren – Beispiel 1	128
Abb. 3.35	Kuppelkalkulationsverfahren mittels Restwertverfahren – Beispiel 2	128
Abb. 3.36	Kuppelkalkulation mittels Verteilungsverfahren – Beispiel 1	129
Abb. 3.37	Kuppelproduktionsprozess	130
Abb. 3.38	Kuppelkalkulation mittels Verteilungsverfahren – Beispiel 2	130
Abb. 3.39	Arten der Zuschlagskalkulation	133
Abb. 3.40	Schema der differenzierten Zuschlagskalkulation	136
Abb. 3.41	Maschinenstundensatzrechnung vs. traditioneller Zuschlagskalkulation	146
Abb. 3.42	Beispiel einer Maschinenstundensatzermittlung	147
Abb. 3.43	Gliederung der Maschinenzeiten	148
Abb. 3.44	Erfolgsrechnung im internen und externen Rechnungswesen	157
Abb. 3.45	Grundschema der Angebotskalkulation	159
Abb. 3.46	Vom Bruttoerlös zum effektiven Periodennettoerlös	159
Abb. 3.47	Erlösstellenhierarchie	160
Abb. 3.48	Erlösstellenrechnung	161
Abb. 3.49	Gesamtkostenverfahren	163
Abb. 3.50	Abweichungsarten	171
Abb. 3.51	Plankosten und Istkosten einer Fertigungskostenstelle	177
Abb. 3.52	Abweichungsanalyse mittels starrer Plankostenrechnung	178
Abb. 3.53	Abweichungsanalyse mittels flexibler Plankostenrechnung	184
Abb. 3.54	Ermittlung der einzelnen Abweichungen	186

Abb. 4.1	Streupunktdiagramm mit Kostenfunktion	195
Abb. 4.2	Ausgangsdaten Regressionsanalyse	195
Abb. 4.3	Arbeitstabelle Regressionsanalyse	196
Abb. 4.4	Kostenartenrechnung auf Basis von Teilkosten	199
Abb. 4.5	Kostenstellenrechnung auf Basis von Teilkosten	199
Abb. 4.6	Kalkulation auf Basis einer einstufigen Deckungsbeitragsrechnung	200
Abb. 4.7	Erfolgsrechnung bei Voll- und Teilkostenrechnung	201
Abb. 4.8	Beispiel Grenzplankostenrechnung	208
Abb. 4.9	Abweichungsanalyse mittels Grenzplankostenrechnung	209
Abb. 4.10	Ein- und mehrstufige Deckungsbeitragsrechnung im Vergleich	212
Abb. 4.11	Kalkulation auf Basis einer mehrstufigen Deckungsbeitragsrechnung	214
Abb. 4.12	Berechnung eines Kunden-Deckungsbeitrages	215
Abb. 5.1	Break-Even-Analyse	222
Abb. 5.2	ABC-Analyse auf Basis des DBU-Koeffizienten	224
Abb. 5.3	Deckungsbeitragsumsatzrate und Ertragsstärke	225
Abb. 5.4	Preisgrenzen	230
Abb. 5.5	Ermittlung der Preisobergrenze	232
Abb. 5.6	Übersicht über Verfahren der Programmplanung	238
Abb. 5.7	Ablauforganisation im Produktionsprozess	246
Abb. 5.8	Informationen zu den Kapazitäten	247
Abb. 5.9	Aufstellung eines Gleichungssystems zur Programmplanung	247
Abb. 5.10	Übersicht Restriktionen und Zielfunktion	248
Abb. 5.11	Mögliche optimale Eckpunkte	249
Abb. 5.12	Deckungsbeiträge der Eckpunkte	250
Abb. 5.13	Eigenfertigung vs. Fremdbezug	264
Abb. 6.1	Ausgangssituation der Prozesskostenrechnung	270
Abb. 6.2	Prinzipieller Einsatzbereich der Prozesskostenrechnung	272
Abb. 6.3	Einsatzbereich der Prozesskostenrechnung nach Gemeinkostenteilen	272
Abb. 6.4	Hauptziele der Prozesskostenrechnung	273
Abb. 6.5	Stückkosten in Abhängigkeit von Auftragsgröße und Kalkulationsverfahren	274
Abb. 6.6	Beispiel eines Degressionseffektes	275
Abb. 6.7	Vergleich Prozesskostenrechnung vs. klassische Zuschlagskalkulation	277
Abb. 6.8	Prinzip der Hauptprozessverdichtung	279
Abb. 6.9	Beispiel einer Hauptprozessverdichtung	280
Abb. 6.10	Hauptprozess Rohstoffe beschaffen	281
Abb. 6.11	Tätigkeiten und Teilprozesse des Hauptprozesses Versand	282
Abb. 6.12	Beispiele für Kostentreiber von Haupt- und Teilprozessen	283
Abb. 6.13	Ermittlung der Teilprozesskostensätze der Kostenstelle Vertrieb	285
Abb. 6.14	Ermittlung der Kostenabweichung mittels Prozesskostenrechnung	290

Abb. 7.1	Bestimmung der Zielkosten	297
Abb. 7.2	Dynamisierte Zielkosten	299
Abb. 7.3	Kontrollrechnung der dynamisierten Zielkosten	300
Abb. 7.4	Gewünschte Produktfunktion und ihre Gewichtung	301
Abb. 7.5	Ermittlung der modifizierten Zielkosten	302
Abb. 7.6	Zielkosten mittels Komponentenmethode	303
Abb. 7.7	Beitrag der Komponenten zur Erfüllung der Produktfunktionen	304
Abb. 7.8	Bedeutung der Komponenten	304
Abb. 7.9	Ermittlung des Kostensenkungsziels	305
Abb. 7.10	Zielkostenkontrolldiagramm	306

Verzeichnis der Fallbeispiele

1	Abgrenzungsrechnung	13
2	Ermittlung Materialverbrauch – Beispiel 1	48
3	Ermittlung Materialverbrauch – Beispiel 2	50
4	Verbrauchsfolgeverfahren	54
5	Effektive Personalkosten	63
6	Ermittlung der kalkulatorischen Zinsen	80
7	Innerbetriebliche Leistungsverrechnung	100
8	Kostenstellenrechnung	108
9	Divisionskalkulation in einer Unternehmensberatung	119
10	Zweistufige Äquivalenzziffernkalkulation	124
11	Zuschlagskalkulation – Teil 1	133
12	Zuschlagskalkulation – Teil 2	136
13	Zuschlagskalkulation – Teil 3	138
14	Zuschlagskalkulation in einer Unternehmensberatung	141
15	Maschinenstundensatzrechnung	149
16	Kurzfristige Erfolgsrechnung – Beispiel 1	164
17	Kurzfristige Erfolgsrechnung – Beispiel 2	165
18	Umsatzabweichung	171
19	Kontrolle von Einzelkosten	174
20	Starre Plankostenrechnung	180
21	Flexible Plankostenrechnung	186
22	Mehrfachflexible Plankostenrechnung	190
23	Erfolgsrechnung auf Teilkostenbasis	201
24	Preisuntergrenze und Zusatzauftrag	232
25	Programmplanung bei ausreichenden Kapazitäten	238
26	Programmplanung bei einer Kapazitätsbeschränkung	240
27	Simplex-Methode	251
28	Verfahrensauswahl bei ausreichenden Kapazitäten	256
29	Verfahrensauswahl bei einer Kapazitätsbeschränkung	257
30	Eigenfertigung oder Fremdbezug bei ausreichenden Kapazitäten	261

31 Eigenfertigung oder Fremdbezug bei Kapazitätsbeschränkungen 262
32 Kalkulation der Hauptprozesskosten 285
33 Prozessorientierte Kalkulation 287

Verzeichnis der Übungsaufgaben

1	Kostenbegriffe	31
2	Kostenstellenrechnung	111
3	Divisionskalkulation	121
4	Äquivalenzziffernkalkulation	125
5	Kuppelkalkulation	131
6	Zuschlagskalkulation im Fertigungsbereich	140
7	Differenzierte Zuschlagskalkulation	143
8	Maschinenstundensatzrechnung	152
9	Erfolgsrechnung	166
10	Flexible Plankostenrechnung	192
11	Mehrstufige Deckungsbeitragsrechnung	215
12	Sensitivitätsanalyse bei der Break-Even-Analyse	226
13	Break-Even-Analyse	227
14	Preisgrenzen	234
15	Programmplanung bei einer Kapazitätsbeschränkung	243
16	Eigenfertigung oder Fremdbezug	265

Verzeichnis der Untersuchungsergebnisse

1	Aufgaben der Kosten- und Erlösrechnung in der Praxis	19
2	Organisation der Kosten- und Erlösrechnung	22
3	Methoden der Kostenrechnung und des Kostenmanagements	42
4	Bedeutung der Kostenarten	45
5	Einzel-/Gemeinkosten	46
6	Abschreibungsmethode	75
7	Abschreibungsausgangsbetrag	75
8	Nutzungsdauer	75
9	Kalkulatorischer Zinssatz	80
10	Bezugsbasis für kalkulatorische Kosten	80
11	Wagnisarten	83
12	Methoden der Produktkalkulation	115
13	Verfahren der Erfolgsrechnung	162
14	Zeitlicher Turnus der Erfolgsrechnung	163
15	Hauptziele der Prozesskostenrechnung	276

Abkürzungsverzeichnis

AktG	Aktiengesetz
BAB	Betriebsabrechnungsbogen
DB	Gesamtdeckungsbeitrag
db	Stückdeckungsbeitrag
EK	Einzelkosten
EStG	Einkommensteuergesetz
FEK	Fertigungseinzelkosten
FGK	Fertigungsgemeinkosten
G	Gesamtgewinn
g	Nettostückgewinn
GK	Gemeinkosten
GmbHG	GmbH-Gesetz
h	Stunde(n)
HGB	Handelsgesetzbuch
HK	Herstellkosten
HP	Hauptprozess
IFRS	International Financial Reporting Standards
K	Gesamtkosten
K`	Grenzkosten
k	Stückkosten
Kf	Fixe Kosten
kf	fixe Stückkosten
Kv	Variable Kosten
kv	variable Stückkosten
lmi	leistungsmengeninduziert
lmn	leistungsmengenneutral
MEK	Materialeinzelkosten
MGK	Materialgemeinkosten
Mh	Maschinenstunde(n)

Min.	Minute
p	Stückpreis
POG	Preisobergrenze
PUG	Preisuntergrenze
r	Korrelationskoeffizient
r^2	Bestimmheitsmaß
R	Reagibilitätsgrad
SEK	Sondereinzelkosten
SK	Selbstkosten
T	vorhandene Kapazität (in Zeiteinheiten)
t	Zeitbedarf zur Herstellung einer Produkteinheit
TP	Teilprozess
US-GAAP	United Staats Generally Accepted Accounting Principles
X	Beschäftigungsmenge
Ø	Durchschnitt

Kosten- und Erlösrechnung als Teil des Rechnungswesens

Lernziele

In diesem Kapitel lernen Sie
- was unter einem betrieblichen Rechnungswesen zu verstehen ist und aus welchen Teilen es besteht.
- die wesentlichen Begriffe des Rechnungswesens kennen. Sie können anschließend die Begriffe Auszahlung, Ausgabe, Aufwand und Kosten bzw. Einzahlung, Einnahme, Ertrag und Erlös unterscheiden und auf konkrete Beispiele anwenden.

1.1 Teilsysteme des Rechnungswesens

Tagtäglich müssen in einem Unternehmen Entscheidungen getroffen werden. Je nach Tragweite der Entscheidungen werden diese von der Geschäftsführung (bezogen auf das Gesamtunternehmen), von Bereichsleitern (z. B. bezogen auf den Geschäftsbereich einer Produktsparte) oder von Abteilungsleitern (z. B. bezogen auf durchzuführende Veränderungen in der Organisation einer Abteilung) getroffen.

Im Regelfall lässt sich erst mit zeitlichem Verzug feststellen, ob in einem Unternehmen richtige oder falsche Entscheidungen getroffen worden sind. Während das eine Unternehmen beispielsweise sich im Laufe der Jahre sehr gut entwickelt hat (z. B. gemessen an der Höhe des Jahresüberschusses, der Rentabilität oder des Unternehmenswerts), ist ein anderes Unternehmen mittlerweile infolge der Insolvenz vom Markt verschwunden, obwohl es sich noch wenige Jahre zuvor um eines der führenden Unternehmen in der Branche gehandelt hat.

Vielfach werden Entscheidungen nicht rein intuitiv oder auf der Basis von Erfahrungen getroffen, sondern auf der Basis von Informationen. Auch auf Grund von Intuition und

Erfahrung bewährte Führungskräfte können nicht auf Dauer erfolgreich sein, wenn die bereitgestellten Informationen fehlerhaft oder unzureichend sind.

Die Organisationseinheit im Unternehmen, die für die Erfassung, Aufbereitung und Weitergabe der Informationen zuständig ist, ist das betriebliche Rechnungswesen. Haberstock (vgl. 2008a S. 1) bezeichnet deshalb das betriebliche Rechnungswesen als Informationssystem des Unternehmens.

Unter dem Begriff des betrieblichen Rechnungswesens ist

- ein **System** zu verstehen, dessen Aufgabe es ist,
- alle **im Betrieb** bzw. **zwischen dem Betrieb und seiner Umwelt** (z. B. Lieferanten, Kunden, Staat) auftretenden
- **Geld-** und **Güterströme**
- **mengen-** und **wertmäßig**
- für die Zwecke der **Planung**, **Steuerung**, **Kontrolle** und **Dokumentation** zu erfassen und zu verarbeiten

(vgl. einzelne Elemente aus Baumgärtner S. 647; Liessmann S. 563).

Das Rechnungswesen fungiert als „ein Informationsanbieter, der seine Leistungen an verschiedene Informationsnachfrager abgibt. Dabei erwarten die Informationsadressaten bedarfsgerechte Informationen" (Wöhe 2013, S. 640).

Nach Schweitzer/Küpper (vgl. S. 8) [1] gehören zum System des betrieblichen Rechnungswesens [2] die

- Finanzbuchführung und Bilanzierung
- Kosten- und Erlösrechnung
- Investitionsrechnung
- Finanzrechnung

Abbildung 1.1 gibt hierzu einen Überblick.

Wie gerade verdeutlicht, besteht die zentrale Aufgabe des Rechnungswesens darin, die Qualität der Entscheidungen im Unternehmen zu verbessern.

Aus der Buchführung und Bilanzierung ergeben sich Informationen vor dem Hintergrund des Gesamtunternehmens, die vor allem für

---

[1] Analog Coenenberg/Haller/Mattner/Schultze, S. 8–9; Götze, S. 3–4; Haberstock, 2008a, S. 6; Kalenberg S. 2–3; Wöhe 2013, S. 644.

[2] Übereinstimmend werden in der Literatur immer die Finanzbuchführung/Bilanzierung und die Kosten- und Erlösrechnung genannt. Abweichend werden statt der übrigen Bereiche die Planungsrechnung und die Statistik genannt (z. B. Ebert S. 3).

1.1 Teilsysteme des Rechnungswesens

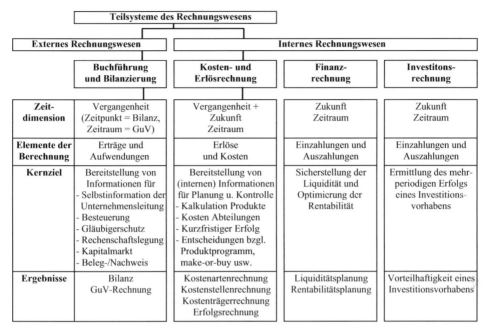

Abb. 1.1 Teilsysteme des Rechnungswesens (modifiziert nach Götze S. 4; Haberstock 2008a, S. 12; Plinke/Rese S. 9; Schweitzer/Küpper S. 9)

- den **Kapitalmarkt** (potenzielle oder aktuelle Eigenkapitalgeber),
- die **Kreditgeber** (z. B. Banken, Lieferanten),
- das **Finanzamt** (Steuerbilanz)

von Bedeutung sind. Auf Grund einer Vielzahl **unternehmensexterner** Informationsempfänger wird die Buchführung und Bilanzierung deshalb auch als **externes** Rechnungswesen bezeichnet. Zwar sind die Informationen zur Steuerung und somit als Entscheidungshilfe für die Führungskräfte des Unternehmens relevant. Allerdings reichen sie nicht aus, weil sich viele Fragen nicht automatisch durch eine Bilanz oder einer Gewinn- und Verlustrechnung beantworten lassen.

Im Gegensatz dazu ist die Kosten- und Erlösrechnung das zentrale **unternehmensinterne Informationsversorgungssystem**. Im Mittelpunkt steht dabei die zieladäquate Steuerung der innerbetrieblichen Leistungserstellungsprozesse (vgl. Coenenberg u. a., S. 21). Die dabei stattfindende detaillierte Ermittlung, Planung und Kontrolle des bewerteten Güterverbrauchs und der bewerteten Güterentstehung wird von den anderen Systemen des Rechnungswesens nicht geleistet (vgl. Horvath S. 408).

Da die Kosten- und Erlösrechnung ausschließlich an die Führungskräfte und Mitarbeiter des Unternehmens gerichtet ist, gehört sie zusammen mit der Investitions- und Finanzrechnung zum **internen** Rechnungswesen.

1.2 Basisbegriffe des Rechnungswesens

Im Rechnungswesen werden vier verschiedene Begriffspaare unterschieden, die auch als Stromgrößen des Rechnungswesens bezeichnet werden:

- Auszahlung – Einzahlung
- Ausgabe – Einnahme
- Aufwand – Ertrag
- Kosten – Erlös

1.2.1 Auszahlung, Ausgabe, Aufwand bzw. Einzahlung, Einnahme, Ertrag

Zumindest im Hinblick auf die jeweils ersten drei Elemente besteht in der Literatur Einigkeit über deren Definition (vgl. z. B. Däumler/Grabe 2009, S. 7–12; Fandel u. a., S. 9–14; Graumann S. 14; Schmidt S. 18–19; Wöltje S. 28–33).

Abbildung 1.2 veranschaulicht auf jeder Ebene die ersten drei Begriffe.

Zahlungsmittelbestand	Geldvermögen	Gesamtvermögen (bilanzielles Vermögen)
Auszahlung Abfluss von Zahlungsmitteln durch Abgang von Kassen- oder Bankguthaben.	**Ausgabe** Abnahme im Geldvermögen durch Zahlungsmittel- oder Forderungsabgang oder Schuldenzugang.	**Aufwand** Abnahme im Gesamtvermögen durch Verbrauch von Gütern (Werteverzehr).
Einzahlung Zufluss von Zahlungsmitteln durch Zugang von Kassen- oder Bankguthaben.	**Einnahme** Zunahme im Geldvermögen durch Zahlungsmittel- oder Forderungszugang oder Schuldenabgang.	**Ertrag** Zunahme im Gesamtvermögen durch Zunahme von Gütern (Wertentstehung).

Abb. 1.2 Grundbegriffe des Rechnungswesens

Die Abb. 1.3 und 1.4 verdeutlichen die Zusammenhänge jeweils zwischen den negativen sowie den positiven Stromgrößen.

Durch Gegenüberstellung von Erträgen und Aufwendungen mittels der Gewinn- und Verlustrechnung ergeben sich entweder ein **Jahresüberschuss** (Ertrag > Aufwand) oder ein **Jahresfehlbetrag** (Ertrag < Aufwand) und somit der Gesamterfolg des Unternehmens.

In den folgenden Kapiteln werden die Elemente Kosten und Erlöse definiert.

1.2 Basisbegriffe des Rechnungswesens

Nr.	Bedeutung	Beispiel
1	Auszahlungen, die keine Ausgaben sind	Begleichung einer Lieferantenverbindlichkeit aus der Vorperiode per Banküberweisung (Ausgabe früher).
2	Auszahlungen, die gleichzeitig Ausgaben sind	Kauf von Rohstoffen per Banküberweisung.
3	Ausgaben, die keine Auszahlungen sind	Zielkauf (auf Kredit im Rahmen einer Lieferantenverbindlichkeit) von Rohstoffen (Erhöhung der Verbindlichkeiten).
4	Ausgaben, die keine Aufwendungen sind	Kauf von Rohstoffen (entweder auf Kredit oder per Banküberweisung), die zunächst gelagert und erst in einer späteren Periode verbraucht werden.
5	Ausgaben, die gleichzeitig Aufwendungen sind	Kauf von Rohstoffen und deren Verbrauch in derselben Periode.
6	Aufwendungen, die keine Ausgaben sind	- Rohstoffverbrauch aus Lagerbestand, der in Vorperioden aufgebaut wurde (Ausgabe früher). - Abschreibungen einer Maschine.

Abb. 1.3 Zusammenhänge zwischen Auszahlung, Ausgabe und Aufwand

Nr.	Bedeutung	Beispiel
1	Einzahlungen, die keine Einnahmen sind	Ein Kunde überweist den Rechnungsbetrag (Forderung aus Lieferungen und Leistungen) aus der Vorperiode (Einnahme früher).
2	Einzahlungen, die gleichzeitig Einnahmen sind	Ein Kunde kauft ein Produkt und bezahlt bar oder per Banküberweisung.
3	Einnahmen, die keine Einzahlungen sind	Ein Kunde kauft ein Produkt auf Kredit (Forderungen aus Lieferungen und Leistungen).
4	Einnahmen, die keine Erträge sind	Verkauf eines Lkw zum Buchwert.
5	Einnahmen, die gleichzeitig Erträge sind	Verkauf von Produkten, die in der selben Periode hergestellt wurden.
6	Erträge, die keine Einnahmen sind	- Herstellung von Produkten, die zunächst auf Lager genommen werden (Einnahme später). - Maschine, die von eigenen Mitarbeitern hergestellt wurde (aktivierte Eigenleistungen).

Abb. 1.4 Zusammenhänge zwischen Einzahlung, Einnahme und Ertrag

1.2.2 Kosten

Wie bei vielen betriebswirtschaftlichen Bezeichnungen herrscht auch beim Kostenbegriff in der Literatur keine völlige Übereinstimmung vor.

- Zunächst werden die zentralen Begriffsmerkmale (Teil A) erörtert.
- Anschließend wird der wertmäßige Kostenbegriff dem pagatorischen Kostenbegriff gegenübergestellt (Teil B).
- Zuletzt wird aufgezeigt, wie eine differenzierte Kostenermittlung erfolgt (Teil C).

A) Zentrale Begriffsmerkmale

Übereinstimmung ist bei den zentralen Merkmalen des Kostenbegriffs zu erkennen, zumal aus dessen Definitionen in der Literatur in der Regel die Charakteristika

- Güterverzehr,
- Sachzielbezug (Zusammenhang mit dem Betriebszweck)
- Bewertung

hervorgehen.

Dies wird an der Definition von Wöhe einer älteren Auflage (1990, S. 534) deutlich (ähnlich auch Haberstock 2008a, S. 26–28):

> Kosten sind in Geld bewertete Mengen an Produktionsfaktoren (Arbeitsleistungen, Betriebsmittel und Werkstoffe) sowie in Geld bewertete Dienstleistungen Dritter und öffentliche Abgaben, die bei der Erstellung betrieblicher Leistungen verbraucht werden.

Beim Kostenbegriff sind vier Eckpunkte von Bedeutung:

1. Kosten stellen eine Wertgröße dar, die in Euro oder auf der Basis einer anderen Währung ermittelt werden.
2. Voraussetzung für Kosten ist ein betrieblich veranlasster Verbrauch (man spricht auch von einem Verzehr) von Produktionsfaktoren. Der Verbrauch ist aber nicht gleichzusetzen mit Vernichtung, sondern mit „Umformen" bzw. „Eingehen" in andere Güter, die wiederum einen Wert darstellen. Letztlich wird durch den Verbrauch der Produktionsfaktoren ein Beitrag zur Erstellung betrieblicher Güter (z. B. Herstellung von Pkw, Computer usw.) geleistet. Dem Werteverzehr (Kosten) steht eine Wertschöpfung (Erlös) gegenüber. Der Verbrauchsmaßstab stellt typischerweise keine Wertgröße dar, sondern lautet auf eine bestimmte Zahl von Kilogramm (z. B. Verbrauch von Rohstoffen), Stunden (z. B. Nutzung von Maschinen), Kilowattstunden (z. B. Energieverbrauch) oder Arbeitsstunden (z. B. Personal im Fertigungsbereich) usw. Auch die Nutzung von langlebigen Gebrauchsgütern (z. B. Gebäude, Maschinen) und immateriellen Gütern (z. B. Software) sind im Sinne eines Zeitverschleißes bzw. eines begrenzten zeitlichen Leistungsumfangs Kosten.
3. Um zu einer Wertgröße zu gelangen, müssen die Verbrauchsmengen bewertet werden. Notwendig ist ein Preis, den z. B. das Kilogramm eines bestimmten Rohstoffes ausweist. Die Wertgröße ergibt sich dann aus der Multiplikation einer Verbrauchsmenge mit der Preisgröße, beispielsweise 25 kg x 38 € = 950 €.
4. Die Kosten werden für eine bestimmte Periode (z. B. Monat, Jahr) ermittelt.

B) Wertmäßiger vs. pagatorischer Kostenbegriff

Unterschiedliche Sichtweisen bestehen in der Literatur hinsichtlich der Bewertung des Werteverzehrs von Gütermengen bzw. von hergestellten Gütern:

1.2 Basisbegriffe des Rechnungswesens

Pagatorischer Kostenbegriff

Der pagatorische Kostenbegriff knüpft an die mit dem betrieblichen Güterverzehr verbundenen Zahlungsströme an und beruht auf den angefallenen Auszahlungen bei der Beschaffung der Gütermengen (vgl. Fandel u. a., S. 19; Götze, S. 9).

Wertmäßiger Kostenbegriff

Deutlich präferiert wird allerdings der wertmäßige Kostenbegriff, der auf Schmalenbach und Kosiol zurückgeht (vgl. Kosiol, S. 11–36; Schmalenbach, S. 6). Dabei lassen sich Wertansätze berücksichtigen, die von der tatsächlichen Höhe des Auszahlungsbetrages abweichen. Die Wertansätze können somit höher oder niedriger liegen (z. B. aktueller Wiederbeschaffungswert) als die ursprüngliche Höhe des Auszahlungsbetrages beim Kauf. Außerdem lassen sich auch Opportunitätskosten (Kosten für einen entgangenen Nutzen) zu den Kosten zählen, bei denen es überhaupt keine Auszahlung gibt (vgl. z. B. Haberstock 2008a, S. 29).

C) Differenzierte Kostenermittlung

Es ist nach Möglichkeit eine differenzierte Kostenerfassung anzustreben. Dies setzt eine getrennte Ermittlung der Verbrauchsgütermengen und der Faktorpreise voraus.

Die Ermittlung der Verbrauchsgütermengen kann beispielsweise erfolgen durch:

- Zählen
- Messen
- Wiegen
- Schätzen

Außerdem ist eine Bewertung des Güterverbrauchs notwendig. Dabei können je nach Kostenart verschiedene Preise angesetzt werden (Abb. 1.5).

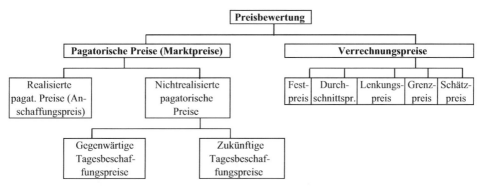

Abb. 1.5 Preisbewertung (Schweitzer/Küpper S. 16)

Pagatorische Preise
Ein pagatorischer Preis (aus dem italienischen pagare = zahlen) berücksichtigt auszahlungs- bzw. ausgabenwirksame Rechengrößen.

- **Anschaffungspreis**
  Die Werte können direkt aus der Finanzbuchführung übernommen werden (z. B. Materialkosten, Personalkosten, Dienstleistungskosten).
- **Wiederbeschaffungspreis**
  Hierunter fallen der Wiederbeschaffungszeitwert (gegenwärtiger Tagesbeschaffungspreis) und der geschätzte Wiederbeschaffungswert. Ziel ist die Sicherstellung der Substanzerhaltung. Die Kosten sollen dabei so kalkuliert werden, dass eine Ersatzbeschaffung von gleicher Qualität ermöglicht wird. Der Wiederbeschaffungspreis erlangt dann Relevanz, wenn zwischen dem Zeitpunkt der Nutzung und der späteren Ersatzbeschaffung ein längerer Zeitraum (mehrere Jahre) liegt und aus Inflationsgründen von einem höheren Wiederbeschaffungspreis auszugehen ist.

Verrechnungspreise
Im Gegensatz zu den pagatorischen Preisen werden Auszahlungen bzw. Ausgaben in gleicher Höhe (entweder beim Kauf oder Wiederkauf) nicht vorausgesetzt.

- **Festpreis**
  Mittels Festpreisen werden existierende Preisschwankungen ausgeschaltet. Der Festpreis kann beispielsweise ein aus dem Vorjahr abgeleiteter Wert sein, der am Ende des Jahres überprüft und gegebenenfalls neu festgelegt wird. Sofern die kurzfristigen Preisschwankungen im Großen und Ganzen um einen Mittelwert schwanken, stellen Festpreise ein effizientes Verfahren zur Bewertung des Güterverbrauchs dar. Dieser Vorteil kommt vor allem dann zum Tragen, wenn bedacht wird, dass die Erfolgsrechnung in der Kostenrechnung häufig monatlich erfolgt. Außerdem wird die mengenmäßige Wirtschaftlichkeitskontrolle vereinfacht, da unterschiedlich hohe Kosten in den einzelnen Perioden ausschließlich auf den Mengenverbrauch zurückgeführt werden können. Von daher kommt dem Festpreis in der betrieblichen Praxis eine große Bedeutung zu.
- **Durchschnittspreis**
  Ein Durchschnittspreis wird aus verschiedenen Anschaffungskosten in der Vergangenheit gebildet. Beispielsweise können Werte aus der Buchführung auf der Basis eines periodischen oder permanenten Durchschnitts oder eines Verbrauchsfolgeverfahrens (z. B. Fifo) herangezogen werden.
- **Lenkungspreis**
  Zur Verhaltenssteuerung kann ein Preis (Regelfall Festpreis) abweichend von Marktpreisen bewusst hoch oder niedrig angesetzt werden. Beispiel: Eine interne EDV-Leistung wird zu niedrigen Preisen angesetzt, um die Geschäftsbereiche immer auf aktuellem EDV-Stand zu halten.

1.2 Basisbegriffe des Rechnungswesens

- **Grenzpreis**
  Hierbei handelt es sich um einen Wertansatz, der sich aus den Kosten der zuletzt erzeugten Einheit ergibt.
- **Schätzpreis**
  Liegt kein Istpreis vor, kann auch ein Schätzpreis auf der Basis der vermuteten Kosten (z. B. für innerbetriebliche Leistungen) gebildet werden.

1.2.3 Erlöse

Analog zum Kostenbegriff lassen sich Erlöse als „bewertete, sachzielbezogene Güterentstehung einer Abrechnungsperiode definieren" (Schweitzer/Küpper, S. 21; ähnlich Hoitsch, S. 20 und Weber/Schäffer, S. 136).

Wichtig ist die Abgrenzung zum Begriff Leistung. Wie Abb. 1.6 verdeutlicht, entspricht die Leistung der Mengengröße. Dabei können Marktleistungen oder innerbetriebliche

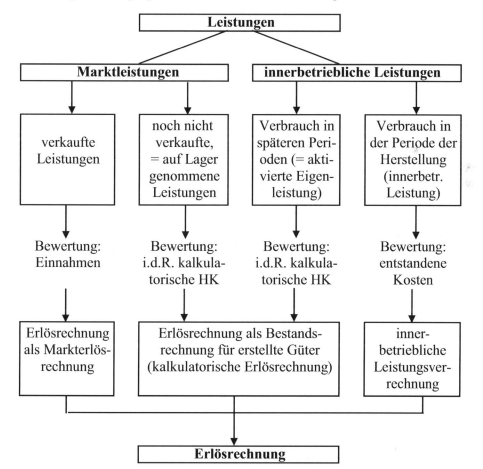

Abb. 1.6 Begriff Leistung und Erlös

Leistungen erbracht werden. Die Marktleistungen können mit der Zahl der innerhalb einer bestimmten Periode veräußerten Produkte quantifiziert werden (verkaufte Leistungen). Zu den Markleistungen gehören aber auch Leistungen, die zwar für den Absatzmarkt bestimmt sind, aber noch keinen Käufer gefunden haben und deshalb zunächst gelagert werden. Hier ist die Zahl der fertigen Erzeugnisse maßgebend, die zusätzlich auf Lager genommen worden sind.

Hinzu kommen die Mengeneinheiten, die sich zum Stichtag der Periode in einem noch nicht veräußerbaren Zustand befinden. Dabei wird von unfertigen Erzeugnissen gesprochen. Beispielsweise handelt es sich um Rohkarosserien, die für den Fahrzeugbau zum 31.12. eines Jahres hergestellt und erst zum 01.01. des Folgejahres komplettiert werden.

Bei innerbetrieblichen Leistungen kann es sich um solche handeln, die über mehrere künftige Perioden verbraucht werden. Stellt beispielsweise ein Computerhersteller in einer Periode 500 Computer her und setzt davon 10 Stück für innerbetriebliche Zwecke zur Büroausstattung der Verwaltungsabteilung ein, so handelt es sich um so genannte aktivierte Eigenleistungen, weil diese Leistungen nicht nur in der Kosten- und Erlösrechnung erfasst, sondern auch bilanziert werden. Innerbetriebliche Leistungen können aber auch innerhalb einer Periode erzeugt und innerhalb derselben Periode verbraucht werden. Besonders augenfällig ist dies bei der selbst erzeugten Energie (z. B. Strom, Wärme). Der Strom wird für innerbetriebliche Zwecke erzeugt und anschließend für den Fertigungsprozess verbraucht.

Die vorliegenden Leistungsmengen werden mit einem Preis pro Leistungsmenge multipliziert. Bei den Marktleistungen wird für eine veräußerte Leistungsmenge der für das jeweilige Produkt maßgebende Umsatzerlös herangezogen. Bei den auf Lager genommenen fertigen sowie unfertigen Erzeugnissen als auch für die aktivierten Eigenleistungen werden als Preisgröße die kalkulatorischen Herstellkosten (oder die aus der Bilanzierung stammenden Herstellungskosten) herangezogen (Der Begriff der Herstellkosten wird in Kap. 3.2.3 ausführlich erörtert). Bei innerbetrieblichen Leistungen, die innerhalb der Periode verbraucht werden, können die entstandenen Kosten pro Leistungseinheit herangezogen werden.

Die Erlöse können in einer gesonderten Erlösrechnung (siehe hierzu Kap. 3.4.1) als Markterlös oder kalkulatorischer Erlös (für Bestandsrechnung und aktivierte Eigenleistungen) ausgewiesen bzw. für die innerbetriebliche Leistungsverrechnung (siehe hierzu Kap. 3.2.5) herangezogen werden.

1.2.4 Abgrenzung Kosten/Erlöse vs. Aufwand/Ertrag

Größere Schwierigkeiten bereitet die Abgrenzung der Begriffe Aufwand/Kosten bzw. Ertrag/Erlös. Diese Trennung ist insofern wichtig, als sich daraus der Unterschied ergibt zwischen dem

1.2 Basisbegriffe des Rechnungswesens

- externen Erfolg (Jahresüberschuss/Jahresfehlbetrag) aus der Finanzbuchführung. Dieser ergibt sich aus der Gewinn- und Verlustrechnung

und dem

- internen Erfolg (positives bzw. negatives Betriebsergebnis) aus der Kosten- und Erlösrechnung. Dieser ergibt sich aus der kurzfristigen Erfolgsrechnung.

In einem Einkreissystem (z. B. Gemeinschaftskontenrahmen = GKR) bilden die Finanzbuchführung und die Kosten-/Erlösrechnung eine organisatorische Einheit. Zwar hat ein Einkreissystem den Vorteil, dass eine Abstimmung zwischen den beiden Rechnungssystemen nicht erforderlich ist, allerdings können beide Rechnungen nur gemeinsam abgeschlossen werden. Da die Kosten-/Erlösrechnung typischerweise jedoch monatlich erfolgt, ist letztlich ein Einzelabschluss notwendig, was die Starrheit des Systems verdeutlicht.

Um dieses Problem zu vermeiden, ist 1971 (1986 modifiziert) vom Bundesverband der Deutschen Industrie (BDI) der Industriekontenrahmen (IKR) als **Zweikreissystem** entwickelt worden. Danach werden die Finanzbuchführung und die Kosten-/ Erlösrechnung in getrennten Kontenplänen und Abschlusssystemen abgewickelt. Zur Abstimmung beider Systeme sind beim IKR die Kontenklassen 90–92 reserviert (vgl. Steger, S. 53–57).

Die Abgrenzungsrechnung wird nachfolgend an einem Beispiel erklärt, dem ein Zweikreissystem zu Grunde liegt.

Abbildung 1.7 verdeutlicht, dass als Ergebnis der Kosten- und Erlösrechnung ein Betriebsergebnis in Höhe von 290.000 € ausgewiesen wird, während der externe Gesamterfolg im Sinne eines Jahresüberschusses 400.000 € beträgt.

Externer Gesamterfolg	=	Ertrag	Aufwand
400.000		2.400.000	2.000.000
- Unternehmensbezogene Abgrenzung	=	betriebsfremder Ertrag	betriebsfremder Aufwand
60.000		240.000	180.000
- betriebsbezogene Abgrenzung	=	außerordentlicher Ertrag	außerordentlicher Aufwand
- 20.000		120.000	140.000
- Verrechnungskorrekturen	=	Anders-/Zusatzkosten	betrieblicher Aufwand
70.000		700.000	630.000
= Interner Erfolg	=	Erlöse	Kosten
290.000		2.040.000	1.750.000

Abb. 1.7 Externer vs. interner Erfolg

Der Ergebnisunterschied ist auf drei Aspekte zurückzuführen:

1. **Unternehmensbezogene Abgrenzung (Betriebsfremde Aufwendungen und Erträge)**
   Es ist zwischen den Aufwendungen sowie Erträgen des **Unternehmens** als rechtlich selbständige Einheit und den Kosten sowie Erlösen des **Betriebes** zu unterscheiden.
   Beispiel: Aus der Vermietung von Werkswohnungen eines Automobilherstellers ergeben sich in einem Jahr Mieterträge in Höhe von 12.000.000 €. Gleichzeitig sind Aufwendungen (z. B. Instandhaltung) von 8.500.000 € zu verzeichnen. Die Differenz von 3.500.000 € ist im Jahresüberschuss des Unternehmens enthalten. Da die Vermietung von Wohnungen nicht originärer Betriebszweck eines Automobilherstellers ist, ergeben sich Erträge sowie Aufwendungen, die keine Erlöse bzw. Kosten darstellen.
   Weitere Beispiele:
   a. Spenden: Aufwand ja, Kosten nein
   b. Spekulative Wertpapiergeschäfte: Aufwand oder Ertrag ja, Kosten oder Erlö**se nein**

2. **Betriebsbezogene Abgrenzung (Außerordentliche Aufwendungen und Erträge)**
   Hierzu zählen außerordentlich*e und per*iodenfremde Geschäftsvorfälle. Diese werden **nicht** in die Kosten- und Erlösrechnung übernommen.
   Geschäftsvorfälle gelten dann als **außerordentlich**, wenn der Werteverzehr zwar durch die Erstellung einer Betriebsleistung verursacht wurde, aber so außergewöhnlich ist, dass er nicht zu den Kosten der betreffenden Periode gezählt wird. Hierzu zählen auf der Seite des Aufwandes z. B. Feuer- und Sturmschäden, Aufwendungen in Form von Abfindungszahlungen auf Grund der Schließung eines Betriebsstandortes oder Totalabschreibungen nach Aufgabe eines Geschäftsfeldes. Auf der Seite der Erträge beispielsweise staatliche Subventionen für den Bau eines neuen Standortes.
   Geschäftsvorfälle gelten als **periodenfremd**, wenn sie wirtschaftlich einer früheren Periode zugerechnet werden können. Hierzu zählen beispielsweise Steuernachzahlungen oder Steuerrückerstattungen oder die Auflösung von Rückstellungen.

3. **Verrechnungskorrekturen**
   Verrechnungskorrekturen sind in zweifacher Hinsicht existent:

Erstens Es existieren Kosten (Erlöse), die nicht mit dem gleichen Wertansatz in der Buchführung und Bilanzierung angesetzt werden. Dabei wird von Anderskosten (Anderserlösen) gesprochen.

Beispiel Ein Unternehmen schreibt einen Computer in der Kosten- und Erlösrechnung linear über eine betriebsgewöhnliche Nutzungsdauer von 4 Jahren ab. In der Buchführung/ Bilanzierung steht eine möglichst schnelle Realisierung des Abschreibungsaufwandes im Mittelpunkt, da es dadurch zu einem Steuerstundungseffekt kommt. Dieser erfolgt bei einer möglichst kurzen Abschreibungsdauer. Die steuerrechtlichen Abschreibungstabellen gehen bei Computern von einer Nutzungsdauer von 3 Jahren aus.

1.2 Basisbegriffe des Rechnungswesens

Da bei der kurzen Nutzungsdauer eine degressive Abschreibung nicht sinnvoll ist, wird auch in der Buchführung/Bilanzierung eine lineare Abschreibung vorgenommen. Allerdings werden in jedem Jahr ein Drittel der Anschaffungskosten als Abschreibungen erfasst, in der Kosten- und Erlösrechnung nur ein Viertel.

Folge In den ersten drei Jahren ergeben sich aus der Abschreibung Aufwendungen, die höher als die Kosten sind, während im vierten Jahr den Kosten keine Aufwendungen mehr gegenübergestellt werden können.

Wie noch bei den Kostenarten näher erläutert wird, ergeben sich Anderskosten nicht nur bei der Kostenart der kalkulatorischen Abschreibungen, sondern auch bei den Kostenarten der kalkulatorischen Zinsen und der kalkulatorischen Wagnisse. Diesen Kostenarten ist gemeinsam, dass ihnen in der Finanzbuchführung ein Aufwand gegenübersteht.

Zweitens Es existieren Kosten (Erlöse), die nicht als Aufwendungen und Erträge in der Buchführung und Bilanzierung ausgewiesen werden dürfen. Dies sind die so genannten Zusatzkosten bzw. Zusatzerlöse. Hierzu gehören die kalkulatorische Miete, der kalkulatorische Unternehmerlohn und teilweise die kalkulatorischen Zinsen (in Hinblick auf die Eigenkapitalzinsen).

Fallbeispiel 1: Abgrenzungsrechnung
Nachfolgendes Beispiel veranschaulicht eine Abgrenzungsrechnung zwischen der Finanzbuchführung (Rechnungskreis 1) und der Kosten-/Erlösrechnung (Rechnungskreis 2).

In einem Unternehmen sind in einem Monat folgende Aufwendungen und Erträge bzw. Kosten und Erlöse angefallen (Angaben in €):

Position	€
Umsatzerlöse Fertigerzeugnisse	14.432
Bestandserhöhung Fertigerzeugnisse	851
Rohstoffverbrauch	8.600
Löhne und Gehälter	2.140
Abschreibungen (Finanzbuchführung)	834
Abschreibungen (Kostenrechnung)	910
Aufwendungen aus spekulativ gehaltenen Finanzanlagen	340
Zinsaufwendungen (Finanzbuchführung)	245
Kalkulatorische Zinsen	290
Spende	15
Ertrag aus dem Verkauf eines Grundstückes über Buchwert	90
Forderungsausfall	42
Kalkulatorische Forderungswagnisse	35

Aufgabe
- Ermittlung des Jahresüberschusses/Jahresfehlbetrages (Rechnungskreis 1).
- Durchführung einer Abgrenzungsrechnung zur Überleitung auf die Kosten- und Erlösrechnung.
- Ermittlung des Betriebsergebnisses (Rechnungskreis 2).

Lösung
Das Beispiel zeigt, dass der externe Erfolg nicht automatisch größer als der interne Erfolg sein muss. Da die hohen Aufwendungen aus spekulativen Finanzanlagen nicht mit dem eigentlichen Betriebszweck in Verbindung stehen, werden diese zwar in der Gewinn- und Verlustrechnung der Buchführung/Bilanzierung erfasst, nicht jedoch als Kosten in der Betriebsergebnisrechnung.

Um zum Betriebsergebnis (3.308 €) zu kommen, sind vom Jahresüberschuss (3.157 €) das neutrale Ergebnis (−265 €) und die kostenrechnerischen Korrekturen (Kosten − Aufwand) mit 114 € zu subtrahieren.
Rechnung: 3.157 € − (−265 €) − (114 €) = 3.308 €.

Das Abgrenzungsergebnis setzt sich aus dem neutralen Ergebnis (−265 €) und den kostenrechnerischen Korrekturen (114 €) zusammen und beträgt somit −151 €. Um zum Betriebsergebnis zu gelangen, kann daher alternativ vom Jahresüberschuss dieses Abgrenzungsergebnis subtrahiert werden.
Rechnung: 3.157 € − (−151 €) = 3.308 €.

Art	Rechnungskreis 1		Abgrenzungsrechnung		Rechnungskreis 2	
	Finanzbuchführung		Neutrales Ergebnis	Kostenrech. Korrekturen	Kosten- und Erlösrechnung	
	Aufwand	Ertrag	Ertrag (+) Aufwand (−)		Kosten	Erlöse
Umsatzerlöse		14.432				14.432
Bestandsveränderungen		851				851
Rohstoffe	8.600				8.600	
Löhne/Gehälter	2.140				2.140	
Abschreibungen	834			76	910	
Finanzanlagen	340		−340		0	
Zinsen	245			45	290	
Spende	15		−15		0	
Anlagenabgang		90	+90			0
Forderung	42			−7	35	
Summe	12.216	15.373	−265	114	11.975	15.283
	Jahresüberschuss *3.157*		*Abgrenzungsergebnis* *−151*		*Betriebsergebnis* *3.308*	

2 Grundlagen der Kosten- und Erlösrechnung

Lernziele

In diesem Kapitel lernen Sie

- die Ziele und Aufgaben der Kosten- und Erlösrechnung kennen. Sie können anschließend die Kosten- und Erlösrechnung als System verstehen und die Teilmodule und ihre Bedeutung einordnen.
- den Unterschied zwischen Kosten- und Erlösrechnung und dem Controlling einerseits bzw. gegenüber der Finanzbuchführung andererseits kennen.
- Kostenbegriffe in Abhängigkeit von der Beschäftigung und in Abhängigkeit von ihrer Zurechenbarkeit auf die einzelnen Produkte (Kostenträger) zu unterscheiden. Anschließend können Sie beurteilen, wann von fixen und variablen Kosten gesprochen wird und wann von Einzel- und Gemeinkosten. Außerdem können Sie unterscheiden, welche Kostenrechnungssysteme existieren. Die Begriffe Ist-, Normal- und Plankosten sind Ihnen danach ebenso vertraut wie Vollkosten und Teilkosten.

2.1 Begriff, Ziele und Aufgaben der Kosten- und Erlösrechnung

2.1.1 Begriff der Kosten- und Erlösrechnung

In der Literatur wird nicht einheitlich von einer **Kosten- und Erlösrechnung** gesprochen. Neben diesem Begriff, der vor allem in der jüngeren Literatur immer häufiger Verwendung findet (vgl. z. B. Gabele/Fischer 1992; Götze 2010, S. 1, 4; Haberstock 2008a, S. 6–7; Hoitsch/Lingnau 2007, S. 22; Joos 2002, S. 8; Schweitzer/Küpper 2011, S. 9, 11, 42) wird ebenso häufig der Begriff **Kosten- und Leistungsrechnung** (vgl. z. B. Coenenberg u. a.,

S. 21; Ebert 2004, S. 3; Fandel u. a., 2009, S. 4; Freidank 2008, S. 18; Graumann 2013, S. 6; Jórasz 2009, S. 10–11; Rüth 2012, S. 14; Warnecke u. a. 1996, S. 21) verwendet.

Da die Erlösrechnung (bzw. Leistungsrechnung) im Hinblick auf den Bearbeitungsumfang deutlich hinter der Kostenrechnung zurückbleibt, wird sehr häufig in gekürzter Form auch nur von **Kostenrechnung** gesprochen. Auch im Rahmen dieses Buches wird dieser Begriff häufiger verwendet.

Darüber hinaus existiert der etwas angestaubte Begriff der **Betriebsbuchhaltung**, der allerdings kaum noch Verwendung findet.

In den letzten Jahren ist verstärkt der Begriff des **Kostenmanagements** aufgekommen (vgl. beispielsweise Götze 2010, S. 271–272; Stelling 2009, S. 10; Stibbe 2009, S. 5–7). Im Gegensatz zur Kosten- und Erlösrechnung, die eher **kurzfristig** (Zeithorizont maximal ein Jahr) ausgerichtet ist, wird beim Kostenmanagement eine **mittel- oder langfristige** Perspektive verfolgt.

Während die Kosten- und Erlösrechnung von weitgehend gegebenen Unternehmensstrukturen, Prozessen, Produkten und Potenzialen (z. B. Personal) ausgeht, unterstellt das Kostenmanagement, dass sie bei Bedarf verändert werden können (vgl. Möller 2003, S. 414). Da dies aber nicht kurzfristig erfolgen kann, ist die teilweise vorgeschlagene Aufteilung in ein operatives und ein strategisches Kostenmanagement entbehrlich. Vielmehr obliegt die Optimierung der gegebenen Strukturen, Prozesse, Produkte und Potenziale der Kosten- und Erlösrechnung. Insofern wird deutlich, dass es sich beim Kostenmanagement um eine Erweiterung der Kosten- und Erlösrechnung handelt.

Kritisch anzumerken ist, ob bei einer längerfristigen Perspektive Kosten überhaupt eine geeignete Maßgröße sind. Analog zu den dynamischen Verfahren der Investitionsrechnung müssten vielmehr Auszahlungen an die Stelle der Kosten treten, damit Zinseffekte angemessen berücksichtigt werden können (z. B. bei der Lebenszykluskostenrechnung). Insofern müsste eher vom Auszahlungsmanagement gesprochen werden.

Es besteht zwar keine abschließende Einigkeit darüber, welche Methoden unter dem Dach des Kostenmanagements subsumiert werden, es sind aber vor allem

- die **Prozesskostenrechnung** (vgl. Horvath/Meyer 1989). Von Interesse ist beispielsweise die Frage, welche Kosten sich bei Durchführung eines Geschäftsprozesses, beispielsweise einer Kundenbestellung, ergeben.
- das **Target Costing** (vgl. z. B. Seidenschwarz): Das Kostenmanagement wird sinnvollerweise in frühen Phasen der Produktentwicklung gestaltend tätig. Ausgehend von einem am Absatzmarkt durchsetzbaren Zielverkaufspreis und Renditeerwartungen des Unternehmens werden die Zielkosten des Produktes ermittelt.

- die **Lebenszykluskostenrechnung** (vgl. z. B. Zehbold): Ziel ist die Erhöhung der Transparenz der Kosten und Erlöse innerhalb des Lebenslebenszyklus eines Objektes (z. B. Produkt, Maschine). Dadurch können charakteristische Verläufe von monetären Größen (z. B. Ein-/Auszahlungen) identifiziert sowie Handlungsalternativen aufgezeigt werden.
- das **Benchmarking** (vgl. z. B. Böhnert): Es handelt sich um einen systematischen Vergleich mit anderen Organisationseinheiten inner- oder außerhalb des Unternehmens sowie darauf basierende Lern- und Anpassungsprozesse, die langfristig die Kosten- und Erfolgssituation verbessern.
- das **Zero-Base-Budgeting** (vgl. z. B. Meyer-Piening): Regelziel ist eine optimalere Mittelallokation. Dabei werden auf der Basis eines maximal zur Verfügung stehenden finanziellen Gesamtbetrages nur Leistungsumfänge (vor allem in Verwaltungsfunktionen) bewilligt, die einen wirtschaftlichen Mitteleinsatz erwarten lassen. Dadurch kommt es möglicherweise dazu, dass bestimmte Verwaltungsleistungen künftig entfallen oder kostengünstiger erbracht werden und auch die ursprünglich hierfür notwendigen Ressourcen (Personal, Sachmittel) reduziert werden. Gleichzeitig werden möglicherweise zur Erfüllung anderer höherwertiger Aufgaben zusätzliche Budgets bewilligt.
- die **Gemeinkostenwertanalyse** (vgl. z. B. Roever): Im Gegensatz zum Zero-Base-Budgeting geht es primär um eine deutliche Absenkung der Gemeinkosten und um die Entwicklung von Rationalisierungsideen.

Aus dem Blickwinkel der Kosten- und Erlösrechnung sind die Prozesskostenrechnung und das Target Costing als vergleichsweise neue Verfahren zur Planung, Kontrolle und Steuerung der Gemeinkosten (Gemeinkostenmanagement) von besonderem Interesse und werden daher in den Kap. 6 und 7 näher vorgestellt. Die übrigen Methoden des Kostenmanagements werden in diesem Buch nicht weiter verfolgt.

2.1.2 Ziele und Aufgaben der Kosten- und Erlösrechnung

A) Ziele

Wie schon bereits eingangs erwähnt, ist das betriebliche Rechnungswesen das zentrale Informationssystem eines Unternehmens. Für die Kosten- und Erlösrechnung ergeben sich folgende **Ziele**:

Die Kosten- und Erlösrechnung muss für alle Führungskräfte des Unternehmens zu den relevanten betrieblichen Vorgängen Informationen bereitstellen, auf deren Basis vor allem eine operative Steuerung des Unternehmens möglich ist.

Darüber hinaus müssen die Informationen so aufbereitet werden, dass das Treffen von betrieblichen Entscheidungen auf eine rationale Grundlage gestellt wird. Zu diesen Entscheidungen gehören insbesondere:

- Entscheidung darüber, ob ein Auftrag durchgeführt werden soll.
- Entscheidung darüber, ob und wie Rationalisierungsmaßnahmen durchzuführen sind.
- Entscheidung darüber, ob ein Produkt im Sortiment bleiben soll.
- Entscheidung darüber, ob Leistungen selbst erzeugt oder von anderen Unternehmen bezogen werden sollen.
- Entscheidung darüber, mit welchem Produktionsverfahren ein Auftrag durchgeführt werden soll.

B) Aufgaben

Um die o. g. Ziele erfüllen zu können, muss eine Kosten- und Erlösrechnung so konzipiert sein, dass sie folgende vier Fragen beantworten kann:

Wie hoch sind die in einer Periode angefallenen Kosten und wie lassen sich diese klassifizieren? Hierfür ist eine Kostenartenrechnung erforderlich. Die Kosten werden nach den wichtigsten Arten (z. B. nach Materialkosten, Personalkosten usw.) aufgeschlüsselt und quantifiziert.

Wo fallen Kosten an? Im zweiten Schritt werden in der **Kostenstellenrechnung** die in der Kostenartenrechnung ermittelten Kosten den betrieblichen Organisationseinheiten (z. B. Abteilungen) zugeordnet.

Die Kosten- und Erlösrechnung liefert Informationen für die Unternehmensplanung. Beispielsweise werden für die Absatz-/Produktionsplanung (Anzahl der zu produzierenden bzw. zu verkaufenden Produkte) und der daraus abgeleiteten übrigen Planungsteile (z. B. Investitionsplanung, Personalplanung) für eine künftige Periode die Plankosten ermittelt. Auf dieser Basis werden beispielsweise die Höhe der Materialkosten oder Personalkosten geplant. Dabei wird auch von Budgetierung gesprochen. Anschließend muss fortlaufend kontrolliert werden, ob die tatsächlichen Gütermengen und deren Preise von der Planung abweichen. Da der gesamte Betrieb als Planungs- und Kontrolleinheit zu komplex ist, findet die Planung und Kontrolle sinnvollerweise auf Basis der Kostenstellenrechnung statt.

Wofür fallen Kosten an? Es entstehen Kosten, weil ein Unternehmen für einen Absatzmarkt Leistungen erbringt. Daher werden im dritten Schritt in der **Kostenträgerstückrechnung** (Kalkulation) die Kosten den Produkten bzw. den einzelnen Aufträgen zugeordnet. Dabei ist eine Vorkalkulation von einer Nachkalkulation von Aufträgen bzw. von Produkten zu unterscheiden: Zunächst sind die Kosten zu ermitteln, die für die Realisierung des Auftrages bzw. Produktes voraussichtlich anfallen werden (Vorkalkulation). Anschließend wird in einer Nachkalkulation überprüft, welche Kosten tatsächlich angefallen sind.

Wie erfolgreich war die betriebliche Tätigkeit?
Im vierten Schritt werden in der **Erfolgsrechnung** die für eine Periode maßgebenden Erlöse und Kosten gegenübergestellt. Die Differenz (der Saldo) wird als Betriebsergebnis bezeichnet. Damit wird deutlich, wie erfolgreich der Betrieb in der betrachteten Periode sein

2.1 Begriff, Ziele und Aufgaben der Kosten- und Erlösrechnung

sollte (Planung) oder tatsächlich gewesen ist (Ist). Das Betriebsergebnis kann nach Produkten, Aufträgen, Kundengruppen, Regionen oder Vertriebswegen aufgeschlüsselt werden.

Untersuchungsergebnis 1: Aufgaben der Kosten- und Erlösrechnung in der Praxis
In der empirischen Untersuchung sind insgesamt 60 Unternehmen befragt worden, wobei der größte Teil auf Industrieunternehmen (72 %) und der kleinere Teil auf Unternehmen im Bereich des Handels entfällt. Von den Unternehmen haben 12 % zwischen 500 und 999 Mitarbeiter, 59 % zwischen 1.000 und 9.999 und die übrigen 29 % über 10.000 Mitarbeiter. Damit wird deutlich, dass es sich um Großunternehmen oder um größere mittelständische Unternehmen handelt.[1]

Die folgende Tabelle legt die Rangfolge der einzelnen Aufgaben der Kosten- und Erlösrechnung fest. Die Skala reicht dabei von 5 (sehr wichtig) bis 1 (nicht wichtig). Auf Grund branchenmäßiger Besonderheiten (z. B. bei Technologie- und Fertigungsverfahren) werden hier die Ergebnisse der Industrieunternehmen präsentiert. Von sehr hoher Bedeutung sind die ersten sieben Aufgaben, die in erster Linie **die Produktkalkulation, Wirtschaftlichkeitsanalyse und Periodenerfolgsrechnung** umfassen. Die Aufgaben auf den Rängen 8 (Produkterfolgsrechnung) bis 13 (make-or-buy-Entscheidungen) sind wichtig. Die übrigen Aufgaben (Rang 14–19) weisen an Hand der Skalenwerte immerhin noch mittlere Bedeutung auf.

Bei den Unternehmen des Handels ergibt sich in etwa die gleiche Einschätzung wie bei den Industrieunternehmen. Lediglich die in der Tabelle genannte Aufgabe – Produktkalkulation – rangiert bei den Unternehmen des Handels auf Platz 16.

Die letzte Spalte „Rubrik" weist darauf hin, welcher der vorgenannten vier „Fragen" die jeweilige Aufgabe zuzuordnen ist.

Aufgabe	Rangfolge	Skalenwert	Rubrik
Planung und Budgetierung	1	4,91	2
Abweichungsanalyse	2	4,74	2
Periodenerfolgsrechnung	3	4,51	4
Produktkalkulation	4	4,33	1
Erkennen von Rationalisierungsmöglichkeiten	5	4,19	3
Planung und Kontrolle von Projekten	6	4,14	2
Kontrolle der Kostenstellen	7	4,00	2
Produkterfolgsrechnung	8	3,93	3

---

[1] Einen Überblick über die seit 1980 durchgeführten empirischen Untersuchungen in der Kosten- und Erlösrechnung gibt Währisch auf S. 12.

Aufgabe	Rangfolge	Skalenwert	Rubrik
Informationen für Investitionen/ Desinvestitionen	9	3,72	3
Bestandsbewertung	10	3,72	4
Verrechnungspreise	11	3,62	2
Produktions-/ Sortimentsprogrammplanung	12	3,50	3
Make-or-buy-Entscheidungen	13	3,40	3
Erfolgsrechnung einzelner Absatzgebiete	14	3,26	4
Kundenerfolgsrechnung	15	3,20	3
Ermittlung kurzfristiger Preisuntergrenze	16	3,08	3
Informationen für organisatorische Änderungen	17	3,02	3
Technologie- und Fertigungsverfahren	18	3,00	3
Vergütung und Vergütungssysteme	19	2,84	Sonstiges

2.1.3 Kosten- und Erlösrechnung vs. Controlling

Die Bezeichnung Controlling substantiviert das englischsprachige Wort control (vgl. Ziegenbein 2012, S. 32), das am sinnvollsten mit Steuern oder Lenken übersetzt wird. Allerdings sind auch diese Begriffe nicht eindeutig. Tatsächlich wird Controlling in Theorie und Praxis mit unterschiedlichen Inhalten belegt und verschieden definiert. Daher kommt es in Lehrbüchern im Hinblick auf den Begriff Controlling häufig zu seitenfüllenden Ausführungen, denen teilweise tabellarische Gegenüberstellungen der einzelnen Lehrmeinungen hinzugefügt werden (vgl. z. B. Küpper 2013, S. 16–19; Peemöller 2005, S. 33–36; Reichmann 2011, S. 1–3).

Trotz der langjährigen Bemühungen zur Schärfung des Controllingbegriffes wird zuweilen Controlling fälschlicherweise immer noch mit Kontrolle gleichgesetzt. Allerdings handelt es sich aber um ein **funktionsübergreifendes Steuerungskonzept** mit der primären Aufgabe der ergebnisorientierten **Koordination von Planung und Kontrolle** sowie **der Informationsversorgung** (vgl. in ähnlicher Form Coenenberg u. a. 2014, S. 34; Horvath & Partners 2009, S. 5).

Grundsätzlich ist es sinnvoll, zwischen Controlling als Funktion und Controlling als Institution zu unterscheiden:

Controlling als Funktion
Die zentrale Aufgabe der Unternehmensführung besteht in der Steuerung und Koordination der langfristigen Entwicklung des Unternehmens (vgl. Wöhe 2013, S. 44), sodass die

2.1 Begriff, Ziele und Aufgaben der Kosten- und Erlösrechnung

Unternehmensziele bestmöglich erfüllt werden. Die Erreichung der Unternehmensziele erfolgt in einem Führungsprozess, der aus den zentralen Elementen Planung, Kontrolle und Steuerung besteht und auch als geschlossener Regelkreis gesehen werden kann (vgl. Joos 2002, S. 4–5). Mit Steuerung ist vor allem die Durchsetzung von Entscheidungen, beispielsweise die Realisierung der Planung, sowie das Einleiten eventuell notwendiger korrigierender Maßnahmen nach Bekanntwerden neuer Informationen zu verstehen.

Der Führungsprozess muss von den jeweiligen Führungskräften eines Unternehmens umgesetzt werden. Damit wird deutlich, dass jede Führungskraft zur Erfüllung ihrer Aufgabe auch Controllingfunktionen übernimmt.

Beispielsweise plant ein

- **Produktmanager** für sein Produkt Marketingmaßnahmen (Werbung, Verkaufsförderungsmaßnahmen usw.) und kontrolliert den Erfolg. Hat sich der Bekanntheitsgrad erhöht, das Image wie gewünscht verändert?
- **Personalleiter** den Personalbedarf, den Personalentwicklungsbedarf usw. und kontrolliert, ob die notwendigen Maßnahmen zur Deckung des Bedarfs geführt haben.
- **Projektleiter** den Ablauf seines Projektes (Ablauf-, Termin-, Kapazitäts-, Kostenplanung). Während der Projektrealisierung überwacht er den Fortgang des Projektes.

Controlling als Institution
Während in kleinen Unternehmen die Controllingfunktion häufig vom Unternehmer bzw. Geschäftsführer selbst übernommen werden, ist sie bei größeren mittelständischen Unternehmen und Großunternehmen im Regelfall in gesonderten Stellen institutionalisiert (vgl. Ziegenbein 2012, S. 35–36). Das institutionalisierte Controlling kann die Controllingaufgaben der Führungskräfte nicht ersetzen, sondern unterstützt diese vielmehr. Die zentrale Aufgabe der Controller besteht nun darin, dass sie

- den Führungskräften einschließlich der Unternehmensleitung relevante Informationen zur Verfügung stellen, sodass jeder Entscheidungsträger zielorientiert seine Aktivitäten selbst steuern und entsprechend handeln kann.
- die Teilziele und Teilpläne unternehmensweit koordinieren und die relevanten Daten in einem Berichtswesen verarbeiten und aufbereiten.
- geeignete Controllinginstrumente gestalten und pflegen. Beispielsweise muss ein Informationsversorgungs-, Planungs- und Kontrollsystem aufgebaut und an veränderte unternehmerische Erfordernisse angepasst werden.

In zunehmendem Maße entwickelt sich der Controller vom reinen Informationsbeschaffer zum Berater der Führungskräfte. Er trägt dazu bei, dass Führungskräfte zeitgerecht und zielorientiert entscheiden können. Allerdings verbleibt die Verantwortung für die letztlich getroffenen Entscheidungen nach wie vor bei den Führungskräften.

Ein institutionalisiertes Controlling verursacht unzweifelhaft Kosten, die im Zusammenhang mit der Informationsbeschaffung, Informationsverarbeitung und Informationsübermittlung anfallen. Umgekehrt entstehen aber Opportunitätskosten, wenn bei eingeschränktem oder gar fehlendem Controlling Chancen verpasst werden, die einen entgangenen Nutzen (z. B. Rationalisierung betrieblicher Prozesse) darstellen.

Kosten- und Erlösrechnung als zentrales operatives Controllinginstrument
Das Controlling bedient sich zur Durchführung seiner Aufgaben verschiedener Instrumente. Diese werden auch als Controllinginstrumente, Controllingmethoden, Controllingwerkzeuge oder neudeutsch Controllingtools bezeichnet. Ein Teil dieser Instrumente hat seinen Ursprung im Rechnungswesen.

Die Kosten- und Erlösrechnung wiederum ist ein Teilsystem des Controlling (vgl. Coenenberg u. a., S. 42) und gilt im operativen Geschäft als wesentliche Arbeitsgrundlage des Controllers (vgl. Horvath & Partners 2009, S. 50).

Gleichwohl geht das Controlling inhaltlich deutlich über die Kosten- und Erlösrechnung hinaus:

Bezogen auf den Inhalt Das Controlling geht über das rein monetär ausgerichtete Rechnungswesen bzw. die Kosten- und Erlösrechnung hinaus, da auch nicht monetäre und qualitative Informationen Entscheidungsrelevanz besitzen, die vom Controlling gewonnen, verarbeitet und aufbereitet werden. Während die Kosten- und Erlösrechnung vielfach das gesamte betriebliche Geschehen im Fokus hat, z. B. die Betriebsergebnisrechnung oder die Produktkalkulation, existieren im Controlling zahlreiche Instrumente, die den Besonderheiten eines Funktionsbereiches Rechnung tragen. So existieren beispielsweise Instrumente für ein Beschaffungs-, Produktions-, Forschungs-/Entwicklungs-, Marketing-, Logistik- und Personalcontrolling usw. Etwas herablassend wird daher auch vom Bindestrich-Controlling gesprochen.

Bezogen auf den Zeitraum Während die Kosten- und Erlösrechnung auf einen kurzfristigen Zeitraum ausgerichtet ist (bis zu einem Jahr), existieren im Rahmen des Controlling auch zahlreiche auf mittel- und langfristige Planungszeiträume ausgerichtete Instrumente. Diese werden unter einem strategischen Controlling subsumiert. Dies gilt beispielsweise für Portfolioanalysen.

Untersuchungsergebnis 2: Organisation der Kosten- und Erlösrechnung
In 65 % der befragten Industrieunternehmen gehört die Kosten- und Erlösrechnung zur Abteilung Controlling. Zur Finanzbuchführung (9 %), Finanzwirtschaft (17 %) bzw. der Allgemeinen Verwaltung (9 %) ist die Kosten- und Erlösrechnung nur selten zugeordnet. Nur in 23 % der Unternehmen ist das Controlling auf der ersten Führungsebene (Vorstand, Geschäftsleitung) des Unternehmens vertreten. Im Regelfall (71 %) befindet sich das Controlling auf der zweiten Führungsebene, eher selten (6 %) ist es als Stabsstelle organisiert.

2.1 Begriff, Ziele und Aufgaben der Kosten- und Erlösrechnung

Ebene	Prozent (%)
1. Führungsebene	23
2. Führungsebene	71
Stabsstelle	6

2.1.4 Kosten- und Erlösrechnung vs. Finanzbuchführung

Abbildung 2.1 verdeutlicht die wesentlichen Unterschiede zwischen Finanzbuchführung und der Kosten- und Erlösrechnung. Trotz dieser Unterschiede ist wichtig darauf hinzuweisen, dass die Kosten- und Erlösrechnung auf der Finanzbuchführung aufbaut, weil sie zahlreiche Eingangsinformationen von ihr übernimmt.

Historische Entwicklung

Die Unterscheidung zwischen der Kosten-/Erlösrechnung und der Finanzbuchführung ist historisch gewachsen (vgl. Bleis 2007, S. 9–10). Die Finanzbuchführung ist das deutlich ältere Rechnungssystem. Erste wirtschaftliche Aufzeichnungen wurden in Mesopotamien

Finanzbuchführung	Kosten- und Erlösrechnung
Bestandteil des externen Rechnungswesens und für externe Adressaten bestimmt.	Bestandteil des internen Rechnungswesens und wichtigster Teil des operativen Controlling. Für interne Informationsempfänger bestimmt.
Kernziel: Rechenschaftslegung gegenüber Anteilseignern, Information der Gläubiger und Ermittlung des handels-/ steuerrechtlichen Gewinns.	Kernziel: Informationsversorgung zur Sicherstellung einer fundierten Planung, Steuerung und Kontrolle des Betriebsgeschehens.
Erfolgsrechnung des Unternehmens mit seiner gesamten Unternehmensumwelt. Erfolg=Jahresüberschuss bzw. -fehlbetrag = Differenz von Ertrag - Aufwand.	Erfolgsrechnung des betriebstypischen Leistungserstellungsprozesses. Erfolg = Betriebsergebnis = Differenz von Erlös - Kosten.
Vielfältige Rechtsvorschriften, z.B. HGB, IFRS/US- GAAP, EStG, AktG, GmbHG sind zu beachten.	Grundsätzlich keine Rechtsvorschriften (Ausnahme: öffentliche Aufträge).
Anschaffungswertprinzip Prinzip der nominellen Kapitalerhaltung.	Zweckorientierte Bewertung Häufig Prinzip der substanziellen Kapitalerhaltung.
Pagatorische Rechnung (auf tatsächlichen Zahlungen beruhend).	Kalkulatorische Rechnung (enthält neben pagatorischen Rechengrößen auch solche, die nicht auf Zahlungen basieren).
Abrechnungsperiode typischerweise 1 Jahr.	Vorwiegend kurze Abrechnungsperioden (häufig ein Monat).
Vergangenheitsorientierung.	Vergangenheits-, Gegenwarts- und Zukunftsorientierung.

Abb. 2.1 Kernunterschiede zwischen Finanzbuchführung und Kosten-/Erlösrechnung

(um 3.000 v. Chr.) gefunden. Erfolgsrechnungen und Inventare existieren in Rom und Athen bereits seit ca. 450 v. Chr. Eine doppelte Buchführung mit der Aufstellung bilanzähnlicher Übersichten kann 1340 in den Handelsstädten Genua und Lübeck nachgewiesen werden. Ein erstes Buch zur doppelten Buchführung wurde 1494 durch den Franziskanermönch Luca Pacoli veröffentlicht. Auch die Gesetzgebung erfolgte schrittweise. 1794 existiert in Preußen eine Bilanzierungspflicht für Kaufleute. Ein umfassendes Handelsgesetzbuch wird allerdings erst in der zweiten Hälfte des 19. Jahrhunderts entwickelt. Im Mittelpunkt der handelsrechtlich geprägten Finanzbuchführung steht der Gläubigerschutz, der beispielsweise im Imparitätsprinzip und Niederstwertprinzip seinen Niederschlag findet.

Erste Ausführungen zur Kosten- und Erlösrechnung werden gegen Ende des 18. Jahrhunderts festgestellt: 1781 beschreibt Klipstein in Deutschland einen Ansatz zur Kostenstellenrechnung, Jung-Stilling grenzt 1786 die Kostenrechnung von der Finanzbuchführung ab. Die Entwicklung der Kostenrechnung ist in Deutschland eng mit der Person von Eugen Schmalenbach verbunden. Er trennt 1899 in einer Publikation die Buchführung von der Kalkulation in der Fabrik und formuliert 1919/1925 die Kalkulation, die Wirtschaftlichkeits- und Erfolgskontrolle. Erst 1953 wird die Grenzplankostenrechnung von Plaut entwickelt und von Kilger 1961 theoretisch untermauert. Neuere Entwicklungen zur Prozesskostenrechnung stammen aus dem Ende der 1980er Jahre. Aktuell werden umfangreiche Diskussionen geführt, die möglicherweise zu einer zumindest teilweisen Harmonisierung der beiden Rechnungswesensteile führen. Auf dieses Thema wird im Zusammenhang mit den kalkulatorischen Kostenarten in Kap. 3.1.9 eingegangen.

2.2 Kostendifferenzierung

Für die Kostenrechnung sind zwei Arten von Kostendifferenzierungen relevant:

1. Kostendifferenzierung nach der Abhängigkeit von der Beschäftigung
2. Kostendifferenzierung nach der Zurechenbarkeit auf den Kostenträger

2.2.1 Kostendifferenzierung nach der Abhängigkeit von der Beschäftigung

Was beeinflusst die Höhe der Kosten in einem Unternehmen?
Ausgehend von dieser Frage lassen sich verschiedene Einflussgrößen identifizieren, wozu fünf wichtige genannt werden, die (mit Ausnahme des dritten Punktes) auf Gutenberg (vgl. 1975, S. 65–66) zurückgehen:

- **Beschäftigung**. Bei der Beschäftigung handelt es sich um die für die Kostenrechnung wichtigste Einflussgröße. Aus dem Blinkwinkel des Gesamtbetriebs stellt die Beschäf-

tigung die Leistungsmenge dar, die bei Industrieunternehmen typischerweise als Produktionsmenge angesehen wird. Allgemein kann auch von der Ausbringungsmenge gesprochen werden.
- **Preise der Produktionsfaktoren**. Steigende Preise, z. B. für Energie, Rohstoffe oder Lohn- und Gehaltssteigerungen, führen auch zu höheren Kosten pro Verbrauchsmenge (kWh, kg, Arbeitsstunde). Gleiches gilt für höhere Preise für technische Anlagen und Maschinen, die zu höheren Abschreibungen führen.
- **Qualität der Produktionsfaktoren und deren Effizienz**. Die Kosten einzelner Unternehmen unterscheiden sich auch im Hinblick auf die Qualität der vorhandenen Produktionsfaktoren, wobei den Mitarbeitern eine besonders wichtige Bedeutung zukommt. Durch den Einsatz qualifizierter und motivierter Mitarbeiter werden beispielsweise innerhalb einer Periode mehr qualitativ hochwerte Produkte gefertigt, ein geringerer Ausschuss produziert, vergleichsweise wenig Material eingesetzt oder mehr Kunden gewonnen als in einem anderen Unternehmen.
- **Leistungsprogramm des Unternehmens**. Je nach Art und Umfang stellen sich entweder Synergieeffekte ein oder es ergeben sich zusätzliche Kosten zur Koordination unterschiedlichster betrieblicher Aktivitäten (z. B. auf dem Beschaffungs- oder Absatzmarkt). Beispielsweise ist es das Ziel der Allfinanzstrategie von Banken, Synergieeffekte zu nutzen, um klassische Bankprodukte, Bausparverträge und Versicherungen anzubieten. Der Vorteil wird in geringeren Vertriebskosten und einer stärkeren Kundenbindung gesehen.
- **Rahmenbedingungen**. Auf Grund von Innovationen (z. B. neue Fertigungsverfahren, neue Werkstoffe, neue Kommunikationsmöglichkeiten) verändert sich das Kostenniveau.

Wichtige Begriffe zum ersten Einflussfaktor der Beschäftigung sind:

Beschäftigung Absolute periodenbezogene Nutzung der Kapazität (in der Regel gemessen in Stückzahl oder Stunden), abgekürzt durch x.

Kapazität Maximales Leistungsvermögen der Betriebsmittel innerhalb einer Periode. Beispielsweise können auf der Basis der vorhandenen Maschinen pro Monat maximal 5.200 Einheiten hergestellt werden.

Beschäftigungsgrad Relative Beschäftigung. Diese wird ermittelt, in dem die Beschäftigung zur Kapazität ins Verhältnis gesetzt wird.

Das Verhältnis der Kosten zur Beschäftigung wird durch den Reagibilitätsgrad (R) bestimmt, der auf Mellerowicz (vgl. 1973, S. 286) zurückgeht.

$$R = \frac{\text{Relative (prozentuale) Kostenänderung}}{\text{Relative (prozentuale) Beschäftigungsänderung}}$$

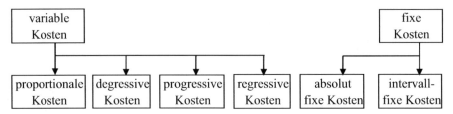

Abb. 2.2 Kosten in Abhängigkeit von der Beschäftigung

Beispiel

Ein Reagibilitätsgrad von 0,30 besagt, dass einer Beschäftigungsänderung von 10% eine Kostenänderung von 3% gegenübersteht. Alternativ kann an Stelle eines Reagibilitätsgrades von 0,3 auch von einem Variator 3 gesprochen werden.

Je nach dem Wert von R wird von folgenden Kostenverläufen ausgegangen:

R = 0 fixe Kosten
R = 1 variable Kosten mit proportionalem Verlauf
R < 1 variable Kosten mit degressivem (unterproportionalem) Verlauf
R > 1 variable Kosten mit progressivem (überproportionalem) Verlauf

A) Gesamtkosten

Die Gesamtkosten (K) setzen sich aus fixen (K_f) und variablen Kosten (K_v) zusammen. Dabei gilt: $K = K_f + K_v$

Wie bereits verdeutlicht, können die variablen Kosten einen proportionalen, degressiven oder progressiven Verlauf haben (Abb. 2.2). Ein regressiver Verlauf (fallende Kosten bei steigender Beschäftigung) ist ohne praktische Relevanz und muss daher nicht weiter ausgeführt werden. Die fixen Kosten werden nach absolut fixen Kosten und intervallfixen Kosten unterschieden.

B) Variable Kosten

Kosten, die sich in Abhängigkeit von der Beschäftigung (x) verändern, sind variable Kosten.

Proportionaler Verlauf

Jede Beschäftigungsänderung führt zur gleichen Änderung der Kosten (R=1).
   Beispiel: Kosten für Hilfsstoffe.

Degressiver Kostenverlauf

Eine Beschäftigungsänderung führt zu einer geringeren relativen Kostenänderung (z. B. R=0,5) = unterproportional.
   Beispiel: Rohstoffkosten bei vorhandenen Mengenrabatten.

Progressiver Kostenverlauf

Eine Beschäftigungsänderung führt zu einer höheren relativen Kostenänderung (z. B. R=1,5) = überproportional.

2.2 Kostendifferenzierung

Beispiel: Überstundenzuschläge für Mitarbeiter zur Durchführung von Sonderschichten.

C) Fixe Kosten

Kosten, die innerhalb einer vorhandenen Kapazität unabhängig von der konkreten Beschäftigung bzw. vom Beschäftigungsgrad sind, werden als fixe Kosten bezeichnet.

Beispiele

- Gehaltskosten
- Miete (z. B. für ein Büro)
- Abschreibungen (bei Abschreibungen über die Nutzungsdauer)
- Zinsen für den Kapitaleinsatz

a. Bestimmungsfaktoren für fixe Kosten

Bei näherer Betrachtung stellt sich allerdings heraus, dass die Festlegung, bestimmte Kosten seien fix, von zwei Kriterien abhängig ist:
- Entscheidungszeitraum
- Teilbarkeit von Produktionsfaktoren

1. Entscheidungszeitraum

Betriebswirtschaftlich von Interesse ist die Frage nach der zeitlichen Abbaubarkeit der fixen Kosten, denn auf „lange Sicht" sind alle fixen Kosten variabel.

Beispiel 1

Es besteht die Möglichkeit, Arbeitsplätze bei betriebsbedingter Kündigung oder bei Fluktuation nicht wieder zu besetzen, sodass sich dann die fixen Kosten abbauen lassen.

Beispiel 2

Für einen Lkw wurde ein Leasingvertrag über 4 Jahre abgeschlossen. Ein Jahr ist seit Vertragsabschluss vergangen. Insofern sind die Leasingraten für die nächsten drei Jahre fixe Kosten.

Fazit

Ob Kosten fix oder variabel sind, hängt allein von der jeweiligen betrieblichen Entscheidungssituation ab. Insofern sind die genannten zwei Beispiele unter dieser Prämisse zu sehen.

Die Abbaubarkeit fixer Kosten über den Zeitverlauf lässt sich auch grafisch veranschaulichen (Abb. 2.3), wobei der Zeithorizont auf der x-Achse und die Höhe der fixen Kosten auf der y-Achse abgetragen werden.

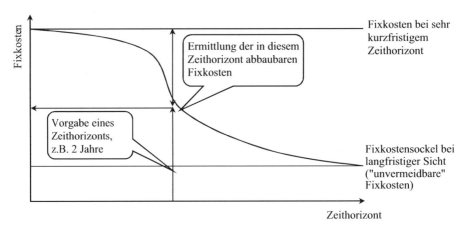

Abb. 2.3 Abbaubarkeit fixer Kosten

Wichtig ist die Vorgabe

- der **Ziele** (z. B. Reduzierung der Produktionskapazitäten von 200.000 Stück auf 130.000 Stück pro Jahr, Abbau der Beschäftigten von 5.000 auf 3.500 Mitarbeiter) und
- der Berücksichtigung der geplanten **Maßnahmen**. Die fixen Personalkosten sinken beispielsweise beim Abbau der Beschäftigtenzahlen durch einen Einstellungsstopp im Rahmen der natürlichen Fluktuation langsamer als bei betriebsbedingten Kündigungen.

2. Teilbarkeit von Produktionsfaktoren

Wöhe (vgl. 2013, S. 300) weist zu Recht darauf hin, dass die Entstehung von fixen Kosten in der mangelnden Teilbarkeit vieler Produktionsfaktoren zu sehen ist.

Beispiel
Ein Unternehmen beschäftigt seine Mitarbeiter im Rahmen einer kapazitätsorientierten variablen Arbeitszeit (vgl. hierzu Horsch 2000, S. 238). Auf der Basis eines zwischen Arbeitgeber und Arbeitnehmer vereinbarten Jahresarbeitszeitvolumens wird der Arbeitnehmer auf Abruf tätig.

Fazit
Je mehr die Kapazitäten flexibel an die Beschäftigung angepasst werden können (z. B. durch Verträge) desto variabler ist die Kostenstruktur.

b. Intervallfixe (sprungfixe) Kosten
Diese stellen eine eigene Kategorie der fixen Kosten dar.

Beispiel
Ein Unternehmen verfügt zurzeit über eine Produktionskapazität von 7.000 Stück pro Jahr. Die Abschreibungen für die Maschinen stellen fixe Kosten dar. Diese fixen Kosten gehören zu einem Beschäftigungsintervall (0 – 7.000 Stück).

2.2 Kostendifferenzierung

Für das nächste Jahr liegt die erwartete Absatzmenge bei 9.000 Stück. Deshalb erfolgt eine Erweiterungsinvestition. Allerdings kann die neue Maschine nur für weitere 1.500 Stück oder für weitere 3.000 Stück beschafft werden. Durch den Kauf der Maschine mit größerer Kapazität erhöht sich die Gesamtkapazität auf 10.000 Stück pro Jahr. Die gesamten fixen Kosten steigen auf Grund der zusätzlichen fixen Kosten für die Abschreibungen der neuen Anlage und der zusätzlichen Personalkosten nun sprunghaft an und bleiben dann für das neue Beschäftigungsintervall (0 – 10.000 Stück) fix.

c. Kostenremanenz

Im Zusammenhang mit aufgebauten fixen Kosten ist auch auf die Problematik der Kostenremanenz hinzuweisen. Bei einem Rückgang der Beschäftigung unterhalb der bisherigen Kapazität reduzieren sich die aufgebauten Fixkosten **nicht**. Die aufgebauten zusätzlichen Fixkosten (z. B. die Abschreibungen der Maschinen und die Gehälter der Mitarbeiter) bleiben (zunächst) auf dem hohen Niveau, die erst wieder durch geeignete Maßnahmen (z. B. Veräußerung der Maschine, Kündigung der Mitarbeiter) reduziert werden können.

d. Nutz- und Leerkosten

Werden die bereitgestellten Produktionsfaktoren mit ihren Kapazitäten komplett genutzt, stellen die daraus resultierenden fixen Kosten (z. B. die Abschreibungen) in voller Höhe **Nutzkosten** dar. Geht allerdings der Absatz zurück und die neue Maschine wird nur zu 70 % genutzt, stellen die 70 % der Abschreibungen Nutzkosten und die übrigen 30 % **Leerkosten** dar. Die Leerkosten sind auf Grund der Kostenremanenz fixe Kosten.

Beispiel

In einem Unternehmen wird für eine Kostenstelle geplant, dass die Fertigungsanlagen im Gesamtumfang von 10.000 Stück ausgelastet werden. Die Fixkosten betragen 200.000 €. Die Abb. 2.4 zeigt, dass

- sich die fixen Kosten (K_f) aus Leerkosten (K_l) und Nutzkosten (K_n) zusammensetzen.
- für jede Produktionseinheit 20 € an fixen Kosten verrechnet werden (200.000 € : 10.000 Stück). Dabei handelt es sich um die Nutzstückkosten (k_n).

Variante	A	B	C	D	E
Beschäftigung x	1	2.500	6.000	7.500	10.000
K_f (€)	200.000	200.000	200.000	200.000	200.000
K_l (€)	199.980	150.000	80.000	50.000	0
K_n (€)	20	50.000	120.000	150.000	200.000
k_f (€)	200.000	80	33,33	26,67	20
k_l (€)	199.980	60	13,33	6,67	0
k_n (€)	20	20	20	20	20

Abb. 2.4 Nutz- und Leerkosten

- die K_l die Kosten der nicht genutzten geplanten Kapazität sind.
- die K_n die Kosten der in Anspruch genommenen geplanten Kapazität sind.
- mit zunehmender Auslastung sich alle K_l proportional in K_n verwandeln.
- bei der geplanten Beschäftigung von 10.000 Stück die K_n mit K_f übereinstimmen. Gleiches gilt für die k_n und die fixen Stückkosten k_f.
- Änderungen im Verhältnis von K_n und K_l keinen Einfluss auf die Höhe der K_f haben.

D) Stückkosten

Bei den Stückkosten (k) handelt es sich um die durchschnittlichen Kosten einer produzierten Einheit. Dabei werden die Gesamtkosten (K) durch die Beschäftigungsmenge (x) dividiert. Das gleiche Ergebnis wird erzielt, wenn die gesamten fixen Kosten (K_f) und die gesamten variablen Kosten (K_v) durch die Beschäftigungsmenge dividiert oder die fixen Stückkosten (k_f) und die variablen Stückkosten (k_v) addiert werden.

$$k = \frac{K}{x}$$

$$k = \frac{K_f}{x} + \frac{K_v}{x}$$

$$k = k_f + k_v$$

Fixkostendegression

Von besonderer Bedeutung ist die Fixkostendegression. Bei vorhandenen Fixkosten und steigender Beschäftigungsmenge verläuft die Kurve der fixen Stückkosten degressiv fallend. Das heißt, dass bei zunehmender Beschäftigung eine Produkteinheit einen immer geringer werdenden Anteil der fixen Kosten zugerechnet bekommt. Dieser Effekt kann auch als Gesetz der Massenproduktion verstanden werden.

$$k_f = \frac{K_f}{x}$$

Übertragen auf das Gesamtunternehmen führt die Fixkostendegression bei entsprechender Produktionsmenge und vergleichbarer Qualität üblicherweise zu Wettbewerbsvorteilen. Die Lebenszyklen vieler Branchen (Telekommunikation, Energie, Automobil) zeigen, dass eine kritische Masse als Absatzmenge notwendig ist, um im Massenmarkt (nicht Nischenanbieter) erfolgreich zu sein. Dies führt im Regelfall zu Konzentrationsprozessen, das heißt in Folge von Unternehmensübernahmen oder des Ausscheidens von Unternehmen vom Markt wird die Zahl der Wettbewerber kleiner.

E) Grenzkosten

Grenzkosten (K′) stellen den Gesamtkostenzuwachs dar, wenn die Beschäftigung um eine zusätzliche Einheit ansteigt. Mathematisch handelt es sich um die erste Ableitung der Gesamtkostenfunktion.

$$K' = \frac{\text{Kostenzuwachs } K_2 - K_1}{\text{Beschäftigungszuwachs } x_2 - x_1}$$

F) Zusammenfassende Darstellung

Abbildung 2.5 veranschaulicht an jeweiligen Rechenbeispielen die einzelnen Kostenverläufe:

1. Degressiver Kostenverlauf von variablen Kosten
2. Proportionaler Kostenverlauf von variablen Kosten
3. Progressiver Kostenverlauf von variablen Kosten
4. Absolut fixe Kosten
5. Sprungfixe Kosten
6. Absolut fixe Kosten und proportional variable Kosten

G) Übungsaufgabe zu den Kostenbegriffen

Übungsaufgabe 1: Kostenbegriffe

Das Unternehmen Klug & Schlau stellt Navigationsgeräte her. Die variablen Kosten je Stück betragen 120 €. Außerdem fallen in jedem Monat für Gehälter, Abschreibungen, Zinsen usw. 150.000 € an fixen Kosten an. Die Kapazitätsgrenze liegt monatlich bei maximal 2.500 Produkteinheiten.

1. Berechnen Sie die variablen Kosten, die Gesamtkosten sowie die Stückkosten bei einer Produktionsmenge von 500, 1.000, 1.500, 2.000 und 2.500 Stück.
2. Das Unternehmen sieht deutliche Expansionsmöglichkeiten. Deshalb werden Erweiterungsinvestitionen durchgeführt. Die künftige Kapazitätsgrenze liegt nun bei 4.500 Mengeneinheiten pro Monat. Gleichzeitig entstehen (z. B. für zusätzliche Gehälter, Abschreibungen usw.) weitere fixe Kosten in Höhe von 102.000 €/Monat. Wie hoch sind nun die variablen Kosten, die Gesamtkosten und die Stückkosten bei 3.000, 3.500, 4.000 und 4.500 Produkteinheiten?
3. Einige Monate nach der erfolgten Kapazitätserweiterung hat sich die Auftragslage auf Grund einer Wirtschaftskrise deutlich verschlechtert. Die Absatzmenge liegt in den folgenden Monaten zwischen 2.000 Stück und 2.500 Stück. Ermitteln Sie auf der Basis dieser Situation die variablen Kosten, die Gesamtkosten und die Stückkosten bei einer Produktionsmenge von 2.000 Stück und für 2.500 Stück.
4. Angenommen die Kapazitätserweiterung wäre nicht erfolgt. An Stelle einer Erweiterungsinvestition wird überlegt, die über die Kapazitätsgrenze von 2.500 Stück hinausgehenden Aufträge per Auftragsfertigung an zwei Subunternehmen zu vergeben.

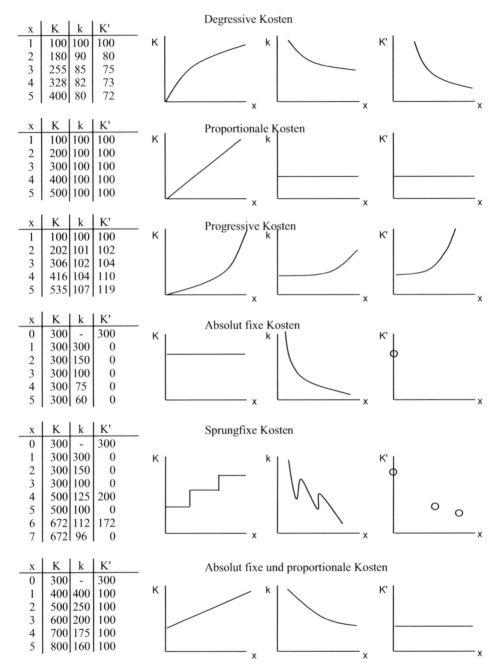

Abb. 2.5 Kostenverläufe

2.2 Kostendifferenzierung

5. Beim Subunternehmen 1 können monatlich bis zu 500 Produkteinheiten zu 180 € und beim Subunternehmen 2 darüber hinaus bis zu 1.500 Produkteinheiten zu je 240 € bezogen werden.
6. Wie hoch sind bei dieser Alternative die variablen Kosten, die Gesamtkosten und die Stückkosten bei einer Produktion von 3.000, 3.500, 4.000 und 4.500 Stück?
7. Formulieren Sie jeweils für die Situationen der Aufgaben 1, 2 und 4 die Kostenfunktionen K(x), die die Höhe der Gesamtkosten K in Abhängigkeit von der Beschäftigung x (in Stück) beschreibt.
8. Berechnen Sie die Grenzkosten in den Fällen 1 (bis 2.500 Stück), 2 (bis 2.500 und von 2.501 bis 4.500 Stück) und 4 (bis 2.500 Stück, von 2.501 bis 3.000 Stück und von 3.001 bis 4.500 Stück).
9. Gehen Sie davon aus, dass der Verkaufspreis pro Stück bei 200 € liegt. Wie entscheiden Sie sich, wenn die Kapazität entweder gemäß Aufgabe 2 oder 4 erweitert werden kann. Erläutern Sie, ob Ihre Empfehlung an eine Annahme oder Bedingung geknüpft ist. Berechnen Sie jeweils das erzielte Betriebsergebnis für 3.000, 3.500 und 4.500 Stück.
10. Berechnen Sie, wie viele Produkteinheiten verkauft werden müssen, damit bei einem Beschäftigungsrückgang nach erfolgter Kapazitätsausweitung gemäß Aufgabe 2 ein mindestens ebenso hohes Betriebsergebnis erzielt wird wie in der Ausgangssituation der Aufgabe 1 bei Vollauslastung.

Lösung

Aufgabe 1

Beschäftigung (Stück)	Variable Kosten (€)	Gesamtkosten (€)	Stückkosten (€)
500	60.000	210.000	420
1.000	120.000	270.000	270
1.500	180.000	330.000	220
2.000	240.000	390.000	195
2.500	300.000	450.000	180

Aufgabe 2

Beschäftigung (Stück)	Variable Kosten (€)	Gesamtkosten (€)	Stückkosten (€)
3.000	360.000	612.000	204
3.500	420.000	672.000	192
4.000	480.000	732.000	183
4.500	540.000	792.000	176

Hinweis Es wird deutlich, dass die Stückkosten im Vergleich zur alten Kapazitätsgrenze zunächst auf höherem Niveau liegen. Erst bei 4.200 Stück liegen die Stückkosten wieder bei 180 € und sinken ab der 4.201. Einheit auf ein geringeres Niveau.

Aufgabe 3

Beschäftigung (Stück)	Variable Kosten (€)	Gesamtkosten (€)	Stückkosten (€)
2.000	240.000	492.000	246
2.500	300.000	552.000	220,80

Hinweis: Die Remanenz der Kosten wird insbesondere deutlich, wenn die Stückkosten der Aufgabe 3 mit denen der Ausgangssituation (Aufgabe 1) verglichen werden. Bei 2.000 Stück liegen die Stückkosten nun um 51 € höher, bei 2.500 Stück um 40,80 € höher.

Aufgabe 4

Beschäftigung (Stück)	Variable Kosten (€)	Gesamtkosten (€)	Stückkosten (€)
3.000	390.000	540.000	180
3.500	510.000	660.000	188,57
4.000	630.000	780.000	195
4.500	750.000	900.000	200

Aufgabe 5
Kostenfunktion für Aufgabe 1

$$K(x) = 150.000 + 120x \qquad 0 \leq x \leq 2.500.$$

Kostenfunktion für Aufgabe 2

$$K(x) = 252.000 + 120x \qquad 0 \leq x \leq 4.500.$$

Kostenfunktion für Aufgabe 4

$$K(x) = 150.000 + 120x \qquad 0 \leq x \leq 2.500,$$

$$K(x) = 450.000 + 180(x - 2.500) \qquad 2.500 < x \leq 3.000,$$

$$K(x) = 540.000 + 240(x - 3.000) \qquad 3.000 < x \leq 4.500.$$

2.2 Kostendifferenzierung

Aufgabe 6
Grenzkosten für Aufgabe 1: $K' = 120$ € $0 \leq x \leq 2.500$
Grenzkosten für Aufgabe 2: $K' = 120$ € $0 \leq x \leq 2.500$

$K' = 120$ € $2.501 \leq x \leq 4.500$

Grenzkosten für Aufgabe 4: $K' = 120$ € $0 \leq x \leq 2.500$

$K' = 180$ € $2.501 \leq x \leq 3.000$

$K' = 240$ € $3.001 \leq x \leq 4.500$

Aufgabe 7
Ist eine langfristige Auslastung mit 4.500 Stück sehr wahrscheinlich, empfiehlt sich die Kapazitätserweiterung per Erweiterungsinvestition (Aufgabe 2). Bei Vollauslastung wird ein Betriebsergebnis von 108.000 € erzielt. Bei 3.500 Stück beträgt das Betriebsergebnis 28.000 €, bei 3.000 Stück fällt ein negatives Betriebsergebnis von 12.000 € an. Können wahrscheinlich nur kurzfristig mehr als 2.500 Stück verkauft werden, empfiehlt sich die Vergabe von Unteraufträgen an Subunternehmen (Aufgabe 4). Dies ist allerdings nur so lange sinnvoll, wie die Grenzkosten niedriger liegen als der Verkaufspreis (Grenzerlös). Insofern signalisiert bereits Aufgabe 6, dass das maximale Betriebsergebnis bei 3.000 Stück erzielt wird, weil danach die Grenzkosten auf 240 € ansteigen, während der Grenzerlös bei 200 € verbleibt. Für jede weitere Produkteinheit sinkt das Betriebsergebnis um 40 €. Bei 3.000 Stück beträgt das Betriebsergebnis 60.000 €. Bei 3.500 Stück werden als Betriebsergebnis 40.000 €, bei 4.500 Stück 0 € erzielt.

Aufgabe 8
Bei Vollauslastung beträgt das Betriebsergebnis in der Ausgangssituation 50.000 €

(Erlös: 500.000 €, Kosten 450.000 €).

$$50.000 = (200 - 120)x - 252.000,$$

$$50.000 = 80x - 252.000,$$

$$x = 3.775 \text{ Stück.}$$

2.2.2 Kostendifferenzierung nach der Zurechenbarkeit auf den Kostenträger

Neben der Kostendifferenzierung nach der Beschäftigung ist auch die Differenzierung nach der Zurechenbarkeit auf den Kostenträger von großer Bedeutung.

Kostenträger
Im Regelfall wird unter einem Kostenträger ein am Markt abzusetzendes Produkt verstanden.

A) Einzelkosten
Es handelt sich um Kosten, die durch die Erstellung von Gütern genau einer einzelnen Kostenträgereinheit direkt, das heißt ohne Schlüsselung, zugerechnet werden können. Unterschieden werden die
- Materialeinzelkosten
- Fertigungseinzelkosten

B) Gemeinkosten
Hierbei handelt es sich um Kosten, die der einzelnen Kostenträgereinheit nur indirekt (durch Schlüsselung) zugeordnet werden können (echte Gemeinkosten) oder zwar zugerechnet werden könnten, aber aus Gründen eines zu hohen Erfassungsaufwandes nicht zugerechnet werden (unechte Gemeinkosten).

C) Sondereinzelkosten
Sondereinzelkosten können zwar nicht der konkreten Kostenträgereinheit zugerechnet werden und sind daher letztlich Gemeinkosten, aber sie können einer abgrenzbaren Gruppe von Produkten, einer Serie oder einem Auftrag zugerechnet werden. Häufig handelt es sich um Kosten, die auf kundenspezifische Besonderheiten zurückzuführen sind. Zu unterscheiden ist zwischen Sondereinzelkosten der Fertigung und des Vertriebs.

Zu den **Sondereinzelkosten der Fertigung** zählen beispielsweise Spezialwerkzeuge, die nur für die Produktvariation eines Kunden benötigt werden oder spezifische Entwicklungskosten (Nullserie, Konstruktionszeichnungen).

Sondereinzelkosten des Vertriebs sind beispielsweise Transportkosten zum Kunden, Kosten für Spezialverpackung, Zölle für die Lieferung ins Ausland, Kosten einer gesonderten Transportversicherung oder Kosten für die Inbetriebnahme einer Anlage und die Schulung des Bedienungspersonals im Rahmen eines Auftrags.

2.2.3 Synthese

In Abb. 2.6 werden im Sinne einer Matrix

- der Differenzierung der Kosten nach der Beschäftigung (variable, fixe Kosten)
- die Differenzierung der Kosten nach der Zurechenbarkeit auf den Kostenträger (Einzelkosten, Gemeinkosten) gegenübergestellt.

	Einzelkosten	**Gemeinkosten**
Variable Kosten	1. Rohstoffe, wenn die Verbrauchsmengen einzeln erfasst werden 2. Zulieferteile 3. Fertigungslöhne (auf Basis der gemessenen oder vorgegebenen Arbeitszeiten des Auftrages)	1. Hilfsstoffe 2. Betriebsstoffe 3. maschinenlaufzeitabhängige Reparatur und Instandhaltung 4. Vertriebsprovision 5. Büromaterial
Fixe Kosten	Prinzipiell nicht existent	1. Gehälter 2. Abschreibungen über die Zeit 3. Zinsen 4. Versicherungsbeiträge 5. Miete 6. Grundtarife für Energien

Abb. 2.6 Kostendifferenzierung nach Beschäftigung und Zurechenbarkeit auf den Kostenträger

2.3 Systeme der Kosten- und Erlösrechnung

Eine Kostenrechnung (analog eine Erlösrechnung) ist nur möglich, wenn zuvor einerseits der **Zeitbezug** (Istkosten, Normalkosten, Plankosten) und andererseits der **Verrechnungsumfang** (Vollkosten, Teilkosten) festgelegt ist. Die beiden Dimensionen können beliebig kombiniert werden (z. B. Istkosten auf Vollkostenbasis oder Plankosten auf Teilkostenbasis) und verdeutlichen damit das im Unternehmen praktizierte Kostenrechnungssystem.

2.3.1 Ist-, Normal- und Plankostenrechnung

Die Kostenrechnung kann auf der Basis der

- Istkosten oder
- Normalkosten oder
- Plankosten erfolgen.

Typischerweise werden – je nach Zweck – alle drei Zeitdimensionen herangezogen. Zunächst sind die Begriffe zu klären:

A) Istkostenrechnung

Istkosten fußen auf den effektiven (= realisierten) Kosten, die innerhalb einer abgelaufenen Periode entstanden sind. Die Erfassung ist erst möglich, wenn der Güterverbrauch stattgefunden hat.

$$\text{Istkosten} = \text{Istmenge (Verbrauch)} \times \text{Istpreis}$$

Beispiel

Nach Abschluss eines Monats lässt sich feststellen, dass im Fertigungsprozess insgesamt 12.000 kg Aluminium verbraucht worden sind. Der Einkaufspreis beträgt 1,70 € pro kg.

Rechnung:

$$12.000 \text{ kg (Istmenge)} \times 1{,}70 \text{ €} \text{ (Istpreis pro kg)} = 20.400 \text{ €} \text{ (Istkosten)}$$

Zunächst müssen die angefallenen Istkosten systematisch erfasst werden (Kostenartenrechnung). Anschließend werden diese auf die einzelnen Kostenstellen (z. B. Abteilungen) verteilt (Kostenstellenrechnung). Auf Basis von Verrechnungssätzen (z. B. Zuschlagssätze) ist für die einzelnen Produkte bzw. Aufträge (Kostenträger) eine Ermittlung der tatsächlichen Kosten eines Auftrages (Nachkalkulation) möglich. Damit wird auch geklärt, wieviel letztlich an einem Auftrag bzw. Produkt tatsächlich verdient wird. Im Rahmen der kurzfristigen Erfolgsrechnung wird deutlich, wie erfolgreich der Betrieb in einer bestimmten Periode (z. B. Monat) gewirtschaftet hat. Es besteht Konsens (z. B. Ebert 2004, S. 136; Kalenberg 2013, S. 29; Kilger/Pampel/Vikas, S. 49; Zimmermann 2001, S. 7), dass die Istkostenrechnung nicht in Reinform existieren kann.

- Um beispielsweise eine Maschine abzuschreiben, ist eine Nutzungsdauer festzulegen. Damit findet eine Plangröße Eingang in die Istkostenrechnung. So gesehen könnte erst nach Ende der tatsächlichen Nutzungsdauer (z. B. zum Zeitpunkt der Verschrottung der Maschine) die korrekte Nutzungsdauer und damit auch der daraus folgende Abschreibungsbetrag ermittelt werden. An einer solchen Rechnung besteht allerdings kein Bedarf.
- Auch der Ausfall von Forderungen kann nur als kalkulatorische Größe Eingang finden, da sonst die Istkosten erst nach Bezahlung aller Kundenforderungen ermittelt werden könnten. Kalkulatorische Wagnisse sind aber letztlich Normalkosten (siehe hierzu Kap. 3.1.6).
- Darüber hinaus fallen für bestimmte kalkulatorische Kostenarten (z. B. kalkulatorische Zinsen auf das Eigenkapital, kalkulatorischer Unternehmerlohn, kalkulatorische Miete) keine Auszahlungen an, für die sich somit Istpreise gar nicht ermitteln lassen.

Damit wird deutlich, dass auch die Istkostenrechnung sich ein Stück weit in Richtung Normalkostenrechnung bewegt. Istkosten werden somit nur für bestimmte Kostenarten real erfasst (z. B. Materialkosten, Personalkosten).

Gleichwohl ist die Istkostenrechnung rechentechnisch ein schwerfälliges Verfahren, mit der ein hoher Arbeitsaufwand verbunden ist. Beispielsweise müssen die exakten Verbrauchsmengen bestimmt und die Preise für den güterwirtschaftlichen Verbrauch (z. B. Rohstoffe, Zulieferteile) bei gegebenenfalls schwankendem Preisniveau festgestellt werden. Auch die Ermittlung der tatsächlichen Kosten der innerbetrieblichen Leistungsverrechnung ist aufwändig.

2.3 Systeme der Kosten- und Erlösrechnung

Abgesehen von der Problematik bei der Ermittlung von Istkosten ist darüber hinaus festzuhalten, dass Istkosten als Kontroll- und Steuerungsinstrument nur bedingt in Frage kommen. Dies liegt einerseits daran, dass keine Vorgabewerte (Sollwerte) vorliegen. Es steht nur der Zeitvergleich zur Verfügung (z. B. mit den zuvor bereits abgeschlossenen Perioden). Andererseits sind Istkosten immer das Ergebnis zahlreicher Kosteneinflussgrößen. Die Auswirkungen von Preisschwankungen, Beschäftigungsschwankungen sowie von unterschiedlichen Unwirtschaftlichkeiten sind im Detail häufig nicht feststellbar.

Beispiel
Sonderzahlungen an die Mitarbeiter (Urlaubsgeld, Weihnachtsgeld) als auch jährliche Zahlungen (z. B. für Versicherungsbeiträge) fallen nur zu bestimmten Monaten (z. B. im Januar, Juni, Dezember) an. Insofern sind diese Monate mit anderen Monaten schwer vergleichbar.

B) Normalkostenrechnung
Eine Normalkostenrechnung basiert auf Durchschnittswerten, die aus mehreren abgeschlossenen Perioden der Vergangenheit stammen.

$$\text{Normalkosten} = \text{Normalmenge (Verbrauch)} \times \text{Normalpreis}$$

Beispiel
Nach Abschluss eines Monats werden auf Basis der gefertigten Stückzahl von 2.000 Einheiten eines Produktes und einem Normalverbrauch von 5,8 kg Aluminium pro Stück und einem Preis auf Normalkostenniveau in Höhe von 1,60 € pro kg die Normalkosten bestimmt.
Rechnung:

$$11.600 \text{ kg (Normalverbrauch 2.000 Stück} \times 5,8 \text{ kg/Stück)} \times 1,60 \text{ €/kg}$$
$$(\text{Normalpreis pro kg}) = 18.560 \text{ € (Normalkosten)}$$

Sinnvollerweise handelt es sich bei den Normalkosten nicht „nur" um einen statistischen Mittelwert. Vielmehr bietet es sich an, dass Sondereinflüsse wie Preisänderungen, veränderte Produktionsverfahren, höhere Anlaufkosten neuer Maschinen usw. berücksichtigt werden. Insofern wird mit modifizierten Mittelwerten gearbeitet. Im Regelfall stehen bei der Normalkostenrechnung die Gemeinkosten im Mittelpunkt, da für die Einzelkosten Plankosten (Vorkalkulation) bzw. Istkosten (Nachkalkulation) verwendet werden. Bei den Gemeinkosten werden typischerweise nicht die einzelnen Kostenarten normalisiert. Es erfolgt vielmehr eine Berechnung auf Basis von Verrechnungssätzen für die innerbetriebliche Leistungsverrechnung sowie von Verrechnungssätzen für die Kalkulation. Daraus resultieren auf allen Kostenstellen Über- oder Unterdeckungen zwischen den Istkosten und den kalkulierten Normalkosten. Im Gegensatz zur Istkostenrechnung liegt der Vorteil in einer Vereinfachung und Beschleunigung der Kosten- und Erlösrechnung, da auf die durch Belege dokumentierte Erfassung der tatsächlich angefallenen Kosten verzichtet wird. Besonderheiten einzelner Perioden (z. B. Kosten für eine Großinstandhaltung) gehen nur als Durchschnittswerte ein. Durch die Beschleunigung der Kostenrechnung kann beispielsweise sehr schnell eine Vorkalkulation für einen Auftrag vorgelegt werden. Auch für die Bestandsbewertung der fertigen und unfertigen Erzeugnisse ist eine Normalkostenrechnung von Bedeutung.

Auch wenn sich mit der Normalkostenrechnung – im Vergleich zur Istkostenrechnung – eine bessere Grundlage für eine Kostenkontrolle ergibt, ist eine tiefergehende Analyse nicht möglich, da selbst Normalkosten mit Unwirtschaftlichkeiten behaftet sind.

C) Plankostenrechnung

Im Gegensatz zur Ist- und Normalkostenrechnung ist die Plankostenrechnung nicht das Ergebnis vergangener Perioden, sondern sie orientiert sich am zukünftig erwarteten wirtschaftlichen Geschehen, wobei die Auftragseingangsplanung als Schlüssel für die Planung gilt. Ausgangspunkt ist die Prognostizierung der Absatzmengen der einzelnen Produkte (Kostenträger) durch den Vertrieb. Auf Basis der geplanten Absatzmengen wird der Faktorverbrauch von Roh-, Hilfs-, Betriebsstoffen, Maschinenkapazitäten, Personalbedarf usw. ermittelt. Auch die erwarteten Preise für die Produktionsfaktoren werden geplant. So wird beispielsweise die Erwartung berücksichtigt, dass auf Grund des neuen Tarifvertrages sich die Kosten pro Arbeitsstunde um 3 % erhöhen werden.

$$\text{Plankosten} = \text{Planmenge (Verbrauch)} \times \text{Planpreis}$$

Für einen Monat wird mit einer Auftragsmenge von 2.100 Stück eines Produktes gerechnet. Im Rahmen verschiedener Untersuchungen wurde deutlich, dass pro Produkteinheit inklusive geplantem Ausschuss 5,6 kg Aluminium benötigt werden. Der Preis pro kg wird mit 1,75 € geplant.
Rechnung:

11.760 kg (Planmenge 2.100 Stück × 5,6 kg / Stück) × 1,75 € (Planpreis pro kg)
= 20.580 € (Plankosten)

Die Plankostenrechnung ist für die Planung, Steuerung und Kontrolle des Betriebsgeschehens bestens geeignet. So ist einerseits eine Budgetierung künftiger Perioden möglich, andererseits eine detaillierte Wirtschaftlichkeitsanalyse im Rahmen eines Soll-Ist-Vergleiches.

2.3.2 Vollkostenrechnung und Teilkostenrechnung

Ein Kostenrechnungssystem wird nicht nur nach dem Zeitbezug festgelegt, sondern auch nach dem Verrechnungsumfang. Dabei wird zwischen einer Vollkostenrechnung und einer Teilkostenrechnung unterschieden.

A) Vollkostenrechnung

Alle Kosten, unabhängig davon ob es sich um Einzelkosten oder Gemeinkosten bzw. fixe oder variable Kosten handelt, werden den Kostenstellen und folglich auch den Kostenträgern zugerechnet. Durch Berücksichtigung aller Kosten, die für ein Produkt (Kostenträger) aufgewendet werden, wird auch die langfristige Preisuntergrenze ermittelt (siehe auch Kap. 5.2.2). Nur bei einem Absatzpreis, der der langfristigen Preisuntergrenze entspricht, kann ein Unternehmen langfristig am Markt bestehen. Darüber hinaus ist die Vollkostenrechnung beispielsweise für die Bewertung von Beständen (unfertige und fertige Erzeugnisse) auch für die Bilanzierung zwingend notwendig.

Gleichwohl kann der ausschließliche Einsatz einer Vollkostenrechnung auch zu Fehlentscheidungen führen. So kann beispielsweise die Frage, ob ein Produkt auch künftig im Sortiment bleiben sollte, mit einer Vollkostenrechnung nicht sinnvoll beantwortet werden (siehe auch Kap. 5.3).

Trotz ihrer Schwächen hat die Vollkostenrechnung eine große Verbreitung in der Unternehmenspraxis und wird dort als unverzichtbar angesehen (siehe auch Befragungsergebnis Nr. 3 in Kap. 2.3.3).

B) Teilkostenrechnung

Bei der Teilkostenrechnung (auch als Deckungsbeitragsrechnung bezeichnet) werden nicht alle Kosten, sondern nur eine Teilmenge (die variablen Kosten) den Kostenstellen bzw. Kostenträgern zugerechnet. Von besonderer Bedeutung ist daher die Aufteilung in fixe und variable Kosten. Insbesondere für Entscheidungen mit kurzfristigem Zeithorizont (z. B. Annahme von Aufträgen Sortimentsplanung, Verfahrensauswahl) ist die Teilkostenrechnung von großer Bedeutung. Darüber hinaus ist ihr Einsatz auch im Rahmen der Planung und Kontrolle, aber auch in der Kostenstellenrechnung, Kostenträgerstückrechnung und Erfolgsrechnung von Interesse.

2.3.3 Synthese

Abbildung 2.7 verdeutlicht, dass ein Kostenrechnungssystem immer eine bestimmte Kombination der zwei oben genannten Dimensionen Zeitbezug und Verrechnungsumfang darstellt. Beispielsweise gibt es entweder eine Istkostenrechnung auf Teilkostenbasis oder eine Istkostenrechnung auf Vollkostenbasis.

Zeitbezug → Verrechnungs- ↓ umfang	Istkostenrechnung	Normalkostenrechnung	Plankostenrechnung
Vollkostenrechnung	Istkostenrechnung auf Vollkostenbasis	Normalkostenrechnung auf Vollkostenbasis	Plankostenrechnung auf Vollkostenbasis (starr, flexibel)
Teilkostenrechnung	Istkostenrechnung auf Teilkostenbasis	Normalkostenrechnung auf Teilkostenbasis (ohne Bedeutung)	Plankostenrechnung auf Teilkostenbasis (Grenzplankostenrechnung)

Abb. 2.7 Kostenrechnungssystem nach Zeitbezug und Verrechnungsumfang. (modifiziert nach Haberstock 2008a, S. 173)

Untersuchungsergebnis 3: Methoden der Kostenrechnung und des Kostenmanagements;
Die Tabelle verdeutlicht die Bedeutung einzelner Methoden der Kostenrechnung und des Kostenmanagements sowie deren Verbreitung in den befragten Industrieunternehmen. Die Skala reicht dabei von 5 (sehr wichtig) bis 1 (nicht wichtig).

System	Skalenwert	Verbreitung in (%)
Klassische Vollkostenrechnung	4,11	83,3
Mehrstufige Deckungsbeitragsrechnung	4,00	86,0
Einstufige Deckungsbeitragsrechnung	3,83	57,1
Benchmarking	3,70	88,1
Kundenerfolgsrechnung	3,50	81,0
Target Costing	3,33	71,4
Prozesskostenrechnung	2,84	45,2
Gemeinkostenwertanalyse	2,84	59,5
Lebenszykluskostenrechnung	2,75	38,1
Zero-Base-Budgeting	2,60	46,5

Sowohl der Bedeutung (Skalenwert) als auch der Verbreitung nach zu urteilen, sind bei den befragten Industrieunternehmen die klassische Vollkostenrechnung sowie die mehrstufige und/oder einstufige Deckungsbeitragsrechnung die Regelsysteme der Kostenrechnung. Ergänzend kommen Methoden zum Einsatz, die überwiegend zum Kostenmanagement gezählt werden.

Vollkostenrechnung 3

Lernziele

In diesem Kapitel lernen Sie
- die einzelnen Elemente eines Vollkostensystems näher kennen.
- zu unterscheiden, welche Kostenarten in einem Unternehmen von Bedeutung sind.
- die Bildung von Kostenstellen kennen. Sie wissen, wie Kostenarten auf Kostenstellen verrechnet werden können, wie eine innerbetriebliche Leistungsverrechnung erfolgt und können abschließend Zuschlagsätze für die Kalkulation ermitteln.
- wie die Selbstkosten von Produkten bzw. Aufträgen ermittelt werden. Sie können beurteilen, welches Verfahren der Kalkulation für eine konkrete betriebliche Situation angewendet werden sollte und können darüber hinaus die Qualität der gefundenen Lösungen einschätzen.
- die Vorgehensweise zur Ermittlung des betrieblichen Erfolges kennen.
- die Durchführung von Abweichungsanalysen. Sie können anschließend beurteilen, warum und in welcher Höhe Plankosten und Istkosten voneinander abweichen.

Abbildung 3.1 zeigt, wie die einzelnen Elemente der Kosten- und Erlösrechnung bei einem Vollkostensystem aufgebaut sind.

3.1 Kostenartenrechnung

Aufgaben

Die Kostenartenrechnung hat insbesondere folgende **Aufgaben**, die sich je nach dem Zeitbezug des Kostenrechnungssystems unterscheiden.

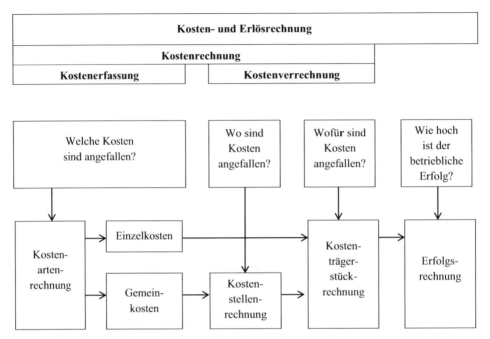

Abb. 3.1 Vollkostensystem

Im Rahmen der **Istkostenrechnung** sind es insbesondere folgende Aufgaben:

- Abgrenzung von Aufwendungen (aus Finanzbuchhaltung) und Kosten sowie die Erfassung von Anderskosten und Zusatzkosten.
- Erfassung aller in einer Abrechnungsperiode angefallenen Kosten der Art und Höhe nach, wobei – soweit möglich – die Verbrauchsmengen und Preise gesondert ausgewiesen werden.
- Aufteilung der Gesamtkosten in Einzelkosten und Gemeinkosten. Bei jeder Kostenart ist zu prüfen, ob diese einer Kostenträgereinheit direkt zugerechnet werden können (Einzelkosten) oder nicht (Gemeinkosten).
- Pflege von Kostenstatistiken. Einerseits kann für jede Kostenart deren Bedeutung an den Gesamtkosten ermittelt werden (relative Kostenhöhe), andererseits lassen sich für die Kostenarten Entwicklungen im Zeitablauf (absolut oder relativ) aufzeigen. Dabei wird auch von einer Kostenstrukturanalyse gesprochen.

Die **Plankostenrechnung** setzt eine Gesamtplanung des Unternehmens voraus. Ausgehend von den geplanten Absatzmengen der Produkte lassen sich Materialkosten, Personalkosten und die übrigen Kostenarten ableiten. Häufig erfolgt die Kostenplanung für jede einzelne Kostenstelle.

Im Rahmen der **Normalkostenrechnung** erfolgt im Regelfall keine Berechnung der Einzelkosten, da hierfür Plan- oder Istwerte herangezogen werden. Für die Gemeinkosten

3.1 Kostenartenrechnung

Ziel	\multicolumn{2}{l|}{Ziel ist die vollständige Erfassung der in einer Periode (Im Regelfall Monat) angefallenen Kosten. Dabei werden gleichartige Werteverzehre betrieblichen Vermögens aus der Betriebstätigkeit unter einer Kostenart dargestellt und in Geld bewertet. Damit wird auch eine Kostenstrukturanalyse ermöglicht.}
Kostentypus	**Grundkosten**	**Kalkulatorische Kosten**
Kostenermittlung	Aus der Aufwandsrechnung (Gewinn- und Verlustrechnung) der Finanzbuchführung als Kostenarten bewertungsgleich und periodenidentisch übernommener Zweckaufwand (aufwandsgleiche Kosten).	Eigens für die Kostenrechnung in Form von Anderskosten (aufwandsverschiedene Kosten) oder Zusatzkosten (aufwandslose Kosten)
Wesentliche Kostenarten	- Materialkosten (inkl. Energiekosten) - Personalkosten - Dienstleistungskosten u. sonstige Grundkosten	- Kalkulatorische Abschreibungen - Kalkulatorische Zinsen - Kalkulatorische Wagnisse - Kalkulatorischer Unternehmerlohn - Kalkulatorische Miete

Abb. 3.2 Basis der Kostenartenrechnung

werden Verrechnungssätze verwendet, die allerdings nicht nach Kostenarten, sondern nach Kostenstellen differenziert werden. Insofern erfolgt regelmäßig keine Kostenartenrechnung auf Normalkostenniveau.

Übersicht
Die Abb. 3.2 verdeutlicht, dass bei der Kostenartenrechnung zwei verschiedene Kategorien von Kostenarten zu unterscheiden sind: Die **Grundkosten** umfassen dabei solche, die üblicherweise aus den Informationsquellen der Finanzbuchführung übernommen werden. Im Gegensatz dazu existieren bei den **kalkulatorischen Kostenarten** in der Finanzbuchführung entweder überhaupt keine entsprechenden Aufwandsarten (Zusatzkosten) oder es kommt zu wertmäßigen Differenzen zwischen Aufwand und Kosten (Anderskosten).

An die Qualität der Kostenerfassung sind hohe Anforderungen zu stellen: Sofern Kosten unvollständig, sachlich falsch oder mit falschen Wertansätzen ermittelt werden, sind auch die übrigen Teile der Kostenrechnung fehlerhaft.

Untersuchungsergebnis 4: Bedeutung der Kostenarten
Die Tabelle zeigt die durchschnittliche Kostenstruktur bei den befragten Industrieunternehmen. Dabei wird die hohe Bedeutung der Materialkosten deutlich, die bei allen be-

fragten Unternehmen auf Rang 1 liegt. Zusammen mit den Betriebsstoffen sind es durchschnittlich 50% der Gesamtkosten. Auch die Personalkosten weisen eine überdurchschnittliche Bedeutung auf. Interessant ist, dass 30% der befragten Industrieunternehmen keine kalkulatorischen Zinsen berücksichtigen, bei den kalkulatorischen Wagnissen sind es sogar 50%.

Die Ergebnisse weisen darauf hin, dass der Anteil der einzelnen Kostenarten bei den Unternehmen deutlich schwankt.

Kostenart	Bedeutung (%)	Minimum (%)	Maximum (%)
Rohstoffe, Zulieferteile, Hilfsstoffe	44,9	20	76
Personalkosten (inkl. Zusatzkosten)	26,1	16	47
Betriebsstoffe	6,8	2	28
Kalkulatorische Abschreibungen	7,7	1,6	25
Kalkulatorische Zinsen[a]	4,2	0	10
Sonstige	15,6	–	–

[a] Der Prozentsatz bezieht sich nur auf die Unternehmen, die diese Kostenart verwenden
Hinweis: Da nur die prozentualen Werte der befragten Unternehmen vorgelegen haben und darüber hinaus die Kostenarten nicht in allen Unternehmen zur Anwendung kommen, ergibt sich keine Normierung auf 100%.

Untersuchungsergebnis 5: Einzel-/Gemeinkosten
Bemerkenswert ist, dass die befragten Industrieunternehmen die o. g. Kostenarten wertmäßig zu 63% als Einzelkosten und nur zu 37% als Gemeinkosten verrechnen. Ein näherer Einblick ist die Kostenverrechnung der Unternehmen zeigt, dass speziell bei den Personalkosten ein hoher Anteil als Einzelkosten ausgewiesen wird, was nicht immer mit der kostenrechnerischen Lehrbuchmeinung übereinstimmt, da es sich häufig um Gehälter handelt (siehe hierzu Kap. 3.1.2).

3.1.1 Materialkosten

A) Arten von Materialkosten
Wie bei der Kostenstruktur verdeutlicht, stellen die Materialkosten bei den produzierenden Unternehmen die wichtigste Kostenart dar.

Materialkosten lassen sich der Art nach wie folgt untergliedern:

- **Rohstoffe:** Es handelt sich um die wesentlichen Bestandteile eines Produktes, z. B. Stahl für Autounternehmen, Holz für Möbelunternehmen.
- **Hilfsstoffe:** Sie gehen ebenfalls unmittelbar in die Produkte ein, erfüllen aber eher eine ergänzende Funktion, z. B. Verbindungstechnik wie Nägel, Schrauben, Klebstoffe aber auch Schleif- und Poliermittel.

3.1 Kostenartenrechnung

- **Betriebsstoffe:** Diese gehen nicht unmittelbar in das Produkt ein, sind aber eine der Voraussetzungen, um den Produktionsprozess betreiben zu können. Im Kern geht es um Strom, Wasser, Treib-, Brenn- und Schmierstoffe sowie Kleinwerkzeuge.
- **Bezogene Fertigteile:** Es handelt sich um Teile, die von Lieferanten bezogen werden und physisch unverändert in das Endprodukt eingebaut werden. Bei der Herstellung eines Autos sind es beispielsweise Batterie, Autoradio, Sitze oder Reifen. Ein Anteil von über 50 % der gesamten Wertschöpfung der Automobilindustrie stammt von den Zulieferern.
- **Handelswaren:** Dies sind Güter, die ohne weitere Be- und Verarbeitung zur Abrundung des eigenen Sortiments den Kunden angeboten werden.

Nach der Zurechenbarkeit auf den Kostenträger gilt:

- **Materialeinzelkosten:** Große Teile der Rohstoffe, der bezogenen Fertigteile und der Handelswaren können als Materialeinzelkosten erfasst werden.
- **Materialgemeinkosten:** Hilfs- und Betriebsstoffe, die Kosten des Einkaufs und der Logistik aller Materialarten werden im Regelfall als Materialgemeinkosten erfasst.

B) Erfassung des mengenmäßigen Materialverbrauchs

Gerade bei den Materialkosten ist eine differenzierte Kostenerfassung sinnvoll. Daher ist zwischen dem Materialverbrauch (Menge) und dem Preis zur Bemessung des Verbrauchs zu unterscheiden. Hierzu existieren verschiedene Methoden, die in Abb. 3.3 an Hand des Materialflusses veranschaulicht werden. Um die einzelnen Methoden besser einordnen zu können, zeigt Abb. 3.4 für die wichtigsten Kriterien die Unterschiede auf.

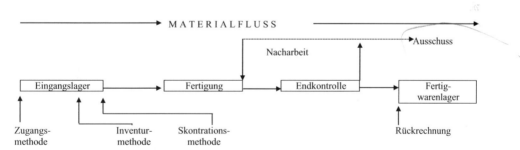

Abb. 3.3 Erfassung des Materialverbrauchs

Methode → Kriterium ↓	Zugangs- methode	Inventur- methode	Skontrations- methode	Rückrechnung
Ermittlung Verbrauch	Lagerzugang	Anfangs- bestand + Zugang lt. Lieferschein - Endbestand lt. Inventur	Summe der Material- entnahme- scheine oder Warenwirt- schaftssysteme (z.B. Scanner- kassen erfassen Warenabgang)	Stückverbrauch gemäß Stückliste x gefertigte Menge
Arbeitsaufwand der Verbrauchs- erfassung	gering	sehr hoch	hoch (Ausfüllen und Erfassung der Entnahme- scheine)	gering
Genauigkeit	gering, da keine Bestands- führung	sehr genau	sehr genau	sehr hoch bei Plan- und Normalverbrauch
Zuordnung auf Kostenstelle und Kostenträger	nicht möglich	nicht möglich	möglich	möglich
Wirtschaftlich- keitskontrolle	keine	keine	ja, i.V. mit Rückrechnung	ja, i.V. mit Skon- trationsmethode
Zeitbezug	Istkosten- rechnung	Istkosten- rechnung	Istkosten- rechnung	Normal- bzw. Plankosten- rechnung
Einsatz- empfehlung *	C-Materialien	Zur Kontrolle, i.d.R. nicht monatlich	A- und B- Materialien	A- und B- Materialien

* Im Rahmen einer ABC-Analyse (vgl. z.B. Littkemann, S. 144-154) werden die einzelnen Materialien nach ihren Verbrauchswerten geordnet und zu bestimmten Klassen (A, B oder C) zusammengefasst. Eine Ausrichtung am Verbrauchswert unterstreicht beispielsweise, dass 60 % des Werteverzehrs auf nur 8 % der Materialarten (A-Materialien), 30 % des Werteverzehrs auf 25 % der Materialarten (B-Materialien) und die übrigen 10 % des Werteverzehrs auf 67 % der Materialarten (C-Materialien) zurückzuführen sind.

Abb. 3.4 Methoden zur Ermittlung des Materialverbrauchs

Fallbeispiel 2: Ermittlung Materialverbrauch – Beispiel 1

Ein Unternehmen stellt Container aus Metall her. Im Abrechnungsmonat März ist aus folgenden Aufzeichnungen der mengenmäßige Verbrauch eines Grundierlackes festzustellen:

3.1 Kostenartenrechnung

01.03.	Anfangsbestand	668 kg
03.03.	Abgang	335 kg
07.03.	Zugang	800 kg
09.03.	Abgang	400 kg
14.03.	Abgang	650 kg
22.03.	Zugang	1.500 kg
23.03.	Abgang	750 kg
28.03.	Abgang	780 kg
30.03.	Endbestand (lt. Inventur)	32 kg

In der Abrechnungsperiode sind 70 Container des Typus A und 47 Container des Typus B gefertigt worden. Die Fertigungsplanung hat für einen A-Container 22 kg und für einen B-Container 29 kg Grundierlack veranschlagt.

Aufgabe
Bestimmung des Materialverbrauchs nach folgenden Verfahren:

- Skontrationsmethode
- Inventurmethode
- Retrograde Methode (Rückrechnung)
- Zugangsmethode

Lösung
Skontrationsmethode

$$\sum \text{Materialentnahmescheine}: 335 \text{ kg} + 400 \text{ kg} + 650 \text{ kg} + 750 \text{ kg} + 780 \text{ kg} = 2.915 \text{ kg}$$

Inventurmethode

$$668 \text{ kg} + 800 \text{ kg} + 1.500 \text{ kg} - 32 \text{ kg} = 2.936 \text{ kg}$$

Retrograde Methode

$$22 \text{ kg/Stück} \times 70 \text{ Stück} + 29 \text{ kg/Stück} \times 47 \text{ Stück} = 2.903$$

Zugangsmethode

$$800 \text{ kg} + 1.500 \text{ kg} = 2.300 \text{ kg}$$

Erklärung

- Die Differenz zwischen Skontrations- und Inventurmethode (21 kg) kann auf nicht korrekt ausgefüllten/erfassten Materialentnahmescheinen basieren. Auch der Diebstahl von Material wäre möglich.
- Die Differenz zwischen Skontrationsmethode und Retrograder Methode (12 kg) ist auf einen überplanmäßigen Verbrauch zurückzuführen. Denkbar wäre auch, dass sich einige Container noch im Bearbeitungsprozess befinden (unfertige Erzeugnisse).
- Die gravierende Differenz zwischen der Zugangsmethode und den übrigen Methoden fußt vor allem darauf, dass der ursprüngliche Lageranfangsbestand von 668 kg bis auf 32 kg nahezu abgebaut worden ist. An dieser Stelle wird die Ungenauigkeit der Methode deutlich. Im Folgemonat könnte sich dies genau ins Gegenteil verkehren.

Kalkulation der Materialeinzelkosten mit Hilfe von Gozintographen

Bei der Rückrechnungsmethode erfolgt die Verbrauchsbemessung des Normverbrauchs mit Hilfe einer Stückliste, die als Gozintograph dargestellt werden kann. Diese Überlegung wird nun weiter ausgeführt.

Produkte bestehen im Regelfall aus

- Selbst hergestellten Teilen (Eigenfertigungsteilen)
- Von Zulieferern bezogenen Teilen (Fremdbezugsteilen)
- Baugruppen (bestehen wiederum aus Eigenfertigungsteilen, Fremdbezugsteilen oder untergeordneten Baugruppen)

Die Ermittlung des Materialverbrauchs erfolgt schrittweise gemäß dem konstruktiven Aufbau des Endproduktes.

Vorgehensweise zur Ermittlung der Materialeinzelkosten

1. Ermittlung des Materialverbrauchs der Eigenfertigungsteile und Feststellung der daraus resultierenden Materialeinzelkosten.
2. Ermittlung des Materialverbrauchs der Fremdbezugsteile und Errechnung der daraus sich ergebenden Materialeinzelkosten.
3. Ermittlung der Materialeinzelkosten zur Erstellung einer Baugruppeneinheit.
4. Ermittlung der Materialeinzelkosten einer Produkteinheit.

Fallbeispiel 3: Ermittlung Materialverbrauch – Beispiel 2

Der konstruktive Aufbau eines Produktes wird durch den folgenden Gozintographen dargestellt. Die Zahlen geben die jeweiligen Produktionskoeffizienten an. Eigenfertigungsteile (EFT), Fremdbezugsteile (FBT), Baugruppen (BG) und das Endprodukt werden in den Einheiten „Stück" oder in Gewichtsgrößen gemessen.

3.1 Kostenartenrechnung

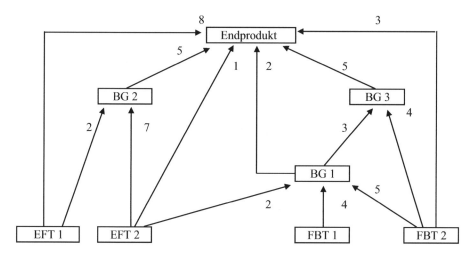

Aufgabe

Berechnung des Materialverbrauchs auf Basis des Gozintographen für EFT 1, EFT 2, FBT 1 und FBT 2, wenn das Endprodukt 50 mal hergestellt werden soll.

Lösung

EFT 1: 18 Stück/Produkteinheit : 8 × direkt in das Endprodukt, 2 × Baugruppe 2 (die wiederum 5 mal in das Endprodukt eingeht) × 50 Produkteinheiten = 900 Stück

EFT 2: 70 Stück/Produkteinheit × 50 Produkteinheiten = 3.500 Stück

FBT 1: 68 Stück/Produkteinheit × 50 Produkteinheiten = 3.400 Stück

FBT 2: 108 Stück/Produkteinheit × 50 Produkteinheiten = 5.400 Stück

Für die Feststellung des Materialbedarfs kann zur besseren Übersichtlichkeit auch eine Direktbedarfsmatrix erstellt werden. Die soeben verwendeten Daten werden übernommen.

In von	EFT 1	EFT 2	FBT 1	FBT 2	BG 1	BG 2	BG 3	Produkt
EFT 1						2		8
EFT 2					2	7		1
FBT 1					4			
FBT 2					5		4	3
BG 1							3	2
BG 2								5
BG 3								5

Lesebeispiel: Vom EFT 1 gehen 2 in BG 2 und 8 direkt in das Endprodukt ein.

Um nun die Materialeinzelkosten einer Produkteinheit zu kalkulieren, müssen folgende Informationen bekannt sein (Beispiel):

- Materialeinzelkosten für EFT 1: 220 €
- Materialeinzelkosten für EFT 2: 450 €
- FBT 1 wird zum Einstandspreis von 80 € beschafft
- FBT 2 wird zum Einstandspreis von 95 € beschafft

Zur besseren Transparenz sollen auch die Materialeinzelkosten der Baugruppen bestimmt werden (Beispiel).

Baugruppe 1: 450 € (EFT 2) × 2 + 80 € (FBT 1) × 4 + 95 € (FBT 2) × 5 = 1.695 €
Baugruppe 2: 220 € (EFT 1) × 2 + 450 € (EFT 2) × 7 = 3.590 €
Baugruppe 3: 95 € (FBT 2) × 4 + 1.695 € (BG 1) × 3 = 5.465 €

Materialeinzelkosten des Endproduktes (pro Stück)

220 € (EFT 1) × 8 + 450 € (EFT 2) × 1 + 95 € (FBT 2) × 3 + 1.695 € (BG 1) × 2 + 3.590 € (BG 2) × 5 + 5.465 € (BG 3) × 5 = 51.160 €

C) Bewertung des mengenmäßigen Materialverbrauchs

Die folgende Matrix (Abb. 3.5) verdeutlicht die Möglichkeiten, wie der Materialverbrauch wertmäßig erfasst werden kann.

Unabhängig vom gewählten Verfahren werden von den Einkaufspreisen zunächst herausgerechnet:

- Umsatzsteuer (vgl. Kap. 3.1.3)
- Sofortrabatte
- Skonto (sofern Zahlung des Rechnungsbetrages innerhalb des Skontozeitraumes erfolgt)

Beispiel
Der Bruttolistenpreis für die 2000 gelieferten Autoradios, die in diverse Pkw-Modelle eingebaut werden, beträgt 952.000 € (476 € pro Stück). Allerdings gewährt der Lieferant einen Sofortrabatt in Höhe von 25 %. Wird der Rechnungsbetrag innerhalb von 14 Tagen beglichen, darf das Unternehmen sich 2 % Skonto abziehen. Daraus ergeben sich (Abb. 3.6): Fazit: Pro eingebautem Autoradio entstehen Materialkosten in Höhe von 294 €.

Wie schon bei Abb. 3.5 angemerkt, wird anschließend das Vorgehen bei der Ermittlung des periodischen bzw. gleitenden Durchschnittes und der Verbrauchsfolgeverfahren näher erläutert.

3.1 Kostenartenrechnung

Preisbestimmung	Kostenrechnungssystem	Beziehung zur Buchführung
Anschaffungskosten	Istkosten	Kann aus Finanzbuchführung übernommen werden (Grundkosten). Von besonderer Bedeutung sind die Anschaffungskosten für A- und teilweise für B-Materialien. Werden die Materialien (z.B. Zulieferteile) ohne Zwischenlagerung direkt im Fertigungsprozess verbraucht (just-in-time-Konzept), entsteht kein Bewertungsproblem.
Periodischer bzw. gleitender Durchschnittspreis und Verbrauchsfolgeverfahren *	Istkosten	Kann aus Finanzbuchhaltung übernommen werden (Grundkosten).
Wiederbeschaffungskosten	Ist- oder Plankosten	Keine Übereinstimmung mit Finanzbuchführung (Anderskosten). Aus Gründen des Arbeitsaufwandes sollte diese Vorgehensweise - wenn überhaupt - auf hochwertige Materialien eingeschränkt werden.
Festpreis	Ist- oder Plankosten	Keine Übereinstimmung mit Finanzbuchführung (Anderskosten). Wird vielfach für B- und C-Güter zur Vereinfachung der Kostenrechnung herangezogen. Ansonsten wäre eine monatliche Ermittlung nur mit massivem Arbeitsaufwand möglich (Inventur).
Lenkungspreis	Ist- oder Plankosten	Keine Übereinstimmung mit Finanzbuchführung (Anderskosten). Wird zur Realisierung bestimmter Ziele (z.B. Vermeidung der Teilevielfalt) aus Gründen der Verhaltenssteuerung verwendet.

* ausführlichere Erklärung folgt

Abb. 3.5 Bewertung des mengenmäßigen Materialverbrauchs

Position	Gesamtmenge (€)	pro Stück (€)	Rechenoperation
Brutto-Listeneinkaufspreis	952.000	476	
- Umsatzsteuer (19 %)	152.000	76	in Hundert
= Netto-Listeneinkaufspreis	800.000	400	
- Rabatt (25 %)	200.000	100	von Hundert
= Netto-Zieleinkaufspreis	600.000	300	
- Skonto (2 %)	12.000	6	von Hundert
= Netto-Bareinkaufspreis	588.000	294	

Abb. 3.6 Einkaufspreisermittlung

Bei diesen Verfahren handelt es sich um eine Gruppenbewertung von Materialien, die zwischenzeitlich gelagert werden. Da die Materialien teilweise zu unterschiedlichen Preisen beschafft worden sind und nicht nach der jeweiligen Lieferung gesondert gelagert werden, ist eine korrekte Ermittlung der Kosten des Verbrauchs nicht möglich. Deshalb entsprechen die einzelnen Methoden entweder einem Durchschnittswert oder einer Fiktion einer bestimmten Verbrauchsfolge. Die einzelnen Methoden werden durch ein Fallbeispiel konkretisiert.

Als Verbrauchsfolgeverfahren wird häufig noch das **Hifo-Verfahren** und das **Lofo-Verfahren** vorgeschlagen (vgl. z. B. Eberlein, S. 68–69). Bei der Hifo-Methode (highest in first out) werden zunächst diejenigen Materialien als verbraucht unterstellt, die die höchsten Anschaffungskosten pro Stück aufweisen. Umgekehrt setzt sich der Schlussbestand aus den Materialien zusammen, die die geringsten Anschaffungskosten pro Stück aufweisen. Beim Lofo-Verfahren (lowest in first out) ist dies exakt umgekehrt.

Durch die gesetzlichen Veränderungen, die sich aus dem **Bilanzrechtsmodernisierungsgesetz** (BilMoG) ergeben haben, sind das Hifo-Verfahren und das Lofo-Verfahren in der Finanzbuchführung nicht mehr einsetzbar. Allerdings haben die beiden Verfahren auch zuvor keine praktische Relevanz besessen.

Zwar ist das HGB nicht maßgebend für die Kosten- und Erlösrechnung. Allerdings darf aus arbeitsökonomischen Gründen davon ausgegangen werden, dass es kaum ein Beispiel aus der Praxis geben dürfte, zur Erfassung der Rohstoffkosten in der Kostenrechnung ein anderes Verfahren einzusetzen als für die Feststellung des Rohstoffaufwandes in der Finanzbuchführung. Deshalb kann auf die weitere Erklärung im Hinblick auf die Anwendung des Hifo- und Lofo-Verfahrens verzichtet werden.

Fallbeispiel 4: Verbrauchsfolgeverfahren
Die Ausgangsdaten sind wie folgt:

Chronologische Bestandsentwicklung	Menge (Stück)	Anschaffungskosten pro Stück (€)	Anschaffungskosten (€)
Anfangsbestand	250	20	5.000
Zugang 1	150	14	2.100
Abgang 1	180		
Zugang 2	150	22	3.300
Abgang 2	200		
Zugang 3	300	16	4.800
Endbestand	470		

Aufgabe
Bewertung des Materialverbrauchs und Ermittlung der Wertgröße für den Endbestand bei Anwendung der folgenden Verfahren:

3.1 Kostenartenrechnung

1. Periodisches Durchschnittsverfahren
2. Gleitendes Durchschnittsverfahren
3. Fifo-Verfahren
4. Lifo-Verfahren (periodisch und permanent)

Lösung

1. Periodisches Durchschnittsverfahren

Die durchschnittlichen Anschaffungskosten werden als arithmetisches Mittel aus dem Anfangsbestand und allen Zugängen der Materialien ermittelt. Die Chronologie der Zu- und Abgänge spielt innerhalb der Periode keine Rolle.

	Menge (Stück)	Anschaffungskosten pro Stück (€)	Anschaffungskosten (€)
Anfangsbestand	250	20	5.000
Zugang 1	150	14	2.100
Zugang 2	150	22	3.300
Zugang 3	300	16	4.800
Summe	850	17,88	15.200

Rechenhinweise Die durchschnittlichen Anschaffungskosten betragen 17,88 €. Dabei wird die Summe der Anschaffungskosten (15.200 €) durch die Menge (850 Stück) dividiert.

Die Abgänge (180 Stück + 200 Stück = 380 Stück) als auch der Endbestand (470 Stück) werden mit 17,88 € je Stück bewertet.

Für die Abgänge ergeben sich Materialkosten in Höhe von 6.794 €. Der Endbestand wird mit 8.404 € bewertet.

2. Gleitendes Durchschnittsverfahren

Im Gegensatz zum periodischen Durchschnitt ist die Chronologie der Zu- und Abgänge innerhalb der Periode von Bedeutung.

Chronologische Bestandsentwicklung	Menge (Stück)	Anschaffungskosten pro Stück (€)	Anschaffungskosten (€)
Anfangsbestand	250	20	5.000
Zugang 1	150	14	2.100
Zwischensumme	400	17,75	7.100
Abgang 1	180	17,75	3.195
Zwischensumme	220	17,75	3.905
Zugang 2	150	22	3.300
Zwischensumme	370	19,47	7.205
Abgang 2	200	19,47	3.894

Chronologische Bestandsentwicklung	Menge (Stück)	Anschaffungskosten pro Stück (€)	Anschaffungskosten (€)
Zwischensumme	170	19,47	3.311
Zugang 3	300	16	4.800
Endbestand	470	17,26	8.111

Aus den Abgängen ergeben sich Materialkosten in Höhe von 7.089 €. Der Endbestand wird mit 8.111 € bewertet.

Rechenhinweis Für die Ermittlung der Anschaffungskosten pro Stück werden bei den Zwischensummen, Abgängen und beim Endbestand zunächst die gesamten Anschaffungskosten ermittelt und dann durch die Menge dividiert (z. B. 7100 €: 400 Stück = 17,75 €). Bei der letzten Zwischensumme kommt es zu einer Rundungsdifferenz,

$$\text{da } 170 \text{ Stück} \times 19{,}47 \, € = 3.309{,}90 \, € \text{ (statt } 3.311\, €\text{)}.$$

3. Fifo-Verfahren
Bei der Fifo-Methode (first in first out) werden diejenigen Materialien als verbraucht unterstellt, die zuerst gekauft worden sind (inklusive Anfangsbestand). Umgekehrt setzt sich der Schlussbestand aus der Summe der zuletzt gekauften Materialien zusammen. Beim Fifo-Verfahren gibt es keinen Unterschied zwischen einem periodischen und einem permanenten Ansatz.

	Menge (Stück)	Anschaffungskosten pro Stück (€)	Anschaffungskosten (€)
Anfangsbestand (AB)	250	20	5.000
Zugang 1 (Z 1)	150	14	2.100
Zugang 2 (Z 2)	150	22	3.300
Zugang 3 (Z 3)	300	16	4.800
Abgang 1	180 (aus AB)	20	3.600
Abgang 2	70 (aus AB)	20	1.400
	130 (aus Z 1)	14	1.820
Summe	470		8.380

Aus den Abgängen ergeben sich Materialkosten in Höhe von 6.820 €. Der Endbestand wird mit 8.380 € bewertet.

Rechenhinweis Bei Abgang 2 sind vom Anfangsbestand (durch Abgang 1) noch 70 Einheiten verfügbar. Da 200 Stück benötigt werden, stammen die fehlenden 130 Stück vom Zugang 1.

4. Lifo-Verfahren
Bei der Lifo-Methode (last in first out) werden diejenigen Materialien als verbraucht unterstellt, die zuletzt gekauft worden sind. Umgekehrt setzt sich der Schlussbestand aus

den zuerst gekauften Materialien zusammen (inklusive Anfangsbestand). Beim Lifo-Verfahren existiert neben dem periodischen Verfahren auch ein permanenter Ansatz. So wird bei diesem Verfahren nach jedem Abgang eine entsprechende Verbrauchs- und Zwischenbestandsbewertung durchgeführt.

Periodisches Lifo-Verfahren

	Menge (Stück)	Anschaffungskosten pro Stück (€)	Anschaffungskosten (€)
AB + Zugänge	850		15.200
Abgang 1	180 (aus Z 3)	16	2.880
Abgang 2	120 (aus Z 3)	16	1.920
	80 (aus Z 2)	22	1.760
Summe	470		8.640

Aus den Abgängen ergeben sich Materialkosten in Höhe von 6.560 €. Der Endbestand wird mit 8.640 € bewertet.

Rechenhinweis Bei Abgang 2 sind vom Zugang 3 (durch Abgang 1) noch 120 Einheiten verfügbar. Da 200 Stück gebraucht werden, stammen die fehlenden 80 Stück vom Zugang 2.

Permanentes Lifo-Verfahren

	Menge (Stück)	Anschaffungskosten pro Stück (€)	Anschaffungskosten (€)
Anfangsbestand	250	20	5.000
Zugang 1	150	14	2.100
Abgang 1	150 (aus Z 1)	14	2.100
	30 (aus AB)	20	600
Zugang 2	150	22	3.300
Abgang 2	150 (aus Z 2)	22	3.300
	50 (aus AB)	20	1.000
Zugang 3	300	16	4.800
Summe	470		8.200

Aus den Abgängen ergeben sich Materialkosten in Höhe von 7.000 €. Der Endbestand wird mit 8.200 € bewertet.

D) Materialverlustkosten

Güterwirtschaftlich betrachtet handelt es sich bei den Produktionsprozessen um Stoff- und Energieumsatzprozesse. Meist kommt es allerdings nicht zu einer kompletten Ausnutzung der Materialressourcen. Sofern die restlichen Materialien in einem internen Kreislauf nicht dem Produktionsprozess zugeführt werden können, kommt es zu Materialverlustkosten (vgl. Lemser, S. 268–271).

Prozessschritt	Relative Reststoffmenge	Anteil an Materialverlustkosten
Vorbereitung Schweißen	0,11 %	0,14 %
Schweißen	0,11 %	0,03 %
KTL-Beschichtung	15,66 %	54,81 %
Lackierung/Trocknung	84,12 %	45,02 %

Abb. 3.7 Reststoffmengen und Materialverlustkosten (modifiziert nach Lemser, S. 271)

Die Materialverlustkosten werden in drei Bereiche aufgegliedert:

- Nicht wertschöpfungswirksamer Stoffeinsatz: Der Stoffumsatzgrad beschreibt, welcher Prozentsatz der eingesetzten Stoffe im Hauptprodukt verwertet wird. Die Kennzahl ist ein Effizienzkriterium der Stoffverwendung. Die restlichen Mengen werden mit den Materialeinstandspreisen bewertet.
- Entsorgungskosten: Diese beziehen sich auf den gesamten Entsorgungsprozess (Erfassen, Sammeln, Transportieren, Behandeln, Beseitigen).
- Nicht wertschöpfungswirksame Fertigungsleistungen: Hierunter sind die Kosten für Fertigungsleistungen einzuordnen, die auf Grund von Mängeln nicht veräußert werden können.

Die Materialverlustkosten müssen in die Materialkosten eingerechnet und erfasst werden. Anschließend sind Maßnahmen durchzuführen, um den Verlust an Materialien auf ein Mindestmaß zu beschränken. Abbildung 3.7 veranschaulicht dies am Beispiel des Baus eines Lkw-Frontträgers. Die größte Bedeutung für Kostensenkungsmaßnahmen hat die KTL-Beschichtung (KTL = kathodische Tauchlackierung) mit fast 55 % an den gesamten Materialverlustkosten.

3.1.2 Personalkosten

A) Grundüberlegung
Die Personalkosten stellen in den meisten Unternehmen im produzierenden Gewerbe die zweitwichtigste Kostenart dar, im Dienstleistungsbereich im Regelfall sogar die Wichtigste. Grundsätzlich erfolgt die Bemessung der Personalkosten aus der Lohn- und Gehaltsabrechnung der Finanzbuchführung. Insofern stellen die Personalkosten Grundkosten dar.

Abbildung 3.8 zeigt die Struktur der Personalkosten. Zu unterscheiden sind:

- **Kosten des Direktentgelts**, die auf der Basis von unterschiedlichen Verfahren der Entgeltformen (vgl. Horsch 2000, S. 258–268) ermittelt werden.
- **Personalzusatzkosten**. Diese lassen sich in gesetzliche Sozialleistungen und in tarifvertragliche bzw. freiwillige Sozialleistungen aufteilen. Bei den gesetzlichen Sozial-

3.1 Kostenartenrechnung

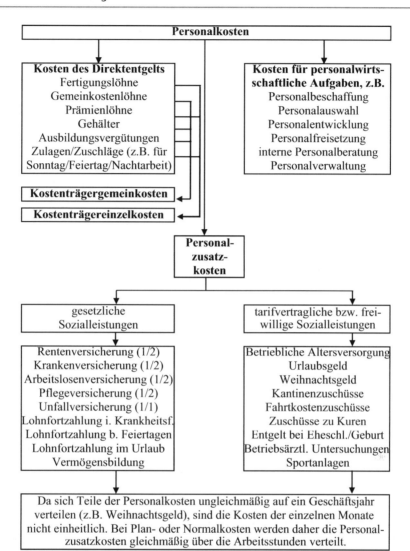

Abb. 3.8 Personalkosten

leistungen werden die Beiträge für die Rentenversicherung, Krankenversicherung (abgesehen vom Zusatzbeitrag des Arbeitnehmers), Arbeitslosenversicherung und Pflegeversicherung zwischen Arbeitgeber und Arbeitnehmer geteilt. Den Beitrag für die Unfallversicherung übernimmt der Arbeitgeber allein.

Die Kosten für personalwirtschaftliche Aufgaben gehören nicht zur Kostenartenrechnung, sondern zur Kostenstellenrechnung.

B) Entgeltformen und kostenrechnerische Einordnung

Fertigungslöhne entstehen für Arbeitsleistungen, die unmittelbar für die Herstellung von Produkten notwendig sind. Dabei handelt es sich z. B. um Tätigkeiten für Dreher, Fräser, Schleifer, Lackierer usw. Da sich Fertigungslöhne auftragsweise zurechnen lassen, werden sie in der Literatur als Einzelkosten bezeichnet. Dies wird besonders dadurch begründet, dass sie proportional zum Leistungsvolumen bezahlt werden, was vor allem bei einem Akkordlohnsystem der Fall ist (vgl. z. B. Götze, S. 41; Mayer u. a., S. 108; Rüth, S. 76). Darüber hinausgehend wird teilweise in der Literatur (z. B. Hoberg, S. 17–18; Jórasz, S. 69; Lang/Eichholz, S. 31) davon ausgegangen, dass unter der Voraussetzung entsprechender Zeiterfassungssysteme auch Zeitlöhne zu den Einzelkosten zu zählen sind.

Gemeinkostenlöhne (es wird auch von Hilfslöhnen gesprochen) fallen für Arbeitsleistungen an, die mittelbar für die Herstellung von Produkten benötigt werden. Da sie nicht auftragsweise erfasst werden, handelt es sich um Gemeinkosten (z. B. für Lagerarbeiter, innerbetriebliche Materialtransporteure, Betriebselektriker, Schreiner).

Prämienlöhne können für verschiedene Leistungskriterien (Qualität, Kostenersparnis, Leistungsmengen, Termine, Nutzungsgrad) gewährt werden. Je nach Gegenstand und Erfassung können Prämien teilweise als Einzelkosten erfasst werden (z. B. Prämien für Leistungsmengen).

Gehälter sind „Zeitlöhne" ohne direkten Leistungsbezug, die an kaufmännische (z. B. Einkauf, Rechnungswesen) oder technische Angestellte (z. B. Fertigungsplanung, Konstruktion) bezahlt werden. Da Gehälter nicht mit einem Auftrag bzw. einer Kostenträgereinheit in Verbindung gebracht werden können, handelt es sich um Gemeinkosten.

Die Aufteilung der Personalkosten in variable und fixe Kosten bzw. in Einzel- und Gemeinkosten überzeugt aber kostentheoretisch nur bedingt. So wird bei Fertigungslöhnen ignoriert, dass sie kurzfristig betrachtet auf Grund arbeitsrechtlicher Bestimmungen (vor allem des Kündigungsschutzes) fixe Kosten sind. Außerdem ist zu berücksichtigen, dass unabhängig von der Leistungsmenge der Mindestlohn zu zahlen ist. Offensichtlich wird von der betrieblichen Praxis dieses Problem nicht weiter gewürdigt, da es vielfach als irrelevant angesehen wird, ob der Fertigungslohn als Zeitlohn oder mit sinkender Tendenz als Akkordlohn bezahlt wird. Entscheidend sind eher zwei Sachverhalte:

- Über entsprechende Notierungen kann festgestellt werden, welche Zeit Mitarbeiter für die Bearbeitung eines Kostenträgers benötigt haben.
- Durch die mittlerweile umfangreiche Einführung von Arbeitszeitkonten (bis hin zu Lebensarbeitszeitkonten) werden die Kosten der Mitarbeiter innerhalb gewisser Grenzen vor allem im Fertigungsbereich als variabel angesehen.

Abbildung 3.9 erklärt die Ermittlung des Akkordlohns.

3.1 Kostenartenrechnung

Akkordlohn	=	Leistungsmenge	x	Vorgabezeit	x Minutenfaktor
Vorgabezeit (in Minuten)	=	60	:	Normalleistung	
Minutenfaktor	=	Akkordrichtsatz	:	60	
Leistungsgrad	=	Istleistung	:	Normalleistung	x 100 %
Akkordrichtsatz	=	Grundlohn	+	Akkordzuschlag	

Beispiel
Grundlohn beträgt 15 €, der Akkordzuschlag 20 %.
Die Vorgabezeit beträgt 20 Minuten pro Stück.
Fazit: Der Akkordrichtsatz beträgt 18 €, der Minutenfaktor 0,3 €.
Werden vier Stück in einer Stunde hergestellt (= Leistungsgrad 133,3 %),
so ergibt sich daraus ein Stundenverdienst von 24 € (4 St. x 20 Min. x 0,3 €).

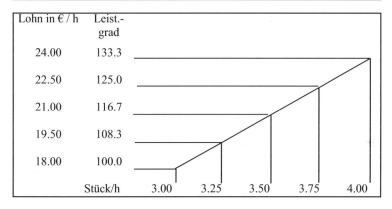

Abb. 3.9 Akkordlohn am Beispiel Zeitakkord (Horsch 2000, S. 261–262)

C) Struktur der Personalkosten
Zunächst ist es erforderlich einige Begriffe zu erörtern.

Als Direktentgelt ist eine fiktive Rechengröße zu verstehen. Sie umfasst ein Entgelt für die tatsächlich durchgeführten Arbeitsstunden. Als Bruttolohn gilt das Entgelt, dass dem Mitarbeiter in einem Jahr zugeflossen ist. Darin sind die Lohnfortzahlung (Feiertage, Krankheit, Urlaub) sowie die Sonderzahlungen für Urlaubs- und Weihnachtsgeld integriert. Die Arbeitskosten beinhalten alle Kosten, die dem Unternehmen bei der Beschäftigung eines Arbeitnehmers entstehen. Die Arbeitskosten sind ca. 28 % höher als der Bruttolohn, weil dem Unternehmen insbesondere noch die Kosten für die Arbeitgeberbeiträge zur Sozialversicherung entstehen. Hinzu kommen noch weitere Personalkosten (z. B. für Freistellung Betriebsratstätigkeit usw.). Als Differenz zwischen den Arbeitskosten und dem Direktentgelt gelten die Zusatzkosten.

In der Statistik wird nach wie vor zwischen den Kosten westdeutscher bzw. ostdeutscher Unternehmen unterschieden. Dies liegt daran, dass die Personalkosten im produzierenden Gewerbe (aber auch in anderen Branchen) in Ostdeutschland auch nach über 25 Jahren nach dem Fall der Mauer signifikant niedriger liegen. So entsprechen das Direktentgelt von durchschnittlich 25.210 € etwa 70 % der Kosten in westdeutschen Betrieben (dort sind es 36.240 €). Die Arbeitskosten liegen bei 40.890 €, 66 % der westdeutschen Betriebe (dort 62.290 €). Deutlich wird außerdem, dass die Zusatzkosten in Ostdeutschland 15.680 € und damit nur 62,2 % des Direktentgelts betragen. In westdeutschen Unternehmen sind es 26.050 € bzw. 71,9 % des Direktentgelts. Der Grund ist die vergleichsweise geringe Zahl von Unternehmen, die Mitglied eines Arbeitgeberverbandes sind und somit nicht den Flächentarifverträgen unterliegen. Die prozentualen Werte sind in den letzten Jahren stabil, sodass in den nächsten Jahren keine weitere Annäherung zu erwarten ist.

Die Abb. 3.10 zeigt deren Entwicklung zwischen 2000 und 2013 für Unternehmen des gewerblichen Bereichs aus dem alten Bundesgebiet. Im geometrischen Mittel sind die Arbeitskosten jährlich um moderate 2,23 % gestiegen. Die Struktur der Arbeitskosten in Deutschland (hier Werte für Deutschland gesamt) sind in den letzten Jahren vergleichsweise stabil (Abb. 3.11).

Die ermittelten Zahlen stellen einen Durchschnittswert für alle Betriebe mit mindestens 10 Mitarbeitern und Mitarbeitergruppen dar. Krüger (vgl. S. 358) weist zu Recht darauf hin, dass bei den ermittelten Stundensätzen die Anteile der Zusatzkosten beispielsweise zwischen gewerblichen Arbeitnehmern und technischen/kaufmännischen Angestellten schwanken.

Werden die Arbeitskosten je Arbeitsstunde im verarbeitenden Gewerbe betrachtet (vgl. IW 2014, S. 4–6), betragen diese in Deutschland 36,98 €. Dies ist zwar keine Spitzenstellung (z. B. Norwegen 57,85 €, Schweiz 46,55 €), allerdings erreichen von den größeren Volkswirtschaften lediglich Frankreich (36,77 €) deutsches Niveau, während diese in Japan (29,56 €), den USA (25,87 €) und Großbritannien (25,14 €) um bis zu einem Drittel niedriger liegen.

Allerdings sind die Arbeitskosten pro Arbeitsstunde im Hinblick auf die Wettbewerbsfähigkeit nicht aussagekräftig. Von Interesse sind dagegen die **Lohnstückkosten**. Für eine Volkswirtschaft werden sie ermittelt, indem die Arbeitskosten je Arbeitnehmer ins Verhältnis zur erbrachten Wirtschaftsleistung je Erwerbstätigen gesetzt werden (Produktivität). Im Quervergleich liegen die Lohnstückkosten in Großbritannien um 20 % und in Frankreich um 15 % über dem deutschen Niveau, in Japan allerdings um 10 % und in den USA um 19 % niedriger.

3.1 Kostenartenrechnung

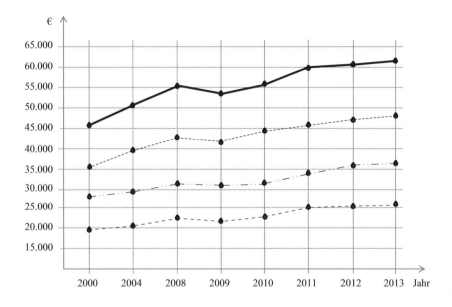

Jahr	2000	2004	2008	2009	2010	2011	2012	2013
Direktentgelt	27.054	29.922	32.524	31.600	33.090	34.480	35.520	36.240
Bruttolohn	36.076	39.617	43.303	42.130	44.030	46.120	47.450	48.450
Zusatzkosten	19.679	21.936	23.235	22.910	23.610	25.020	25.680	26.050
Arbeitskosten	46.733	51.858	55.759	54.510	56.700	59.500	61.200	62.290
Quote (%) Zusatzkosten Basis Direktentgelt	72,7	73,3	71,4	72,5	71,4	72,6	72,3	71,9

Abb. 3.10 Entwicklung der Arbeitskosten. (Eigene Abbildung, Zahlen: Institut der Deutschen Wirtschaft [IW], Köln, Schröder, S. 6)

Fallbeispiel 5: Effektive Personalkosten

Ein Unternehmen zahlt seinen Arbeitnehmern ein Entgelt in Höhe von 19,60 € pro Stunde. Pro Tag werden durchschnittlich 7,6 h gearbeitet. Ausgehend von einer 5-Tage-Woche ergeben sich im Jahresdurchschnitt 261 Arbeitstage, für die vom Unternehmen gezahlt wird. Dem Unternehmen steht der Arbeitnehmer jedoch aus nachgenannten Gründen nicht in diesem Umfang zur Verfügung (Durchschnittswerte des Unternehmens):

Entgelt für geleistete Arbeitszeit (Direktentgelt)	75,0 %
+ Vergütung arbeitsfreier Tage	17,4 %
+ Sonderzahlungen (Urlaubsgeld, Weihnachtsgeld)	7,5 %
= Bruttolohn / Bruttogehalt	100,0 %
+ Aufwendungen Vorsorgeeinrichtungen (Sozialversicherung)	24,2 %
+ Sonstige Personalzusatzkosten	4,2 %
= Arbeitskosten insgesamt	128,4 %

Abb. 3.11 Personalkostenstruktur. (Eigene Abbildung, Zahlen: Institut der Deutschen Wirtschaft [IW], Köln, Schröder, S. 4)

Bezahlte Feiertage	7 Tage
Bezahlter Urlaub	30 Tage
Lohnfortzahlung im Krankheitsfall	6 Tage
Sonderurlaub (Heirat, Kur, Todesfall usw.)	2 Tage

Informationen

- Der Arbeitgeberanteil zur gesetzlichen Sozialversicherung beruht auf der Basis von 50 % der Beiträge (Stand 2015) für die Rentenversicherung (18,7 %), Krankenversicherung (14,6 %), Arbeitslosenversicherung (3,0 %) und Pflegeversicherung (2,35 %). Zusammen sind dies 50 % von 38,65 % = 19,325 %.
- Das Urlaubsgeld pro Jahr beträgt 40 % eines durchschnittlichen Bruttomonatsgehaltes.
- Das Weihnachtsgeld pro Jahr beträgt 50 % eines durchschnittlichen Bruttomonatsgehaltes.
- Vermögenswirksame Leistungen: 19,95 € pro Monat.
- Betriebliche Altersversorgung: 4 % vom Direktentgelt.
- Sonstiges (u. a. Ausbildungskosten, Abfindungen, Beiträge für Berufsgenossenschaft, Betriebsratskosten, Beiträge für Unfallversicherung, sonstige freiwillige Sozialleistungen): 7,5 % des Direktentgelts.

Aufgabe

a) Ermittlung des Direktentgelts (das durch Arbeit „verdiente" Entgelt).
b) Ermittlung des Monatsentgelts unter Berücksichtigung der Tage, für die Entgeltfortzahlungspflicht besteht (Urlaub, Feiertage, Krankheit, Sonderurlaub).
c) Ermittlung des Gesamtentgelts, das dem Arbeitnehmer innerhalb eines Jahres zufließt.
d) Ermittlung der gesamten Arbeitskosten des Jahres aus Unternehmenssicht.
e) Höhe der Zusatzkosten absolut und in Prozent (auf Basis des Direktentgelts).
f) Ermittlung der Arbeitskosten pro Stunde auf der Basis der bezahlten Stunden.
g) Ermittlung der Arbeitskosten pro Stunde auf der Basis der tatsächlichen Arbeitsstunden (so genannte Fertigungsstunde).

3.1 Kostenartenrechnung

Lösung

Kostengröße (€)	€	Rechenweg
Direktentgelt pro Jahr	32.175,36	$(261-45)$ Tage $\times 7,6$ h $\times 19,6$ €
Entgeltfortzahlung während 45 Tagen	6.703,20	45 Tage $\times 7,6$ h $\times 19,6$ €
Monatsentgelt (inkl. Lohnfortzahlung)	3.239,88	$(32.175,36 + 6.703,20)/12$ nur Rechengröße
Weihnachtsgeld (50 % vom Monatsgehalt)	1.619,94	3.239,88 € $\times 50\%$
Urlaubsgeld (40 % vom Monatsgehalt)	1.295,95	3.239,88 € $\times 40\%$
Vermögenswirksame Leistungen	239,40	19,95 € $\times 12$ Monate
Gesamtentgelt des Arbeitnehmers/Jahr	42.033,85	Zwischensumme (ohne Monatsgehalt)
Arbeitgeberanteil zur Sozialversicherung	8.123,04	42.033,85 € $\times 19,325\%$
Betriebliche Altersversorgung	1.287,01	32.175,36 € $\times 4\%$
Sonstiges	2.413,15	32.175,36 € $\times 7,5\%$
Gesamte Kosten/Jahr	53.857,05	Gesamtsumme
Gesamte Lohnzusatzkosten	21.681,69	53.857,05 € $-$ 32.175,36
Lohnzusatzkosten (%)	67,39	21.681,69 € /32.175,36 $\times 100\%$
Kosten / bezahlte Stunde	27,15	53.857,05/261 Tage $\times 7,6$ h
Kosten / Fertigungsstunde	32,81	53.857,05/216 Tage $\times 7,6$ h

3.1.3 Dienstleistungskosten und sonstige Grundkosten

Hierunter sind die Kosten von unternehmensexternen Dienstleistungen zu verstehen, da die internen Leistungen über die sekundäre Gemeinkostenverrechnung (siehe hierzu Kap. 3.2.5) erfasst werden.

Beispiele

- Inanspruchnahme von Rechten und Diensten
    - Mieten und Pachten
    - Leasing
    - Lizenzen und Konzessionen
    - Gebühren (z. B. für Müllentsorgung)
    - Transportkosten (z. B. Spedition)
    - Kosten des Geldverkehrs
    - Rechts- und Beratungskosten (z. B. Unternehmensberatung, Steuerberatung)
    - Prüfkosten (z. B. Wirtschaftsprüfung, TÜV)
- Kommunikation
    - Post- und Telekommunikation
    - Reisekosten der Mitarbeiter
    - Bewirtung und Präsentation
    - Werbung

- Versicherungsbeiträge
- Beiträge für Wirtschaftsverbände und Berufsvertretungen
- Steuern mit Kostenrelevanz

Die Erfassung der Höhe der Kosten ist unproblematisch. Sie stimmen wertmäßig mit denen der Finanzbuchführung überein, da es sich um pagatorische Größen handelt. Problematischer ist die Verrechnung der Kosten auf die Kostenstellen. Wie sollen beispielsweise die Kosten für ein Beratungsprojekt einer Unternehmensberatung erfasst werden, das auf Grund der Thematik nur der gesamten Unternehmung zugerechnet werden kann. Vor allem bei den Kosten für Beiträge (z. B. Versicherungen) sowie bei Gebühren (z. B. für Entsorgung von Müll) und Steuern sind zu berücksichtigen:

- Versicherungen (z. B. Gebäudeversicherungen) und Steuern (z. B. Grundsteuer) für Vermögensgegenstände, die nicht betriebsnotwendig sind, dürfen nicht als Kosten erfasst werden.
- Da die Auszahlung für Versicherungen und Steuern in der Regel nur einmal im Jahr auftreten (z. B. Kfz-Steuer im Januar), werden die einzelnen Monate uneinheitlich belastet. Zumindest bei einer Normalkostenrechnung sind daher die Kosten auf alle 12 Monate als kalkulatorischer Monatsbetrag zu erfassen.
- Bei den Steuern ist zu berücksichtigen, dass die Gewerbesteuer seit der Unternehmenssteuerreform 2008 keine Betriebsausgabe mehr ist und somit nicht mehr als Kostengröße erfasst werden darf. Dagegen haben Steuern wie die Kfz-Steuer und Grundsteuer Kostencharakter. Dies gilt auch für die Energiesteuer und Mineralölsteuer. Letztere werden allerdings direkt über die Energiekosten ermittelt. Die Einkommensteuer und Körperschaftsteuer (inkl. Solidaritätszuschlag) setzen dagegen ein zu versteuerndes Einkommen voraus. Somit wird im Prinzip eine Nettogröße (Überschuss) besteuert. Sie haben daher keinen Kostencharakter.
- Die Grunderwerbsteuer (bei Grundstücken) und Zölle werden jeweils als Teil der Anschaffungskosten zusammen mit dem erworbenen Vermögensgegenstand in der Bilanz erfasst.
- Die Umsatzsteuer wird in der Kosten- und Erlösrechnung nicht erfasst, da die gezahlte Umsatzsteuer (Eingangsumsatzsteuer) als Vorsteuer mit der vom Kunden vereinnahmten Umsatzsteuer (Ausgangsumsatzsteuer) verrechnet wird. Nur die Zahllast wird an das Finanzamt abgeführt. Ebenfalls nicht erfasst werden die vom Arbeitgeber einbehaltenen Steuern der Mitarbeiter (Lohnsteuer, Solidaritätszuschlag, Kirchensteuer) sowie die Arbeitnehmeranteile zur Sozialversicherung.

3.1.4 Kalkulatorische Abschreibungen

Ziel kalkulatorischer Kosten ist die Erreichung einer im Vergleich zu den handels-/steuerrechtlichen Aufwendungen höheren Genauigkeit bei der Ermittlung des tatsächlichen Werteverzehrs. Kalkulatorischen Kosten stehen entweder gar kein Aufwand (Zusatzkosten) oder ein Aufwand in anderer Höhe (Anderskosten) gegenüber.

A) Verfahren der kalkulatorischen Abschreibung

Abschreibungen lassen sich charakterisieren über die Dimensionen

- Abschreibungsverfahren
- Abschreibungsausgangsbetrag
- Abschreibungsdauer.

Kalkulatorische Abschreibungen können sich in allen drei Dimensionen von der handelsrechtlichen Rechnungslegung unterscheiden.

Danach gilt:
Kalkulatorische Abschreibung = rechnerische Erfassung der Wertminderung von materiellen oder immateriellen Gegenständen des Anlagevermögens, die sich aus der betriebsgewöhnlichen Nutzung ergibt.

Die Abb. 3.12 verdeutlicht, dass zwischen einer ordentlichen Abschreibung und einer außerordentlichen (außerplanmäßigen) Abschreibung zu unterscheiden ist. Gegenstand der kalkulatorischen Abschreibung ist ausschließlich die ordentliche Abschreibung, die entweder über einen Zeitverschleiß oder einen Gebrauchsverschleiß erfolgt. Die außerordentliche Abschreibung wird über die Kostenart der kalkulatorischen Anlagenwagnis verrechnet (siehe hierzu Kap. 3.1.6).

a) Abschreibung über die Nutzungsdauer

Bei einer Abschreibung über einen Zeitverschleiß erfolgt die Abschreibung über die betriebsgewöhnliche Nutzungsdauer. Dies kann entweder über eine lineare Abschreibung oder eine degressive Abschreibung erfolgen.

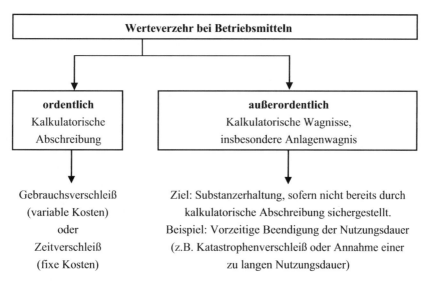

Abb. 3.12 Werteverzehr bei Betriebsmitteln

1. Lineare Abschreibung

Wie die empirische Untersuchung (siehe Punkt D) zeigt, dominiert eindeutig die lineare Abschreibung. Dabei wird der Abschreibungsausgangsbetrag (z. B. die Anschaffungskosten) durch die geplante Nutzungsdauer dividiert. Als Folge ergeben sich für die einzelnen Jahre der Nutzung konstante Abschreibungsbeträge.

2. Degressive Abschreibung

Zentraler Wesenszug einer degressiven Abschreibung ist, dass die Abschreibungsbeträge über die Nutzungsjahre immer weiter abnehmen. Grundsätzlich sind die **geometrisch-degressive** Abschreibung und die **arithmetisch-degressive** Abschreibung zu unterscheiden. Bei der **geometrisch-degressiven** Abschreibung wird auf der Basis eines konstanten Abschreibungsprozentsatzes abgeschrieben. Im ersten Jahr wird der festgelegte Abschreibungsprozentsatz auf die Anschaffungs- bzw. Herstellungskosten angewendet, in den folgenden Jahren auf den Restbuchwert. Damit wird deutlich, dass eine Abschreibung auf den Restbuchwert 0 nicht möglich ist. Daher wird in der Finanzbuchführung im Regelfall dann auf eine lineare Abschreibung umgestellt, sobald diese zu höheren Abschreibungsbeträgen führt als bei einer Fortsetzung der degressiven Abschreibung.

Bei der **arithmetisch-degressiven** Abschreibung fallen die Abschreibungsbeträge jedes Jahr um den gleichen Degressionsbetrag. Um den Degressionsbetrag zu ermitteln, wird die Abschreibungsbasis (z. B. die Anschaffungskosten) durch die Summe der Jahresziffern der Nutzungsdauer dividiert. Eine Nutzungsdauer von z. B. 5 Jahren führt zu einer Jahresziffer von $1+2+3+4+5=15$. Der ermittelte Degressionsbetrag wird mit den Jahresziffern in umgekehrter Reihenfolge der Nutzungsjahre multipliziert (für das erste Jahr also mit 5). Für die Kostenrechnung spielt die degressive Abschreibung nur dann eine Rolle, wenn diese auch im handelsrechtlichen Jahresabschluss verwendet wird und eine Synchronisation zwischen dem internen und dem externen Rechnungswesen angestrebt wird. Somit werden die Abschreibungsbeträge einfach in die Kostenrechnung übernommen. Da die arithmetisch-degressive (digitale) Abschreibung steuerrechtlich verboten ist, spielt sie auch handelsrechtlich und folglich kostenrechnerisch kaum eine Rolle.

Für den Einsatz der degressiven Abschreibung in der Kostenrechnung wird häufig das Argument angefügt, dass mit zunehmendem Alter einer Anlage die steigenden Reparaturkosten durch die degressive Abschreibung zumindest teilweise kompensiert werden (vgl. Zimmermann, S. 44). Dem ist allerdings zu entgegnen, dass der Degressionseffekt nur schwer mit einer eventuellen Zunahme der Reparaturaufwendungen abgestimmt werden kann. Abbildung 3.13 veranschaulicht die einzelnen Abschreibungsmethoden. Ausgangsdaten: Anschaffungskosten 120.000 €, Nutzungsdauer 6 Jahre.

b) Leistungsbedingte Abschreibung

Bei der leistungsbedingten Abschreibung erfolgt die Abschreibung über die tatsächliche Inanspruchnahme des Objektes. Als Verrechnungsparameter werden Stunden, produzierte Stückzahl, Kilometer usw. herangezogen.

3.1 Kostenartenrechnung

Jahr	Linear		Geometrisch-degr. *		arithmetisch-degressiv	
	Abschreibung	Restbuchwert	Abschreibung	Restbuchwert	Abschreibung	Restbuchwert
1	20.000	100.000	30.000	90.000	6/21 x 120.000 = 34.286	85.714
2	20.000	80.000	22.500	67.500	5/21 x 120.000 = 28.571	57.143
3	20.000	60.000	16.875	50.625	4/21 x 120.000 = 22.857	34.286
4	20.000	40.000	16.875	33.750	3/21 x 120.000 = 17.143	17.143
5	20.000	20.000	16.875	16.875	2/21 x 120.000 = 11.429	5.714
6	20.000	0	16.875	0	1/21 x 120.000 = 5.714	0

* Abschreibungsprozentsatz 25 %. Nach dem 2 Jahr wird auf eine lineare Abschreibung umgestellt.

Abb. 3.13 Abschreibungsverläufe

Jahr	Periodenleistung (h)	Abschreibungsbetrag	Restwert
1	6.400	24.000	126.000
2	6.000	22.500	103.500
3	6.800	25.500	78.000
4	6.200	23.250	54.750
5	5.600	21.000	33.750

Abb. 3.14 Beispiel einer leistungsbedingten Abschreibung

Beispiel: Eine Fertigungsanlage, deren Anschaffungskosten 150.000 € betragen, leistet gemäß Hersteller bei entsprechender Wartung und Instandhaltung 40.000 h.
Fazit: Pro Nutzungsstunde ergeben sich 150.000 €: 40.000 Stunden = 3,75 €/Stunde
An der folgenden Tabelle (Abb. 3.14) wird deutlich, dass die jährliche Abschreibung mit der Leistungsinanspruchnahme variiert.

B) Wahl des Abschreibungsausgangsbetrages
Es existieren drei Möglichkeiten:

- Anschaffungs- bzw. Herstellungskosten
- Wiederbeschaffungszeitwert (Tageswert)
- Zukünftiger Wiederbeschaffungswert

a) Anschaffungs- bzw. Herstellungskosten
Es kommt zur Übernahme der Werte aus dem externen Rechnungswesen.

Kurzbewertung
+ Einfache Datenbeschaffung
+ Synchronisation mit der Bilanzierung
− Substanzverlust, da über „angesparte" Abschreibungsbeträge bei Inflation keine Ersatzbeschaffung möglich ist. Das Substanzerhaltungsdefizit muss durch die kalkulatorische Anlagenwagnis ausgeglichen werden.

Externes Rechnungswesen	1. Jahr	2. Jahr	3. Jahr	4. Jahr	5. Jahr
Erträge	1.000.000	1.000.000	1.000.000	1.000.000	1.000.000
Sonst. Aufwendungen	950.000	950.000	950.000	950.000	950.000
Abschreibungen	40.000	40.000	40.000	40.000	40.000
Abschreibungen kumuliert	40.000	80.000	120.000	160.000	200.000
Jahresüberschuss	10.000	10.000	10.000	10.000	10.000

Internes Rechnungswesen	1. Jahr	2. Jahr	3. Jahr	4. Jahr	5. Jahr
Erlöse	1.000.000	1.000.000	1.000.000	1.000.000	1.000.000
Sonst. Kosten	950.000	950.000	950.000	950.000	950.000
Abschreibungen	50.000	50.000	50.000	50.000	50.000
Abschreibungen kumuliert	50.000	100.000	150.000	200.000	250.000
Betriebsergebnis	0	0	0	0	0

Abb. 3.15 Substanzverlust

Das Argument „Substanzverlust" wird durch folgendes Beispiel (Abb. 3.15) verdeutlicht.

In einem Unternehmen wird eine Werkzeugmaschine gekauft. Die Anschaffungskosten betragen 200.000 €. Die Nutzungsdauer wird auf fünf Jahre geschätzt. Es wird davon ausgegangen, dass die Wiederbeschaffungskosten einer vergleichbaren Maschine in fünf Jahren 250.000 € betragen. Die Erlöse bzw. Erträge im Unternehmen betragen pro Jahr beiderseits 1000.000 €.

Die sonstigen Kosten bzw. Aufwendungen im Unternehmen betragen pro Jahr beiderseits 950.000 €.

Beim Ergebnis des externen Rechnungswesens wird deutlich, dass die kumulierten und angesparten Abschreibungen in Höhe von 200.000 € für eine Ersatzinvestition nicht ausreichen. Dieser Substanzverlust kann nur verhindert werden, wenn entweder ein Kredit aufgenommen wird oder der Jahresüberschuss nicht ausgeschüttet wird, sondern in eine Gewinnrücklage für Ersatzinvestitionen eingestellt wird. So gesehen handelt es sich bei dem Jahresüberschuss von 10.000 € um einen **Scheingewinn**.

Wird in der Kostenrechnung auf der Basis korrekter Wiederbeschaffungswerte abgeschrieben, wird ein Substanzverlust verhindert. Das Betriebsergebnis ist ökonomisch gesehen der korrekte kalkulatorische Gewinn.

b) Wiederbeschaffungszeitwert
Um das Prinzip der Wertkongruenz einzuhalten, müsste den aktuellen Erlösen einer Abrechnungsperiode der periodengerechte Kostenwert gegenübergestellt werden, weil dadurch Scheingewinne oder Scheinverluste vermieden werden (vgl. Götze, S. 45; Kicherer, S. 67).

3.1 Kostenartenrechnung

Nutzungsjahr	Preisindex	Wiederbeschaffungswert	Abschreibungsbetrag
1	112,5	230.000	46.000
2	115,1	235.316 *	47.063
3	117,0	239.200	47.840
4	119,5	244.311	48.862
5	122,6	250.649	50.130
Summe der Abschreibungsbeträge			239.895
Wiederbeschaffungswert Anfang t6 (gegebener Wert)			255.000
Verrechnete Anlagenwagnis			15.105

* Beispiel: 115,1 : 112,5 x 230.000 € = 235.316 €

Abb. 3.16 Abschreibung auf Basis des Wiederbeschaffungszeitwertes

Um zu vermeiden, dass für jeden Vermögensgegenstand immer wieder der genaue Tageswert zu beschaffen ist, kann auch von einem Preisindex für einzelne Gruppen von Vermögensgegenständen (z. B. für Maschinen und Technische Anlagen, für Pkw, für Lkw usw.) ausgegangen werden.

$$\text{Wiederbeschaffungszeitwert} = \text{Anschaffungs- bzw. Herstellungskosten} \times \frac{\text{Preisindex des aktuellen Jahres}}{\text{Preisindex des Anschaffungsjahres}}$$

Wenn der Wiederbeschaffungszeitwert zum Einsatz kommt, erfolgt im Regelfall eine lineare Abschreibung.

Beispiel
Eine Fertigungsanlage kostet 230.000 €.

Die jeweiligen Tageswerte sind durch einen Preisindex des statistischen Bundesamtes ermittelt worden. Die Nutzungsdauer des Wirtschaftsgutes beträgt 5 Jahre. Ausgehend vom Preisindex ergeben sich für die einzelnen Jahre folgende Wiederbeschaffungszeitwerte und Abschreibungsbeträge (Abb. 3.16).

Da in den 5 Jahren 239.895 € als Abschreibungen verrechnet werden, ist keine vollständige Substanzerhaltung möglich. Die Differenz zum Wiederbeschaffungswert in Höhe von 15.105 € kann über eine kalkulatorische Anlagenwagnis verrechnet werden. Zur Lösung dieses Problems könnten die Abschreibungen der Vergangenheit nachgeholt werden (vgl. z. B. Mayer u. a., S. 141–143). Dabei werden zum Ende jedes Jahres die Wiederbeschaffungszeitwerte mit dem bisherigen Abnutzungsgrad (nach 4 von 10 Jahren wären dies 40 %) des Vermögensgegenstandes multipliziert. Die Lücke zu den bisherigen kumulierten Abschreibungen wäre dann der Nachholbetrag. Allerdings sollte diese Vorgehensweise unterbleiben, weil eine solche Lösung nicht periodengerecht ist.

Kurzbewertung
+ Wiederbeschaffungszeitwerte sind reale Zahlenwerte.
+ Es erfolgt der korrekte Werteverzehr der jeweiligen Periode.

Jahr	Wieder-beschaffungs-zeitwert	Altersstruktur der Maschinen (Jahre)				Abschreibung pro Werk-zeugmaschine	Summe der Abschreibungen
		M 1	M 2	M 3	M 4	25 %	(bei 4 Maschinen)
1	200.000	1	2	3	4	50.000	200.000
2	210.000	2	3	4	1	52.500	210.000
3	220.500	3	4	1	2	55.125	220.500
4	231.525	4	1	2	3	57.881	231.525
5	243.101,25	1	2	3	4	60.775	243.101,25
6	255.256,31	2	3	4	1	63.814	255.256,31

Abb. 3.17 Lösung des Substanzverlustes beim Wiederbeschaffungszeitwert

– Substanzverlust, da über „angesparte" Abschreibungsbeträge bei Inflation eine Ersatzbeschaffung nicht vollständig möglich ist.

Das zuletzt genannte Argument, dass ein Substanzverlust bei Verwendung des Wiederbeschaffungszeitwertes nicht völlig verhindert werden kann, stimmt allerdings nur, wenn es sich um ein einziges Investitionsobjekt seiner Art handelt bzw. diese als Gruppe gleichzeitig beschafft werden. Dies gilt jedoch nicht bei einer Gruppe gleichartiger Objekte mit gemischter Altersstruktur, wenn die gesamte Gruppe mit dem Wiederbeschaffungszeitwert angesetzt wird. Diese Situation trifft im Unternehmen häufiger zu (z. B. Fuhrpark, EDV-Geräte, gleichartige Maschinen).

Beispiel
In einem Unternehmen existieren vier gleichartige Werkzeugmaschinen (M1–M4), die eine Nutzungsdauer von vier Jahren aufweisen. Die vier Objekte werden zeitlich ein Jahr versetzt angeschafft, sodass am Ende eines Jahres immer eine Maschine ausscheidet und durch eine neue ersetzt wird. Die Wiederbeschaffungszeitwerte haben sich immer um 5 % pro Jahr erhöht (Abb. 3.17).

c) Wiederbeschaffungswert
Der Wiederbeschaffungswert wird auf der Basis einer erwarteten Preisentwicklung geschätzt.

Beispiel
Eine Spedition hat zu Beginn des Jahres einen Lkw für 120.000 € erworben. Der Betrieb schätzt die voraussichtliche Nutzungsdauer auf 6 Jahre. Bezüglich der Wiederbeschaffungskosten wird mit einer jährlichen Preissteigerungsrate von 3 % gerechnet. Ein Schrottwert wird nicht berücksichtigt.
Wie hoch ist der Wiederbeschaffungswert?
Wie hoch ist die jährliche Abschreibung bei linearer Abschreibung?

Lösung

$$\text{Wiederbeschaffungswert} = 120.000\,€ \times (1 + 0{,}03)^6 = 143.286\,€$$

Der jährliche Abschreibungsbetrag beträgt 23.881 €

Kurzbewertung
+ Ziel der Substanzerhaltung wird gewahrt.
− Genaue Schätzung der Preissteigerungsrate ist schwierig.
− Ein künftig zu beschaffender Vermögensgegenstand verfügt über ein anderes (zum jetzigen Zeitpunkt unbekanntes) Leistungsniveau, mit dem möglicherweise an anderer Stelle Kostensenkungen möglich sind (z. B. geringerer Personalbedarf, effizientere Materialnutzung, geringerer Energieverbrauch). Diese Effekte bleiben aber unberücksichtigt.
− Möglicherweise führen Abschreibungen auf Wiederbeschaffungskosten zu Produktkosten, die nicht wettbewerbsfähig sind. Dies könnte dazu verleiten, dass Aufträge nicht angenommen werden, weil der Preis keine volle Kostendeckung sicherstellt. Auch wenn in einigen Unternehmen die Verantwortlichen so denken, ist allerdings an dieser Stelle zu entgegnen, dass die Preisbildung nichts mit den Kosten eines Produktes zu tun hat (Ausnahme: Monopol), sondern der Preis durch Angebot und Nachfrage zustande kommt.

C) Nutzungsdauer
Es bestehen drei Möglichkeiten:

- Die Nutzungsdauer bei der Kostenrechnung entspricht der des externen Rechnungswesens. Dies ist dann sinnvoll, wenn eine stärkere Synchronisation beider Rechnungssysteme erfolgen soll.
- Die Nutzungsdauer bei der Kostenrechnung ist länger als im externen Rechnungswesen. Dies ist vor allem dann der Fall, wenn die betriebsgewöhnliche Nutzungsdauer, also eine auf unternehmensinternen Erfahrungen beruhende Größe, über die von steuerrechtlichen Abschreibungstabellen hinausgeht. Letztere kommen üblicherweise auch für die Erstellung der Handelsbilanz zum Einsatz, sind aber steuermotiviert. Ziel ist ein Steuerstundungseffekt, der dann eintritt, wenn der Abschreibungsaufwand möglichst auf frühe Nutzungsperioden verrechnet werden kann und der Jahresüberschuss dadurch entsprechend sinkt. Dies erklärt auch die Beliebtheit degressiver Abschreibungen.
- Die Nutzungsdauer bei der Kostenrechnung ist kürzer als im externen Rechnungswesen. Diese Variante kommt nur selten vor, da die steuerrechtliche Abschreibungsdauer gemäß Abschreibungstabelle bei entsprechend nachgewiesenem Werteverzehr auch reduziert werden kann.

Außerdem sind die Umstände der Nutzung von Bedeutung. Die deutsche Gesellschaft für Betriebswirtschaft und das RKW nennt für Maschinen **Multiplikatoren**, die die normale Nutzungszeit verändern (vgl. z. B. Warnecke u. a., S. 53). Wird beispielsweise bei einer

Jahr	Kalk. Abschreibung	Restwert	Option 1	Option 2	Option 3
1	2.500	17.500			
2	2.500	15.000			
3	2.500	12.500			
4	2.500	10.000			
5	2.500	7.500			
6	2.500	5.000			
7			2.500	1.250	2.000
8			2.500	1.250	2.000
9			2.500	1.250	2.000
10			2.500	1.250	2.000

Abb. 3.18 Optionen bei Abschreibungsfehlern

Maschine unter normalen Umständen von einer Nutzungsdauer von 10 Jahren ausgegangen, so wird in Lehr- und Ausbildungsbetrieben vorgeschlagen, nur 7 Jahre anzusetzen ($10 \times 0{,}7$). Unabhängig davon bleibt die korrekte Schätzung der Nutzungsdauer problematisch.

Fall 1: Die tatsächliche Nutzungsdauer ist kleiner als die von der Kostenrechnung unterstellte Nutzungsdauer. Problem: Aufträge werden möglicherweise nicht kostendeckend durchgeführt.

Fall 2: Die tatsächliche Nutzungsdauer ist länger als die von der Kostenrechnung unterstellte Nutzungsdauer. Problem: Da der Abschreibungsausgangsbetrag auf diese zu kurze Nutzungsdauer verteilt wird, entstehen zu hohe Selbstkosten für die am Markt angebotenen Leistungen.

Frage: Wie können die Fehler bei der Bemessung der Nutzungsdauer kostenrechnerisch gelöst werden?

Im Fall 1 werden keine Abschreibungen mehr vorgenommen, da die Kostenrechnung keine außerplanmäßige Abschreibung kennt. Die noch nicht abgeschriebenen Beträge werden über die Kostenart „Kalkulatorische Anlagenwagnis" aufgefangen. Im Fall 2 erfolgt weiterhin eine Abschreibung, die damit „unter Restbuchwert Null" hinausgeht.

Beispiel
Die Anschaffungskosten betragen 20.000 €, die geplante Nutzungsdauer ist auf 8 Jahre angesetzt. Nach 6 Jahren stellt sich heraus, dass erst nach insgesamt 10 Jahren eine Ersatzbeschaffung erfolgt (Abb. 3.18). Die **Option 1** ignoriert die Information, sodass in den Jahren 7–10 weiterhin jeweils 2.500 € abgeschrieben werden. Es werden 5.000 € „zu viel" abgeschrieben, sodass es zu einer Abschreibung „unter Null" kommt. Bei **Option 2** wird der Restbuchwert von 5.000 € nach t6 gleichmäßig auf die übrigen vier Restjahre verteilt und damit eine Abschreibung unter einen Restbuchwert Null verhindert. **Option 3** berücksichtigt, dass in den ersten 6 Jahren mit einer falschen Nutzungsdauer gearbeitet worden ist. Korrekt wäre es gewesen, wenn in jedem Jahr 2.000 € abgeschrieben worden

3.1 Kostenartenrechnung

wären. Da dieser Fehler nicht mehr zu ändern ist, wird wenigstens in den Jahren 7–10 mit dem korrekten Abschreibungsbetrag gerechnet. Es kommt zu einer Abschreibung von insgesamt 23.000 €. Diese Option 3 ist kostenrechnerisch betrachtet sinnvoll, weil der Gefahr widerstanden wird, dass ein Fehler der Vergangenheit durch einen neuen Fehler kompensiert wird. Zu bedenken ist ferner, dass die Kosten- und Erlösrechnung eine Rechnung ist, die nur auf kurzfristige Zeiträume ausgelegt ist. Insofern geht es nicht um die Totalbetrachtung der gesamten Nutzungsdauer, sondern um die korrekten Kosten der aktuellen Periode.

D) Untersuchungsergebnisse
Untersuchungsergebnis 6: Abschreibungsmethode
Es wird deutlich, dass knapp 90 % der befragten Unternehmen im Regelfall die lineare Abschreibung heranziehen. Nur bei wenigen Unternehmen wird eine degressive bzw. leistungsabhängige Abschreibungsmethode gewählt. Teilweise sind mehrere Verfahren im Einsatz, weshalb keine 100 %-Verteilung entsteht.

Abschreibungsmethode	Verbreitung in %
Lineare Abschreibung	88,9
Degressive Abschreibung	16,7
Leistungsabhängige Abschreibung	5,6

Untersuchungsergebnis 7: Abschreibungsausgangsbetrag
Die mit Abstand meisten Unternehmen ziehen als Abschreibungsbasis die Anschaffungs- bzw. Herstellungskosten heran. Eine Abschreibung auf Basis der Wiederbeschaffungskosten bzw. der Wiederbeschaffungszeitwerte erfolgt nur bei wenigen Unternehmen. Teilweise existieren auch Mischsysteme, weshalb keine 100 %-Verteilung entsteht.

Abschreibungsausgangsbetrag	Verbreitung in %
Anschaffungs- bzw. Herstellungskosten	81,1
Wiederbeschaffungskosten	14,6
Wiederbeschaffungszeitwert	8,3

Untersuchungsergebnis 8: Nutzungsdauer
Zwei Drittel der befragten Unternehmen synchronisieren die Nutzungsdauer der Vermögensgegenstände mit der handelsrechtlichen Abschreibung. Bei knapp 30 % der Unternehmen ist die kostenrechnerische Nutzungsdauer länger als die handelsrechtliche und nur bei knapp 10 % kürzer. Auch hier existieren teilweise Mischsysteme, weshalb keine 100 %-Verteilung existiert.

Nutzungsdauer	Verbreitung in%
genau so lang wie bei der handelsrechtlichen Abschreibung	66,6
länger als bei der handelsrechtlichen Abschreibung	27,1
kürzer als bei der handelsrechtlichen Abschreibung	8,3

Fazit

In hohem Umfang gibt es im Hinblick auf die ermittelten Abschreibungsmöglichkeiten eine Übereinstimmung zwischen dem kostenrechnerischen Ansatz und der Berechnung der Finanzbuchführung. Dies gilt besonders für die Anschaffungs- und Herstellungskosten als Abschreibungsausgangsbetrag wie auch für die Nutzungsdauer. Spezielle Erklärungen der befragten Unternehmen machen deutlich, dass dies aber auch für die Abschreibungsmethode gilt und auch handelsrechtlich häufig linear abgeschrieben wird.

3.1.5 Kalkulatorische Zinsen

A) Grundüberlegung

Zinsen, beispielsweise für Bankdarlehen, werden in der Finanzbuchführung als Aufwand erfasst und über das Gewinn- und Verlustkonto abgeschlossen. Dies geschieht unabhängig vom Verwendungszweck des Darlehens, somit auch unabhängig davon, ob damit ein betrieblich relevanter Vorgang (z. B. Investitionen in den Fertigungsbereich) oder ein betriebsfremder Vorgang finanziert wird (z. B. spekulativer Erwerb von Wertpapieren).

Zinsen für das eingesetzte Eigenkapital dürfen hingegen in der Finanzbuchführung nicht angesetzt werden. Allerdings wird dabei ignoriert, dass auch durch die Bindung von Eigenkapital im Unternehmen ein Werteverzehr stattfindet, da das Kapital auch anderweitig hätte investiert werden können. Diese entgangenen Zinserträge stellen Opportunitätskosten dar. In der Kosten- und Erlösrechnung ergeben sich daraus zwei Überlegungen:

- Kapitalkosten können nur für Vermögensgegenstände entstehen, die betrieblich notwendig sind.
- Finanzierungseinflüsse müssen aus der Kosten- und Erlösrechnung herausgehalten werden, Lücke (vgl. S. 3) versteht unter den Finanzierungseinflüssen sowohl das Verhältnis von Eigen- und Fremdkapital als auch die Höhe der Fremdkapitalzinsen. Daraus ergibt sich ein einheitlicher Zinssatz für das gesamte betriebsnotwendige Kapital. Das Kapital wird dabei als knappes Gut angesehen, das im Regelfall nur gegen Entgelt in Form von Zinszahlungen zur Verfügung gestellt wird. Die kalkulatorischen Zinsen sind somit als Äquivalent für das zur Erfüllung des Betriebszweckes eingesetzte Kapital anzusehen (vgl. Kicherer, S. 74).

Kalkulatorische Zinsen = Betriebsnotwendiges Kapital × Kalkulationszinssatz

3.1 Kostenartenrechnung

Abb. 3.19 Zinsaufwand vs. kalkulatorische Zinsen

Aus der unterschiedlichen Behandlung der Kapitalkosten in Finanzbuchführung und Kosten-/Erlösrechnung ergibt sich auch ein wertmäßiger Unterschied, der wiederum zu Zusatzkosten bzw. Anderskosten führt: Während die kalkulatorische Verzinsung des betriebsnotwendigen Eigenkapitals Zusatzkosten sind, handelt es sich bei der Verzinsung des betriebsnotwendigen Fremdkapitals um Anderskosten.

Allerdings bereitet die Abgrenzung von Anderskosten und Zusatzkosten große Schwierigkeiten, weil dies eine eindeutige Zuordnung des Vermögensgegenstandes und seiner Finanzierung voraussetzt. Die Frage kann auch anders gestellt werden: Wie kann bestimmt werden, ob ein bestimmter Vermögensgegenstand durch Eigenkapital oder durch Fremdkapital finanziert wird? Diese Frage ist insofern relevant, als bei unterschiedlichen Zinssätzen (z. B. Zinsen nur für Fremdkapital) dies auch Auswirkungen auf die Kostenstellenrechnung hätte. Einer Kostenstelle A, die einen fremdfinanzierten Firmen-Pkw nutzt, müssten auch die Zinsen zugerechnet werden. Einer Kostenstelle B, die einen eigenkapitalfinanzierten Firmen-Pkw nutzt, würden hingegen entweder keine Zinskosten oder Zinskosten für das Eigenkapital zugewiesen. Das Beispiel zeigt, dass eine solche Lösung absurd wäre.

Abbildung 3.19 verdeutlicht die Unterschiede zwischen Finanzbuchführung und Kosten-/Erlösrechnung.

B) Berechnung des betriebsnotwendigen Kapitals
Hierzu sind drei Fragen zu beantworten:

a) Frage 1: Soll das betriebsnotwendige Vermögen zu Anschaffungs-/ Herstellungskosten, Wiederbeschaffungszeitwerten oder Wiederbeschaffungskosten angesetzt werden?

Über die passende Basis des betriebsnotwendigen Kapitals existieren unterschiedliche Sichtweisen: Eine Reihe von Autoren (vgl. z. B. Dörrie/Preißler, S. 109; Joos, S. 154; Kalenberg, S. 60; Macha, S. 69; Sturm, S. 11) befürwortet, das betriebsnotwendige Kapital auf der Basis des Wiederbeschaffungs(zeit)wertes zu ermitteln. Diesem Vorschlag wird aber widersprochen. Kapitalkosten entstehen für Investitionsobjekte des Anlage- und Umlaufvermögens, die zu Anschaffungs- bzw. Herstellungskosten beschafft worden sind. Insofern sollte vom tatsächlichen Kapitaleinsatz ausgegangen werden.

b) Frage 2: Soll das betriebsnotwendige Kapital auf der Basis eines durchschnittlichen Wertansatzes oder auf der Basis des Restbuchwertes erfasst werden?
Zunächst hängt dies davon ab, ob Vermögensgegenstände des Anlagevermögens oder des Umlaufvermögens herangezogen werden.

1. Anlagevermögen
Für die Ermittlung des abnutzbaren betriebsnotwendigen Anlagevermögens existieren zwei Verfahren:

- Restwertansatz
- Durchschnittswertansatz

Das nicht abnutzbare Anlagevermögen (z. B. Grundstücke) wird je nach Wertansatz auf der Basis der Anschaffungskosten, des Wiederbeschaffungszeitwertes oder den erwarteten Wiederbeschaffungskosten angesetzt.

Restwertansatz
Kalkulatorischer Restwert =
   Wertansatz zu Anschaffungskosten, Wiederbeschaffungszeitwert oder
   Wiederbeschaffungskosten − Summe der kalkulatorischen Abschreibungen der Vorperioden

Bei Anwendung dieser Methode nimmt der Wert des betriebsnotwendigen Kapitals über die Nutzungsdauer von Jahr zu Jahr ab. Damit werden auch die kalkulatorischen Zinsen geringer. Damit entsteht das Problem, dass die einzelnen Perioden uneinheitlich mit Kosten belastet werden.

Durchschnittswertansatz
Zur Vermeidung des soeben genannten Problems und aus Gründen der Vereinfachung ist die Methode des Durchschnittswertansatzes zu favorisieren. Betriebsnotwendige abnutzbare Vermögensgegenstände werden mit der Hälfte des gewählten Wertansatzes (z. B. mit der Hälfte der ursprünglichen Anschaffungskosten) angesetzt. Es liegt somit eine aus der Investitionsrechnung bekannte durchschnittliche Kapitalbindung vor. Dadurch werden die Perioden während der Nutzungszeit des Vermögensgegenstandes gleichmäßig belastet.

3.1 Kostenartenrechnung

2. Umlaufvermögen

Bei den betriebsnotwendigen Beständen an Roh-, Hilfs- und Betriebsstoffen, Forderungen, liquiden Mitteln usw. wird immer das Durchschnittsverfahren angewendet. Wichtig ist die Erfassung eines durchschnittlichen Bestandes. Als Erfassungsmöglichkeit der durchschnittlichen Kapitalbindung gilt z. B.

$$(\text{Anfangsbestand} + \text{Endbestand}) / 2$$

oder

$$(\text{Wert Monat 1, Wert Monat 2 ... Wert Monat 12}) / 12$$

c) Frage 3: Soll das betriebsnotwendige Kapital durch Abzugskapital reduziert werden?

Es ist zu entscheiden, ob nach der Addition des betriebsnotwendigen Anlage- und Umlaufvermögens noch das so genannte Abzugskapital subtrahiert werden soll. Darunter sind die Beträge zu verstehen, die dem Betrieb zinsfrei zur Verfügung gestellt werden. Dies gilt vor allem für

- Verbindlichkeiten aus Lieferungen und Leistungen, sofern der Skontoabzug vorgenommen wird (sonst nicht zinsfrei).
- Kundenanzahlungen (für die Durchführung eines Auftrages), sofern die Anzahlung nicht zu Preisminderungen für die zu erbringende Leistung führt.
- kurzfristige Rückstellungen (z. B. für ungewisse Verbindlichkeiten usw.).

Das betriebsnotwendige Kapital kann aber auch über die Aktivseite der Bilanz erklärt werden. Danach setzt sich das betriebsnotwendige Kapital aus dem betriebsnotwendigen Anlagevermögen und dem Working Capital zusammen. Das Working Capital ist der Teil des Umlaufvermögens, der über Eigenkapital oder Kredite finanziert ist. Dabei wird davon ausgegangen, dass das Umlaufvermögen größer ist als die Summe des Abzugskapitals. Dies würde auch der goldenen Bilanzregel entsprechen. Diese besagt, dass das Anlagevermögen langfristig zu finanzieren ist, also mit Eigenkapital und langfristigem Fremdkapital. Diese Regel kann noch dahingehend erweitert werden, dass auch die langfristig gebundenen Teile des Umlaufvermögens (z. B. eiserne Bestände an Rohstoffen oder Waren) langfristig zu finanzieren sind. Umgekehrt würde ein negatives Working Capital bedeuten, dass ein Teil des Anlagevermögens durch kurzfristiges Fremdkapital finanziert würde.

Häufig wird argumentiert, dass durch das Abzugskapital die Finanzierungsneutralität der Kostenrechnung durchbrochen wird (vgl. z. B. Götze, S. 56; Rüth, S. 100). Dem kann aber entgegengehalten werden, dass die Finanzierungsneutralität schon bei der Festlegung des Kalkulationszinssatzes nicht gegeben ist. Die Höhe der Kapitalkosten ist selbstverständlich vom Anteil des Eigen- und Fremdkapitals im Unternehmen und somit vom Risiko für einen Kreditgeber abhängig.

C) Ermittlung des Kalkulationszinssatzes und der kalkulatorischen Zinsen

1. Die unter B) gemäß Frage 2 ermittelten Wertansätze (Durchschnittswertansatz oder Restwertansatz) der einzelnen betrieblich notwendigen Vermögensgegenstände aus dem Anlage- und Umlaufvermögen werden addiert und um das Abzugskapital subtrahiert. Die Summe daraus ergibt das betriebsnotwendige Kapital.
2. Das betriebsnotwendige Kapital wird mit dem Kalkulationszinssatz multipliziert. Als Zinssatz bietet sich der gewichtete Kapitalkostensatz des Unternehmens (WACC = weightet average cost of capital) an (vgl. zu dessen Berechnung beispielsweise Coenenberg u. a., S. 101).

D) Untersuchungsergebnisse

Untersuchungsergebnis 9: Kalkulatorischer Zinssatz

Die befragten Unternehmen weisen eine deutliche Streuung bei der Festlegung des kalkulatorischen Zinssatzes auf: 33 % der Unternehmen setzen gar keine kalkulatorischen Zinsen an. Vielmehr wird entweder der Periodenerfolg vor Zinsen ermittelt oder der Zinsaufwand wird aus der Finanzbuchführung als Kosten übernommen. Bei den übrigen Unternehmen gibt es unabhängig von der Bezugsbasis (Untersuchungsergebnis 10) eine weite Streuung. Der Mittelwert liegt bei 9,2 %.

Untersuchungsergebnis 10: Bezugsbasis für kalkulatorische Kosten

Es wird deutlich, dass die meisten der befragten Unternehmen (43,6 %) das betriebsnotwendige Kapital auf der Basis der Anschaffungs-/Herstellungskosten ermitteln. Immerhin 30,7 % der Unternehmen verwenden als Basis die Wiederbeschaffungskosten oder Wiederbeschaffungszeitwerte.

In wenigen Unternehmen kommt es zu einem kombinierten Ansatz des betriebsnotwendigen Kapitals auf Basis der Anschaffungskosten und des Wiederbeschaffungszeitwertes.

Bezugsbasis für kalkulatorische Zinsen	Verbreitung (%)
Nur Eigenkapital	10,3
Nur Fremdkapital	5,1
Betriebsnotwendiges Kapital auf Basis der Anschaffungskosten	43,6
Betriebsnotwendiges Kapital auf Basis der Wiederbeschaffungskosten	12,8
Betriebsnotwendiges Kapital auf Basis des Wiederbeschaffungszeitwertes	17,9
Gesamtes bilanzielles Vermögen	5,1
Sonstiges	10,3

E) Fallbeispiel

Fallbeispiel 6: Ermittlung der kalkulatorischen Zinsen

Ein Unternehmen hat folgende Daten zur Bestimmung der kalkulatorischen Zinsen vorgelegt:

3.1 Kostenartenrechnung

Anlagevermögen (Basis ursprüngliche Anschaffungskosten)	
Unbebaute Grundstücke	300.000 €
Bebaute Grundstücke	2.500.000 €
Gebäude	6.000.000 €
Technische Anlagen und Maschinen	4.200.000 €
Betriebs- und Geschäftsausstattung	2.800.000 €
Geringwertige Wirtschaftsgüter	400.000 €
Finanzanlagen	500.000 €

Umlaufvermögen auf Basis der ursprünglichen Anschaffungs-/Herstellungskosten	Wert am 01.01.	Wert am 31.12.
Vorräte	3.000.000 €	2.600.000 €
Forderungen	3.600.000 €	2.800.000 €
Wertpapiere	300.000 €	500.000 €
Kasse, Bank	600.000 €	1.000.000 €
Passivseite der Bilanz	Wert am 01.01.	Wert am 31.12.
Eigenkapital	12.100.000 €	13.900.000 €
Kurzfristige Rückstellungen	800.000 €	900.000 €
Lieferantenverbindlichkeiten	2.400.000 €	1.500.000 €
Verbindlichkeiten gegenüber Kreditinstituten	8.000.000 €	7.000.000 €
Kundenanzahlungen	400.000 €	300.000 €

Die unbebauten Grundstücke liegen abseits des Betriebsgeländes und werden betrieblich auch in nächster Zukunft nicht benötigt. Von den Gebäuden ist eine Lagerhalle mit Anschaffungskosten von 300.000 € fremdvermietet. Der zugehörige Grundstücksanteil an den bebauten Grundstücken beträgt 8 %. Die geringwertigen Wirtschaftsgüter sollen berücksichtigt werden. Bei den Finanzanlagen handelt es sich um eine strategische Beteiligung, die die Betriebstätigkeit sichert. Die Wertpapiere werden spekulativ gehalten.

Aufgabe

Ermittlung des betriebsnotwendigen Kapitals einmal mit und einmal ohne Berücksichtigung des Abzugskapitals auf der Basis des Durchschnittswertverfahrens bei einem Kalkulationszinssatz von 8 %.

Lösung

A. Betriebsnotwendiges nicht abnutzbares Anlagevermögen	
1. Unbebaute Grundstücke (nicht betriebsnotwendig)	0 €
2. Bebaute Grundstücke (2.500.000 €, davon 92 %)	2.300.000 €
3. Finanzanlagen	500.000 €
B. Betriebsnotwendiges abnutzbares Anlagevermögen	
Gebäude (6.000.000 € – 300.000 €) / 2	2.850.000 €

2. Technische Anlagen und Maschinen (4.200.000 €)/2	2.100.000 €
3. Betriebs- und Geschäftsausstattung (2.800.000 €)/2	1.400.000 €
4. Geringwertige Wirtschaftsgüter (400.000 €)/2	200.000 €
C. Betriebsnotwendiges Umlaufvermögen	
1. Vorräte (3.000.000 + 2.600.000)/2	2.800.000 €
2. Forderungen (3.600.000 + 2.800.000)/2	3.200.000 €
3. Wertpapiere (nicht betriebsnotwendig)	0 €
4. Kasse, Bank (600.000 + 1.000.000)/2	800.000 €
D. Abzugskapital	
1. Kurzfristige Rückstellungen (800.000 + 900.000)/2	850.000 €
2. Lieferantenverbindlichkeiten (2.400.000 + 1.500.000)/2	1.950.000 €
3. Kundenanzahlungen (400.000 + 300.000)/2	350.000 €
Summe des Abzugskapitals	3.150.000 €
Ergebnis	
Betriebsnotwendiges Kapital	
Unter Berücksichtigung von Abzugskapital	13.000.000 €
Ohne Berücksichtigung von Abzugskapital	16.150.000 €
Kalkulatorische Zinsen	
Unter Berücksichtigung von Abzugskapital	1.040.000 €
Ohne Berücksichtigung von Abzugskapital	1.292.000 €

3.1.6 Kalkulatorische Wagnisse

A) Grundüberlegung
Mittels dieser Kostenart werden Wertminderungen am Anlage- und Umlaufvermögen erfasst, die als bewerteter sachzielbezogener Gütermehrverbrauch zu verstehen sind. Es handelt sich letztlich um nicht versicherte Risiken, die nach Art und Umfang unregelmäßig (teilweise auch ungewöhnlich) anfallen. Diese Risiken werden mittels eines periodenbezogenen (z. B. monatlich) Durchschnittswertes erfasst.

Frage
Warum werden nicht die außerordentlichen Aufwendungen aus der Bilanzierung übernommen?

Antwort
Die Übernahme außerordentlicher Aufwendungen kann die Planungs- und Kontrollfunktion der Kostenrechnung gefährden. Deshalb wird ein langfristiger Ausgleich zwischen den tatsächlichen Verlusten und kalkulatorischen Wagnissen angestrebt, die eine Art Selbstversicherung bedeuten und insbesondere für eine Normalkosten- und Plankostenrechnung von Bedeutung sind. Da die kalkulatorischen Wagnisse auf der Basis einer Normalkostenrechnung ermittelt werden (und häufig auch für die Istkostenrechnung über-

3.1 Kostenartenrechnung

Wagnisart	Erklärung	Bezugsgröße
Sachanlagenwagnis	Fehleinschätzung der Nutzungsdauer (z.B. vorzeitiger Ersatz, Katastrophenverschleiß)	Restbuchwert der Sachanlagen oder betriebsnotwendiger Teil der Maschinen und Betriebs- und Geschäftsausstattung
Fertigungswagnis	Verluste (insbesondere an Material) durch Ausschuss, Nacharbeit	Materialkosten oder Fertigungskosten
Beständewagnis	Fehlbestände an Material (z.B. nicht ausgefüllte Materialentnahmescheine, Diebstahl, Verderb)	Materialkosten oder Lagerbestandswert
Gewährleistungswagnis	Garantieverpflichtungen	Umsatz
Forderungswagnis	Ausfall von Kundenforderungen	Umsatz
Währungswagnis	Währungsverluste bei Im- und Exporten in fremder Währung	Einkäufe bzw. Umsätze in frei konvertiblen Währungen

Abb. 3.20 Kalkulatorische Wagnisse und mögliche Bezugsgrößen

nommen werden), kommt es zu Abweichungen mit dem externen Rechnungswesen. Es handelt sich daher um Anderskosten.

Wichtig ist die Vermeidung einer Doppelerfassung mit anderen Kostenarten (z. B. in Verbindung mit Materialkosten oder kalkulatorischen Abschreibungen). Im Gegensatz zum kalkulatorischen Wagnis besteht das allgemeine Unternehmerwagnis. Es betrifft die unternehmerische Tätigkeit als solche. Zu diesen allgemeinen Unternehmenswagnissen gehören auch eine Wirtschaftskrise oder strukturelle Veränderungen bestimmter Branchen, z. B. bei der Kohle- und Stahlindustrie. Diese Wagnisse stellen keine Kosten dar und sind letztlich auch kaum kalkulierbar. Allgemeine Unternehmenswagnisse werden vielmehr über die Chance auf Gewinn abgedeckt. Die Abb. 3.20 zeigt die wichtigsten Wagnisse und eine denkbare Bezugsgröße zu deren Kalkulation.

Untersuchungsergebnis 11: Wagnisarten 50 % der Industrieunternehmen setzen gar keine kalkulatorischen Wagniskosten an.

Ausgehend von den übrigen Industrieunternehmen zeigt die Tabelle die Bedeutung einzelner Wagnisarten. Teilweise werden mehrere Wagnisarten berücksichtigt, die zuweilen sehr unternehmensspezifisch sind (31 % Sonstige Wagnisse). In einigen Unternehmen wird lediglich ein Gesamtwagnis berücksichtigt.

Wagnisart	Verbreitung in%
Gewährleistungswagnis	62
Forderungswagnis	46
Währungswagnis	39
Beschaffungswagnis	31

Wagnisart	Verbreitung in%
Beständewagnis	31
Forschungs- und Entwicklungswagnis	23
Fertigungswagnis	15
Sonstiges	31

B) Ermittlung des Wagnissatzes

Für die Ermittlung der kalkulatorischen Wagnisse ist eine (mehr oder weniger) kausale Beziehung zwischen Wagnis und Bezugsgröße erforderlich.

$$\frac{\text{Bezugsbasis des laufenden Jahres (oder Monats)} \times \text{kalkulatorischer Wagnissatz (\%)}}{100}$$

Beispiel Forderungswagnis

Der Forderungswagnissatz wird wie folgt ermittelt:

$$\frac{\text{Forderungsausfälle der letzten 5 Jahre}}{\text{Umsatzerlöse der letzten 5 Jahre}}$$

Kalkulatorische Forderungswagniskosten (€)
= Umsatzerlöse der Abrechnungsperiode (€) × Forderungswagnissatz (%)

Im Unternehmen sind in den vergangenen 5 Jahren folgende Forderungsausfälle und Umsatzerlöse zu verzeichnen (Abb. 3.21): Für eine Abrechnungsperiode (z. B. Monat) sind Umsatzerlöse in Höhe von 480.000 € erzielt worden. Somit betragen die kalkulatorischen Forderungswagniskosten (hier auf der Basis einer Normalkostenrechnung) 480.000 € × 4,73 % = 22.704 €.

Jahr	Forderungsausfälle (€)	Umsatzerlöse (€)	Tatsächliches Wagnis (%)
1	13.000	260.000	5,00
2	16.450	350.000	4,70
3	15.480	360.000	4,30
4	19.600	400.000	4,90
5	20.160	420.000	4,80
Summe	84.690	1.790.000	4,73 (Durchschnitt)

Abb. 3.21 Forderungswagnis

3.1.7 Kalkulatorischer Unternehmerlohn

Bei dieser Kostenart ergeben sich je nach Rechtsform unterschiedliche Bewertungen. Während ein Gesellschafter für seine betriebsnotwendige Tätigkeit in der „eigenen" Kapitalgesellschaft (z. B. GmbH oder AG) ein Gehalt bezieht, welches als Personalaufwand in die Buchführung und somit auch in die Gewinn- und Verlustrechnung eingeht, ist dies handels- und steuerrechtlich bei Einzelunternehmen verboten.

Bei Personengesellschaften ist die Zahlung eines Gehaltes an Gesellschafter handelsrechtlich möglich, allerdings wird einkommensteuerrechtlich das Gehalt als Vorweggewinn im Rahmen der Einkünfte aus Gewerbebetrieb gemäß § 15 Abs. 1 Nr. 2 EStG angesehen. Erklärt wird dies aus der steuerrechtlich nicht existierenden eigenen Rechtspersönlichkeit von Einzel- und Personengesellschaften. Deshalb müssen Überweisungen vom Bankkonto des Unternehmens an den Unternehmer (z. B. zur Bestreitung des Lebensunterhaltes) als Entnahme zu Lasten des Eigenkapitalkontos gebucht werden.

Insofern existiert handelsrechtlich in der Gewinn- und Verlustrechnung bei Einzelunternehmen kein Äquivalent für die erbrachte Arbeitsleistung. Daher wird argumentiert, dass nach dem Prinzip der Objektivität betriebswirtschaftlich identische Sachverhalte auch in der Kostenrechnung identisch behandelt werden müssen. Da der Unternehmer auf einen anderweitigen Einsatz seiner Arbeitskraft verzichtet, handelt es sich im Sinne eines Nutzenentganges um Opportunitätskosten, die folglich Zusatzkosten darstellen.

Für die Ermittlung der anzusetzenden Kostengröße werden vielfältige Vorschläge unterbreitet (vgl. z. B. Kicherer, S. 62–63). Sinnvoll erscheint allein eine Kostengröße, die bei einer alternativen Besetzung mit einem Angestellten als Personalkosten entstehen würde. Diese Überlegung wird auch in den „Leitsätzen für die Preisermittlung auf Grund von Selbstkosten" (LSP Nr. 24 Abs. 3) bei öffentlichen Aufträgen an private Unternehmen aufgegriffen (vgl. Dörrie/Preißler, S. 99). Problematisch bleibt, dass eine Gewinngröße (Gewinn als „Gehalt" des Unternehmers) als Kostengröße betrachtet wird. Besser ist es daher auf diese Kostengröße zu verzichten.

3.1.8 Kalkulatorische Miete

Während effektiv gezahlte Mieten (z. B. für ein Büro) in den Grundkosten enthalten sind (siehe auch Kap. 3.1.3), geht es hier um Vermögensgegenstände (z. B. Gebäude), die sich im Privatbesitz des Unternehmers befinden. Wenn keine reale Miete gezahlt wird, wird häufig vorgeschlagen, eine kalkulatorische Miete in Rechnung zu stellen (vgl. von Kännel, S. 179; Walter/Wünsche, S. 137). Es handelt sich somit um Zusatzkosten.

Diese Kostenart spielt überwiegend nur bei kleineren Unternehmen eine Rolle. Zu berücksichtigen ist, dass für diesen Vermögensgegenstand nicht schon bereits andere Kosten (speziell kalkulatorische Abschreibungen und kalkulatorische Zinsen) verrechnet werden. Selbst wenn dies aber unterbleibt, spricht letztlich wenig für die Berücksichtigung dieser Kostenart. Es entsteht das gleiche Problem wie beim kalkulatorischen Unternehmerlohn, da unnötigerweise die Selbstkosten um private (Miet)Erträge des Unternehmers als Privatperson erhöht werden.

3.1.9 Kritische Betrachtung kalkulatorischer Kostenarten

In Theorie und Praxis sind über die Notwendigkeit kalkulatorischer Kostenarten deutlich unterschiedliche Sichtweisen festzustellen. Während kalkulatorische Kostengrößen international wenig verbreitet sind, führen sie in Deutschland historisch zu einer deutlichen Divergenz der beiden Rechnungskreise, was sich letztlich in der Erfolgsrechnung zeigt.

Die zunehmende Kapitalmarktorientierung deutscher Unternehmen und die damit verbundene Verpflichtung der Anwendung der internationalen Rechnungslegungsvorschriften zur Erstellung einer Konzernbilanz, insbesondere der IFRS (International Financial Reporting Standards) führt in vielen Unternehmen zu einer Neubewertung der Unterschiede zwischen den beiden Rechnungssystemen. Sowohl in Wissenschaft als auch in der Praxis existieren Stimmen (vgl. z. B. Coenenberg u. a., S. 29; Klein, S. 20; Küting/Lorson, S. 54; Pfaff, S. 667; Strauch, S. 183), die den IFRS die Eigenschaft zusprechen, entscheidungsrelevante Informationen zur Verfügung zu stellen, die auch für interne Steuerungs- und Kontrollzwecke genutzt werden können. Die Ansatz- und Bewertungsvorschriften der internationalen Rechnungslegung, beispielsweise die Verwendung von Markt- und Zeitwerten anstatt der Anschaffungs- bzw. Herstellungskosten, stützt sich dabei weniger auf den Gläubigerschutz, sondern auf betriebswirtschaftstheoretische Überlegungen, sodass sie den ökonomischen Wert des Unternehmens realistischer darstellen können.

Insofern ist es sachlogisch begründet, dass sowohl die **Informationsfunktion** einer Konzernbilanz (wirtschaftliche Einheit) als auch die **Kontrollfunktion** des internen Rechnungswesens (z. B. Betriebsergebnisrechnung als unternehmerische Einheit) aufeinander abgestimmt werden. Nach Coenenberg u. a. (vgl. S. 27) erhalten somit externe Kapitalgeber dieselben Informationen, die auch zur internen Steuerung und Kontrolle dienen. Umgekehrt sollen interne Steuerungsgrößen sich an den Zielen externer Kapitalgeber im Sinne einer wertorientierten Steuerung (z. B. Shareholder-Value, Economic Value Added) ausrichten. Barth u. a. (vgl. S. 476) gehen davon aus, dass in Folge der Reform des HGB durch das Bilanzrechtsmodernisierungsgesetz (BilMoG) sich die Informationsversorgung weiter den Erfordernissen des internen Rechnungswesens annähert.

Hoke (vgl. S. 155) hat in einer empirischen Untersuchung unter 41 börsennotierten deutschen Unternehmen folgende Vorteile einer Harmonisierung des Rechnungswesens festgestellt:

- Beseitigung von internen Kommunikationsschwierigkeiten auf Grund der Abweichungen zwischen internem und externem Ergebnis (61 %),
- Komplexitätsreduktion und Transparenz im Rechnungswesen (41 %),
- Effizienz und Kostenersparnis im Rechnungswesen (37 %),
- bessere Steuerungsgrößen im Sinne einer zutreffenderen Abbildung des Unternehmensgeschehens (27 %),

3.1 Kostenartenrechnung

- Objektivierung durch Einschränkung der Ermessensspielräume (24 %),
- unternehmensweite Vereinheitlichung und Vergleichbarkeit der Kennzahlen (24 %),
- bessere internationale Verständlichkeit und Akzeptanz (20 %),
- Beitrag zur wertorientierten Unternehmensführung (15 %),
- Stärkung der Investorenperspektive des Managements (12 %),
- konsistente Kommunikation nach innen und nach außen (12 %).

Im Gegensatz dazu werden sowohl auf der Ebene des auf die **Zahlungsbemessungsfunktion** ausgerichteten Einzelabschlusses nach dem HGB (rechtliche Einheit des Unternehmens) als auch auf der Ebene der **Planungsfunktion der Kosten- und Erlösrechnung** (z. B. Produktkalkulation) keine Notwendigkeit einer Harmonisierung gesehen (vgl. Barth/Barth, S. 161; Klein, S. 69). Kostenrechnerische Entscheidungsrechnungen fußen auf detaillierten Objekten wie Produkten, Kunden und Prozessen und fragen nach Ursache-Wirkungs-Relationen, die durch Instrumente der Produktkalkulation, der Deckungsbeitragsrechnung oder der Prozesskostenrechnung von wertorientierten Kostenansätzen ausgehen und sich nicht mit einer bilanziellen Erfolgsermittlungsfunktion verbinden lassen (vgl. Coenenberg u. a., S. 27–28).

Im Rahmen der eigenen empirischen Untersuchung ergeben sich u. a. folgende Aussagen:

Kommentar eines Controllers im Unternehmen 1 „Nach der Harmonisierung des internen und des externen Rechnungswesens vor einigen Jahren verwenden wir auch in der internen Ergebnisrechnung keine kalkulatorischen Kosten mehr, nur noch die handelsrechtlichen Aufwendungen. In der Produktkalkulation werden allerdings teilweise, d. h. wenn betragsmäßig von Bedeutung, kalkulatorische Abschreibungen angesetzt."

Kommentar eines Controllers im Unternehmen 2 „Bei uns sind das in- und externe Rechnungswesen weitestgehend nach IFRS harmonisiert. Wir verwenden für alle neuen Maschinen die IFRS-Abschreibung, für den Altbestand die kalkulatorischen Abschreibungen. Alle anderen Kosten basieren auf externen Kosten gemäß IFRS."

Müller (vgl. S. 128) bestätigt diese Überlegungen überwiegend im Rahmen seiner empirischen Untersuchung. Von 69 börsennotierten Unternehmen favorisieren 27 (39 %) eine weitgehende Harmonisierung und weitere 27 (39 %) immerhin eine überwiegende Harmonisierung des externen und internen Rechnungswesens. Bei 32 (von 54 zumindest überwiegend harmonisierten) Unternehmen ist auch die Istkostenrechnung und der Einzelabschluss Gegenstand der Harmonisierung. In diesen Unternehmen geht der Harmonisierungsumfang über den in der Literatur empfohlenen Umfang hinaus (vgl. Müller, S. 219). Besonders wichtig ist den Unternehmen die Erhöhung der Transparenz im Rechnungswesen sowie die Erhöhung der (internen) Verständlichkeit und Akzeptanz des Rechnungswesens (vgl. Müller, S. 168). Allerdings bleibt es im Regelfall bei den befragten Unternehmen trotzdem bei einer Beibehaltung der Unterscheidung zwischen Aufwand und Kosten

Kostenart	Harmonisierungsmaßnahmen
Kalkulatorische Abschreibungen	Abschreibungsausgangsbetrag Die IFRS bieten gemäß IAS 16.29 die Möglichkeit (Wahlrecht) zur Neubewertung von Sachanlagen mit dem aktuellen Zeitwert. Dies entspricht den Überlegungen des Wiederbeschaffungszeitwertes. Alternativ: Verzicht auf den Ansatz von Wiederbeschaffungskosten. Stattdessen wird eine Substanzerhaltungsrücklage gebildet. Diese wird dann als Gewinnbestandteil berücksichtigt. Nutzungsdauer Einheitliche Nutzungsdauer, IFRS: Verteilung über die wirtschaftliche Nutzungsdauer. Keine steuermotivierte Nutzungsdauer. Abschreibungsmethoden Lineare Abschreibung auch für externes Rechnungswesen.
Kalkulatorische Zinsen	Als Äquivalent zum EBIT (earnings before interest and taxes) werden die Zinskosten in der Betriebsergebnisrechnung nicht angesetzt. Dadurch besteht auch eine bessere Kompatibilität zu wertorientierten Steuerungskonzepten, bei denen die Kapitalkosten unter Einschluss der Eigenkapitalkosten als gewichtete Kapitalkosten (WACC) vom Betriebsergebnis abgezogen werden
	und einen „Übergewinn" repräsentieren. Alternativ: Es werden nur die Zinsen für das Fremdkapital angesetzt. Die Verzinsung von Eigenkapital stellt Opportunitätskosten dar, die eher Gewinn- als Kostencharakter aufweisen, da sich das Eigenkapital letztlich durch den erwirtschafteten Gewinn verzinst.
Kalkulatorische Wagnisse	Kalkulatorische Wagnisse werden nur in dem Ausmaß angesetzt, wie im externen Rechnungswesen damit korrespondierende Rückstellungen gebildet werden können (Gewährleistungs-, Vertriebswagnis).
Kalkulatorischer Unternehmerlohn	Kalkulatorischer Unternehmerlohn ist keine Kostenart, sondern Gewinnkomponente. Daher kein Ansatz in der Kosten- und Erlösrechnung.
Kalkulatorische Miete	Kein Ansatz in der Kosten- und Erlösrechnung.

Abb. 3.22 Harmonisierung der Datenbasis

einschließlich kalkulatorischer Kostengrößen (vor allem kalkulatorischer Abschreibungen und Zinsen). Kostengrößen sind dabei insbesondere für die Produktebene und Prozessebene relevant, allerdings deutlich weniger für die Steuerungsebene der Konzernleitung.

Abbildung 3.22 zeigt Möglichkeiten, wie die kalkulatorischen Kostenarten an das externe Rechnungswesen angeglichen werden können (vgl. hierzu auch Barth/Barth, S. 179–188; Männel, S. 18–20). Kern ist die Harmonisierung der Erfolgsrechnungen.

Zusammenfassend ist festzustellen, dass es ein einheitliches Rechnungswesen, das allen Zwecken gerecht wird, nicht geben wird. Zwar existieren diverse Überlegungen, wie die kalkulatorischen Kostenarten an die externe Rechnungslegung angenähert werden könnten, aber der zentrale Harmonisierungsbereich beschränkt sich weitgehend auf die Steuerung von unternehmerischen Geschäftseinheiten.

3.2 Kostenstellenrechnung

3.2.1 Aufgaben und Systematik der Kostenstellenrechnung

Während die Kostenartenrechnung sich an der Erfassung und zweckdienlichen Gliederung der Kosten orientiert, ist die Kostenstellenrechnung mit der Frage befasst, wo im Unternehmen Kosten angefallen sind. Zur Beantwortung dieser Frage werden im Unternehmen organisatorische Einheiten gebildet, für die dann die Kosten geplant, erfasst und kontrolliert werden.

A) Aufgaben der Kostenstellenrechnung
Im Kern sind zwei Hauptaufgaben von Bedeutung:

- Die Kostenstellenrechnung dient als Bindeglied zwischen der Kostenartenrechnung und der Kostenträgerstückrechnung. Immer dann, wenn in einem Unternehmen mehr als eine Produktart hergestellt wird, entsteht das Problem, wie die Gemeinkosten des Unternehmens auf die Kostenträger zugerechnet werden können. In den meisten Fällen beanspruchen die einzelnen Produkte des Sortiments die Ressourcen eines Unternehmens uneinheitlich. Beispielsweise ist Produkt A im Fertigungsprozess aufwändiger herzustellen und beansprucht eine Fertigungskostenstelle pro Produkteinheit 4 Stunden, während für Produkt B nur 2 Stunden nötig sind. Deshalb ist es erforderlich, zunächst die Kosten der einzelnen Kostenstellen zu ermitteln und über eine geeignete Verrechnung, beispielsweise die Kosten pro Maschinenstunde, den Produkten zuzuordnen. In diesem Zusammenhang wird auch von der Bildung so genannter **Kalkulationssätze** gesprochen.
- Selbst wenn ein Unternehmen nur ein Produkt herstellt, dem letztlich alle Kosten auch ohne weitere Kostenverrechnung zugeordnet werden können, bildet die **Wirtschaftlichkeitskontrolle** noch einen zweiten wichtigen Aufgabenbereich für eine Kostenstellenrechnung. Dabei werden den Kostenstellen auf Basis der Planung einer künftigen Periode (z. B. Geschäftsjahr) Zielgrößen (z. B. die Herstellung einer bestimmten Anzahl von Produkteinheiten) zugeordnet. Für die hierfür benötigten Ressourcen werden Kosten geplant und der Kostenstelle als Budget zugewiesen. Dieses Budget unterliegt nun in regelmäßigen Abständen (häufig monatlich) einer Kontrolle, wobei meist ein Soll-Ist-Vergleich (siehe hierzu auch die Kap. 3.5 und 4.3.5) durchgeführt wird. Liegen Informationen darüber vor, in welcher Höhe Kosten für die Erbringung einer bestimmten Leistung benötigt werden (z. B. Kosten der Vertriebsabteilung), können auch Rationalisierungsmaßnahmen erwogen werden, die zu einer Reduzierung der Kosten beitragen.

B) Primäre Gemeinkostenverrechnung
Zur Erfüllung beider Aufgaben ist es erforderlich, dass alle Kosten auf die Kostenstellen des Unternehmens verteilt werden. Von besonderer Bedeutung sind dabei die Gemein-

kosten. Deren Verteilung wird als **primäre Gemeinkostenverrechnung** bezeichnet. Dies geschieht auf zweierlei Weise:

- Die Kosten können direkt den Kostenstellen zugeteilt werden, weil eine eindeutige Beziehung zwischen Kostenstelle und Kostenentstehung existiert. Dies ist beispielsweise dann der Fall, wenn ein Mitarbeiter ausschließlich in einer Kostenstelle beschäftigt ist. Auch wenn es sich bei dessen Gehalt letztlich um Gemeinkosten handelt, wird von **Kostenstelleneinzelkosten** gesprochen.
- Die Kosten können nur durch Schlüsselung den Kostenstellen zugewiesen werden. Deshalb ist ein Verrechnungsschlüssel anzuwenden. Auf Grund der Schlüsselung wird von **Kostenstellengemeinkosten** gesprochen. Beispielsweise ist es einsichtig, dass die Kosten für die Abschreibung des Verwaltungsgebäudes als Sitz einer größeren Anzahl von Kostenstellen geschlüsselt werden müssen. Deshalb muss ein Verrechnungssatz für die einzelnen Kostenstellen gebildet werden.

C) Sekundäre Gemeinkostenverrechnung

Wie bereits beim Leistungsbegriff verdeutlicht (vgl. Kap. 1.2.3), existieren neben den Marktleistungen auch innerbetriebliche Leistungen. Diese Leistungen werden von einer Kostenstelle erzeugt (z. B. Stromerzeugung) und von anderen Kostenstellen verbraucht. Der Verrechnungsinhalt der sekundären Gemeinkostenverrechnung fußt auf dem innerbetrieblichen Leistungsaustausch. Dabei werden die Kosten von der leistungserbringenden Kostenstelle auf die leistungsempfangende Kostenstelle verlagert. Die Verrechnung dieser innerbetrieblichen Leistungsverrechnung erfolgt entweder durch die Erstellung einer Einzelrechnung, sofern es sich um eine separate Einzelleistung handelt, oder im Wege einer Kostenumlage.

Abbildung 3.23 fasst die Ausführungen nochmals zusammen:

3.2.2 Bildung und Arten von Kostenstellen

A) Bildung von Kostenstellen

Bei der Bildung von Kostenstellen sollten folgende Prinzipien beachtet werden:

- Für eine wirksame Wirtschaftlichkeitskontrolle ist eine Übereinstimmung zwischen der Kostenstelle und dem Verantwortungsbereich des Vorgesetzten anzustreben.
- Für die spätere Bildung von Verrechnungssätzen sollte eine eindeutige Beziehung zwischen den erbrachten Leistungen und den dabei verursachten Kosten bestehen.
- Um die Kosten eindeutig einer Kostenstelle zurechnen zu können, ist eine eindeutige Abgrenzung zwischen den einzelnen Kostenstellen notwendig.
- Die Zahl der Kostenstellen sollte unter Wahrung des Prinzips der Wirtschaftlichkeit differenziert werden. Eine zu feine Differenzierung führt zu einem erhöhten Arbeits-

3.2 Kostenstellenrechnung

Abb. 3.23 Systematik der Kostenstellenrechnung

aufwand. Dabei ist daran zu denken, dass für jede Kostenstelle eine eigenständige Planung, Erfassung und Kontrolle erforderlich ist. Dies ist um so schwieriger, je häufiger Kosten nur noch per Schlüsselung auf die Kostenstellen verrechnet werden können (Kostenstellengemeinkosten). Insofern führt eine zu weitreichende Differenzierung der Kostenstellen lediglich zu einer Scheingenauigkeit.

Wie Abb. 3.24 deutlich macht, wird bei der Kostenstellenrechnung sehr häufig eine Ausrichtung an den betrieblichen Funktionen bzw. Verantwortungsbereichen (z. B. Beschaffung, Fertigung, Verwaltung, Vertrieb) angestrebt.

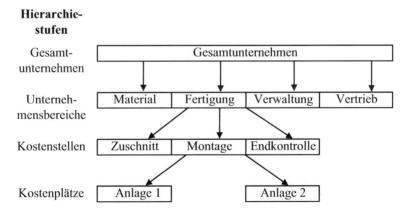

Abb. 3.24 Mögliche Kostenstellenhierarchie

Für die Bildung von Kostenstellen werden regelmäßig folgende Kriterien herangezogen, die häufig kombiniert zur Anwendung kommen:

- **Objekte:** Die Namen der Kostenstellen orientieren sich typischerweise an Gegenständen (z. B. Motorenbau, Karosseriebau, Beschaffung Rohstoffe).
- **Verrichtungen:** Bei dieser Art der Bildung einer Kostenstelle werden bestimmte Tätigkeiten an verschiedenen Objekten vorgenommen (z. B. Einkauf, Verkauf, Montage, Lackiererei).
- **Prozess:** Insbesondere in der Produktion werden Kostenstellen entlang des Produktionsprozesses gegliedert (z. B. Fertigungssteuerung, Teilefertigung, Karosseriebau, Lackiererei, Montage).
- **Sachmittel:** Insbesondere im Fertigungsbereich können Kostenstellen nach Anlagen oder Maschinen benannt werden (z. B. Kostenstelle Spritzgussmaschine).
- **Region:** Die Kostenstellen werden nach geographischen Gesichtspunkten gebildet (z. B. Vertrieb Nord, West, Süd, Ost). Auch Niederlassungen oder Filialen können hierunter eingeordnet werden.

B) Arten von Kostenstellen

Eine erste grobe Unterscheidung von Kostenstellen ist die zwischen Hauptkostenstellen und Hilfskostenstellen.

Hauptkostenstellen

Hierbei handelt es sich um Kostenstellen, die unmittelbar an der Herstellung und dem Verkauf von Produkten beteiligt sind:

- Materialhauptkostenstelle (Aufnahme der Materialgemeinkosten)
- Fertigungshauptkostenstelle (Aufnahme der Fertigungsgemeinkosten)
- Verwaltungshauptkostenstelle (Aufnahme der Verwaltungsgemeinkosten)
- Vertriebshauptkostenstelle (Aufnahme der Vertriebsgemeinkosten)

Die einzelnen Hauptkostenstellen werden weiter in separate Kostenstellen untergliedert.

Hilfskostenstellen

Diese Kostenstellen tragen nur indirekt zur Leistungserstellung bei und üben eine unterstützende Funktion aus. Ihre Leistungen werden über die innerbetriebliche Leistungsverrechnung erfasst und den anderen Kostenstellen zugerechnet. Letztlich werden alle innerbetrieblichen Leistungen den Hauptkostenstellen in Rechnung gestellt.
Hilfskostenstellen lassen sich differenzieren nach

- **Allgemeinen Hilfskostenstellen:** Merkmal ist, dass die Leistungen für viele verschiedene Kostenstellen erbracht werden (z. B. innerbetriebliche Instandhaltung, Energieversorgung).

3.2 Kostenstellenrechnung

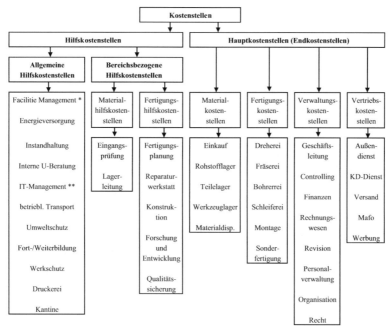

Abb. 3.25 Übersicht über Hilfs- und Hauptkostenstellen

- **Bereichsbezogenen Hilfskostenstellen:** Merkmal ist, dass die Leistungen nur einem bestimmten Betriebsbereich zufließen. Beispielsweise erbringt die Hilfskostenstelle Arbeitsvorbereitung (Bereitstellung von Material, Werkzeugen usw.) nur Leistungen für einzelne Fertigungskostenstellen. Die Hilfskostenstelle Arbeitsvorbereitung wird deshalb auch als Fertigungshilfskostenstelle bezeichnet.

Erfahrungsgemäß ist nicht jedem Leser sofort klar, welche Kostenstellen beispielsweise zur Vertriebshauptkostenstelle zählen. Deshalb veranschaulicht Abb. 3.25 an einem Beispiel die Kostenstellenstruktur, die speziell in größeren Unternehmen selbstverständlich noch weiter untergliedert wird.

3.2.3 Betriebsabrechnungsbogen

Das wichtigste Hilfsmittel der Kostenstellenrechnung ist der Betriebsabrechnungsbogen. Der so genannte **BAB** wurde vom Rationalisierungskuratorium der Deutschen Wirtschaft (RWK) entwickelt und 1928 erstmals veröffentlicht (vgl. Ebert, S. 61).

Der BAB ist ein **Kostensammelbogen**, der die in einer Periode angefallenen Kosten den Kostenstellen zuordnet. Dabei werden in den **Spalten** die Kostenstellen des Betriebs unterteilt und in den **Zeilen** die

- primären Kostenarten
- sekundären Kosten
- Kostensätze (Kalkulationssätze)
- Kostenstellenüberdeckungen bzw. Kostenstellenunterdeckungen

dargestellt. Die Einzelkosten gehen zwar ohne weitere Veränderung in die Kostenträgerstückrechnung ein. Sie werden aber sinnvollerweise nachrichtlich als Bezugsgröße für die zu ermittelnden Verrechnungssätze ausgewiesen. Abbildung 3.26 veranschaulicht den Aufbau des BAB.

Die **Aufgaben** des BAB sind:

- Kostenverteilung der primären Gemeinkosten auf die Kostenstellen (siehe hierzu Kap. 3.2.4).
- Kostenverteilung der sekundären Gemeinkosten zwischen den Kostenstellen. Letztlich erfolgt eine Umlage der in den Hilfskostenstellen entstandenen Kosten auf die Hauptkostenstellen (siehe hierzu Kap. 3.2.5).
- Bildung von Kalkulationssätzen zur Weiterverrechnung der Gemeinkosten auf die Kostenträger (siehe hierzu Kap. 3.2.6 A).
- Kostenkontrolle: Durch Gegenüberstellung von Normalgemeinkosten (durchschnittliche Kosten) oder Plankosten einerseits und den Istkosten andererseits werden Über- und Unterdeckungen ermittelt (siehe hierzu Kap. 3.2.6 B).
- Auswertungen und Analysen: Ermittlung von Kennzahlen und Statistiken.

Zum besseren Verständnis der Aufgaben „Bildung von Kalkulationssätzen" und „Kostenkontrolle" ist zunächst auf die Kalkulation von Produkten einzugehen, auch wenn dies selbstverständlich Teil der Kostenträgerstückrechnung ist und dort auch nochmals vertieft wird (siehe hierzu Kap. 3.3).

	Betriebsabrechnungsbogen		
Kostenarten \ Kostenstellen		Hilfskostenstellen	Hauptkostenstellen
Primäre Kosten	Stelleneinzelkosten	Verteilung der primären Gemeinkosten auf die Kostenstellen	
	Stellengemeinkosten		
Sekundäre Kosten		Durchführung der innerbetrieblichen Leistungsverrechnung	
			Ermittlung von Kalkulationssätzen

Abb. 3.26 Betriebsabrechnungsbogen

(1)	+	Materialeinzelkosten
(2)	+	Materialgemeinkosten
(3)	=	(1) + (2) = Materialkosten
(4)	+	Fertigungseinzelkosten (z.B. Löhne)
(5)	+	Fertigungsgemeinkosten
(6)	+	Sondereinzelkosten der Fertigung
(7)	=	(4) + (5) + (6) = Fertigungskosten
(8)	=	(3) + (7) = Herstellkosten
(9)	+	Verwaltungsgemeinkosten
(10)	+	Vertriebsgemeinkosten
(11)	+	Sondereinzelkosten des Vertriebs
(12)	=	(8) + (9) + (10) + (11) = Selbstkosten

Abb. 3.27 Kalkulationsschema bei einer Zuschlagskalkulation

Ein häufig existierendes Kalkulationsschema ist die differenzierte Zuschlagskalkulation (Abb. 3.27). Die **Herstellkosten** sind dabei nicht mit den **Herstellungskosten** zu verwechseln. Der Begriff der Herstellkosten ist ein kostenrechnerischer Begriff, der aus der Summe der Material- und Fertigungskosten ermittelt wird. Dagegen stammt der Begriff der Herstellungskosten aus dem Handelsrecht und wird in § 255 Abs. 2 und 3 HGB erläutert. Nach Inkrafttreten des Bilanzrechtsmodernisierungsgesetzes (BilMoG) sind zwar mittlerweile auch hier die Material- und Fertigungsgemeinkosten zwingend Teil der Herstellungskosten, allerdings dürfen (Wahlrecht) die Verwaltungsgemeinkosten in die Herstellungskosten eingerechnet werden. Unabhängig davon können sich Unterschiede aus den Bewertungen des Werteverzehrs ergeben (Anders-/Zusatzkosten).

Um **Kalkulationszuschlagsätze** zu bilden, erhalten typischerweise

- die Materialgemeinkosten als Zuschlagbasis die Materialeinzelkosten
- die Fertigungsgemeinkosten als Zuschlagsbasis die Fertigungseinzelkosten
- die Verwaltungsgemeinkosten als Zuschlagsbasis die Herstellkosten des Umsatzes
- die Vertriebsgemeinkosten als Zuschlagbasis die Herstellkosten des Umsatzes

Die Herstellkosten des Umsatzes ergeben sich unter Berücksichtigung der Bestandsveränderungen und der aktivierten Eigenleistungen. Heyd/Meffle (vgl. S. 134) sind der Ansicht, dass die Herstellkosten der Produktion die bessere Bezugsgröße für die Verwaltungsgemeinkosten sind. Allerdings wählt die betriebliche Praxis im Regelfall die Herstellkosten des Umsatzes. Dies ermöglicht auch einen gemeinsamen Zuschlagsatz für Verwaltung und Vertrieb.

3.2.4 Verteilung primärer Gemeinkosten

Sinnvollerweise werden die Gesamtsummen der einzelnen Kostenarten in die erste Spalte des BAB übernommen. Die Verteilung ist dann abgeschlossen, wenn sich die Summe der Kosten der einzelnen Kostenstellen mit dem Gesamtbetrag der Kostenarten decken. Wie Abb. 3.24 verdeutlicht, kann die Verteilung der Gemeinkosten direkt oder indirekt erfolgen.

A) Direkte Verteilung primärer Gemeinkosten
Gemeinkosten, die auf Grund von Belegen **direkt** erfasst und verrechnet sind, werden als **Kostenstelleneinzelkosten** bezeichnet. Dabei wird das Kostenverursachungsprinzip angewendet.

Stichwort: Kostenverursachungsprinzip
Dem Kostenverursachungsprinzip liegt die Überlegung zu Grunde, dass die Kosten nach einem Ursache-Wirkungs-Prinzip den Kostenstellen und Kostenträgern zugerechnet werden. Wird dieses Prinzip eng ausgelegt, ist dies bei den Einzelkosten der Fall, die direkt den Kostenträgern zugeordnet werden. Auf Kostenstellenebene wird dieses Prinzip bei Kostenstelleneinzelkosten verwendet.

Beispiele für Kostenstelleneinzelkosten

- Gehälter von Arbeitnehmern, die in einer einzigen Kostenstelle beschäftigt sind.
- Kalkulatorischen Abschreibungen auf Maschinen, die ausschließlich in einer bestimmten Kostenstelle im Einsatz sind.
- Stromkosten, wenn entsprechende Zähler in den Kostenstellen installiert sind.
- Reisekostenabrechnungen von Mitarbeitern, die in einer einzigen Kostenstelle beschäftigt sind.

B) Indirekte Verteilung primärer Gemeinkosten
Die **indirekte** Verrechnung erfolgt durch eine Schlüsselung. Es handelt sich um **Kostenstellengemeinkosten**. Dabei wird das Kostendurchschnittsprinzip angewendet.

Stichwort: Kostendurchschnittsprinzip
Die Kosten werden durchschnittlich auf Kostenstelle oder Kostenträger durch eine Schlüsselung (z. B. auf der Basis der Anzahl der in einer Kostenstelle beschäftigten Mitarbeiter) verrechnet.

Notwendigkeit von Kostenstellengemeinkosten
- Entweder ist eine Schlüsselung von Gemeinkosten nicht anders möglich, wobei dann von echten Stellengemeinkosten gesprochen wird oder
- die Vorgehensweise wird aus wirtschaftlichen Gründen so gewählt (unechte Stellengemeinkosten), weil die Ermittlung als Kostenstelleneinzelkosten zu aufwändig ist.

3.2 Kostenstellenrechnung

Als Beispiel für den ersteren Fall können die Gehaltskosten einer Führungskraft genannt werden, die mehrere Kostenstellen leitet. Es ist klar, dass eine Aufteilung nicht immer möglich ist, weil zumindest ein Teil der Arbeitszeit kostenstellenübergreifend geleistet wird. Als Beispiel für den zweiten Fall können die Aufwendungen für Büromaterial (EDV-Verbrauchsmaterial, Papier, Stifte usw.) angeführt werden. Natürlich wäre es möglich, die Materialausgabe per Materialentnahmeschein durchzuführen. Allerdings wäre der Nutzen gering und der Erfassungsaufwand zu groß.

Beispiele für Kostenstellengemeinkosten
- Schlüsselung der Kosten für Hilfsstoffe auf der Basis der produzierten Stückzahl.
- Schlüsselung der Kosten für Büromaterial nach der Zahl der Mitarbeiter in den Kostenstellen.
- Schlüsselung der Abschreibungen eines Verwaltungsgebäudes auf einzelne Verwaltungskostenstellen.

Neben dem Kostenverursachungsprinzip und dem Kostendurchschnittsprinzip existiert darüber hinaus das Kostentragfähigkeitsprinzip.

Stichwort Kostentragfähigkeitsprinzip
Hier werden die Kosten durchschnittlich auf Kostenträger nach Maßgabe von Schlüsseln verrechnet, die vom Absatzpreis der Produkte abhängen. Dieses Prinzip ist sehr problematisch und kann zu falschen Schlussfolgerungen führen. Das Prinzip wird nur im Ausnahmefall angewendet.

Schlüsselung von Gemeinkosten
Basis einer Verrechnung von Kostenstellengemeinkosten ist ein **Schlüssel**. Schlüssel sind Rechengrößen, mit deren Hilfe die Verrechnung von Kosten erfolgt. Sie werden beispielsweise benötigt für die

- Verrechnung von Kosten einer Kostenart auf mehrere Kostenstellen (so wie hier gerade der Fall),
- innerbetriebliche Leistungsverrechnung zwischen Kostenstellen,
- Verrechnung von Kostenarten oder Kostenstellen auf einen Kostenträger.

Zu unterscheiden ist zwischen Mengenschlüsseln und Wertschlüsseln (Abb. 3.28).

Beispiel

Kalkulatorische Abschreibungen des Verwaltungsgebäudes	(hier Mengenschlüssel)
Abschreibungshöhe	100.000 €
Netto-Bürofläche des Verwaltungsgebäudes	8.000 qm

Mengenschlüssel	Beispiel	Anwendung (Beispiel)
Zählgrößen	Anzahl hergestellte Produkteinheiten	Energiekosten
	Anzahl der Angestellten	Büromaterial
	Anzahl unterstellter Mitarbeiter	Gehalt Führungskraft
Zeitgrößen	Stunden	Instandhaltungskosten
Raumgrößen	Fläche	Heizung, Reinigung
	Raumvolumen	Lagerkosten
Gewichtsgrößen	Materialverbrauch in kg	Verteilung Hilfsstoffe
Tech. Größen	Installierte kW	Stromkosten
	Gefahrene Kilometer	Kosten Fuhrpark
Wertschlüssel		
Kosten	Gehälter Mitarbeiter	Gehalt Führungskraft
Bestandsgrößen	Betriebsnotwendiges Kapital	Verteilung kalk. Zinsen
	Anlagenbestandswert	Versicherungsbeiträge
Umsatz	Vertriebskostenstellen	Forderungswagniskosten

Abb. 3.28 Mengen- und Wertschlüssel

Schlüsseleinheitskosten = 100.000 €: 8.000 qm	12,50 €
Schlüsselzahl = Verbrauchsmenge der Kostenstelle Z	300 qm
Kostenanteil der Kostenstelle Z = 300 qm × 12,50 €	3.750 €

3.2.5 Verteilung sekundärer Gemeinkosten

Unternehmen erstellen nicht nur Marktleistungen (z. B. ein Automobilhersteller Autos), sondern auch Leistungen, die im eigenen Unternehmen verbraucht werden.

Allerdings ist es nicht immer einfach, für die erbrachten Leistungen einen Verrechnungspreis zu finden, der auf den Selbstkosten fußt. Gleichwohl wäre ohne die Berücksichtigung dieser Kosten die Kostenstellenrechnung unvollständig und weder für die Kalkulation noch für Wirtschaftlichkeitsanalysen akzeptabel. Der Aufwand zur Ermittlung der Verrechnungssätze hängt von der Art der Leistungsverflechtung ab. Die Abb. 3.29 zeigt Beispiele für grundsätzliche Kostenstellenbeziehungen.

Verfahren der innerbetrieblichen Leistungsverrechnung sind insbesondere:

- Einzelkostenverfahren (Verfahren bei Teilkostenrechnung)
- Anbauverfahren
- Treppenverfahren (Stufenleiterverfahren)
- Gleichungsverfahren

3.2 Kostenstellenrechnung

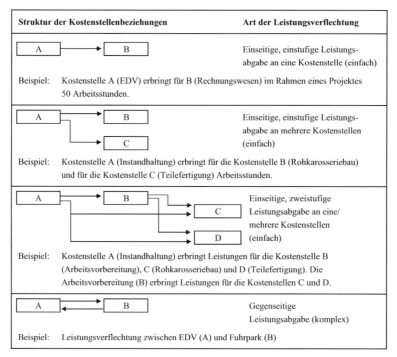

Abb. 3.29 Grundsätzliche Kostenstellenbeziehungen

In der Literatur werden zumeist nur die letzten drei Verfahren gewürdigt (vgl. z. B. Fandel u. a., S. 145–153; Götze, S. 85–91; Haberstock, 2008 a, S. 125–136; Rüth, S. 130–134; Stelling, S. 37–38). Bei diesen Verfahren werden die innerbetrieblichen Leistungen typischerweise nur von Hilfskostenstellen erbracht. Die Leistungsempfänger sind andere Hilfskostenstellen oder Hauptkostenstellen.

Um den Arbeitsaufwand zu reduzieren, werden normalerweise die Verrechnungssätze nicht jeden Monat neu ermittelt, sondern nur jährlich angepasst. Innerhalb des Jahres wird dann die Leistung auf Basis eines Festpreises abgerechnet.

A) Einzelkostenverfahren

Methode
Für eine innerbetriebliche Leistung werden dem Leistungsempfänger nur die Einzelkosten in Rechnung gestellt. Diese stellen für den Leistungsempfänger Gemeinkosten dar. Mit den Gemeinkosten wird ausschließlich die leistende Kostenstelle belastet.

Beispiel
Der zentrale Fuhrpark verrechnet für seine Leistungen (z. B. Anlieferung von Gütern, Versenden von Produkten an Kunden) über einen km-Satz nur die variablen Kosten (z. B. Benzin, Öl, Reifenverschleiß, Werkstatt).

Problem

Da nicht die gesamten Kosten der innerbetrieblichen Leistung ermittelt werden, ist weder die Kontrolle der Wirtschaftlichkeit noch ein Vergleich mit Marktpreisen für gleichartige Leistungen durchführbar. Bei gegenseitiger Leistungsverflechtung stößt das Verfahren an seine Grenzen, weil der Verrechnungssatz sich nur auf die primären variablen Gemeinkosten bezieht und somit die von anderen Kostenstellen bezogenen Leistungen kostenrechnerisch nicht berücksichtigt werden.

Zur Verdeutlichung der drei übrigen Verfahren wird von einem einheitlichen Beispiel ausgegangen. Dabei werden drei Hilfskostenstellen und drei Hauptkostenstellen (kurz K-Stellen) eingesetzt.

Fallbeispiel 7: Innerbetriebliche Leistungsverrechnung
Die Hilfskostenstellen (Allgemeine Kostenstellen) sind:

- Interne Unternehmensberatung (B)
- Gebäudemanagement (G)
- IT-Management (IT)

Die Hauptkostenstellen sind:

- Materialhauptkostenstelle (Material)
- Fertigungshauptkostenstelle (Fertigung)
- Verwaltungs- und Vertriebshauptkostenstelle (Verw/Vt)

K-Stellen	Summe	B	G	IT	Material	Fertigung	Verw/Vt
Summe primäre Gemeinkosten	218.740	41.540	19.500	21.200	26.500	80.000	30.000

Leistungsabgaben der Hilfskostenstellen

Leistungsinanspruchnahme durch die Kostenstellen	Leistungsabgabe B (h)	Leistungsabgabe G (h)	Leistungsabgabe IT (h)
Beratung (B)	–	50	100
Gebäudemanagement (G)	50	–	40
IT-Management (IT)	80	75	–
Material	100	300	200
Fertigung	300	1.475	350
Verwaltung/Vertrieb	270	100	510
Summe	800	2.000	1.200

B) Anbauverfahren

Methode
Der innerbetriebliche Leistungsaustausch zwischen den Hilfskostenstellen wird ignoriert. Die Kosten werden sofort auf die Hauptkostenstellen umgelegt.

Problem
Es besteht eine erhebliche Ungenauigkeit, wenn die Leistungen für die Hilfskostenstellen einen signifikanten Anteil an der Gesamtleistung ausmachen. Gleiches gilt, wenn Hilfskostenstellen bei der Leistungserstellung und beim Leistungsempfang eng miteinander verflochten sind.

Berechnung der Verrechnungssätze

Beratung:	800 h
	• 130 h (Leistungen für andere Hilfskostenstellen)
	670 h (Leistungen an Hauptkostenstellen)
	41.540 € : 670 h = 62,00 €/h
Gebäudemanagement	2.000 h
	• 125 h (Leistungen für andere Hilfskostenstellen)
	1.875 h (Leistungen an Hauptkostenstellen)
	19.500 € : 1.875 h = 10,40 €/h
	1.875 h (Leistungen an Hauptkostenstellen)
IT-Management	1.200 h
	• 140 h (Leistungen für andere Hilfskostenstellen)
	1.060 h (Leistungen an Hauptkostenstellen)
	21.200 € : 1.060 h = 20,00 €/h

Die Verrechnungssätze zeigen, dass die Leistungen, die an Hilfskostenstellen gegangen sind, herausgerechnet und den Hauptkostenstellen unmittelbar die Kosten der Hilfskostenstellen zugerechnet werden.

Ergebnis
Die Tabelle macht deutlich, wie sich die Verrechnungssätze des Anbauverfahrens auf die Hauptkostenstellen auswirken.

K-Stellen	Summe	B	G	IT	Material	Fertigung	Verw/Vt
Summe primäre Gemeinkosten	218.740	41.540	19.500	21.200	26.500	80.000	30.000
Umlage B					6.200	18.600	16.740
Umlage G					3.120	15.340	1.040
Umlage IT					4.000	7.000	10.200
Gemeinkosten	218.740	0	0	0	39.820	120.940	57.980

C) Treppenverfahren

Methode

- Vorgelagerte Kostenstellen können alle nachgelagerten belasten (Verrechnung nur in eine Richtung).
- Da sich die Hilfskostenstellen auch gegenseitig belasten, hängt die Genauigkeit der Berechnung von der Reihenfolge ab, in der die Hilfskostenstellen abgerechnet werden. Als Prioritätenfolge gilt: Je mehr Leistungen eine Hilfskostenstelle **wertmäßig** empfangen hat, desto weiter hinten steht sie in der Prioritätenfolge. Dies bedeutet, dass mit der Hilfskostenstelle gestartet wird, die am wenigsten (wertmäßig) von den Leistungen der anderen Hilfskostenstellen profitiert hat.

$$\text{Innerbetrieblicher Verrechnungssatz} = \frac{\text{Primäre Kosten der Kostenstelle} + \text{Sekundäre Kosten aus der Verrechnung von Leistungen aus vorgelagerten Kostenstellen}}{\text{Leistungsabgabe an nachgelagerte Kostenstellen}}$$

Problem
Das Verfahren liefert keine exakten Ergebnisse.

Entscheidung, welcher Verrechnungssatz zuerst gebildet wird

Ermittlung der Überschlagsätze

Beratung	41.540 €: 800 h	51,93 €
Gebäudemanagement	19.500 €: 2.000 h	9,75 €
IT-Management	21.200 €: 1.200 h	17,67 €

Ermittlung des in Kosten bewerteten Leistungsempfangs
  Beratung

$$\text{empfängt } 50\,h \text{ Gebäudemanagement (a } 9,75\,€)$$
$$+ 100\,h \text{ IT} - \text{Management(a } 17,67\,€) = 2.254,50\,€$$

Gebäudemanagement

$$\text{empfängt } 50\,h \text{ Beratung(a } 51,93\,€) + 40\,h \text{ IT} - \text{Management(a } 17,67\,€) = 3.303,30\,€$$

IT-Management

$$\text{empfängt } 80\,h \text{ Beratung(a } 51,93\,€) + 75\,h \text{ Gebäudemanagement(a } 9,75\,€) = 4.885,65\,€$$

3.2 Kostenstellenrechnung

Prioritätenfolge:
Zuerst Abrechnung der Beratung, dann Gebäudemanagement, dann IT-Management

Berechnung der Verrechnungssätze
Verrechnungspreis Interne Unternehmensberatung (B)

$$\frac{\text{Primäre Gemeinkosten der Kostenstelle B}}{\text{Gesamtleistung der Kostenstelle B}} = \frac{41.540\,€}{800\,h} = 51,93\,€/h$$

Verrechnungspreis Gebäudemanagement (G)

$$\frac{\text{Primäre Gemeinkosten der Kostenstelle G} + \text{Sekundäre Kosten der abgerechneten Hilfskostenstelle B}}{\text{Gesamtleistung der Kostenstelle G} - \text{Leistungen der Kostenstelle G an vorgelagerte Kostenstellen}}$$

$$= \frac{19.500\,€ + 2.596,50\,€\;(50\,h \times 51,93\,€)}{2.000\,h - 50\,h\;(\text{Leistung an B})} = 11,33\,€/h$$

Verrechnungspreis IT-Management (IT)

$$\frac{\text{Primäre Gemeinkosten der Kostenstelle IT}}{\text{Gesamtleistung der Kostenstelle IT}}$$
$$+ \frac{\text{Sekundäre Kosten der abgerechneten Hilfskostenstellen B + G}}{\text{Leistungen der Kostenstelle IT an vorgelagerte Kostenstellen}}$$

$$= \frac{21.200\,€ + 4.154,40\,€\;(80\,h \times 51,93\,€) + 849,75\,€\;(75\,h \times 11,33\,€)}{1.200\,h - 100\,h\;(\text{Leistung an B}) - 40\,h\;(\text{Leistung an G})} = 24,72\,€/h$$

Ergebnis
Die Tabelle zeigt, wie sich die Verrechnungssätze des Treppenverfahrens auf die Hauptkostenstellen auswirken.

K-Stellen	Summe	B	G	IT	Material	Fertigung	Verw/Vt
Summe primäre Gemein-Kosten	218.740	41.540	19.500	21.200	26.500	80.000	30.000
Umlage B					5.193	15.579	14.021
Umlage G					3.399	16.712	1.133
Umlage IT					4.944	8.652	12.607
Gemeinkosten	218.740	0	0	0	40.036	120.943	57.761

D) Gleichungsverfahren

Methode

- Es erfolgt eine simultane Verrechnung der innerbetrieblichen Leistungen.
- Es werden exakte Ergebnisse ermittelt.
- Da die liefernden Kostenstellen ihre Leistungen kostendeckend an die empfangenden Kostenstellen abgeben, gilt der Grundsatz: Input in € = Output in €.

Kostenwert der insgesamt abgegebenen Leistungen = primäre Kosten
+ Kostenwerte der von anderen Kostenstellen empfangenen Leistungen

Input und Output lassen sich in den beiden folgenden Tabellen darstellen:

	Input B	Input G	Input IT	Leistung an Hauptkostenstellen (h)	Gesamtleistung (h)	Outputwert in €
Primäre GK	41.540 €	19.500 €	21.200 €			
Beratung		50 h	80 h	670	800	800 h × p1
Gebäude	50 h		75 h	1.875	2.000	2.000 h × p2
IT	100 h	40 h		1.060	1.200	1.200 h × p3

$p1$ = Verrechnungspreis Interne Unternehmensberatung,
$p2$ = Verrechnungspreis Gebäudemanagement,
$p3$ = Verrechnungspreis IT-Management

Input-Output-Beziehung

Die Input-Output-Beziehungen können als drei Gleichungen mit drei Unbekannten betrachtet werden.

Hilfskostenstelle	Input	=	Output
I Beratung	41.540 € + 50 p2 + 100 p3	=	800 p1
II Gebäudemanagement	19.500 € + 50 p1 + 40 p3	=	2.000 p2
III IT-Management	21.200 € + 80 p1 + 75 p2	=	1.200 p3

Additionsmethode

Drei Gleichungen mit drei Unbekannten (p1, p2, p3) lassen sich mit Hilfe der Additionsmethode auflösen. Wichtig ist, dass die Gleichungen so verändert werden, dass immer eine Unbekannte wegfällt. Es sind verschiedene Lösungswege möglich.

1. *Schritt: Unbekannte p1 soll bei Addition der Gleichungen I und III wegfallen*
   Gleichung I: bleibt so bestehen
   Gleichung III: wird mit dem Faktor 10 multipliziert (damit fällt p1 weg).

3.2 Kostenstellenrechnung

$$41.540\,€ + 50\,p2 + 100\,p3 = 800\,p1$$
$$212.000\,€ + 800\,p1 + 750\,p2 = 12.000\,p3$$

$$41.540\,€ - 800\,p1 + 50\,p2 = -100\,p3$$
$$\underline{212.000\,€ + 800\,p1 + 750\,p2 = 12.000\,p3}$$
$$\text{IV} \quad 253.540\,€ \qquad + 800\,p2 = 11.900\,p3$$

2. Schritt: Unbekannte p1 soll bei Addition der Gleichungen I und II wegfallen
Gleichung I: bleibt so bestehen
Gleichung II: wird mit dem Faktor 16 multipliziert (damit fällt p1 weg).

$$41.540\,€ + 50\,p2 + 100\,p3 = 800\,p1$$
$$312.000\,€ + 800\,p1 + 640\,p3 = 32.000\,p2$$

$$41.540\,€ - 800\,p1 + 100\,p3 = -50\,p2$$
$$\underline{312.000\,€ + 800\,p1 + 640\,p3 = 32.000\,p2}$$
$$\text{V} \quad 353.540\,€ \qquad + 740\,p3 = 31.950\,p2$$

3. Schritt: Unbekannte p3 soll bei Addition der Gleichungen IV und V wegfallen
Die neu gewonnenen Gleichungen IV und V müssen so verändert werden, dass wiederum eine Unbekannte (entweder p2 oder p3) wegfällt.

Wird Gleichung IV mit dem Faktor 39,9375 multipliziert, fällt p2 weg.
Gleichung V bleibt so bestehen.

$$\text{IV} \quad 10.125.754\,€ + 31.950\,p2 = 475.256\,p3$$
$$\text{V} \quad 353.540\,€ + 740\,p3 = 31.950\,p2$$

$$\text{IV} \quad 10.125.754\,€ + 31.950\,p2 = 475.256\,p3$$
$$\text{V} \quad \underline{353.540\,€ - 31.950\,p2 = -740\,p3}$$
$$\qquad 10.479.294\,€ \qquad = 474.516\,p3$$

$$10.479.294\,€ : 474.516\,p3 = 22,08\,€\ (22,084174\,€)$$

Wird p3 (22,084174) in die Gleichung IV eingesetzt gilt:

$$10.125.754\,€ + 31.950\,p2 = 475.256 \times 22,084174\,€$$
$$10.125.754\,€ + 31.950\,p2 = 10.495.636\,€$$
$$31.950\,p2 = 369.882\,€$$
$$p2 = 11,58\,€\ (11,576901\,€)$$

4. *Schritt: Ermittlung von p1*
Die Ergebnisse der Verrechnungspreise p3 (22,084174 €) und p2 (11,576901) werden in Gleichung I eingesetzt.

$$41.540 € + 50 \times 11,576901 € + 100 \times 22,084174 € = 800\,p1$$
$$41.540 € + 578,84505 € + 2.208,4174 € \qquad = 800\,p1$$
$$44.327,26 € \qquad\qquad\qquad\qquad\qquad\qquad = 800\,p1$$
$$55,41 € \; (55,409075 €) \qquad\qquad\qquad\qquad = p1$$

Ergebnis
Die Tabelle zeigt, wie sich die Verrechnungssätze des Gleichungsverfahrens auf die Hauptkostenstellen auswirken.

K-Stellen	Summe	B	G	IT	Material	Fertigung	Verw/Vt
Summe primäre GemeinKosten	218.740	41.540	19.500	21.200	26.500	80.000	30.000
Umlage B					5.541	16.623	14.961
Umlage G					3.474	17.081	1.158
Umlage IT					4.416	7.728	11.261
Gemeinkosten	218.740	0	0	0	39.931	121.432	57.380

Hinweis: 3 € Rundungsfehler, deshalb rechnerisch 218.743 €

Anschließend werden die Ergebnisse der Verrechnungssätze gegenübergestellt. Es wird deutlich, dass sie zwischen dem niedrigsten und dem höchsten Preis 19,5 % (Beratung), 11,3 % (Gebäudemanagement) bzw. 23,6 % (IT-Management) liegen. Diese beachtlichen Unterschiede können zu falschen Entscheidungen bei der Beurteilung der Wirtschaftlichkeit von Kostenstellen, bei der Produktkalkulation oder bei der Wahl zwischen Eigenfertigung und Fremdbezug führen.

Verrechnungssätze	Beratung	Gebäudemanagement	IT-Management
Anbauverfahren	62,00 €	10,40 €	20,00 €
Treppenverfahren	51,93 €	11,33 €	24,72 €
Gleichungsverfahren	55,41 €	11,58 €	22,08 €

3.2.6 Ermittlung der Istzuschlagsätze und der Kostenabweichungen

A) Ermittlung der Istzuschlagsätze
Die Summe der Istgemeinkosten einer Kostenstelle ergibt sich aus der Addition der primären und der sekundären Gemeinkosten einer Kostenstelle. Im folgenden Schritt können nun die Istzuschlagsätze der einzelnen Hauptkostenstellen ermittelt werden. Dafür werden den Istgemeinkosten der Hauptkostenstellen (im Zähler) die Zuschlagsbasen (im Nenner)

gegenübergestellt. Für die Bildung eines Prozentsatzes wird dieser Quotient mit 100 multipliziert.

B) Ermittlung der Kostenabweichungen

Als letzte Aufgabe verbleibt die Kostenkontrolle und Analye von Kostenabweichungen. Um eine Kostenkontrolle zu ermöglichen, ist für die Istkosten der Periode ein Vergleichsmaßstab notwendig. Vorgaben erfolgen entweder durch Plankosten (siehe hierzu auch Kap. 3.5) oder durch Normalkosten.

Vorkalkulation

Betragen beispielsweise die Materialeinzelkosten für die Kalkulation eines Auftrages 10.000 €, so werden ausgehend von einem Zuschlagsatz von 40 % als Gemeinkosten 4000 € einkalkuliert. Diese 4000 € sind bei einem normalen (durchschnittlichen) Kostenanfall zu erwarten (Normalkosten). Zusammen mit allen übrigen Aufträgen innerhalb eines Zeitraums (im Regelfall eines Monats) liegen beispielsweise Aufträge mit kalkulierten Materialeinzelkosten in Höhe von 1.000.000 € vor. Für jeden Auftrag werden immer 40 % an Materialgemeinkosten einkalkuliert, sodass insgesamt 400.000 € (40 % von 1.000.000 €) an Materialgemeinkosten verrechnet werden. Deshalb kann auch von „verrechneten Gemeinkosten", alternativ von „Gemeinkosten auf Normalkostenbasis" oder von „kalkulierten Gemeinkosten" gesprochen werden. Mit anderen Worten: Es wird unterstellt, dass pro € Materialeinzelkosten immer 0,40 € an Materialgemeinkosten anfallen.

Nachkalkulation

Nachdem ein Abrechnungszeitraum (Monat) abgeschlossen ist, können die Istkosten für die einzelnen Kostenstellen ermittelt werden. Jetzt kann überprüft werden, ob die kalkulierten mit den tatsächlichen Gemeinkosten übereinstimmen oder ob es zu Abweichungen kommt. Beispielsweise sind tatsächlich 420.000 € an Materialgemeinkosten angefallen (Istkosten). Die 400.000 € an verrechneten Gemeinkosten reichen daher nicht aus. Es kommt zu einer **Kostenunterdeckung** in Höhe von 20.000 €. Mit anderen Worten: Das kalkulierte Betriebsergebnis liegt auf Grund der Kostenabweichung um 20.000 € höher als das tatsächliche Ist-Betriebsergebnis. Zieht man von den verrechneten Gemeinkosten (Normalgemeinkosten) die Istgemeinkosten ab, ergibt sich ein negatives Vorzeichen. Damit wird deutlich, dass in der Realität **mehr** Gemeinkosten entstehen, als bei der Vorkalkulation eingeplant sind, denn tatsächlich sind im Durchschnitt über alle Aufträge hinweg pro € Materialeinzelkosten jeweils 0,42 € an Materialgemeinkosten angefallen.

Gründe können sein (siehe hierzu Kap. 3.5):

- geringere Beschäftigung und damit höhere fixe Stückkosten
- geringere Produktivität
- höhere Preise der Produktionsfaktoren
- höherer Verbrauch an Produktionsfaktoren (z. B. höherer Verbrauch an Hilfsstoffen oder Betriebsstoffen)

Wären beispielsweise nur 390.000 € an Materialgemeinkosten entstanden, liegt eine **Kostenüberdeckung** in Höhe von 10.000 € vor. Zieht man von den verrechneten Gemeinkosten (Normalgemeinkosten) die Istgemeinkosten ab, so ergibt sich in diesem Fall ein positives Vorzeichen. Damit wird deutlich, dass in der Realität **weniger** Gemeinkosten entstehen, als bei der Vorkalkulation eingeplant sind. Als tatsächlicher Istzuschlagsatz sind 39% anzusetzen, denn tatsächlich sind im Durchschnitt über alle Aufträge hinweg pro € Materialeinzelkosten jeweils nur 0,39 € an Materialgemeinkosten angefallen. Die Gründe hierfür sind entsprechend in der Umkehrung der o. g. Gründe zu finden.

3.2.7 Fallbeispiel Kostenstellenrechnung

Fallbeispiel 8: Kostenstellenrechnung
Ein Automobilhersteller hat folgende Differenzierung in Kostenarten und Kostenstellen vorgenommen:

Kostenarten

- Materialkosten: Fertigungsmaterial, Hilfsstoffe, Energie.
- Personalkosten: Fertigungslöhne, Hilfslöhne (gehören zu den Gemeinkosten), Gehälter.
- Kalkulatorische Kosten: Kalkulatorische Abschreibungen, kalkulatorische Zinsen.
- Dienstleistungskosten und sonstige Grundkosten: Dieser Sammelposten wird als Raumkosten ausgewiesen (z. B. für Reinigung, Versicherungen usw.).

Kostenstellen

- Allgemeine Hilfskostenstellen: Hausverwaltung, Instandhaltung
- Materialbereich: Einkauf, Lager
- Fertigungshilfskostenstelle: Arbeitsvorbereitung
- Fertigungsbereich: Stanzen, Karosseriebau, Motorenbau, Montage
- Verwaltungsbereich
- Vertriebsbereich

Darüber hinaus liegen für den Monat März folgende Informationen über den Kostenanfall vor:

1. **Fertigungsmaterial:** 95.000 €.
2. **Fertigungslöhne:** Die Lohnscheine weisen eine Gesamtlohnsumme von 52.300 € auf. Davon entfallen 12.000 € auf das Stanzen, 13.000 € auf den Karosseriebau, 7.800 € auf den Motorenbau und 19.500 € auf die Montage. Zu berücksichtigen sind noch jeweils 30% an Lohnzusatzkosten.

3.2 Kostenstellenrechnung

3. **Hilfslöhne:** Insgesamt 37.690 €, davon Hausverwaltung 2.976 €, Arbeitsvorbereitung 5.580 €, Stanzen 4.954 €, Karosseriebau 13.020 €, Motorenbau 5.208 €, Montage 5.952 €.
4. **Gehälter:** Instandhaltung 4.960 €, Einkauf 10.850 €, Lager 6.200 €, Arbeitsvorbereitung 6.510 €, Stanzen 6.020 €, Karosseriebau 18.600 €, Motorenbau 12.400 €, Montage 10.850 €, Verwaltung 21.660 €, Vertrieb 15.920 €.
5. **Hilfsstoffe:** Instandhaltung: 1.200 €, Arbeitsvorbereitung 400 €, Stanzen 200 €, Karosseriebau 3.900 €, Motorenbau 2.800 €, Montage 4.900 €.
6. **Energie:** Hausverwaltung 450 kWh, Instandhaltung 2.250 kWh, Einkauf 1.500 kWh, Lager 3.000 kWh, Arbeitsvorbereitung 1.200 kWh, Stanzen 15.100 kWh, Karosseriebau 14.000 kWh, Motorenbau 12.400 kWh, Montage 10.500 kWh, Verwaltung 4.500 kWh, Vertrieb 3.100 kWh. Die Kosten belaufen sich auf 12.240 €.
7. **Kalkulatorische Abschreibungen:** Hausverwaltung 380 €, Instandhaltung 740 €, Einkauf 500 €, Lager 4.500 €, Arbeitsvorbereitung 2.185 €, Stanzen 11.303 €, Karosseriebau 12.703 €, Motorenbau 7.246 €, Montage 7.858 €, Verwaltung 2.027 €, Vertrieb 3.091 €.
8. **Kalkulatorische Zinsen:** Basis ist ein betriebsnotwendiges Kapital in Höhe von 960.600 € (Jahresdurchschnitt). Der Kalkulationszinssatz beträgt 6 %. Für die einzelnen Kostenstellen liegen folgende Werte des betriebsnotwendigen Kapitals für den Jahresdurchschnitt vor: Hausverwaltung: 12.600 €, Instandhaltung: 19.000 €, Einkauf: 11.000 €, Lager: 119.000 €, Arbeitsvorbereitung: 23.800 €, Stanzen: 251.200 €, Karosseriebau: 258.000 €, Motorenbau: 120.000 €, Montage: 90.000 €, Verwaltung: 29.000 €, Vertrieb: 27.000 €.
9. **Raumkosten:** 16.000 €, insgesamt 4.000 qm Fläche. Hausverwaltung 100 qm, Instandhaltung 160 qm, Einkauf 240 qm, Lager 1.000 qm, Arbeitsvorbereitung 140 qm, Stanzen 260 qm, Karosseriebau 550 qm, Motorenbau 520 qm, Montage 530 qm, Verwaltung 320 qm, Vertrieb 180 qm.

Aufgabe

1. Erstellung des Betriebsabrechnungsbogens für das Unternehmen. Der innerbetrieblichen Leistungsverrechnung liegen folgende Daten vor: Die Umlage der Hausverwaltungskosten erfolgt nach der Flächenzahl unter 9. Die Umlage der Instandhaltungskostenstelle beruht auf den in Anspruch genommenen Instandhaltungsstunden: Lager 40 h, Arbeitsvorbereitung 10 h, Stanzen 70 h, Karosseriebau 50 h, Verwaltung 30 h. Die Umlage der Arbeitsvorbereitung an die Fertigungskostenstellen erfolgt in Abhängigkeit von den dort angefallenen Fertigungslöhnen.
2. Ermittlung der Istzuschlagsätze. Basis sind für den Materialbereich die Materialeinzelkosten, wobei ein Zuschlagsatz für den gesamten Materialbereich verwendet werden soll. Zuschlagsbasis für die Fertigungsgemeinkosten sind die jeweiligen Fertigungslöhne, für die Verwaltungs- und Vertriebsgemeinkosten sind es jeweils die Herstellkosten des Umsatzes. Bei der Ermittlung der Herstellkosten des Umsatzes sind Bestandsveränderungen zu berücksichtigen: Bestandsminderung bei Motoren Typ A

20.000 , bei Motoren Typ B liegt eine Bestandsmehrung von 37.000 € vor. Außerdem ist eine aktivierte Eigenleistung in Höhe von 5.150 € zu berücksichtigen.

3. Ermittlung der Gemeinkostenabweichungen (ohne Nachkommastellen) der Hauptkostenstellen. Das Unternehmen verwendet für die Vorkalkulation folgende Normalzuschlagsätze, die als Durchschnittswerte aus den Istzuschlägen vergangener Perioden gebildet werden: Materialbereich 30%, Stanzen 200%, Karosseriebau 350%, Motorenbau 400%, Montage 140%, Verwaltung 10%, Vertrieb 5%.

Lösung

	Betrag	Allgemeiner Bereich		Material		Fertigung					Verwaltungsbereich	Vertriebsbereich
		Hausverwaltung	Instandhaltung	Einkauf	Lager	Arbeitsvorb.	Stanzen	Kaross.bau	Motorenbau	Montage		
Fertigungsmaterial	95.000			95.000								
Fertigungslöhne	67.990						15.600	16.900	10.140	25.350		
Hilfslöhne	37.690	2.976				5.580	4.954	13.020	5.208	5.952		
Gehälter	113.970		4.960	10.850	6.200	6.510	6.020	18.600	12.400	10.850	21.660	15.920
Hilfsstoffe	13.400		1.200			400	200	3.900	2.800	4.900		
Energie	12.240	81	405	270	540	216	2.718	2.520	2.232	1.890	810	558
Kalk. Abschreibungen	52.533	380	740	500	4.500	2.185	11.303	12.703	7.246	7.858	2.027	3.091
Kalk. Zinsen	4.803	63	95	55	595	119	1.256	1.290	600	450	145	135
Raumkosten	16.000	400	640	960	4.000	560	1.040	2.200	2.080	2.120	1.280	720
Summe primäre GK	250.636	3.900	8.040	12.635	15.835	15.570	27.491	54.233	32.566	34.020	25.922	20.424
Umlage Hausverw.	3.900		160	240	1.000	140	260	550	520	530	320	180
Umlage Instandhalt.	8.200				1.640	410	2.870	2.050			1.230	
Umlage Arbeitsvorb.	16.120						3.699	4.007	2.404	6.010		
Summe Ist-Gemeink.	250.636	0	0	12.875	18.475	0	34.320	60.840	35.490	40.560	27.472	20.604
Ist-Zuschlagssatz (%)				33			220	360	350	160	8	6
Normalzuschläge (%)				30			200	350	400	140	10	5
Verrechnete Gemeink.	245.261			28.500			31.200	59.150	40.560	35.490	33.574	16.787
Gemeink.-Abweichung		-5.375			-2.850		-3.120	-1.690	5.070	-5.070	6.102	-3.817

Herstellkosten des Umsatzes

Kostengröße	Ist	Normal
Materialeinzelkosten	95.000	95.000
Materialgemeinkosten	31.350	28.500
Fertigungseinzelkosten	67.990	67.990
Fertigungs-GK 1	34.320	31.200
Fertigungs-GK 2	60.840	59.150
Fertigungs-GK 3	35.490	40.560
Fertigungs-GK 4	40.560	35.490
SEK der Fertigung	0	0
Herstellkosten der Produktion	**365.550**	**357.890**
- Bestandsmehrung	37.000	37.000
+ Bestandsminderung	20.000	20.000
- Akt. Eigenleistungen	5.150	5.150
Hersellkosten des Umsatzes	**343.400**	**335.740**

Ermittlung von Abweichungen

Verrechnete GK = Ist-GK keine Abweichung
Verrechnete GK > Ist-GK Überdeckung
Verrechnete GK < Ist-GK Unterdeckung

Die verrechneten GK beziehen sich auf eine Normalkostenrechnung und sind für eine Vorkalkulation der Aufträge erforderlich.

Lösungshinweise

- Bei den Fertigungslöhnen sind 30% Lohnzusatzkosten zu addieren.
- Energie: Der €-Satz pro kwh beträgt 0,18 € (12.240 €: 68.000 kwh).
- Kalk. Zinsen: Für jede Kostenstelle ist das betriebsnotwendige Kapital zunächst mit 6% zu multiplizieren. Dieser Wert steht für die Kosten eines Jahres und muss daher durch 12 dividiert werden. In der Aufgabenstellung ist vom Monat März die Rede.

3.2 Kostenstellenrechnung

- Raumkosten: Der €-Satz pro qm beträgt 4 € (16.000 €: 4.000 qm).
- Umlage Hausverwaltung: Der €-Satz pro qm beträgt 1 €. Die qm-Fläche der Kostenstelle Hausverwaltung (Eigenverbrauch) muss zuvor herausgerechnet werden, sodass nur 3900 qm zu berücksichtigen sind. 3900 €: 3900 qm = 1 €/qm.
- Umlage Instandhaltung: Der €-Satz beträgt pro Stunde 41 € (8200 €: 200 Stunden). In den 8200 € ist die Umlage der Hausverwaltung enthalten.
- Umlage Arbeitsvorbereitung: Zu den primären Gemeinkosten werden die sekundären Gemeinkosten der Umlagen der Hausverwaltung (140 qm × 1 €) und der Instandhaltung (10 h × 41 €) addiert. Der Umlagesatz beträgt 23,71 % der Fertigungslöhne.
- Die Summe der primären Gemeinkosten und die Summe der Istgemeinkosten muss jeweils identisch sein. Der Unterschied besteht darin, dass die Kosten der Hilfskostenstellen auf die Hauptkostenstellen verrechnet werden. Es ist zu beachten, dass nicht die Einzelkosten für Material und Fertigungslöhne hinzu addiert werden.
- Die verrechneten Gemeinkosten ergeben sich aus der Zuschlagsbasis multipliziert mit dem Zuschlagsatz auf Basis der Normalkosten.
- Die Gemeinkostenabweichung resultiert daraus, dass von den Normalgemeinkosten (verrechnete Gemeinkosten) die Istgemeinkosten abgezogen werden. Insgesamt ergibt sich eine Kostenunterdeckung in Höhe von 5.375 €.

3.2.8 Übungsaufgabe zur Kostenstellenrechnung

Übungsaufgabe 2: Kostenstellenrechnung
In einem Industriebetrieb liegen für eine Abrechnungsperiode folgende Daten vor:

Primäre Gemeinkosten
Instandhaltung (Hilfskostenstelle): 21.550 €
Fuhrpark (Hilfskostenstelle): 20.000 €
Material (Hauptkostenstelle): 95.500 €
Fertigung (Hauptkostenstelle) 186.200 €
Verwaltung/Vertrieb (Hauptkostenstelle) 246.492 €

Die beiden Hilfskostenstellen erbringen folgende Leistungen.

Kostenstelle	Instandhaltung (h)	Fuhrpark (km)
Instandhaltung	–	1.000
Fuhrpark	80	–
Material	100	5.000
Fertigung	350	4.000
Verwaltung/Vertrieb	120	9.000

Lesebeispiel: Die Hilfskostenstelle Instandhaltung erbringt für den Fuhrpark Leistungen im Umfang von 80 h.

Aufgabe

a. Ermitteln Sie mit Hilfe des Gleichungsverfahrens die Verrechnungssätze für die Hilfskostenstellen.
b. Erstellen Sie einen Betriebsabrechnungsbogen unter Verwendung der Verrechnungssätze. Die Zuschlagsbasis für die Verwaltungs-/Vertriebsgemeinkosten sind die Herstellkosten des Umsatzes. Bestandsveränderungen sind nicht angefallen. Die Normalzuschlagsätze betragen: Materialgemeinkosten 18 %, Fertigungsgemeinkosten 240 %, Verwaltungs-/ Vertriebsgemeinkosten 20 %. Die Materialeinzelkosten betragen 700.000 €, die Fertigungseinzelkosten betragen 81.300 €.

Lösung
a) Basisgleichungen

$$(1) \quad 21.550 + 1.000\,p2 = 650\,p1$$
$$(2) \quad 20.000 + 80\,p1 = 19.000\,p2$$

Ziel p2 auflösen, deshalb Gleichung (1) mit 19 multiplizieren und Gleichung (2) umstellen

$$(1) \quad 409.450 + 19.000\,p2 = 12.350\,p1$$
$$(2) \quad 20.000 - 19.000\,p2 = -80\,p1$$
$$429.450 = 12.270\,p1$$
$$35 = p1$$

Ergebnis: Eine Instandhaltungsstunde kostet 35 €
Dieser Wert wird in Gleichung 1 eingesetzt. Daraus folgt dann:

$$1,20 = p2$$

Ergebnis: Ein Kilometer Fuhrparknutzung kostet 1,20 €

b)

Kostenstelle Kostenart	Instandh	Fuhrpark	Material	Fertigung	Verwalt./Vertrieb	Summe
Primäre Gemeinkosten	21.550	20.000	95.500	186.200	246.492	569.742
Umlage Instand.	–	–	3500	12.250	4200	19.950
Umlage Fuhrp.	–	–	6000	4800	10.800	21.600
Summe Gemeinkosten	–	–	105.000	203.250	261.492	569.742
Zuschlagsbasis	–	–	700.000	81.300	1.089.550	–
Istzuschlag-sätze (%)	–	–	15	250	24	–

3.3 Kostenträgerstückrechnung

Kostenstelle Kostenart	Instandh	Fuhrpark	Material	Fertigung	Verwalt./Vertrieb	Summe
Normalzuschlagsätze (%)	–	–	18	240	20	–
Verrechnete Gemeinkosten	–	–	126.000	195.120	220.484	541.604
Gemeinkostenabweichung	–	–	21.000	−8.130	−41.008	−28.138

Herstellkosten des Umsatzes

Kostengröße	HK des Umsatzes Normal	HK des Umsatzes Ist
Materialeinzelkosten	700.000	700.000
Materialgemeinkosten	126.000	105.000
Fertigungseinzelkosten	81.300	81.300
Fertigungsgemeinkosten	195.120	203.250
Herstellkosten d. Produktion	1.102.420	1.089.550
Bestandsveränderungen	0	0
Herstellkosten d. Umsatzes	1.102.420	1.089.550

3.3 Kostenträgerstückrechnung

Bei der Kostenträgerstückrechnung steht die Kalkulation eines Produktes im Mittelpunkt. Ziel ist die Ermittlung der Selbstkosten.

3.3.1 Kalkulationsarten in Abhängigkeit von den Fertigungsmethoden

Um zu aussagekräftigen Ergebnissen zu kommen, muss die Kosten- und Erlösrechnung die betrieblichen Besonderheiten berücksichtigen. Diese Sichtweise gilt nicht zuletzt für die Kalkulation von Produkten. Die Art des **Fertigungsprozesses** wirkt sich auf die Wahl des Kalkulationsverfahrens aus. Im Gegensatz dazu sind die Unterschiede in den übrigen Hauptkostenstellen (Material, Verwaltung, Vertrieb) deutlich geringer. Darüber hinaus spielt für die Entscheidung des Kalkulationsverfahrens auch das Informationsbedürfnis eine maßgebende Rolle. So liefert beispielsweise eine Zuschlagskalkulation mit integrierter Maschinenstundensatzrechnung (siehe Kap. 3.3.6) aussagekräftigere Ergebnisse als eine summarische Zuschlagskalkulation (siehe Kap. 3.3.5 A).

Insgesamt sind verschiedene **Fertigungsverfahren** zu unterscheiden:

Massenproduktion
Stellt das Unternehmen nur ein Produkt in größerer Stückzahl her, das von gleicher Qualität bzw. Ausführung ist, spricht man von Massenfertigung.

Beispiele
- Energieversorger (z. B. Strom, Wasser, Wärme)
- Abbau von Rohstoffen (z. B. Abbau von Erzen)

Sortenfertigung
Sorten sind Leistungsarten innerhalb einer Produktgattung, die im Hinblick auf die Art der Bearbeitung und des ihnen zugrundeliegenden Rohstoffes eng miteinander verwandt sind. Sorten können gleichzeitig oder nacheinander produziert werden und überwiegend die Produktionsanlagen gemeinsam nutzen. Die Sorten unterscheiden sich besonders in ihrer Größe und/oder Ausführung und/oder Qualität.
Beispiele
- Brauerei (verschiedene Biersorten)
- Lebensmittelindustrie (z. B. verschiedene Sorten von Schokolade)
- Möbelhersteller (verschiedene Sorten von Möbeln)
- Baustoffindustrie (z. B. verschiedene Sorten von Klinker)
- Stahlindustrie (verschiedene Sorten von Stahl)
- Bekleidungshersteller (z. B. Herstellung verschiedener Sorten von Anzügen)
- Schraubenhersteller (z. B. verschiedene Schraubensorten).

Serienfertigung
Die Serienfertigung ist eine zwischen der Einzelfertigung und der Massenfertigung einzuordnende Mehrfachfertigung. Je nach Seriengröße unterscheidet man Großserien, Mittelserien und Kleinserien. Bei sehr großen Stückzahlen rückt die Serienfertigung in die Nähe der Massenfertigung, bei sehr kleinen Stückzahlen nähert sich die Serienfertigung der Einzelfertigung an. Zwar sind die Herstellmethoden der einzelnen Serien ähnlich, im Gegensatz zur Sortenfertigung bestehen aber eigenständige Fertigungslinien. Vielmehr muss bei der Auflage einer neuen Serie in der Regel die Produktionsanlage verändert bzw. neu eingerichtet werden.
Beispiele
- Automobilhersteller
- Computerhersteller
- Motorenhersteller
- Werkzeughersteller (z. B. verschiedene Serien von Bohrmaschinen)
- Flugzeughersteller
- Lokomotivenhersteller

Einzelfertigung
Bei der Einzelfertigung wird von einem Produkt nur eine Einheit hergestellt. Möglicherweise wird das Produkt zu einem späteren Zeitpunkt auf gleiche Weise oder in ähnlicher Ausführung ein weiteres Mal hergestellt.
Beispiele
- Schiffbau
- Industrieanlagenbau
- Infrastrukturprojekte (z. B. Bau eines Flughafens)

3.3 Kostenträgerstückrechnung

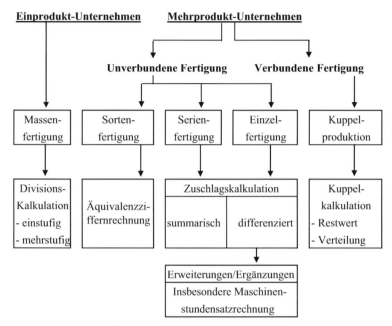

Abb. 3.30 Kalkulationsart und Fertigungsmethode (modifiziert nach Coenenberg u. a., S. 137; Schweitzer/Küpper, S. 187)

Kuppelproduktion
Bei der Kuppelproduktion fallen aus naturwissenschaftlichen bzw. technischen Gründen in **einem** Produktionsprozess zwangsläufig mehrere unterschiedliche Produktarten an. Diese werden oft als Haupt- und Nebenprodukte bezeichnet. Höchstens die Mengenverhältnisse, in denen die Kuppelprodukte aus dem Produktionsprozess hervorgehen, sind in gewissen Grenzen variierbar.
  Beispiele
- Raffinerien (Bitumen, Heizöl, Benzin)
- Entsorgungsunternehmen
- Chemieunternehmen [1]
- Energieerzeugung (teilweise)

Abbildung 3.30 veranschaulicht, welche Kalkulationsart zu welcher Fertigungsmethode passt.

Untersuchungsergebnis 12: Methoden der Produktkalkulation
Die Tabelle verdeutlicht die Verbreitung von einzelnen Kalkulationsmethoden in den befragten Industrieunternehmen. Besonders häufig wird die Maschinenstundensatzrechnung

---
[1] Der Verband der chemischen Industrie verweist darauf, dass in der chemischen Industrie Kuppelprodukte vielfach auftreten und daher der Kuppelkalkulation eine wichtige Bedeutung zukommt, vgl. hierzu auch Götze, S. 124 und die dort zitierte Literatur.

in Kombination mit einer Zuschlagskalkulation genutzt (55 %). In etwa der Hälfte der Unternehmen werden zwei Verfahren kombiniert angewendet. Im Handel kommt zu 75 % die differenzierte Zuschlagskalkulation zum Einsatz.

Methode	Verbreitung in%
Einstufige Divisionskalkulation	7,5
Mehrstufige Divisionskalkulation	35
Äquivalenzziffernkalkulation	10
Kuppelkalkulation	7,5
Einfache Zuschlagskalkulation	15
Differenzierte Zuschlagskalkulation	22,5
Zuschlagskalkulation und Maschinenstundensatzrechnung	55

3.3.2 Divisionskalkulation

Je nach Ausdifferenzierung der Kostenstellen ergeben sich drei Varianten:

- Einstufige Divisionskalkulation
- Zweistufige Divisionskalkulation
- Mehrstufige Divisionskalkulation

Die Wahl der Variante ist davon abhängig, ob es Bestandsveränderungen bei fertigen und unfertigen Erzeugnissen gibt (Abb. 3.31).

Bestands-veränderungen bei fertigen Erzeugnissen	Bestands-veränderungen bei unfertigen Erzeugnissen	Variante
nein	nein	einstufige Divisionskalkulation
ja	nein	zweistufige Divisionskalkulation
ja	ja	mehrstufige Divisionskalkulation

Abb. 3.31 Varianten der Divisionskalkulation

A) Einstufige Divisionskalkulation

Bei der einstufigen Divisionskalkulation werden die Kosten einer Abrechnungsperiode durch die produzierte Leistungsmenge dividiert. Da es bei der Kalkulation keine Unterteilung nach Kostenstellen gibt, ist eine Kostenstellenrechnung zumindest für die Kalkulation nicht notwendig. Voraussetzung ist, dass es keine Lagerbestandsveränderungen an fertigen und unfertigen Erzeugnissen gibt.

$$\text{Stückselbstkosten} = \frac{\text{Gesamtkosten der Abrechnungsperiode}}{\text{produzierte Leistungsmenge der Periode}}$$

3.3 Kostenträgerstückrechnung

Beispiel

Ein Unternehmen stellt Kunststoffgranulat her, das u. a. an Weiterverarbeiter der Automobilindustrie geliefert wird. Die Kosten belaufen sich für 800.000 kg auf 1.480.000 €. Lagerbestandsveränderungen liegen nicht vor.

$$\text{Stückselbstkosten} = \frac{1.480.000\,€}{800.000\,\text{kg}} = 1,85\,€/\text{kg}$$

B) Zweistufige Divisionskalkulation

Auf Grund einer groben Kostenstellenrechnung werden die Herstellkosten von den Verwaltungs- und Vertriebsgemeinkosten getrennt. Während die Herstellkosten mit der Zahl der produzierten Leistungsmengen ins Verhältnis gesetzt werden, sind die Verwaltungs- und Vertriebsgemeinkosten über die abgesetzten Leistungsmengen zu verrechnen. Da die Herstellkosten bei einer zweistufigen Divisionskalkulation nur in einer Kostenstelle erfasst werden, müssen konstante Lagerbestände an unfertigen Erzeugnissen unterstellt werden.

$$\text{Stückselbstkosten} = \frac{\text{Herstellkosten}}{\text{produzierte Leistungsmenge}} + \frac{\text{Verwaltungs- und Vertriebsgemeinkosten}}{\text{abgesetzte Leistungsmenge}}$$

Beispiel

Die Lagerbestände an Kunststoffgranulat (fertige Erzeugnisse) haben sich innerhalb der Abrechnungsperiode wie folgt entwickelt: 300.000 kg Anfangsbestand, 800.000 kg produzierte Menge, Endbestand beträgt 100.000 kg. Daraus ergibt sich, dass 1.000.000 kg abgesetzt worden sind. Die Herstellkosten betragen 1.280.000 €. Außerdem sind Verwaltungs- und Vertriebsgemeinkosten in Höhe von 200.000 € angefallen. Die Gesamtkosten betragen somit 1.480.000 €.

$$\text{Stückselbstkosten} = \frac{1.280.000\,€}{800.000\,\text{kg}} + \frac{200.000\,€}{1.000.000\,\text{kg}}$$
$$= (1,60\,€ + 0,20\,€) \text{ je kg} = 1,80\,€ \text{ je kg}$$

Bewertung fertiger Erzeugnisse: $1,60\,€$ je kg

C) Mehrstufige Divisionskalkulation

Hier ist auf Grund einer differenzierten Kostenstellenrechnung die Möglichkeit gegeben, nun auch unfertige Erzeugnisse zu bewerten.

$$\text{Stückselbstkosten} = \frac{\text{Materialkosten}}{\substack{\text{produzierte} \\ \text{Leistungsmenge} \\ \text{Kostenstelle} \\ \text{Material}}} + \frac{\text{Fertigungskosten Kostenstelle 1}}{\substack{\text{produzierte} \\ \text{Leistungsmenge} \\ \text{Fertigungskostenstelle 1}}} + \frac{\text{Fertigungskosten Kostenstelle n}}{\substack{\text{produzierte} \\ \text{Leistungsmenge} \\ \text{Fertigungskostenstelle n}}}$$

$$+ \frac{\text{Verwaltungs- und Vertriebsgemeinkosten}}{\text{abgesetzte Leistungsmenge}}$$

Beispiel

Ein Einproduktunternehmen stellt ein Produkt in vier Fertigungsstufen (Zuschneiden, Vormontage, Endmontage, Lackiererei) her.

Zuschnitt:	12.000 Stück
Vormontage:	10.400 Stück
Endmontage:	8.400 Stück
Lackiererei:	7.900 Stück
Absatzmenge:	7.200 Stück

Die jeweiligen Mengendifferenzen bewirken einen Lageraufbau.
Aus der Kostenstellenrechnung liegen folgende Ergebnisse vor:

Materialkosten:	192.000 €
Zuschnitt:	66.000 €
Vormontage:	322.400 €
Endmontage:	403.200 €
Lackiererei:	94.800 €
Verwaltung/Vertrieb:	252.000 €

Selbstkosten der verkauften Einheiten pro Stück:

$$\frac{192.000\,€}{12.000\,\text{St.}} + \frac{66.000\,€}{12.000\,\text{St.}} + \frac{322.400\,€}{10.400\,\text{St.}} + \frac{403.200\,€}{8.400\,\text{St.}} + \frac{94.800\,€}{7.900\,\text{St.}} + \frac{252.000\,€}{7.200\,\text{St.}}$$

$$= 16 + 5{,}50 + 31 + 48 + 12 + 35 = 147{,}50\,€$$

Allerdings werden nicht nur Absatzleistungen erbracht, sondern auch der Lagerbestand vergrößert sich durch unfertige und fertige Erzeugnisse. Abbildung 3.32 zeigt, mit welchen Erlösen pro Stück die unfertigen und fertigen Erzeugnisse sowie die Absatzleistungen zu bewerten sind.

3.3 Kostenträgerstückrechnung

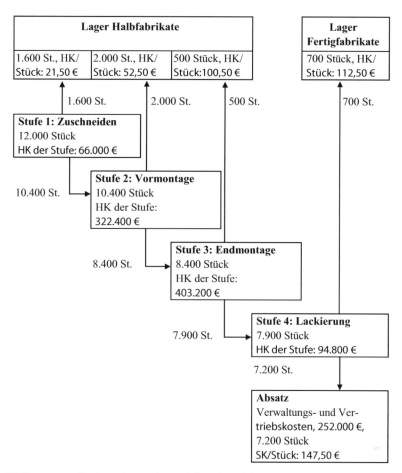

Abb. 3.32 Bewertung des Lagerbestandes und der Absatzleistungen

D) Divisionskalkulation im Dienstleistungsunternehmen

Traditionell steht in der Kosten- und Erlösrechnung das produzierende Gewerbe im Mittelpunkt, da besonders der Fertigungsbereich in der Kostenstellenrechnung und in der Kalkulation genau erfasst werden muss. Im anschließenden Fallbeispiel sollen die Grundprinzipien der Divisionskalkulation auf ein Dienstleistungsunternehmen übertragen werden. Der zentrale Unterschied zum produzierenden Gewerbe besteht darin, dass bei Dienstleistungen die Funktionen der Produktion und des Vertriebs zusammenfallen. Ferner ist der Anteil der Einzelkosten eher gering, sodass nur Gemeinkosten verrechnet werden.

Fallbeispiel 9: Divisionskalkulation in einer Unternehmensberatung

In einer Unternehmensberatung sind in einem Monat insgesamt 37.800 € an Gemeinkosten angefallen. Zudem sind noch 2.850 € an Einzelkosten entstanden, die direkt mit den Auftraggebern abgerechnet werden (z. B. für Reisekosten) und daher kostenrechnerisch unproblematisch sind.

Im Unternehmen sind zwei Berater (B1 und B2) sowie eine Sekretärin tätig. Zurzeit werden drei Projekte (A, B, C) parallel bearbeitet. Die beiden Unternehmensberater erfassen ihre Arbeitszeiten mit Hilfe eines Zeiterfassungssystems. Die Zeiten der Sekretärin werden nicht erfasst. Im Abrechnungsmonat haben die beiden Berater insgesamt 400 Stunden erbracht. Die Zeiten sind in der Tabelle den Projekten zugerechnet. Arbeitszeiten, die nicht direkt mit den Projekten in Verbindung stehen (z. B. Akquisition, Verwaltung usw.) werden als Gemeinkostenstunden (GK-h) den Gemeinkosten (GK) zugeordnet.

Das den Kunden in Rechnung gestellte Honorar je Tagewerk (TW = 8 h) für die einzelnen Projekte ist ebenfalls erfasst. Angefangene Tagewerke werden anteilig erfasst. Die Honorare der einzelnen Projekte je Tagewerk sind aus Wettbewerbsgründen unterschiedlich hoch.

Aufgabe
Ermittlung der Kosten und des Ergebnisses der Projekte sowie deren Summe im Abrechnungsmonat.

Projekt	Projekt A	Projekt B	Projekt C	GK-h	Summen
Arbeitszeiten lt. Zeiterfassung B1	32	84	40	44	200
Arbeitszeiten lt. Zeiterfassung B2	60	40	64	36	200
Summe Arbeitszeiten (h)	92	124	104	80	400
Kosten der Abrechnungsperiode ohne direkte Nebenkosten (€)	–				37.800
Kosten in €/Arbeitsstunde					94,50
Kosten in €	8.694	11.718	9828	7560	37.800
Projekt	Projekt A	Projekt B	Projekt C	GK-h	Summen
Verteilungsschlüssel GK in% der Arbeitszeiten (ohne GK-h)	28,75	38,75	32,50	–	100
Verrechnung GK / Projekt in €	2.173,50	2.929,50	2.457	–	7.560
Kosten in €/Projekt	10.867,50	14.647,50	12.285	–	37.800
Kosten in € je h	118,125	118,125	118,125	–	–
Kosten in € je abrechenbarem TW	945	945	945	–	–
Honorar je abrechenbarem TW (€)	1.100	1.200	1.150	–	–
Honorar je Projekt in €/Monat	12.650	18.600	14.950	–	46.200
Ergebnis je Projekt in €/Monat	1.782,50	3.952,50	2.665	–	8.400

Im ersten Schritt werden die Gemeinkosten in Höhe von 37.800 € auf die gesamte Stundenzahl von 400 h verteilt. Die Kosten pro Stunde betragen 94,50 €. Multipliziert mit der Arbeitsstundenzahl der einzelnen Projekte ergeben sich z. B. bei Projekt A 8.694 €. Die Kosten der Gemeinkostenstunden in Höhe von 7.560 € werden den Projekten zugeordnet, wobei als Verteilungsschlüssel die Arbeitsstunden für die jeweiligen Projekte der Gesamtzahl aller Projektstunden (400 – 80 = 320) herangezogen werden.

3.3 Kostenträgerstückrechnung

Die Kosten der Projekte setzen sich aus den Kosten der unmittelbaren Arbeitsstunden und den verrechneten Gemeinkosten zusammen und betragen z. B. beim Projekt C 12.285 €.

Die Kosten pro Stunde (inklusive der Gemeinkosten) ergeben einen einheitlichen Wert (118,125 €) bzw. 945 € pro Tagewerk.

Da die Honorare der Projekte für ein Tagewerk unterschiedlich sind und im Abrechnungszeitraum unterschiedlich viele Projekttage erbracht worden sind, tragen die Projekte sehr unterschiedlich zum Ergebnis von 8.400 € bei.

E) Übungsaufgabe zur Divisionskalkulation

Übungsaufgabe 3: Divisionskalkulation

Die Dyck AG ist einer der großen Zementhersteller. An einem Betriebsstandort wird nur eine bestimmte Sorte Zement hergestellt. Hierfür liegen folgende Informationen vor:

Produktionsstufe	Verarbeitete Menge	Kosten der Kostenstelle (€)
Rohmaterialförderung	Die geförderte Menge beträgt 345.100 t	1.552.950
Aufbereitung	Aus den 345.100 t werden 290.500 t Rohmaterial gemahlen. Die Differenzmenge stellt Abfall dar. Von den 290.500 t werden 30.500 t gelagert	625.800
Brennerei	260.000 t Rohmaterial werden zu 220.000 t gebrannt. Die Differenzmenge stellt technologisch bedingt einen Produktionsverlust dar. Von den 220.000 t werden anschließend 35.000 t gebranntes Material gelagert	1.548.000
Mahlwerk	185.000 t gebranntes Rohmaterial wird gemahlen. Anschließend gehen hiervon 25.000 t auf Lager	851.000
Versand	160.000 t Zement werden verpackt und verladen	960.000

Fragen

a. Wie hoch sind die Selbstkosten einer Tonne Zement?
b. Wie hoch ist der Wert des neu aufgebauten Lagerbestandes?

Lösung

Fertigungsstufe	Menge (t)	K	k	k kum.	Lagerwert
Förderung	345.100	1.552.950	4,5	4,5	
Aufbereitung Produktionsverlust Lagerzugang	345.100 −54.600 290.500 −30.500	625.800 +245.700[a] 871.500	3	7,5	228.750

Fertigungsstufe	Menge (t)	K	k	k kum.	Lagerwert
Brennerei	260.000	1.548.000	8,40	15,90	556.500
Produktionsverlust	−40.000	+300.000[a]			
	220.000	1.848.000			
	−35.000				
Mahlwerk	185.000	851.000	4,60	20,50	512.500
	−25.000				
Versand	160.000	960.000	6,00	26,50	
Gesamt				26,50	1.297.750

Probe

Selbstkosten der abgesetzten Erzeugnisse : 160.000 t × 26,50 € =	4.240.000 €
Lagerwert (bewertet zu Herstellkosten)	1.297.750 €
Gesamtkosten	5.537.750
Kosten der einzelnen Kostenstellen	5.537.750 €

[a] Anmerkung: Es ist zu berücksichtigen, dass die Produktionsverluste kostenrechnerisch zu bewerten sind. Letztlich handelt es sich um einen Werteverzehr von Produktionsfaktoren. Dieser Werteverzehr wird jeweils mit den bislang entstandenen kumulierten Herstellkosten bewertet, der vor der jeweiligen Prozessstufe ermittelt worden ist. Deshalb wird der Werteverzehr bei der Prozessstufe Aufbereitung mit 4,50 € je Tonne bewertet. Bei 54.600 Tonnen sind es somit 245.700 €. Gleiches gilt für die Prozessstufe Brennerei. Hier wird der Produktionsverlust von 40.000 t mit 7,50 € je Tonne, insgesamt mit 300.000 € bewertet

3.3.3 Äquivalenzziffernkalkulation

Da zwischen den einzelnen Sorten enge „verwandtschaftliche" Beziehungen existieren, können diese über Gewichtungsfaktoren bzw. Verhältniszahlen vergleichbar gemacht werden. Die Verhältniszahlen (= Äquivalenzziffern) geben dabei an, in welchem Verhältnis die Kosten der einzelnen Sorten zueinander stehen.

Als Äquivalenzziffern bieten sich insbesondere technisch-physikalische Größen wie z. B. Produktabmessungen (Volumen, Dicke, Fläche), Gewicht oder Fertigungszeiten an. Die Äquivalenzziffernkalkulation ist letztlich eine Sonderform der Divisionskalkulation. Daher ist es auch nicht überraschend, dass es je nach Differenzierung bei der Kostenstellenrechnung eine einstufige, zweistufige bzw. mehrstufige Äquivalenzziffernkalkulation gibt.

A) Einstufige Äquivalenzziffernkalkulation

$$\text{Stückselbstkosten der Sorte i} = \frac{\text{Gesamtkosten} \times \text{Äquivalenzziffer der Sorte i}}{\text{Gesamtmenge Recheneinheiten}}.$$

3.3 Kostenträgerstückrechnung

Beispiel
Die Firma A stellt Stahlröhren in drei verschiedenen Größen her. Von der Sorte „M" mit einem Durchmesser von 14,4 cm werden 100.000 Stück, von der Sorte „S" mit einem Durchmesser von 24 cm werden 425.000 Stück und von der Sorte „E" mit einem Durchmesser von 38,4 cm werden 275.000 Stück produziert. Innerhalb der Abrechnungsperiode entstehen Gesamtkosten von 1.480.000 €.

Vorgehensweise
1. Bildung von aussagekräftigen Äquivalenzziffern (hier Durchmesser).
2. Verteilung der Gesamtkosten auf die Kostenträger mit Hilfe der ermittelten Recheneinheiten.
3. Ermittlung der Stückkosten.

Abbildung 3.33 zeigt das Ergebnis:

Sorte	Menge	Durchschnitt cm	Äquivalenz-ziffer	Rechen-einheiten	Selbstkosten	Stück-kosten
M	100.000	14,4	0,6 (14,4/24)	60.000	96.000	0,96
S	425.000	24	1,0	425.000	680.000	1,60
E	275.000	38,4	1,6 (38,4/24)	440.000	704.000	2,56
				925.000	1.480.000	
				1	1,60	

Abb. 3.33 Vorgehensweise bei der einstufigen Äquivalenzziffernkalkulation

Anmerkungen
1. Die Äquivalenzziffern werden mit Hilfe des Durchschnitts der Metallröhren gebildet. Bei der Bildung der Äquivalenzziffer erhält eine der drei Sorten (welche ist egal) die 1,0 zugeordnet (hier Sorte S). Die Äquivalenzziffern der anderen Sorten werden dadurch ermittelt, dass ihre Merkmalsausprägungen (hier Durchmesser) zur Sorte S in Beziehung gesetzt werden.
2. Für jede Sorte wird die Äquivalenzziffer mit der Produktionsmenge multipliziert. Die dadurch gebildeten Recheneinheiten werden summiert und den gegebenen Selbstkosten gegenübergestellt. Eine Recheneinheit entspricht somit 1,60 €.
3. Anschließend werden die Recheneinheiten der Sorten mit 1,60 € multipliziert. Die Selbstkosten der Sorten werden durch die Produktionsmengen der Sorten dividiert.

Einsatzbedingungen
Eine einstufige Äquivalenzziffernrechnung ist nur einsetzbar, wenn keine Lagerbestandsveränderungen bei unfertigen und fertigen Erzeugnissen existieren. Bei mehrstufigen Produktionsprozessen ist aber von Lagerbestandsänderungen auszugehen, sodass eine einstufige Äquivalenzziffernrechnung nur bei einem einfachen Fertigungsprozess Verwendung finden sollte. Darüber hinaus ist davon auszugehen, dass mit einer einzigen Äquivalenz-

ziffer kaum aussagekräftig eine Kostenverteilung sowohl von Verwaltungs- und Vertriebskosten als auch von Material- und Fertigungskosten möglich ist. Vielmehr ist die Äquivalenzziffernrechnung nur für abgegrenzte Kosten (z. B. bestimmte Teile von Material- und Fertigungskosten) sinnvoll einsetzbar.

B) Zweistufige bzw. mehrstufige Äquivalenzziffernkalkulation

Fallbeispiel 10: Zweistufige Äquivalenzziffernkalkulation
In einem Unternehmen wird Verbindungstechnik hergestellt. Ein Betriebsteil stellt Qualitätsschrauben in Sortenfertigung für die Automobilindustrie her. Die Materialkosten und Fertigungskosten können durch Äquivalenzziffern getrennt erfasst werden. Die Verwaltungs- und Vertriebsgemeinkosten (VVGK) werden mittels Divisionskalkulation verrechnet, wobei hierfür die Absatzmengen herangezogen werden.

Kosten/Mengen	€	Ä-Ziffern	Ä-Ziffern	Ä-Ziffern	Ä-Ziffern
		Sorte I	Sorte II	Sorte III	Sorte IV
Materialkosten	661.800	1,5	1,8	1,0	2,5
Fertigungskosten	1.049.600	2,4	1	2	3,2
VVGK	431.800				
Produktionsmenge		350.000	420.000	250.000	270.000
Absatzmenge		320.000	410.000	240.000	300.000

Aufgabe
a. Ermittlung der Materialkosten der Sorten und der Materialkosten pro Stück
b. Ermittlung der Fertigungskosten der Sorten und der Fertigungskosten pro Stück
c. Ermittlung der Verwaltungs- und Vertriebsgemeinkosten pro Stück
d. Ermittlung der Selbstkosten pro Stück

Lösung
a) Äquivalenzziffernkalkulation Materialkosten

Sorte	Recheneinheiten	Kosten der Sorte	Stückkosten Sorte
I	525.000	157.500	0,45
II	756.000	226.800	0,54
III	250.000	75.000	0,30
IV	675.000	202.500	0,75
	2.206.000[a]	661.800[a]	

[a] Eine Recheneinheit entspricht 0,3 € (661.800 €/ 2.206.000)

3.3 Kostenträgerstückrechnung

b) Äquivalenzziffernkalkulation Fertigungskosten

Sorte	Recheneinheiten	Kosten der Sorte	Stückkosten Sorte
I	840.000	336.000	0,96
II	420.000	168.000	0,40
III	500.000	200.000	0,80
IV	864.000	345.600	1,28
	2.624.000[a]	1.049.600[a]	

[a] Eine Recheneinheit entspricht 0,4 € (1.049.600 €/2.624.000)

c) Divisionskalkulation Verwaltungs- und Vertriebsgemeinkosten

Verwaltungs- und Vertriebsgemeinkosten: 431.800 €
Gesamtabsatzmenge aller Sorten: 1.270.000 Stück
Verwaltungs- und Vertriebsgemeinkosten pro Stück: 0,34 €

d) Selbstkosten

Sorte	Materialkosten/Stück	Fertigungskosten/Stück	VVGK/Stück	Stückkosten
I	0,45	0,96	0,34	1,75
II	0,54	0,40	0,34	1,28
III	0,30	0,80	0,34	1,44
IV	0,75	1,28	0,34	2,37

C) Übungsaufgabe zur Äquivalenzziffernkalkulation

Übungsaufgabe 4: Äquivalenzziffernkalkulation

Ein Unternehmen stellt hochwertige hitzebeständige Metallteile für den Spezialmaschinenbau her. Für den ersten Produktionsprozess werden 133 t Rohstoff gegossen. Die Kosten des Rohstoffs betragen 5.600 € je Tonne. Die Fertigungskosten dieser Stufe betragen 219.450 €. Es werden 3325 Teile produziert, davon gehen 200 Einheiten auf ein Zwischenlager.

In der Produktionsstufe II werden die Metallteile nochmals mit einer speziellen Legierung nachbehandelt. Dabei fallen Fertigungskosten (ohne Materialkosten der Legierung) von 702.500 € an. In der Vorbereitung auf die Legierung werden die Metallteile nochmals kontrolliert. 4 % der Produkte scheiden wegen Mängeln aus, können aber als Produkte zweiter Wahl für 150 €/Stück veräußert werden. Die Erlöse und der Wertverlust des Ausschusses sind bei den Kosten der zweiten Produktionsstufe zu berücksichtigen. Das Unternehmen stellt die Legierung selbst her. Die Kosten betragen 1.440.000 €. Bei diesem Produktionsvorgang fallen 750 Liter eines Abfallstoffes an, der zu 180 €/Liter entsorgt werden muss. Diese Kosten sind zusätzlich zu berücksichtigen.

Die Metallteile werden je nach Grad der Hitzebeständigkeit unterschiedlich stark beschichtet. Die Kosten für das Legierungsmittel verhalten sich entsprechend der Stärke der Beschichtung; diese beträgt 4 mm bei Sorte A, 8 mm bei B und 16 mm bei Sorte C. Die Sorte A erhält die Äquivalenzziffer (Ä-Ziffer) 1.

Von der Sorte A sollen 30%, B 50% und C 20% hergestellt werden. Nach der Produktionsstufe II werden die Metallteile zu jeweils 50 Stück palettiert und foliert. Für diesen Vorgang entstehen Kosten in Höhe von insgesamt 10.800 €. Zusätzlich fallen für die Klarsichtfolie der Sorte A 60 €/Palette und für die blau bzw. rot getönte Folie der Sorte B und C jeweils 80 €/Palette an.

Aufgabe
Kalkulieren Sie die Herstellkosten jeweils einer Palette der Sorten A, B und C.

Lösung

Produktionsprozess I	
+ Materialkosten (133 t × 5.600 € / t)	744.800 €
+ Fertigungskosten	219.450 €
= Summe	964.250 €
Metallteile	3.325 Teile
Kosten pro Metallteil	290 €
Produktionsprozess II	
Fertigungskosten (ohne Legierung)	702.500 €
Erlöse Produkte 2. Wahl	
3.325 Teile 200 Lagerzugang	3.125 Teile
3.125 Stück × 0,04 × 150 €	- 18.750 €
Wertverlust durch Ausschuss	
125 Stück × 290 €	36.250 €
Summe	720.000 €
Verbleibende Stückzahl: 3.125 − 125 = 3.000	
Kosten pro Metallteil (720.000 € / 3000 St.)	240 €
Legierung	
+ Produktionskosten	1.440.000 €
+ Entsorgungskosten (750 L × 180 € / L)	135.000 €
= Summe	1.575.000 €

Sorte	Beschichtung (mm)	Ä-Ziffer	Stückzahl	Recheneinheiten	Kosten Sorte (€)	Kosten/Stück (€)
A	4	1	900	900	225.000	250
B	8	2	1.500	3.000	750.000	500
C	16	4	600	2.400	600.000	1.000
			3.000	6.300	1.575.000	

Kosten pro Recheneinheit: 1.575.000 € : 6300 Recheneinheiten = 250 € / Recheneinheit

Kosten insgesamt

Sorte	Prozess I	Prozess II	Legierung	Zwischensumme
A	290	240	250	780
B	290	240	500	1.030
C	290	240	1.000	1.530

Sorte	Zwischensumme	Kosten einer Palette (50 St.)	Prozess Palettieren	Folie	Kosten Palette
A	780	39.000	180	60	39.240
B	1.030	51.500	180	80	51.760
C	1.530	76.500	180	80	76.760

Palettieren 3.000 Stück bei 50 Stück/Palette = 60 Paletten (für alle Sorten einheitlich). Kosten des Prozesses: 10.800 €: 60 Paletten = 180 € (für alle Sorten einheitlich)

3.3.4 Kuppelkalkulation

Wie bereits eingangs zur Kostenträgerstückrechnung erläutert, wird die Kuppelkalkulation bei der verbundenen Produktion angewendet. Kernmerkmal ist, dass während eines Produktionsprozesses mehrere Erzeugnisse anfallen. Je nachdem, ob nur ein Produkt (Hauptprodukt) von Interesse ist oder es sich um mehrere wichtige Produkte handelt, wird zwischen Restwertverfahren und Verteilverfahren unterschieden.

A) Restwertverfahren
Voraussetzung/Besonderheiten
Vorwiegend wird ein Hauptprodukt hergestellt, zwangsläufig fallen noch ein oder zwei Neben- bzw. Abfallprodukte an.
  Beispiele: Hochofen, Recycling-Unternehmen

Beispiel 1
Bei der Entsorgung von Sonderabfällen werden jährlich 2000 t recycelt. Für den Kuppelproduktionsprozess fallen fixe Kosten von 360.000 € sowie variable Kosten von 420.000 € an. Im Rahmen des Recyclings werden die Schwermetalle A und B wiedergewonnen, die für 160.000 € bzw. 120.000 € verkauft werden können (Abb. 3.34).

Gesamtkosten des Kuppelproduktionsprozesses	780.000 €
- Verkaufserlöse Schwermetall A	160.000 €
- Verkaufserlöse Schwermetall B	120.000 €
= Vom Hauptprodukt zu deckende Restkosten des Kuppelproduktionsprozesses	500.000 €
Recyclingkosten für eine t Sonderabfall = 500.000 € : 2.000 t = 250 €/t	

Abb. 3.34 Kuppelkalkulationsverfahren mittels Restwertverfahren – Beispiel 1

Beispiel 2
In einer Abrechnungsperiode werden 15.000 t Roheisen erzeugt. Im Rahmen dieses Produktionsprozesses sind außerdem 240.000 Kubikmeter Gichtgas und 900 t Schlacke angefallen. Der Kuppelproduktionsprozess verursacht Kosten in Höhe von 5.200.000 €. Im Rahmen der Weiterverarbeitung entstehen Kosten für das Roheisen von 1.552.800 €, für das Gichtgas von 12.500 € und für die Schlacke von 25.500 €. Das Gichtgas wird zu 0,12 €/Kubikmeter an die konzerneigene Energieversorgungsgesellschaft verkauft, die das Gas für die Energieversorgung des Hochofens nutzt. Die Schlacke kann für mineralische Düngemittel, für den Straßenbau (Schlackensteine) und in der Zementindustrie verwendet werden. Insgesamt bezahlen die Abnehmer hierfür 82.000 €. Für Abfallprodukte entstehen Deponiekosten in Höhe von 190.000 €.

Aufgabe: Ermittlung der Herstellkosten für eine Tonne Roheisen (Abb. 3.35)

Gesamtkosten des Kuppelproduktionsprozesses	5.200.000 €
+ Kosten der Weiterverarbeitung (Gichtgas)	12.500 €
- Verkaufserlöse (Gichtgas)	28.800 €
+ Kosten der Weiterverarbeitung (Schlacke)	25.500 €
- Verkaufserlöse (Schlacke)	82.000 €
+ Kosten der Abfallbeseitigung	190.000 €
= Vom Hauptprodukt (Roheisen) zu deckende Restkosten des Kuppelproduktionsprozesses	5.317.200 €
+ Kosten der Weiterverarbeitung (Roheisen)	1.552.800 €
= Herstellkosten des Hauptproduktes (Roheisen)	6.870.000 €
Herstellkosten je t Roheisen	458 € je t

Abb. 3.35 Kuppelkalkulationsverfahren mittels Restwertverfahren – Beispiel 2

B) Verteilungsverfahren
Voraussetzung/Besonderheiten
Im Rahmen eines Kuppelproduktionsprozesses werden mehrere gleichwertige Erzeugnisse hergestellt.

3.3 Kostenträgerstückrechnung

- Die Rechentechnik lehnt sich an die Äquivalenzziffernrechnung an.
- Als Schlüssel gelten entweder die jeweiligen Marktpreise (Kostentragfähigkeitsprinzip) bzw. besser der Verwertungsüberschuss (Preis − Weiterverarbeitungskosten) oder Outputmengen.

Beispiel

Ein Chemieunternehmen stellt im Rahmen des Crackerverfahrens mehrere Hauptprodukte her, wobei als Ausgangsstoff Naphta Verwendung findet. Dabei basieren die Äquivalenzziffern auf dem Verwertungsüberschuss. Die Gesamtkosten betragen 137.520 € (Abb. 3.36).

Kuppelprodukt	Produktionsmenge (m3)	VÜ * (€)	Ä-Z	Recheneinheiten	Gesamtkosten (€)	Kosten/m3 (€)
Ethylen	5.000	21	1,4	7.000	63.000	12,60
Propylen	3.600	13,5	0,9	3.240	29.160	8,10
Aromate	4.800	12	0,8	3.840	34.560	7,20
Methan	1.200	15	1	1.200	10.800	9,00
Summe				15.280	137.520	
Verhältnis				1	9	

* VÜ = Verwertungsüberschuss in m3 (Kubikmeter)

Abb. 3.36 Kuppelkalkulation mittels Verteilungsverfahren – Beispiel 1

Problem

Das Kostenverursachungsprinzip kommt nicht zur Anwendung. Zwischen dem Marktpreis eines Produktes und seinen Kosten besteht kein direkter Zusammenhang. Vielmehr entstehen Preise durch Angebot und Nachfrage am Markt.

Notwendigkeit

Beispielsweise ist es für Zwecke der Herstellungskostenermittlung und Bestandsbewertung des handels- und steuerrechtlichen Jahresabschlusses notwendig die Stückkosten zu ermitteln.

Verteilungsmethode auf Basis von Outputmengen

Götze (vgl. 2010, S. 125–127) verweist auf eine Sonderart der Verteilmethode. Dabei werden die in bzw. zu einem Prozess angefallenen Kosten proportional zu den Outputmengen auf die Kuppelprodukte verteilt. Diese Überlegung soll an einem Beispiel verdeutlicht werden:

Ein Chemieunternehmen hat an einer Stelle des Produktionsprozesses folgende Struktur zur Herstellung verschiedener Produkte konzipiert (Abb. 3.37). Die den Pfeilen zugeordneten Koeffizienten (z. B. 0,6) zeigen, welche Anteile jeweils benötigt werden. Im ersten Prozess werden 100.000 Mengeneinheiten eines chemischen Grundstoffes eingesetzt, dessen Kosten 15 € je Mengeneinheit betragen. Darüber hinaus fallen bei Prozess

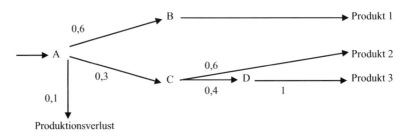

Abb. 3.37 Kuppelproduktionsprozess

A 900.000 €, bei Prozess B 1.100.000 €, bei Prozess C 2.080.000 € und bei Prozess D 480.000 € an. Die Kosten für die einzelnen Kostenträger sind (Abb. 3.38):

Prozess	A	B	C	D
Kosten der Stufe (inkl. Rohstoffkosten)	2.400.000	1.100.000	2.080.000	480.000
Aufteilung Kosten Prozess A auf Prozesse B und C	-	1.600.000	800.000	-
Zwischensumme	-	2.700.000	2.880.000	480.000
Ausgleich Prozess C auf Prozess D	-	-	-1.152.000	1.152.000
Kostenträger	-	1	2	3
Kosten	-	2.700.000	1.728.000	1.632.000
Absatzmenge (100.000 x Ziffern)	-	60.000	18.000	12.000
Stückkosten	-	45	96	136

Abb. 3.38 Kuppelkalkulation mittels Verteilungsverfahren – Beispiel 2

Erklärung

Zunächst werden den Prozessen die Kosten zugeordnet. Im nächsten Schritt werden die Kosten des Prozesses A (100.000 × 15 € + 900.000 €) auf die folgenden Prozesse B und C aufgeteilt. B erhält 2/3 der Kosten, Prozess C 1/3 (Verhältnis 0,6 : 0,3). Der Produktionsverlust von 0,1 wird somit auf die Prozesse B und C verteilt.

Ausgehend von der Zwischensumme wird deutlich, dass Prozess C 2.880.000 € kostet. Nach Prozess C erfolgt ein nur für das Produkt 3 notwendiger Prozess D. Insofern müssen 40 % (Kennzahl 0,4) der Kosten des Prozesses C auf D zugeordnet werden (40 % von 2.880.000 € = 1.152.000 €). Nun können die Kosten der Produkte 1–3 ermittelt werden.

- Produkt 1 erhält 100 % der Kosten (Koeffizient 1,0) des Prozesses B.
- Produkt 2 erhält 60 % (Koeffizient 0,6) der Kosten des Prozesses C.
- Produkt 3 bekommt neben den 40 % (Koeffizient 0,4) der Kosten des Prozesses C zusätzlich die gesamten Kosten des Prozesses D zugerechnet, der ausschließlich für die Herstellung des Produktes 4 nötig ist.

Absatzmenge Produkt A: $100.000\,\text{ME} \times 0,6 = 60.000\,\text{ME}$

C) Übungsaufgabe zur Kuppelkalkulation

Übungsaufgabe 5: Kuppelkalkulation
Ein Recycling-Unternehmen bereitet Abfallstoffe (Hauptprodukt A) wieder auf. Aus dem Recyclingprozess werden die Rohstoffe B, C und D wiedergewonnen, die am Rohstoffmarkt verkauft werden können. Das Verhältnis der Ausbringungsmenge ist durch die Zusammensetzung des Abfalls vorgegeben und kann nicht verändert werden. Aus einer t eines Abfallproduktes werden im Regelfall 20 % B, 4 % C und 6 % D gewonnen.

Folgende Informationen liegen vor:

Kuppelprodukte	Direkt dem Kostenträger zurechenbare Weiterverarbeitungskosten (€) pro Tonne	Marktpreis je Tonne in €
A	2.200	2.700
B	4.500	5.100
C	4.000	7.500
D	5.500	8.000

Das Unternehmen geht davon aus, dass im nächsten Monat 500 t Abfall angeliefert werden.
Die Gesamtkosten des Kuppelproduktionsprozesses betragen 520.000 €.
Der Marktpreis von A richtet sich nach der angelieferten Abfallmenge.
Die Weiterverarbeitungskosten von A hängen von der verbleibenden Restmenge ab (nach Abzug des Recyclingmaterials).
Berechnen Sie nach der Restwertmethode

a) den Erlös der Nebenprodukte B, C, D und insgesamt, wenn zuvor die Weiterverarbeitungskosten abgezogen werden (Verwertungsüberschuss).
b) die Gesamtkosten, die letztlich dem Hauptprodukt A zugerechnet werden.
c) das Betriebsergebnis (Erlös-Kosten) sowohl insgesamt als auch je Tonne angeliefertem Abfall.

Lösung

a)

Nebenprodukt	Menge (t) (%-Anteile von 500 t)	Bruttoerlöse	Kosten Weiterverarbeitung	Verwertungs- überschuss
B	100	510.000	450.000	60.000
C	20	150.000	80.000	70.000
D	30	240.000	165.000	75.000
Summe				205.000

b)

+ Kosten Kuppelproduktion	520.000 €
− Verwertungsüberschuss Nebenprodukte	205.000 €
+ Weiterverarbeitung A	770.000 € (500 t × 70 % [a] × 2.200 €)
= Kosten des Hauptproduktes A	1.085.000 €

[a] 100 % − A/B/C − Anteile 30 % = 70 %

c)

Erlöse A (Basis angelieferter Abfall)	1.350.000 €
Kosten	1.085.000 €
Betriebsergebnis insgesamt	265.000 €
Betriebsergebnis je Tonne Abfall	530 €

3.3.5 Zuschlagskalkulation

Kernelement der Zuschlagskalkulation ist, dass die Gemeinkosten mit Hilfe von Zuschlagssätzen kalkuliert werden. In der Unternehmensbefragung (siehe hierzu Kap. 3.3.1) wird deutlich, dass die Zuschlagskalkulation die am meisten verwendete Kalkulationsform ist. Auch in Unternehmen, die im Material- und Fertigungskostenbereich auf andere Arten der Kalkulation zurückgreifen, wird häufig zumindest ein Teil der Kosten, speziell für die Verwaltungs- und Vertriebsbereiche, über Zuschlagssätze verrechnet.

Die Zuschlagssätze für die Gemeinkosten stimmen nur für einen bestimmten Beschäftigungsgrad. Sie müssen angepasst werden, wenn sich die Beschäftigungssituation im Unternehmen verändert, da in den Gemeinkosten in hohem Maße Fixkosten enthalten sind.

Abbildung 3.39 zeigt, dass es verschiedene Varianten der Zuschlagskalkulation gibt.

A) Summarische Zuschlagskalkulation

Bei einer summarischen Zuschlagskalkulation werden die Gemeinkosten durch einen einzigen Zuschlagssatz verrechnet. Daher ist eine gesonderte Kostenstellenrechnung zumindest für die Kalkulation nicht erforderlich. Allerdings ist eine Bewertung der Be-

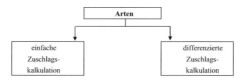

Abb. 3.39 Arten der Zuschlagskalkulation

standsveränderungen nicht möglich, da in den Gemeinkosten auch die Verwaltungs- und Vertriebsgemeinkosten enthalten sind. Zur Ermittlung der Herstellungskosten (externes Rechnungswesen) müssen zumindest die Vertriebsgemeinkosten herausgerechnet werden, bei den Herstellkosten sowohl die Verwaltungs- als auch die Vertriebsgemeinkosten.

Fallbeispiel 11: Zuschlagskalkulation – Teil 1
Bei einem Fahrradhersteller sind innerhalb einer Abrechnungsperiode folgende Kosten angefallen:

Kostenart	Betrag in €	Anteil in%
Materialeinzelkosten	320.000	32,5
Fertigungslöhne	160.000	16,3
Gemeinkosten	504.000	51,2
Gesamtkosten	984.000	100,0

Differenziert nach den Fahrradtypen gilt:

Fahrradtyp	Rennrad (€)	Trekkingrad (€)	Cityrad (€)
Materialeinzelkosten	345	230	157
Fertigungslöhne	160	120	80

Produktionsmenge

Rennrad	300 Stück
Trekkingrad	600 Stück
Cityrad	500 Stück

Sondereinzelkosten und Bestandsveränderungen sind nicht angefallen.

In Abhängigkeit von der Wahl der Zuschlagsbasis lassen sich drei verschiedene Gemeinkosten-Zuschlagsätze berechnen.

Geschäftsführungsmitglied A geht davon aus, dass die Verursachung der Gemeinkosten am besten durch die unterschiedlichen Materialeinzelkosten der Produkte zu erklären ist.

Geschäftsführungsmitglied B sieht dies anders. Er schlägt vor, dass auf Grund des unterschiedlich anspruchsvollen Fertigungsprozesses die Fertigungslöhne am besten zur Verrechnung der Gemeinkosten geeignet sind.

Geschäftsführungsmitglied C kann beiden Argumenten etwas abgewinnen und schlägt deshalb vor, dass als Zuschlagsbasis der Gemeinkosten sowohl die Materialeinzelkosten als auch die Fertigungslöhne herangezogen werden sollten.

Die drei Ansätze wirken sich wie folgt aus:

1. Materialeinzelkosten als Zuschlagsbasis

$$\text{Gemeinkostenzuschlagsatz (\%)} = \frac{\text{Gesamte Gemeinkosten}}{\text{Materialeinzelkosten}} \quad \frac{504.000 \times 100\%}{320.000} = 157,50\%$$

2. Fertigungslöhne als Zuschlagsbasis

$$\text{Gemeinkostenzuschlagsatz (\%)} = \frac{\text{Gesamte Gemeinkosten}}{\text{Fertigungslöhne}} \quad \frac{504.000 \times 100\%}{160.000} = 315,00\%$$

3. Summe der Materialeinzelkosten und Fertigungslöhne als Zuschlagsbasis

$$\text{Gemeinkostenzuschlagsatz (\%)} = \frac{\text{Gesamte Gemeinkosten}}{\text{Gesamte Einzelkosten}} \quad \frac{504.000 \times 100\%}{480.000} = 105,00\%$$

Fahrradtyp	Rennrad	Trekkingrad	Cityrad
Materialeinzelkosten	345,00	230,00	157,00
Fertigungslöhne	160,00	120,00	80,00
Gemeinkosten a) Bezogen auf MEK	543,38	362,25	247,28
b) Bezogen auf FEK	504,00	378,00	252,00
c) Bezogen auf EK	530,25	367,50	248,85
= Selbstkosten a)	1.048,38	712,25	484,28
= Selbstkosten b)	1.009,00	728,00	489,00
= Selbstkosten c)	1.035,25	717,50	485,85

Zur Erinnerung:
MEK Materialeinzelkosten,
FEK Fertigungseinzelkosten,
EK Einzelkosten

Erklärung
- Werden die Gemeinkosten über die Materialeinzelkosten verrechnet, werden dem Rennrad pro Stück auf Basis seiner 345 € Materialeinzelkosten 543,38 € an Gemeinkosten zugewiesen.
- Werden die Gemeinkosten über die Fertigungseinzelkosten verrechnet, werden dem Rennrad pro Stück auf Basis seiner 160 € Fertigungseinzelkosten 504 € an Gemeinkosten zugeordnet.
- Werden die Gemeinkosten über die Material- und Fertigungseinzelkosten verrechnet, was der Summe der Einzelkosten entspricht, werden dem Rennrad auf Basis seiner 505 € Einzelkosten pro Stück 530,25 € an Gemeinkosten zugeschlagen.
- Addiert man die Materialeinzel- und Fertigungseinzelkosten zu den kalkulierten Gemeinkosten hinzu, ergeben sich die Selbstkosten, die je nach Kalkulationsform variieren.

Das Ergebnis zeigt, dass die Unterschiede beim Produkt Cityrad am geringsten sind (max. Differenz beträgt 4,72 € = Unterschied der Selbstkosten zwischen a und b). Bei den anderen beiden Produkten ist der Unterschied (jeweils zwischen den Selbstkosten von a und b) deutlich größer. So sind es beim Rennrad 39,38 € und beim Trekkingrad 15,75 €.

Insgesamt ist die summarische Zuschlagskalkulation für Industrieunternehmen kaum geeignet, da sie für die Bewertung der Bestandsveränderungen nicht eingesetzt werden kann. Sie wird für Handelsunternehmen herangezogen, wobei die Wareneinstandskosten (Einkaufspreis und Beschaffungskosten) als Einzelkosten definiert und alle Gemeinkosten einschließlich Gewinnzuschlag summarisch aufgeschlagen werden (vgl. Ebert 2004, S. 95). Auch für Handwerksbetriebe ist das Verfahren geeignet (vgl. Zingel 2008, S. 163).

B) Differenzierte Zuschlagskalkulation

Beschreibung

- Der Gemeinkostenblock wird in verschiedene Gruppen aufgegliedert.
- Dadurch finden auch mehrere Zuschlagsbasen für die einzelnen Gemeinkostenteile Anwendung.
- Üblicherweise erfolgt zumindest eine Aufteilung in Materialkosten, Fertigungskosten und Verwaltungs-/Vertriebsgemeinkosten.
- Wie bereits schon in der Kostenstellenrechnung verdeutlicht, werden die Materialgemeinkosten über die Materialeinzelkosten verrechnet.
- Die Fertigungsgemeinkosten werden auf die Fertigungseinzelkosten bezogen.
- Die Verwaltungs-/Vertriebsgemeinkosten werden über die Herstellkosten des Umsatzes kalkuliert.

Abbildung 3.40 veranschaulicht das Schema bei einer differenzierten Zuschlagskalkulation.

Abb. 3.40 Schema der differenzierten Zuschlagskalkulation. (in Anlehnung an Schweitzer und Küpper 2011, S. 173)

Materialeinzelkosten	Materialkosten		
Materialgemeinkosten (in % der MEK)		Herstellkosten	
Fertigungseinzelkosten			
Fertigungsgemeinkosten (in % der FEK)	Fertigungskoste		Selbstkosten
Sondereinzelkosten der Fertigung			
Verwaltungsgemeinkosten (in % der HK des Umsatzes)			
Vertriebsgemeinkosten (in % der HK des Umsatzes)			
Sondereinzelkosten des Vertriebs			

Fallbeispiel 12: Zuschlagskalkulation – Teil 2
Nachfolgend wird das Fallbeispiel 11 fortgeführt.

Nach Einführung einer Kostenstellenrechnung liegen dem Fahrradhersteller folgende Informationen über die Zusammensetzung der während einer Abrechnungsperiode anfallenden Einzel- und Gemeinkosten vor.

Kostenart	Betrag in €	Anteil in%
Materialeinzelkosten	320.000	32,5
Fertigungslöhne	160.000	16,3
Materialgemeinkosten	32.000	3,3
Fertigungsgemeinkosten	308.000	31,3
Verwaltungs-/Vertriebsgemeinkosten	164.000	16,6
Gesamtkosten	984.000	100,0

Der Unterschied der Daten beruht auf der Aufspaltung der Gemeinkosten in Höhe von 504.000 € auf die drei Teile für Material, Fertigung und Verwaltung/Vertrieb. Deutlich wird darüber hinaus, dass die Einzelkosten sowohl der Summe nach als auch auf der Ebene der Produkte konstant bleiben (siehe Tabelle).

Auf Basis der vorhandenen Informationen lassen sich nun drei eigenständige Zuschlagsätze ermitteln:

$$\text{Materialgemeinkostenzuschlag } \frac{\text{Materialgemeinkosten}}{\text{Materialeinzelkosten}} \frac{32.000 \times 100\%}{320.000} = 10,00\%$$

3.3 Kostenträgerstückrechnung

Fertigungsgemeinkostenzuschlag $\dfrac{\text{Fertigungsgemeinkosten}}{\text{Fertigungseinzelkosten}}$ $\dfrac{308.000 \times 100\%}{160.000} = 192,50\%$

Verwaltungs- und
Vertriebsgemein-
kostenzuschlag $\dfrac{\text{Verwaltungs-/Vertriebsgemeinkosten}}{\text{Herstellkosten}}$ $\dfrac{164.000 \times 100\%}{820.000^{*}} = 20,00\%$

*Summe der Materialkosten (352.000 €) und der Fertigungskosten (468.000 €).

Die Anwendung der Zuschlagsätze erbringt einen eindeutigen Wert für die Selbstkosten.

Nr.	Kosten	Rennrad	Trekkingrad	Cityrad
1	Materialeinzelkosten	345,00	230,00	157,00
2	Materialgemeinkosten	34,50	23,00	15,70
3 = 1 + 2	Materialkosten	379,50	253,00	172,70
4	Fertigungslöhne	160,00	120,00	80,00
5	Fertigungsgemeinkosten	308,00	231,00	154,00
6 = 4 + 5	Fertigungskosten	468,00	351,00	234,00
7 = 3 + 6	Herstellkosten	847,50	604,00	406,70
8	Verwaltungs-/ Vertriebsgemeinkosten	169,50	120,80	81,34
9 = 7 + 8	Selbstkosten je Stück	1.017,00	724,80	488,04

C) Differenzierte Zuschlagskalkulation mit weitergehender Untergliederung

Beschreibung

- Bei stärkerer Untergliederung der Kostenstellen können weitere Zuschlagsätze gebildet werden.
- Die Verrechnung der Fertigungsgemeinkosten über einen einzigen Zuschlagsatz führt zu einer starken Nivellierung. Haben zwei Produkte die gleichen Fertigungseinzelkosten, werden ihnen die gleichen Fertigungsgemeinkosten zugerechnet. Allerdings nehmen die Produkte möglicherweise die jeweiligen Arbeitsplätze auf Grund des Einsatzes der unterschiedlich teuren Maschinen auch unterschiedlich in Anspruch. Daher ist eine weitergehende Differenzierung der Kostenstellen im Fertigungsbereich notwendig, und für jede Kostenstelle kann, beispielsweise für Stanzen, Bohren, Lackieren, Montage, ein gesonderter Zuschlagsatz ermittelt werden. Die Produkte werden dann entsprechend der Kostenverursachung mit Gemeinkosten belastet.
- Auch für den Bereich der Materialgemeinkosten kann mehr als ein Zuschlagsatz gebildet werden, zumal bei einem einzigen Zuschlagsatz im Bereich der innerbetrieblichen Logistik weder das beanspruchte Lagervolumen noch die Lagerdauer berücksichtigt werden. Im Ergebnis bleibt es nämlich für die Höhe der Materialgemeinkosten gleich,

ob für ein Produkt X der Rohstoff Platin im Wert von 40.000 € eine Woche lang gelagert wird, der eine Lagerkapazität von 3 Kubikmeter beansprucht, oder aber für ein Produkt Y der Rohstoff Kunststoffplatten, der ebenfalls einen Wert von 40.000 € aufweist, über vier Wochen gelagert wird, wobei das Lagervolumen 30 Kubikmeter beträgt.
- Insofern könnten für die Lagerkosten sowie für den Bereich Einkauf verschiedene Zuschlagssätze verwendet werden.
- Auch für den Bereich der Verwaltungs-/Vertriebsgemeinkosten ist eine weitergehende Differenzierung möglich. An Stelle eines einheitlichen Zuschlagsatzes könnte jeweils ein Zuschlagsatz für Verwaltung und einer für Vertrieb ermittelt werden. Allerdings führt eine wie auch immer geartete Unterscheidung bei Verwaltung und Vertrieb nach einem, zwei oder mehreren gesonderten Zuschlagssätzen nicht zu einem anderen Ergebnis bei den Selbstkosten, da alle Zuschlagssätze auf den Herstellkosten basieren. Der einzige Vorteil ist in der größeren Kostentransparenz zu sehen. Allerdings sind die Herstellkosten als Wertbasis sachlogisch mit deutlichen Schwächen behaftet, was die Prozesskostenrechnung aufgreift (siehe hierzu Kap. 6).

Fallbeispiel 13: Zuschlagskalkulation – Teil 3
Im Folgenden wird das Fallbeispiel 12 fortgeführt.

Aus der Kostenstellenrechnung des Unternehmens geht hervor, wie sich die innerhalb einer Abrechnungsperiode angefallenen Gemeinkosten auf die fünf Hauptkostenstellen des Unternehmens verteilen. Differenziert wird zwischen einer

- Materialkostenstelle,
- Fertigungskostenstelle I (Schaltung und Rahmenfertigung),
- Fertigungskostenstelle II (Endmontage)
- Verwaltungs- und Vertriebskostenstelle

Der Unterschied der Daten beruht auf einer stärkeren Differenzierung im Fertigungsbereich. Deshalb werden die Fertigungslöhne für die beiden Fertigungshauptkostenstellen auch getrennt erfasst.

Kostenart	Betrag in €	Anteil in%
Einzelkosten		
Materialeinzelkosten	320.000	32,5
Fertigungslöhne I	90.000	9,1
Fertigungslöhne II	70.000	7,1
Gemeinkosten		
Materialgemeinkosten	32.000	3,3
Fertigungsgemeinkosten I	220.500	22,4
Fertigungsgemeinkosten II	87.500	8,9
Verwaltungs- und Vertriebsgemeinkosten	164.000	16,7
Gesamtkosten	984.000	100,0

3.3 Kostenträgerstückrechnung

Differenziert nach den Fahrradtypen gilt:

Fahrradtyp	Rennrad	Trekkingrad	Cityrad
Materialeinzelkosten	345	230	157
Fertigungslöhne I	100	70	36
Fertigungslöhne II	60	50	44

Aus diesen Daten ergeben sich folgende Zuschlagsätze. Unverändert sind die Zuschlagsätze für die Materialgemeinkosten und für die Verwaltungs- und Vertriebsgemeinkosten.

$$\text{Materialgemeinkostenzuschlag} \frac{\text{Materialgemeinkosten}}{\text{Materialeinzelkosten}} = \frac{32.000 \times 100\%}{320.000} = 10,00\%$$

$$\text{Fertigungsgemeinkostenzuschlag} \frac{\text{Fertigungsgemeinkosten I}}{\text{Fertigungseinzelkosten I}} \frac{220.500 \times 100\%}{90.000} = 245\%$$

$$\text{Fertigungsgemeinkostenzuschlag} \frac{\text{Fertigungsgemeinkosten II}}{\text{Fertigungseinzelkosten II}} \frac{87.500 \times 100\%}{70.000} = 125\%$$

$$\text{Verwaltungs-und Vertriebsgemeinkostenzuschlag} \frac{\text{Verwaltungs-/Vertriebsgemeinkosten}}{\text{Herstellkosten}} \frac{164.000 \times 100\%}{820.000} = 20,00\%$$

Die Anwendung der vier Zuschlagsätze führt zu folgenden Selbstkosten.

Nr.	Fahrradtyp	Rennrad	Trekkingrad	Cityrad
1	Materialeinzelkosten	345,00	230,00	157,00
2	Materialgemeinkosten	34,50	23,00	15,70
3 = 1+2	Materialkosten	379,50	253,00	172,70
4	Fertigungslöhne I	100,00	70,00	36,00
5	Fertigungsgemeinkosten I	245,00	171,50	88,20
6	Fertigungslöhne II	60,00	50,00	44,00
7	Fertigungsgemeinkosten II	75,00	62,50	55,00
8 = $\sum$ 4−7	Fertigungskosten	480,00	354,00	223,20
9 = 3+8	Herstellkosten	859,50	607,00	395,90
10	Verwaltungs-/ Vertriebsgemeinkosten	171,90	121,40	79,18
11 = 9+10	Selbstkosten je Stück	1.031,40	728,40	475,08

Im Gegensatz zur vorherigen Kalkulation, steigen die Selbstkosten beim Rennrad von 1.017 € auf 1.031,40 € (Differenz 14,40 €) sowie beim Trekkingrad von 724,80 € auf 728,40 € (Differenz 3,60 €) an, während sie beim Cityrad von 488,04 € auf 475,08 € fallen (Differenz 12,96 €).

Offensichtlich tritt nun der größere Aufwand im Fertigungsprozess, speziell bei der Fertigungskostenstelle I (Schaltung und Rahmenfertigung), eines Rennrades bzw. Trekkingrades (im Gegensatz zum Cityrad) deutlicher hervor als es die geringere Differenzierung im Fertigungsbereich augenscheinlich gemacht hat.

Übungsaufgabe 6: Zuschlagskalkulation im Fertigungsbereich
In einem Unternehmen wurden bislang in einer Fertigungskostenstelle die Prozesse „Lackiererei" und „Montage" in einer Kostenstelle durchgeführt. Die Gemeinkosten betragen 252.000 € je Monat, die Fertigungseinzelkosten betragen 150.000 € (25 €/h × 6.000 Fertigungsstunden).

a. Kalkulieren Sie die gesamten Fertigungskosten pro Stunde.
   Auf Grund der unterschiedlichen Kostenstrukturen in den beiden Bereichen wird nun eine Aufspaltung in zwei Kostenstellen vorgenommen. Die Gemeinkosten von 252.000 € können wie folgt verteilt werden: Lackiererei 60 %, Montage 40 %. Die Fertigungsstunden in der Lackiererei betragen 1.500 h, in der Montage 4.500 h.
b. Kalkulieren Sie die gesamten Fertigungskosten pro Stunde für die Lackiererei und für die Montage. Welche Konsequenzen ergeben sich bei komplexen Produkten mit einer größeren Zahl an Montagestunden?

Lösung
a)

Fertigungseinzelkosten pro Stunde	25 €
Fertigungsgemeinkosten pro Stunde	42 € (252.000 € : 6.000 h)
∑ Fertigungskosten pro Stunde	67 €

Insgesamt entstehen im Monat Fertigungskosten in Höhe von 402.000 € (67 € × 6.000 h). Pro Stunde sind dies 67 €, die gleichermaßen sowohl für Tätigkeiten in der Lackiererei als auch in der Montage Verwendung finden.

b)

Kosten	Lackiererei	Montage
Fertigungsstunden (h)	1.500	4.500
Fertigungseinzelkosten (€)	37.500 €	112.500 €
Gemeinkosten (€)	151.200 €	100.800 €
Fertigungskosten / h	125,80 €	47,40 €

3.3 Kostenträgerstückrechnung

An den 402.000 € Fertigungskosten ändert sich selbstverständlich nichts $(125,80\,€/h \times 1.500\,h + 47,40\,€/h \times 4.500\,h)$. Nun können aber für die Kostenträger genauer die Fertigungskosten bestimmt werden. Komplexe Produkte mit einer größeren Zahl an Montagestunden wurden bislang mit zu hohen Fertigungskosten (67 € / h statt 47,40 €) belastet.

D) Zuschlagskalkulation im Dienstleistungsunternehmen
Wie bereits in Kap. 3.3.2 zur Kalkulation im Dienstleistungsunternehmen mittels Divisionskalkulation verdeutlicht, ist auch hier eine tätigkeitsbezogene Zeiterfassung die wichtigste Voraussetzung für eine Kalkulation.

Als Kostenträger kommen wiederum die Projekte in Frage. Aufgewendete Zeit für sonstige Aufgaben, Urlaub und Krankheitstage werden als Gemeinkostenstunden erfasst. Auf Grund der geringen Bedeutung von Einzelkosten (z. B. bei einer Unternehmensberatung) haben somit so gut wie alle Kosten Gemeinkostencharakter. Dies gilt selbstverständlich auch für die als Personalkosten bewerteten Arbeitszeiten. Walter und Wünsche (vgl. 2013, S. 254) schlagen vor, diese direkt auf die Projekte zu erfassen. Allerdings werden damit die Personalkosten für die Projektarbeitszeiten (fälschlicherweise) als Kostenträgereinzelkosten erfasst. Die sonstigen Kosten werden hingegen als Kostenträgergemeinkosten berücksichtigt. Dies gilt sowohl für die Arbeitszeiten, die als Gemeinkostenstunden ausgewiesen werden als auch für Abschreibungen, Miete, Energiekosten, Versicherungen usw. Die Gemeinkosten werden dann über die vermeintlichen Einzelkosten (Personalkosten der Projekte) verrechnet, wobei ein Zuschlagsatz (summarische Zuschlagskalkulation) ausreicht.

Fallbeispiel 14: Zuschlagskalkulation in einer Unternehmensberatung
Die Mitarbeiter A-F sind bei einer kleineren Unternehmensberatung beschäftigt. Die Kunden kommen vor allem aus mittelständischen Unternehmen. A und B sind Seniorberater und erhalten deshalb ein höheres Gehalt als die Berater C und D. Die Mitarbeiter E und F sind Juniorberater. Darüber hinaus sind ein Assistent und zwei Mitarbeiter im Sekretariat beschäftigt. Die Werte beziehen sich auf einen Monat.

Spalte	1	2	3	4	5	6	7	8
Inhalt	Brutto € inkl. AG-Anteil	h	€/h	Projekt-h	Sonst. h	Personalkosten aus 3×4	Personalkosten aus 3×5	€/h = 3+Zusch %
A	8.500	200	42,50	140	60	5.950	2.550	106,25
B	8.500	190	44,74	120	70	5.369	3.131	111,85
C	7.000	210	33,33	180	30	6.000	1.000	83,33
D	7.000	200	35	150	50	5.250	1.750	87,50
E	5.000	190	26,32	155	35	4.079	921	65,80

Spalte	1	2	3	4	5	6	7	8
F	5.000	200	25	170	30	4.250	750	62,50
Summe Personalkosten (Spalte 6 bzw. 7) 30.898							10.102	
Sonstige Kostenträger-Gemeinkosten							8.295	
Personalkosten Assistent und Sekretariat								
Kosten für die Beschaffung von Studien usw.							2.000	
Werbekosten							1.500	
Miete							6.300	
Versicherungen und Beiträge							1.500	
Reisekosten							2.100	
Reinigung							1.000	
Fremdinstandhaltung							800	
Kalkulatorische Abschreibungen							9.250	
Sonstige Kosten							3.500	
Zwischensumme Sonstige Kostenträger-Gemeinkosten (KTG)							*36.245*	
Summe Sonstige KTG + Personalkosten aus Spalte 7							*46.347*	
Gemeinkostenzuschlag (46.347 / 30.898 × 100%)							*150%*	

Erklärung der Rechnung
- Spalte 1 umfasst die Personalkosten der Mitarbeiter A bis F.
- Spalte 2 beinhaltet die Arbeitszeiten im letzten Abrechnungsmonat.
- Spalte 3 beinhaltet die Stundensätze. Diese ergeben sich, wenn die Werte in Spalte 1 durch die Werte in Spalte 2 dividiert werden.
- Die Werte der Spalten 4 und 5 zeigen, wie sich die Arbeitszeiten in Spalte 2 auf die Tätigkeiten für Projekte (Spalte 4) bzw. sonstige Tätigkeiten (Spalte 5) verteilen.
- Die Werte in Spalte 6 ergeben sich, wenn der Stundensatz in Spalte 3 mit der Stundenzahl in Spalte 4 multipliziert wird. Es handelt sich dabei um die Personalkosten, die auf die Projekte verrechnet werden.
- Die Werte in Spalte 7 ergeben sich, wenn der Stundensatz in Spalte 3 mit der Stundenzahl in Spalte 5 multipliziert wird. Es handelt sich dabei um die Personalkosten, die auf die sonstigen Tätigkeiten (Gemeinkosten) verrechnet werden.
- Werden zu den Kosten in Spalte 7 zusätzlich die übrigen Gemeinkosten (z. B. Personalkosten Assistent und Sekretariat usw.) addiert, ergibt sich eine Kostengröße in Höhe von 46.347 €. Diese Gemeinkosten werden im Zähler den sogenannten Einzelkosten 30.898 € (Summe in Spalte 6) im Nenner gegenübergestellt. Daraus ergibt sich ein summarischer Zuschlagsatz von 150%.
- Die Stundensätze in Spalte 8 ergeben sich, wenn die Werte in der Spalte 3 mit dem Zuschlagsatz von 150% multipliziert werden und den Werten der Spalte 3 hinzu addiert werden. Somit sind in die Stundensätze nun die Gemeinkosten integriert.
- Die Berechnung kann sowohl auf Normalkostenbasis als auch auf Istkostenbasis erfolgen.

3.3 Kostenträgerstückrechnung

Problematisch ist, dass die Mitarbeiter nicht nach Stunden bezahlt werden, sondern ein Monatsgehalt beziehen. So gesehen werden Gemeinkosten (sonstige Gemeinkosten) über Gehälter für Projektarbeitszeiten (Gemeinkosten) verrechnet.

Die Selbstkosten eines Projektes können nun dadurch ermittelt werden, dass die Projektstunden mit dem Stundensatz in Spalte 8 multipliziert werden.

Beispiel
Die Berater B (40 h), D (80 h) und F (90 h) haben in einem Projekt die genannten Stunden geleistet. Diese Stunden werden mit dem Vollkostensatz (Spalte 8) multipliziert. Für B werden somit 4.474 € (40 h × 111,85 €) kalkuliert, bei D sind es 7.000 €, bei F 5.625 €. Die Summe von 17.099 € entspricht den Selbstkosten des Projektes.

E) Übungsaufgabe zur Zuschlagskalkulation

Übungsaufgabe 7: Differenzierte Zuschlagskalkulation

Ein Unternehmen des Sondermaschinenbaus will die Selbstkosten eines Kundenauftrages kalkulieren. Für den Auftrag sind folgende Materialien einzusetzen: Getriebeelemente mit 29.550 €, Gehäusebleche mit 8.400 € sowie sonstiges Material mit 3.450 €. Die Fertigungszeit beträgt in der Kostenstelle Bauteilefertigung 125 Stunden, in der Vormontage 90 Stunden und in der Endmontage 45 Stunden. Die Lohnsätze der Kostenstellen betragen in der genannten Reihenfolge 45 €/Stunde, 52 €/Stunde und 60 €/Stunde. Außerdem ist für die fertige Maschine ein Belastbarkeitsnachweis durch ein externes Qualitätssicherungsinstitut einzuholen. Diese Zertifizierung kostet 3.514 € (netto). Der Betrag wird als Sondereinzelkosten der Fertigung angesehen. Für den Spezialtransport zum Kunden berechnet eine Spedition 8.000 € (netto). Das Unternehmen kalkuliert mit folgenden Normalzuschlagssätzen: Materialbereich: 12 %, Bauteilefertigung: 380 %, Vormontage: 160 %, Endmontage: 250 %, Verwaltung: 15 %, Vertrieb: 9 %.

a. Berechnen Sie in einer übersichtlichen Aufstellung die Selbstkosten des Auftrages mit Hilfe einer differenzierten Zuschlagskalkulation. Berechnen Sie dabei als Zwischenschritte auch die Höhe der Materialkosten, der Fertigungskosten und der Herstellkosten.
b. Bislang hatte das Unternehmen nur eine summarische Zuschlagskalkulation angewendet. Ermitteln Sie die Selbstkosten des Auftrages, indem Sie auf die Summe der Einzelkosten (ohne Sondereinzelkosten) pauschal 120 % für die Gemeinkosten aufschlagen und anschließend noch die Sondereinzelkosten hinzu addieren.
c. Der zunehmende Wettbewerb führt dazu, dass sich künftig als Nettoverkaufspreis nur noch 130.000 € am Markt durchsetzen lassen. Gleichzeitig wird eine Umsatzrendite von 8 % angestrebt. Wie hoch ist der Kostensenkungsbedarf für die Herstellkosten, Verwaltungs- und Vertriebsgemeinkosten im Vergleich zur Teilaufgabe a) ? Gehen Sie davon aus, dass die Sondereinzelkosten nicht gesenkt werden können und die Zuschlagsätze für Verwaltungs- und Vertriebsgemeinkosten konstant bleiben sollen.

Lösung

a)

Kostenart	Rechenweg	Betrag in €
Materialeinzelkosten	29.550 + 8.400 + 3.450	41.400
Materialgemeinkosten	12 %	4.968
Materialkosten		46.368
FEK Bauteilefertigung	125 h × 45 €	5.625
FGK Bauteilefertigung	380 %	21.375
FEK Vormontage	90 h × 52 €	4.680
FGK Vormontage	160 %	7.488
FEK Endmontage	45 h × 60 €	2.700
FGK Endmontage	250 %	6.750
SEK der Fertigung	Zertifizierung	3.514
Fertigungskosten		52.132
Herstellkosten		98.500
Verwaltungsgemeinkosten	15 %	14.775
Vertriebsgemeinkosten	9 %	8.865
SEK des Vertriebs	Spezialtransport	8.000
Selbstkosten		130.140

b)

Kostenart	Rechenweg	Betrag in €
Materialeinzelkosten	29.550 + 8.400 + 3.450	41.400
Fertigungseinzelkosten	5.625 + 4.680 + 2.700	13.005
Summe Einzelkosten		54.405
Gemeinkosten	120 %	65.286
SEK der Fertigung	Zertifizierung	3.514
SEK des Vertriebs	Spezialtransport	8.000
Selbstkosten		131.205

c)

Nettoverkaufspreis	130.000
Umsatzrendite 8 %	10.400
Selbstkosten neu	119.600
Sondereinzelkosten des Vertriebs (unverändert)	8.000
Verwaltungsgemeinkosten neu (15 % auf die Herstellkosten)	13.500
Vertriebsgemeinkosten neu (9 % auf die Herstellkosten)	8.100
Herstellkosten neu	90.000

3.3 Kostenträgerstückrechnung

Rechenhinweis Ausgehend von den neuen Selbstkosten in Höhe von 119.600 € werden zunächst die Sondereinzelkosten des Vertriebs von 8000 € subtrahiert. Die daraus resultierenden 111.600 € stehen für 124 % der Herstellkosten, da auf die Herstellkosten (100 %) noch insgesamt 24 % für die Verwaltungs- und Vertriebsgemeinkosten einkalkuliert werden. Im Dreisatz können dann die neuen Herstellkosten in Höhe von 90.000 € ermittelt werden, auf deren Basis sich die neuen Verwaltungs- und Vertriebsgemeinkosten ergeben.

Kostengröße	Bisherige Kosten	Künftige Zielkosten	Kostensenkungsbedarf
Herstellkosten	98.500	90.000	8.500
Verwaltungsgemeinkosten	14.775	13.500	1.275
Vertriebsgemeinkosten	8.865	8.100	765

3.3.6 Maschinenstundensatzrechnung

A) Schwächen herkömmlicher Zuschlagskalkulation/ Verbesserungsmöglichkeiten durch andere Bezugsgrößen

Die klassische Zuschlagskalkulation stellt im Fertigungsbereich letztlich eine Lohnzuschlagskalkulation dar, da die Fertigungsgemeinkosten der einzelnen Kostenstellen auf die Fertigungslöhne (Einzelkosten) bezogen werden.

Diese Vorgehensweise hat **drei** gewichtige **Nachteile**:

- Auf Grund der zunehmenden Technisierung und Automatisierung verschieben sich die Fertigungskosten immer mehr hin zu den Gemeinkosten. Das hat zur Folge, dass die Gemeinkostenzuschläge sehr hoch ausfallen. Bei einer Vorkalkulation führen geringe Fehleinschätzungen bei den Einzellohnkosten, die sich häufig auch noch auf unterschiedliche Lohnsätze beziehen, zu großen Folgewirkungen beim Ansatz der Gemeinkosten. Beträgt der Fertigungsgemeinkostenzuschlagsatz beispielsweise 1.000 % und werden für den Verwaltungs- und Vertriebsgemeinkostenbereich Zuschlagsätze in Höhe von 20 % und 10 % ermittelt, so führt eine Änderung der Fertigungslöhne pro Produkteinheit um 1 € dazu, dass die Selbstkosten pro Produkteinheit um $1 \times (1 + 1.000/100) \times (1 + 20/100 + 10/100) = 14,30 €$ variieren.
- Unzutreffende Belastung der Produkte, wenn die Nutzung der Maschinen nicht proportional zu den Fertigungseinzelkosten (als bisherige Zuschlagsbasis für die Fertigungsgemeinkosten) erfolgt.
- Einzellohnkosten werden durch exogene Einflüsse (Tarifverträge) verändert, ohne dass sich die Gemeinkosten ändern müssen. Daher sind die Zuschlagsätze anzupassen.

Lösung

- Die Fertigungsgemeinkosten in den einzelnen Kostenstellen werden (auch) auf andere Bezugsgrößen bezogen, wobei die Maschinenstunden (-minuten) von besonderer Bedeutung sind.

- Hierfür ist es notwendig, die Fertigungsgemeinkosten, die lohnbezogen sind (Gehälter, Hilfslöhne), auszugliedern, um so die Maschinenstundensätze zu ermitteln. Diese werden – nach zeitlicher Inanspruchnahme einer Anlage – auf die Produkte verrechnet. Die restlichen Fertigungsgemeinkosten werden dann häufig auf die Fertigungslöhne verrechnet.
- Werden die restlichen Fertigungsgemeinkosten (Gehälter, Hilfslöhne) ebenfalls in die Maschinenstundensätze eingerechnet, wird die Kalkulation weiter vereinfacht. Dies setzt aber eine (weitgehende) Proportionalität zwischen diesen Kosten und der Maschinenlaufzeit voraus.
- Der Maschinenstundensatz stimmt nur für einen bestimmten Beschäftigungsgrad. Er muss angepasst werden, wenn sich die Beschäftigungssituation ändert, da in den Gemeinkosten in hohem Maße Fixkosten enthalten sind.

Die Abbildung 3.41 stellt die Maschinenstundensatzrechnung der traditionellen Zuschlagskalkulation gegenüber. Es wird deutlich, dass – wie sonst auch – die Einzelkosten unverändert bleiben. Die Fertigungsgemeinkosten der Zuschlagskalkulation werden in zwei Teile aufgespalten. Ein Teil kann über Maschinenstundensätze verrechnet werden, der andere Teil (Restfertigungsgemeinkosten) wird über einen separaten Zuschlagsatz erfasst.

Es wird deutlich, dass die Maschinenstundensatzrechnung keine eigenständige Form der Kalkulation darstellt, sondern eine bestehende differenzierte Zuschlagskalkulation im Hinblick auf eine genauere Verrechnung der Fertigungsgemeinkosten ergänzt

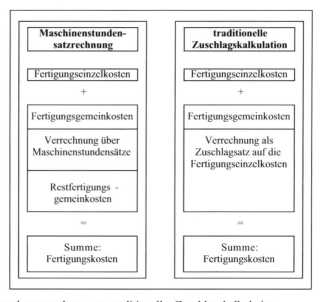

Abb. 3.41 Maschinenstundensatzrechnung vs. traditioneller Zuschlagskalkulation

3.3 Kostenträgerstückrechnung

Gegenstand	Konkrete Information
Maschinen-Nr. lt. Verzeichnis	15 - 11
Bezeichnung	Compoundierungsanlage
Standort	Produktionshalle A3
Anschaffungsjahr	2015
Kalkulatorische Maschinenstunden / Jahr	2.000
Geplante Nutzungsdauer	5 Jahre
Anschaffungskosten	1.500.000 €
Wiederbeschaffungspreis (aktueller)	1.800.000 €

Kostenart	Berechnung	€
Kalkulatorische Abschreibungen (Basis: Wiederbeschaffungszeitwert)	Abschreibungsbetrag pro Jahr / Maschinenstunden im Jahr (Plan)	180,00
Kalkulatorische Zinsen auf Basis von Anschaffungskosten bei 8 %	∅ gebundenes Kapital x Zinssatz / Maschinenstunden im Jahr (Plan)	30,00
Instandhaltung und Wartung	Erfahrungswert	40,00
Raumkosten	Raumbedarf (qm) x Raumkosten/qm / Maschinenstunden im Jahr (Plan)	25,00
Energiekosten	Energieverbrauch / h x Energiekosten/h	160,00
Kühlmittel	Kühlmittelverbrauch (Liter / h) x Kühlmittelpreis (pro Liter)	12,00
Versicherung	Jahresprämie (€) / Maschinenstunden im Jahr (Plan)	15,00
Maschinenstundensatz		462,00

Abb. 3.42 Beispiel einer Maschinenstundensatzermittlung

B) Ermittlung des Maschinenstundensatzes

Das folgende Beispiel (Abb. 3.42) zeigt, wie ein Maschinenstundensatz ermittelt wird.

Erklärungsbedürftige Parameter eines Maschinenstundensatzes

1. Bestimmung der Soll-Maschinenzeit
Nutzungszeit: Zeit, in der die Maschine für einen Kostenträger genutzt wird.
Lastlaufzeit: unmittelbare Produktionszeit
Leerlaufzeit: Maschine läuft, produziert aber nicht (z. B. Pausen)
Hilfszeit: Zeit für Werkzeugwechsel, Werkstückzubringerzeiten
Instandhaltungszeit: Wartung und Reparatur
Ruhezeit: Maschine ist ausgeschaltet
Fazit: Für die Berechnung des Maschinenstundensatzes ist von der Nutzungszeit auszugehen.

Abbildung 3.43 veranschaulicht die Zusammenhänge.

Abb. 3.43 Gliederung der Maschinenzeiten (VDI-Richtlinie 3258, Blatt 1 und 2)

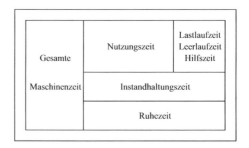

2. Kalkulatorische Abschreibungen

Diese erfolgen auf der Basis der Anschaffungskosten, Wiederbeschaffungskosten oder des Wiederbeschaffungszeitwertes.

Bei der Nutzungsdauer ist zwischen der technischen und der wirtschaftlichen Nutzungsdauer zu unterscheiden. Kann beispielsweise eine Maschine nach Herstellerangaben mit einer Laufzeit von ca. 20.000 h eingesetzt werden, könnte sie im Einschichtbetrieb bei einer Jahresleistung von 2.000 h insgesamt 10 Jahre lang eingesetzt werden. Auf Grund des technischen Fortschritts wird aber häufig aus wirtschaftlichen Gründen eine Ersatzinvestition früher durchgeführt, weil eine neue Maschine beispielsweise zu geringeren Kosten (geringerer Energieverbrauch, geringerer Ausschuss usw.) produzieren kann. Insofern wäre hier die wirtschaftliche Nutzungsdauer geringer als die technische Nutzungsdauer und beträgt beispielsweise 6 Jahre.

Bei einem Zweischichtbetrieb ändert sich das Bild: Hier wäre bei einem Jahreseinsatz von ca. 4000 Stunden die technische Nutzungsdauer bereits nach 5 Jahren erreicht, bei einem Dreischichtbetrieb mit ca. 6.000 h wären es sogar nur etwas über 3 Jahre. Die technische Nutzungsdauer liegt nun unterhalb der wirtschaftlichen Nutzungsdauer.

Damit wird deutlich, dass bei der Ermittlung der Nutzungsdauer die Intensität von Bedeutung ist. Ob wirtschaftliche oder technische Nutzungsdauer – maßgebend ist immer die kürzere Nutzungsdauer.

3. Instandhaltungskosten

Abgesehen von Inspektionen, die intervallmäßig stattfinden (z. B. Jahresinspektion), fallen die Kosten in unregelmäßigen Abständen in unterschiedlicher Höhe an. Um den Maschinenstundensatz nicht permanent überarbeiten zu müssen, werden idealerweise die erwarteten Instandhaltungskosten der gesamten Nutzungsdauer durch die erwartete Nutzungsdauer dividiert. Alternativ können die Instandhaltungskosten auch über einen Prozentsatz der Abschreibung auf Basis des Wiederbeschaffungs(zeit)wertes kalkuliert werden. Da sich dadurch die Abschreibung pro Jahr erhöht, führt dies auch zu erhöhten Instandhaltungskosten. Dies entspricht vermutlich eher dem tatsächlichen Kostenanfall.

4. Raumkosten

Diese Kosten beziehen sich auf die Räumlichkeit, in denen sich die Maschine befindet. Es handelt sich vor allem um die

- kalkulatorische Abschreibung und kalkulatorischen Zinsen für das Gebäude
- grundstücksabhängigen Steuern und Versicherungen
- Kosten für Heizung, Beleuchtung, Be-/Entlüftung, Reinigung, Klimatisierung, Bewachung, Feuerschutz usw.

Auf dieser Basis wird ein Verrechnungssatz gebildet, der die o. g. Kostenarten bündelt und in € pro qm ausgewiesen wird.

Die Raumkosten werden im Regelfall vom Raumbedarf bestimmt und damit über die in Anspruch genommene qm-Fläche ermittelt. Der Raumbedarf umfasst

- die Größe der Anlage
- den bei der Fertigung benötigten Bedienungsraum
- den für die Werkstücke erforderlichen Abstellraum
- die reservierte Flächen für den innerbetrieblichen Transport

Sofern möglich, sollte der Verrechnungssatz für die Raumkosten nur auf Basis der Fläche ermittelt werden, die letztlich von den Maschinen, die sich im Gebäude befinden, in Anspruch genommen werden. Allgemeine Transportwege usw. sind aus der Fläche herauszurechnen.

C) Beispiel einer Kalkulation auf Basis von Maschinenstundensätzen
Fallbeispiel 15: Maschinenstundensatzrechnung

Das Fallbeispiel 13 wird fortgesetzt.
In der Fertigungskostenstelle I (Schaltung und Rahmenfertigung) werden zwei Maschinen eingesetzt. In der Fertigungskostenstelle II (Endmontage) eine Maschine. In beiden Kostenstellen kommt es zu der üblichen Situation, dass die Fertigungsgemeinkosten sich nicht komplett den Maschinen zurechnen lassen. Die verbleibende Gemeinkosten (z. B. Gehälter des Meisters) werden als Rest-Fertigungsgemeinkosten bezeichnet. Im Regelfall werden diese mittels eines Rest-Fertigungsgemeinkostenzuschlagsatzes auf die Produkte verrechnet. Als Bezugsgröße dienen – wie bei einer klassischen Zuschlagskalkulation – die Fertigungslöhne.

Fertigungskostenstelle I: Schaltung und Rahmenfertigung	220.500	€
Gemeinkosten Maschine A	108.000	€
Gemeinkosten Maschine B	67.500	€
Rest-Fertigungsgemeinkosten	45.000	€

Fertigungskostenstelle II:		
Endmontage	87.500	€
Gemeinkosten Maschine C	66.500	€
Rest-Fertigungsgemeinkosten	21.000	€

Die folgende Tabelle zeigt für die Maschinen A-C den Zeitbedarf der Produkte in der Fertigung.

Produkt	Stückzahl	Maschine A	Maschine B	Maschine C
Rennrad	300	3,0 h	3,0 h	2,5 h
Treckingrad	600	1,5 h	2,0 h	1,5 h
Cityrad	500	1,2 h	1,8 h	0,5 h
Maschinenzeit (h)	–	2.400 h	3.000 h	1.900 h
Gemeinkosten (€)	–	108.000	67.500	66.500
Maschinenstundensatz (€ / h)		45,00	22,50	35,00

Fertigungskostenstelle Schaltung und Rahmenfertigung
Die Rest-Fertigungsgemeinkosten in Höhe von 45.000 € (Zähler) werden mittels der Fertigungslöhne in Höhe von 90.000 € (Nenner) verrechnet. Es ergibt sich ein Rest-Fertigungsgemeinkostenzuschlagsatz in Höhe von 50%.

Fertigungsgemeinkostenstelle Endmontage
Die Rest-Fertigungsgemeinkosten in Höhe von 21.000 € (Zähler) werden mittels der Fertigungslöhne in Höhe von 70.000 € (Nenner) verrechnet. Es ergibt sich ein Rest-Fertigungsgemeinkostenzuschlagsatz in Höhe von 30%.

Im nächsten Schritt kann nun die Kalkulation der drei Produkte erfolgen:

Nr.	Fahrradtyp	Rennrad	Trekkingrad	Cityrad
1	Materialeinzelkosten	345,00	230,00	157,00
2	Materialgemeinkosten	34,50	23,00	15,70
3 = 1 + 2	Materialkosten	379,50	253,00	172,70
4	Fertigungslöhne I	100,00	70,00	36,00
5	Maschinenkosten A	135,00	67,50	54,00
6	Maschinenkosten B	67,50	45,00	40,50
7	Rest-Fertigungsgemeinkosten I	50,00	35,00	18,00
8	Fertigungslöhne II	60,00	50,00	44,00
9	Maschinenkosten C	87,50	52,50	17,50
10	Rest-Fertigungsgemeinkosten II	18,00	15,00	13,20
11 = $\sum$ 4-10	Fertigungskosten	518,00	335,00	223,20
12 = 3 + 11	Herstellkosten	897,50	588,00	395,90

3.3 Kostenträgerstückrechnung

Nr.	Fahrradtyp	Rennrad	Trekkingrad	Cityrad
13	Verwaltungs-/ Vertriebsgemeinkosten	179,50	117,60	79,18
14 = 12 + 13	Selbstkosten je Stück	1.077,00	705,60	475,08

Rechenhinweise
- Die Materialeinzelkosten, Materialgemeinkosten und somit die kompletten Materialkosten bleiben unverändert. Gleiches gilt für die Fertigungslöhne (siehe hierzu auch Fallbeispiel 13).
- Die Maschinenkosten (am Beispiel Maschine A) werden wie folgt verrechnet. Der Maschinenstundensatz beträgt 45 € (108.000 € : 2400 h). Die 2400 h ergeben sich aus der Multiplikation der Produktionsmengen der Produkte mit denen der Maschinenzeiten für die Herstellung einer Produkteinheit (300 Stück Rennräder x 3 h + 600 Stück Treckingräder x 1,5 h + 500 Stück Cityräder x 1,2 h). Werden die 45 € je Maschinenstunde mit den Maschinenzeiten für die Herstellung einer Produkteinheit multipliziert, ergeben sich die Maschinenkosten der Maschine A pro Produkteinheit, z.B. 45 €/h × 3 h = 135 € (für Rennrad). Analog ist das Vorgehen bei den Maschinen B und C.
- In der Fertigungskostenstelle I (Schaltung und Rahmenfertigung) betragen die Rest-Fertigungsgemeinkosten 45.000 €. Bezogen auf die gesamten Fertigungslöhne in der Kostenstelle I ergeben sich 50 % (45.000 € : 90.000 € × 100 %). Die Fertigungseinzelkostenkosten eines Rennrades betragen 100 €. Werden diese 100 € mit dem Zuschlagsatz (50 %) multipliziert, ergeben sich 50 €. Analog ist mit den Produkten Trekkingrad und Cityrad bzw. in der zweiten Fertigungskostenstelle zu verfahren.
- Aus der Addition der Fertigungslöhne, den Maschinenkosten A-C und den Rest-Fertigungsgemeinkosten ergeben sich die Fertigungskosten einer Produkteinheit.
- Die Materialkosten pro Stück und die Fertigungskosten pro Stück ergeben die Herstellkosten pro Stück. Für das Rennrad betragen diese 897,50 €.
- Für die Verwaltungs- und Vertriebsgemeinkosten wird der „alte" Zuschlagsatz aus der Zuschlagskalkulation angewendet. Dieser beträgt 20 %. Für das Rennrad ergeben sich somit Verwaltungs- und Vertriebskosten in Höhe von 179,50 € (897,50 € × 20 %).
- Herstellkosten + Verwaltungs-/Vertriebskosten ergeben die Selbstkosten.

Interpretation
Die Maschinenstundensatzrechnung hat gegenüber der differenzierten Zuschlagskalkulation zum Ergebnis geführt, dass das Rennrad mit 60 € höher kalkuliert wird, dagegen das Trekkingrad um 19,20 € und das Cityrad um 12,96 € niedriger. Erklärt werden können die Veränderungen durch veränderte Relationen zwischen den Produkten. In der differenzierten Zuschlagskalkulation beträgt das Verhältnis der Fertigungslöhne pro Stück zwischen Rennrad und Trekkingrad 100 : 70 bzw. 1,43 : 1. Auf dieser Basis werden auch Gemeinkosten verrechnet. In der Maschinenstundensatzrechnung der Maschine A beträgt bei den

selben Produkten das Verhältnis nun 3 h: 1,5 h bzw. 2: 1. Deshalb werden nun dem Rennrad (135 €) doppelt so viele Gemeinkosten zugerechnet wie dem Treckingrad (67,50 €). Eine Erklärung ist, dass das Rennrad auf Grund seiner Komplexität vergleichsweise viel Maschinenzeit benötigt. Dieser Aspekt wurde bislang beim Rennrad unterschätzt.

D) Übungsaufgabe zur Maschinenstundensatzrechnung
Übungsaufgabe 8: Maschinenstundensatzrechnung

Für eine Fertigungskostenstelle sollen die nicht lohnabhängigen Gemeinkosten einer teuren Fertigungsanlage über die in Anspruch genommene Maschinenzeit mit Hilfe eines Maschinenstundensatzes kalkuliert werden. Es liegen folgende Informationen vor:

Kostengröße/Information	Zahlenwert
Wirtschaftliche Nutzungsdauer (Jahre)	6
Erwartete Gesamtleistung (Maschinenstunden)	16.000
Jahresleistung (Maschinenstunden)	2.000
Anschaffungskosten (€)	13.500.000
Wiederbeschaffungswert-Index für Anschaffungsjahr	188
Wiederbeschaffungswert-Index für laufendes Jahr	235
Kalkulationszinssatz (%)	5
Elektrischer Anschlusswert (kW)	800
Lastfaktor für Stromverbrauch (%)[a]	70
Strompreis (€ / kWh)	0,12
Stickstoff (flüssig) in Liter / Maschinenstunde	40
Stickstoffpreis (€ / 10.000 Liter)	2.500
Instandhaltungsfaktor (% von Jahresabschreibung)	4
jährliche Werkzeugkosten (€)	38.000
jährliche Versicherungsprämie (€)	10.700
Raumbedarf (qm)	80
monatlicher Raumkostensatz (€ / qm)	15

[a] Die Fertigungsanlage benötigt nicht während der gesamten Stunde die maximale Stromverbrauchsmenge

Aufgabe
a) Berechnen Sie den Maschinenstundensatz einschließlich der Abschreibungen auf Basis des Wiederbeschaffungszeitwertes und der kalkulatorischen Zinsen auf Basis der Anschaffungskosten.
b) Die Maschinenkosten werden bisher als Bestandteil der Fertigungsgemeinkosten über einen Lohnzuschlagsatz in Höhe von 620 % verrechnet. Auf welchen Prozentsatz sinkt der Zuschlagsatz für die restlichen Fertigungsgemeinkosten, wenn nun die Maschinen-

3.3 Kostenträgerstückrechnung

kosten separat verrechnet werden? Der effektive Fertigungslohn beträgt 300 € / Stunde. Auf der Fertigungsanlage werden die Produkte A und B hergestellt. Die Bearbeitungszeit der Mitarbeiter (Minuten/Stück) beträgt bei A 21 Minuten und bei B 15 Minuten. Dagegen beträgt die Bearbeitungszeit der Maschine (Minuten/Stück) bei A 12 Minuten und bei B 20 Minuten. Insgesamt werden 3.500 Stück des Produktes A und 3.900 Stück des Produktes B gefertigt.

c) Zeigen Sie die Auswirkungen der Umstellung von der reinen Lohnzuschlags- auf die Maschinenstundensatzkalkulation auf, indem Sie die Fertigungskosten/Stück der beiden Produkte auf beiderlei Weise berechnen. Erklären Sie, worauf die Unterschiede zurückzuführen sind.

d) Das Unternehmen überlegt aus Wettbewerbsgründen den Betrieb auf Zweischichtbetrieb umzustellen. Deshalb steigt der Instandhaltungsfaktor auf 6 % an, die Werkzeugkosten erhöhen sich um 30 % (Basis: Werkzeugkosten pro Stunde des Einschichtbetriebes). Hinweis: Bei einem Zweischichtbetrieb würde die Nutzungsdauer der Maschine sinken. Errechnen Sie die Kosten einer Maschinenstunde im Zweischichtbetrieb.

Lösung

a)

Kostenart	Rechenweg	Jahreskosten (€)
Kalkulatorische Abschreibungen	(13.500.000 × (235/188)) / 6	2.812.500
Kalkulatorische Zinsen	13.500.000 / 2 × 0,05	337.500
Energiekosten	800 × 0,7 × 2.000 × 0,12	134.400
Stickstoffkosten	40 × 2.500 / 10.000 × 2.000	20.000
Instandhaltungskosten	4 % von 2.812.500	112.500
Werkzeugkosten		38.000
Versicherungskosten		10.700
Raumkosten	80 × 15 × 12	14.400
Summe der Maschinenkosten eines Jahres		3.480.000
Maschinenstundensatz (€ / Stunde)		1.740,00

Hinweis Die 2.000 h Maschinenlaufzeit (sind bereits vorgegeben) errechnen sich durch die Produktionsmenge der Produkte A und B und der Maschinenzeit für jeweils eine Leistungseinheit

(3.500 Stück × 12 Minuten bei A bzw. 3.900 Stück × 20 Minuten bei B
= 120.000 Minuten = 2.000 Stunden)

b)

Ausgangsgrößen	Rechenweg	Mengen
Arbeitszeit der Mitarbeiter für Produkt A	21 Min. × 3.500 St. / 60 min	1225 h
Arbeitszeit der Mitarbeiter für Produkt B	15 min. × 3.900 St. / 60 min.	975 h
Fertigungslohn	(1.225 h + 975 h) × 300 €	660.000 €
Fertigungsgemeinkosten	660.000 × 620 %	4.092.000 €
Darin: Maschinenkosten		3.480.000 €
Restfertigungsgemeinkosten	2.000 h × 1.740 €	612.000 €
Restfertigungsgemeinkosten-Zuschlagsatz		92,73 %

Wenn bislang für die Fertigungsgemeinkosten ein Zuschlagsatz von 620 % notwendig gewesen ist, bedeutet dies, dass die Fertigungsgemeinkosten das 6,2-fache der Fertigungseinzelkosten betragen. Letztere lassen sich durch Multiplikation der Arbeitszeiten der Mitarbeiter (2.200 h) mit den Fertigungslöhnen pro Stunde (300 €) ermitteln und betragen 660.000 €. Die Fertigungsgemeinkosten betragen somit 4.092.000 €, von denen 3.480.000 € über die Maschinenstundensatzrechnung verrechnet werden. Als Restgröße bleiben die 612.000 €, die auf Basis der Fertigungslöhne (Einzelkosten) traditionell über einen Zuschlagsatz erfasst werden. Dieser beträgt 92,73 %.

c)

	Zuschlagskalkulation		Maschinenstundensatzrechnung	
€/Stück	A	B	A	B
Fertigungslohn	105	75	105	75
FGK	651	465	–	–
Maschinenkosten	–	–	348	580
Rest FGK	–	–	97,37	69,55
Σ Fertigungskosten	756	540	550,37	724,55

Erklärung des Rechenweges Fertigungslohn am Beispiel Produkt A:

300 € für 60 Minuten = 5 € pro Minute; A: 21 Minuten × 5 € / Minute = 105 €

Maschinenkosten am Beispiel Produkt A:

1740 € für 60 Minuten = 29 € pro Minute; A: 12 Minuten × 29 € / Minute = 348 €

Restfertigungsgemeinkosten am Beispiel Produkt A:

$$105 € \times 92,73\% = 97,37 €$$

3.3 Kostenträgerstückrechnung

Vergleich zwischen den Kalkulationsergebnissen
Zieht man bei Produkt A die Zuschlagskalkulation heran, betragen die Fertigungskosten 756 €. Dies sind 205,63 € mehr als bei einer Maschinenstundensatzrechnung. Umgekehrt sieht dies bei Produkt B aus. Hier betragen bei der Zuschlagskalkulation die Fertigungskosten mit 540 € insgesamt 184,55 € weniger als bei der Maschinenstundensatzrechnung. Die Ergebnisunterschiede ergeben sich aus den veränderten Bezugsgrößen:

Bei **Produkt A** sinken die Fertigungskosten im Vergleich zur reinen fertigungslohnabhängigen Zuschlagskalkulation, weil A *relativ weniger Maschinenzeit* im Vergleich zur manuellen (lohnabhängigen) Bearbeitungszeit aufweist: Mitarbeiterzeiten A: B = 1,4: 1 (21 min vs. 15 min)

Produkt B zeigt deutlich höhere Fertigungskosten, weil es *relativ mehr Maschinenzeit* im Vergleich zur lohnabhängigen Bearbeitungszeit beansprucht: Maschinenzeit A:B = 0,6:1 (12 min vs. 20 min)

d)

Kostenart	Rechnung	Jahreskosten (€)
Kalkulatorische Abschreibungen	(13.500.000 × (235 / 188)) / 4	4.218.750
Kalkulatorische Zinsen	siehe Einschichtbetrieb	337.500
Energiekosten	Faktor 2 des Einschichtbetriebes	268.800
Stickstoffkosten	Faktor 2 des Einschichtbetriebes	40.000
Instandhaltungskosten	6% von 4.218.750	253.125
Werkzeugkosten	38.000 / 2.000 × 1,3 × 4.000	98.800
Versicherungskosten	siehe Einschichtbetrieb	10.700
Raumkosten	siehe Einschichtbetrieb	14.400
Summe der Maschinenkosten eines Jahres		5.242.075
Maschinenstundensatz (€ / Stunde)		1.310,52

Beim Zweischichtbetrieb sinkt die Nutzungsdauer von 6 auf 4 Jahren. Beim Einschichtbetrieb sind die 6 Jahre Nutzungsdauer auf eine wirtschaftliche Nutzungsdauer zurückzuführen, da bei 6 Jahren a 2.000 h nur 12.000 Maschinenstunden erreicht werden und nicht die genannten 16.000 h, die als technische Obergrenze anzusehen sind. Im Gegensatz dazu erhöht sich beim Zweischichtbetrieb die Maschinenzeit pro Jahr auf 4.000 h. Teilt man nun die 16.000 h (Gesamtlebensdauer) durch die 4.000 h eines Jahres ergibt sich eine technisch bedingte Nutzungsdauer von 4 Jahren.

Ergebnis
Der Maschinenstundensatz sinkt von 1.740 € beim Einschichtbetrieb auf 1.310,52 €. Dies ist eine Reduktion von 24,68%. Damit würden sich auch die Fertigungskosten der Pro-

dukte A und B entsprechend reduzieren. Für Produkt A würden über die Maschinenstundensatzrechnung nicht mehr 348 € verrechnet werden, sondern nur noch 262,10 €, bei B wären es nicht mehr 580 €, sondern nur noch 436,84 €. Damit wird deutlich, dass sich erhebliche Größendegressionseffekte ergeben.

3.4 Kurzfristige Erfolgsrechnung

Bei der Erfolgsrechnung steht die Ermittlung des Erfolges einer Abrechnungsperiode im Mittelpunkt. Dabei werden für eine **Periode** den **Erlösen** die **Kosten** gegenübergestellt. Der Saldo stellt das **Betriebsergebnis** dar. Sind die Erlöse größer als die Kosten, spricht man von einem positiven Betriebsergebnis, umgekehrt von einem negativen Betriebsergebnis.

Da die Ermittlung des Erfolges, anders als im externen Rechnungswesen, nicht jährlich, sondern häufig monatlich, zumindest aber quartalsweise erfolgt, wird auch von einer **kurzfristigen** Erfolgsrechnung gesprochen.

Alternativ zum Begriff einer kurzfristigen Erfolgsrechnung wird auch der Begriff der Kostenträgerzeitrechnung verwendet. Allerdings ist dieser Begriff missverständlich, da neben den Kosten auch die Erlöse ausgewiesen werden. Eine weitere Begriffsalternative ist die Betriebsergebnisrechnung.

An dieser Stelle drängt sich die Frage nach dem Unterschied zur Gewinn- und Verlustrechnung auf, die im externen Rechnungswesen zentraler Teil des Jahresabschlusses ist:

- Die Gewinn- und Verlustrechnung wird – abgesehen von kapitalmarktorientierten Unternehmen – jährlich erstellt. Problematisch ist, dass die Daten bis zum Zeitpunkt der Aufstellung des Jahresabschlusses mindestens bis zu 12 Monate alt sind. Deshalb ist eine unterjährige Planung und Steuerung der betrieblichen Aktivitäten ebenso wenig möglich wie eine Analyse des Beitrages einzelner Produkte zum betrieblichen Erfolg. Hierfür wäre nämlich eine Erfolgsrechnung notwendig, die eine Buchführung mit ihrer Systematik, in Aufwandsarten zu denken, nicht liefern kann.
- Die Gewinn- und Verlustrechnung ist eine pagatorische Rechnung, die den Erträgen den Aufwand gegenüberstellt. Im Gegensatz dazu handelt es sich bei der kurzfristigen Erfolgsrechnung um eine kalkulatorische Rechnung, die auf Erlösen und Kosten fußt.

Um eine Steuerung der betrieblichen Aktivitäten zu ermöglichen, ist eine kurzfristige Erfolgsrechnung notwendig. Diese kann entweder auf Vollkostenbasis nach dem **Gesamtkostenverfahren** oder **Umsatzkostenverfahren** oder auf Teilkostenbasis (nur Umsatzkostenverfahren) erstellt werden. Da die Teilkostenrechnung erst in Kap. 6 erläutert wird, erfolgt in Kap. 3.4 zunächst die Berechnung auf Vollkostenbasis.

3.4 Kurzfristige Erfolgsrechnung

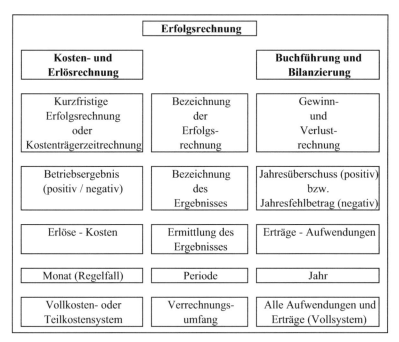

Abb. 3.44 Erfolgsrechnung im internen und externen Rechnungswesen

Abbildung 3.44 stellt die Unterschiede zwischen dem internen und dem externen Rechnungswesen bei der Erfolgsrechnung gegenüber.

Da zur Erfolgsrechnung auch die Höhe der Erlöse bekannt sein muss, wird zunächst auf die Erlösrechnung eingegangen.

3.4.1 Erlösrechnung

In der betrieblichen Praxis, aber auch in der Wissenschaft, dominiert in der Kosten- und Erlösrechnung eindeutig der kostenrechnerische Teil. Ausführungen zur Erlösrechnung kommen daher in vielen Lehrbüchern nicht oder wenn, dann nur in geringem Maße vor (vgl. beispielsweise Schweitzer und Küpper 2011, S. 118–121, 155–157, 189–190).

In erster Linie liegt dies daran, dass die mehr oder weniger korrekte Erfassung der Kosten auf die Kostenstellen und Kostenträger offenkundig von weit größerem Interesse für die betriebliche Praxis ist als die Betrachtung der Erlöse, die zumindest der Höhe nach vergleichsweise leicht ermittelt werden können.

Dies hat dazu geführt, dass bis heute – im Gegensatz zur Kostenrechnung – kein geschlossenes System einer Erlösrechnung existiert und die Ausführungen zu deren einzelnen Teilen einer Erlösarten-, Erlösstellen- und Erlösträgerstückrechnung eher rudimentär geblieben sind. Die wesentlichen Aspekte werden hierzu vorgestellt.

A) Erlösartenrechnung
Als Gegenstück zur Kostenartenrechnung wird hier die Frage beantwortet, welche Erlöse angefallen sind (Isterlösrechnung) oder anfallen werden (Planerlösrechnung).

Als Erlösarten werden vor allem angesehen:

- die Umsatzerlöse (Brutto, Netto)
- die Bestandserlöse, die sich aus den bewerteten Lagerzugängen bzw. Lagerabgängen an unfertigen und fertigen Erzeugnissen ergeben.

Die Erfassung der Umsatzerlöse bereitet typischerweise keine Probleme. Die Lagerzugänge bzw. –abgänge werden zu Herstellkosten bewertet. Ein Sonderproblem der Erlösartenrechnung ist die korrekte Erfassung der Erlösschmälerungen durch Rabatte, Skonti und Boni.
- Einerseits liegt dies daran, dass diese nicht immer direkt einer Produktart zugerechnet werden können (z. B. ein Kunde kauft gleichzeitig mehrere Produkte und erhält auf Grund des daraus resultierenden Erlösvolumens einen Rabatt). In Anlehnung an die Kostenrechnung wird bei einer möglichen direkten Zurechnung der Erlöse auf die Produkte von Einzelerlösen gesprochen, sonst von Gemeinerlösen.
- Andererseits werden Erlösschmälerungen, insbesondere Skonti und Boni, erst zeitlich verzögert erkennbar und in einer späteren Periode ausgewiesen. Dadurch geht der Zusammenhang zwischen dem Basiserlös und dem letztlich verbliebenen effektiven Nettoerlös verloren.

Es ist zu beachten, dass die Erlösschmälerungen klar von den Kosten getrennt werden. Von Erlösschmälerungen ist dann auszugehen, wenn kein Güterverbrauch stattgefunden hat. So bedeutet beispielsweise ein Abzug von Skonti, dass für die Erbringung einer Produktleistung nur der Nettopreis vereinnahmt wird und keine zusätzliche Kreditleistung für den Zeitraum des Zahlungszieles.

Beispiel
Ein Unternehmen stellt Computer her. Auf Basis der Kostenträgerstückrechnung wird ermittelt, das die Selbstkosten des Notebooks 224 € betragen. Wie hoch ist der Netto-Barverkaufspreis, Netto-Zielverkaufspreis, Netto-Listenverkaufspreis und Brutto-Listenverkaufspreis, wenn den Kunden 20 % Rabatt und 2 % Skonto angeboten werden und das Unternehmen mit einem Gewinnaufschlag auf die Selbstkosten von 5 % kalkuliert (Abb. 3.45)?

3.4 Kurzfristige Erfolgsrechnung

Position	€	Rechenoperation
Selbstkosten	224,00	
+ Gewinn (5 %)	11,20	von Hundert
= Netto-Barverkaufspreis	235,20	
+ Kundenskonto (2 %)	4,80	in Hundert
= Netto-Zielverkaufspreis	240,00	
+ Kundenrabatt (20 %)	60,00	in Hundert
= Netto-Listenverkaufspreis	300,00	
+ Umsatzsteuer (19 %)	57,00	von Hundert
= Brutto-Listenverkaufspreis	357,00	

Abb. 3.45 Grundschema der Angebotskalkulation

Die folgende Abb. 3.46 veranschaulicht für die Gesamtperiode den Unterschied zwischen Bruttoerlös und effektivem Erlös.

Hinweis
Ein Teil der Erlösschmälerungen ist den Produkten direkt zurechenbar. Dies gilt für Mengenrabatte und Selbstabholerrabatte allerdings nur dann, wenn diese nur für ein bestimmtes Produkt gewährt werden. Die Kundenskonti werden zwei Mal genannt. Handelt es sich um Skonti, die beispielsweise einem Auftrag für ein Produkt A entstammen, handelt

Basiserlöse (z.B. Listenpreis)
+ Preiszuschläge, z.B. für
- Sonder- und Zusatzleistungen
- Mindermengen
- Verpackung, Versand, Fracht
= Bruttoerlös
- direkte Erlösminderungen (zum Zeitpunkt der Rechnungsstellung), z.B.
- Mengenrabatte
- Selbstabholerrabatte
- Aktionsrabatte
= Nettoerlös I (der einzelnen Absatzleistungen)
+/- Mehr- oder Mindererlöse, die zwischen Rechnungsstellung und Zahlungseingang eintreten, z.B.
- auf Grund von Wechselkursänderungen
- Kundenskonti
- Gutschriften für Rücksendungen (z.B. Qualitätsmängel, falsche Ware)
- Forderungsausfälle
- sonstige außerplanmäßige Erlösminderungen (z.B. Stornierungen, Preisnachlässe auf Grund von Mängelrügen oder Konventionalstrafen)
= Nettoerlös II (der einzelnen Absatzleistungen)
- Mindererlöse, die in der Regel periodenweise und nicht dem einzelnen Auftrag zugerechnet werden können, z.B.
- Kundenskonti
- Kundenboni
- Korrekturen von Berechnungs- und Buchungsfehlern
= Nettoerlös III = effektiver Periodennettoerlös

Abb. 3.46 Vom Bruttoerlös zum effektiven Periodennettoerlös

es sich um Einzelerlöse. Wenn ein Kunde dagegen zumindest zwei verschiedene Produkte gekauft hat, sind die Kundenskonti Teil der Gemeinerlöse.

B) Erlösstellenrechnung
Bei allen Stellen, die keine direkten Verkaufsleistungen erbringen, fallen im Regelfall die Kostenstellen und Erlösstellen zusammen. Da der Aussagegehalt gering ist, schlagen Schweitzer und Küpper (vgl. 2011, S. 128) eine andere Strukturierung vor. Als wichtigste Kriterien der Erlösstellenbildung werden genannt:

- Produktarten und Produktgruppen
- Kundengruppen (z. B. Firmenkunden, Privatkunden)
- Absatzwege (z. B. Onlineverkauf, Verkauf über Handel)
- Organisatorische Gesichtspunkte (z. B. Verkaufsstätten)

Wie Abb. 3.47 zeigt, können zur Bildung von Erlösstellen (ES) die genannten Kriterien auch in kombinierter Weise genutzt werden.

Abb. 3.47 Erlösstellenhierarchie

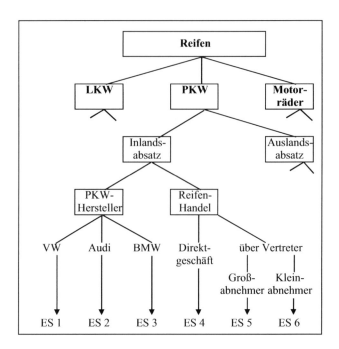

Das zentrale Ziel der Erlösstellenrechnung liegt, analog zur Kostenstellenrechnung, in der Verteilung der Gemeinerlöse auf die Erlösstellen. Die Erlösstellenrechnung ist mit der Ermittlung der Erlösarten je Erlösstelle beendet. Im Regelfall bietet sich hierfür das Durchschnittsprinzip an.

3.4 Kurzfristige Erfolgsrechnung

Beispiel

Ein Kunde erhält einen Skonto in Höhe von 24.000 €. Über die Kaufverträge lässt sich ermitteln, dass die Erlöse für
Produkt A 420.000 €
Produkt B 528.000 €
Produkt C 252.000 €
betragen.

Die Erlöse betragen somit insgesamt 1.200.000 €. Der Skonto in Höhe von 24.000 € (entspricht einem Skontosatz von 2 %) wird somit mit 8.400 € auf das Produkt A, mit 10.560 € auf das Produkt B und 5.040 € auf das Produkt C verrechnet.

Nachfolgend wird von der vorherigen Erlösstellenhierarchie ausgegangen (Erlösstellen 1–6) und eine einfache Erlösstellenrechnung aufgezeigt. Bezüglich der Erlösarten ist festzuhalten, dass die gewährten **Kundenrabatte** bei den Pkw-Herstellern (Erlösstellen 1–3) 15 % und bei den Reifenhändlern (Erlösstellen 4–6) 5 % vom Nettolistenpreis betragen. Darüber hinaus werden **Aktionsrabatte** gewährt. Aktionsrabatte entfallen bei den Pkw-Herstellern auf den halben Jahresumsatz (Basis Nettolistenpreis) und betragen 6 %. Bei den Reifenhändlern entfallen Aktionsrabatte auf 40 % des Jahresumsatzes (Basis Nettolistenpreis) und betragen 12,5 %. Darüber hinaus sind noch Skonti zu berücksichtigen. Die Pkw-Hersteller ziehen alle den Skonto ab, bei den Reifenhändlern erfolgt dies zu 75 %. Der Skontosatz beträgt 2 %. Der Skonto bezieht sich auf den um die Rabatte geminderten Nettolistenpreis. Darüber hinaus soll für jede Erlösstelle die Summe der Erlösschmälerungen und der Barerlös (nach Abzug von Rabatten und Skonti) ermittelt werden (Abb. 3.48).

Erlösstelle	1	2	3	4	5	6
Absatzmenge (Stück)	9.000	5.000	4.000	12.000	6.000	2.500
Nettolistenstückpreis (€)	120	120	120	140	140	140
Nettolistenerlös (€)	1.080.000	600.000	480.000	1.680.000	840.000	350.000
Kundenrabatt (€)	162.000	90.000	72.000	84.000	42.000	17.500
Aktionsrabatt (€)	32.400	18.000	14.400	84.000	42.000	17.500
Skonti (€)	17.712	9.840	7.872	22.680	11.340	4.725
Summe Erlösschmälerungen (€)	212.112	117.840	94.272	190.680	95.340	39.725
Barerlöse (€)	867.888	482.160	385.728	1.489.320	744.660	310.275

Abb. 3.48 Erlösstellenrechnung

C) Erlösträgerstückrechnung

Der Erlösträger stimmt grundsätzlich mit dem Kostenträger überein. Eine Erlösträgerrechnung bietet sich nur als Stückrechnung an, da die Periodengröße ohnehin Eingang in die Erfolgsrechnung findet. Wenn sich die Erlöse den Produkten direkt zurechnen lassen, werden die Erlöse eines Produktes durch die Absatzmenge dividiert. Es ergibt sich der Stückerlös.

Im vorherigen Beispiel war nur ein Produkt Gegenstand der Betrachtung, sodass die Erlöse je Stück sich auch aus der Erlösstellenrechnung ableiten lassen. So betragen die Barerlöse je Stück bei den Pkw-Herstellern (Erlösstellen 1–3) auf Grund der einheitlichen Rabatte einheitlich 96,43 €, bei den Händlern (Erlösstellen 4–6) einheitlich 124,11 €. Existieren mehrere Produkte, ist nach den Produkten zu differenzieren.

Sofern ein Kunde unterschiedliche Produkte bestellt, sind Rabatte entweder Einzelerlöse, wenn sich diese den Produkten direkt zurechnen lassen (z. B. produktspezifische Rabattsätze) oder Gemeinerlöse. Letztere können dann nur im Rahmen des Durchschnittsverfahrens geschlüsselt werden.

Insbesondere bei Leistungen im Anlagenbau oder beim Kauf von Systemen besteht der Gesamtauftrag aus verschiedenen Produktarten. In diesen Fällen ist eine direkte Erlösermittlung der einzelnen Produkteinheiten nicht möglich, da eine Aufteilung des Gesamterlöses auf die einzelnen Teile des Gesamtauftrages recht willkürlich wäre. Es handelt sich somit um Gemeinerlöse.

Beispiel
Ein Unternehmen liefert nicht nur eine neue Fertigungsanlage (Erlösträger 1), sondern führt auch eine umfangreiche Schulung (Erlösträger 2) durch. Außerdem ist ein Wartungsvertrag (Erlösträger 3) abgeschlossen worden.

3.4.2 Gesamtkostenverfahren und Umsatzkostenverfahren

Als Verfahren für die Ermittlung des Betriebsergebnisses existieren das

- Gesamtkostenverfahren
- Umsatzkostenverfahren

Die Art der Ergebnisdarstellung kann auf der Staffelform oder der Kontoform basieren.

Untersuchungsergebnis 13: Verfahren der Erfolgsrechnung
Das Ergebnis zeigt, dass die Erfolgsrechnung im Regelfall auf Vollkosten basiert. Die Teilkostenrechnung erfolgt im Regelfall nur ergänzend.

3.4 Kurzfristige Erfolgsrechnung

Verfahren	Verbreitung in %
Gesamtkostenverfahren auf Vollkostenbasis	49,0
Umsatzkostenverfahren auf Vollkostenbasis	44,9
Umsatzkostenverfahren auf Teilkostenbasis	26,5

Untersuchungsergebnis 14: Zeitlicher Turnus der Erfolgsrechnung
Im Regelfall wird die kurzfristige Erfolgsrechnung monatlich erstellt.

Verfahren	Verbreitung in %
Monatlich	92
Vierteljährlich	8
Halbjährlich	0
Jährlich	0

A) Gesamtkostenverfahren

Beim **kostenartenorientierten** Gesamtkostenverfahren werden die in einer Periode angefallenen gesamten Kosten (nach Kostenarten gegliedert) den erzielten Erlösen gegenübergestellt. Die Gesamtkosten sind die Kosten für die in der Periode hergestellten Produkte. Insofern handelt es sich um die **Produktionskosten**. In den Kosten ist auch der betriebliche Werteverzehr für die Bestandsmehrungen sowie die aktivierten Eigenleistungen enthalten. Deshalb müssen die Mengengerüste der Kosten und Erlöse einander angeglichen werden. Zur Ermittlung der Gesamterlöse werden von den Umsatzerlösen die Bestandsminderungen subtrahiert, da diese Produkteinheiten nicht in der laufenden Periode erzeugt worden sind. Im Gegensatz dazu werden die Bestandsmehrungen addiert, da der Werteverzehr von Produktionsfaktoren auch für die auf Lager gegangenen Produkteinheiten stattgefunden hat.

Problematisch ist, dass in jeder Periode eine zeit- und kostenintensive Inventur durchgeführt werden muss. Ein weiterer Nachteil besteht darin, dass die Erlöse nach Kostenträgern, die Kosten aber nach Kostenarten aufgegliedert sind. Daher ist eine Identifizierung des Erfolgsbeitrages eines bestimmten Produktes oder einer Produktgruppe nicht möglich.

Abbildung 3.49 zeigt den Aufbau des Gesamtkostenverfahrens.

Abb. 3.49 Gesamtkostenverfahren

Umsatz
+ Bestandsmehrung unfertige und fertige Erzeugnisse
− Bestandsminderung unfertige und fertige Erzeugnisse
+ aktivierte Eigenleistungen
= Gesamterlös
− Gesamtkosten
= Betriebsergebnis

B) Umsatzkostenverfahren

Das **kostenträgerorientierte** Umsatzkostenverfahren setzt eine Kostenstellenrechnung voraus. Damit sind Rückschlüsse auf die Erfolgsbeiträge der einzelnen Produkte möglich, die allerdings auf Grund der Fixkostenverrechnung nur begrenzte Aussagekraft haben. Den Umsatzerlösen werden dabei die Kosten gegenübergestellt, die für diese Absatzmenge angefallen sind. Deshalb wird auch von Umsatzkosten gesprochen (Kosten für die Absatzmenge). Die Bestandsmehrungen und aktivierten Eigenleistungen werden weder als Erlöse noch als Kosten erfasst. Die Bestandsminderungen sind dagegen in den Umsatzkosten enthalten. Da eine Ermittlung der Bestände nicht erforderlich ist, kann das Verfahren schnell und einfach angewendet werden.

3.4.3 Fallbeispiele zum Gesamtkostenverfahren und Umsatzkostenverfahren

Die beiden Verfahren sollen zunächst durch zwei Fallbeispiele verdeutlicht werden.

Fallbeispiel 16: Kurzfristige Erfolgsrechnung – Beispiel 1

Ein Unternehmen, das Kopiergeräte herstellt, erzielt in einem Monat einen Umsatz von 12,6 Mio. € (Nettoumsatz, Erlösschmälerungen bereits berücksichtigt) bei Gesamtkosten in Höhe von 11,8 Mio. €. Die Bestände der fertigen Erzeugnisse sind um 0,4 Mio. € gestiegen, die Bestände der unfertigen Erzeugnisse um 0,9 Mio. € gesunken. Zwei Kopierer, deren Herstellkosten sich auf 0,3 Mio. € belaufen, werden im eigenen Unternehmen installiert und als aktivierte Eigenleistungen erfasst.

Aufgabe
a) Ermittlung des Betriebsergebnisses nach dem Gesamtkostenverfahren
b) Ermittlung des Betriebsergebnisses nach dem Umsatzkostenverfahren

Lösung
a) Berechnung nach dem Gesamtkostenverfahren

Umsatz (Netto)	12,6 Mio. €
+ Bestandsmehrung Fertigerzeugnisse	0,4 Mio. €
− Bestandsminderung unfertige Erzeugnisse	0,9 Mio. €
+ aktivierte Eigenleistung	0,3 Mio. €
= Gesamterlös	12,4 Mio. €
− Gesamtkosten	11,8 Mio. €
= Betriebsergebnis	0,6 Mio. €

3.4 Kurzfristige Erfolgsrechnung

b) Berechnung nach dem Umsatzkostenverfahren

Umsatz (Netto)	12,6 Mio. €
− Umsatzkosten	12,0 Mio. €
= Betriebsergebnis	0,6 Mio. €

Zur Ermittlung der Umsatzkosten muss ausgehend von den Gesamtkosten mit umgekehrten Vorzeichen gerechnet werden: Gesamtkosten (11,8) + Bestandsminderung (0,9) − Bestandsmehrung (0,4) − aktivierte Eigenleistung (0,3) = 12,0.

Das Beispiel zeigt, dass das Betriebsergebnis beim Gesamtkostenverfahren und beim Umsatzkostenverfahren identisch ist. Dies muss so sein, da bei einem definierten Kostengerüst und erzielten Erlösen keine Ergebnisvariationen auftreten können.

Fallbeispiel 17: Kurzfristige Erfolgsrechnung – Beispiel 2
Für das Beispiel zuvor wurde die Staffelform verwendet, die auch in der betrieblichen Praxis dominiert. Allerdings ist auch eine Darstellung in Form eines Kontos möglich.

Gesamtkostenverfahren	
Kosten der Periode (differenziert nach Kostenarten) Herstellkosten der Bestandsminderungen unfertige und fertige Erzeugnisse	Umsatzerlöse (differenziert nach Produkten) Herstellkosten der Bestandserhöhungen unfertige und fertige Erzeugnisse Aktivierte Eigenleistungen
Betriebsergebnis (positiv)	Betriebsergebnis (negativ)
Umsatzkostenverfahren	
Umsatzkosten (Selbstkosten der in der Periode abgesetzten Produkte, differenziert nach den Produktarten)	Umsatzerlöse (differenziert nach Produkten)
Betriebsergebnis (positiv)	Betriebsergebnis (negativ)

Beispiel
    Abgesetzte Menge: 1.500 Stück
    Produzierte Menge: 1.800 Stück
    Verkaufspreis pro Stück: 150 €
    Herstellkosten pro Stück: 120 €
    Verwaltungs- und Vertriebsgemeinkosten: 35.000 €

Aufgabe
Ermittlung des Betriebsergebnisses nach dem Gesamt- und Umsatzkostenverfahren.

Lösung

Gesamtkostenverfahren			
Herstellkosten der Produktion	216.000 €	Umsatzerlös	225.000 €
Verwaltungs/Vertriebs-GK	35.000 €	Bestandsmehrung	36.000 €
Betriebsergebnis	10.000 €		
	261.000 €		261.000 €

Da die rechte Kontenseite mit Erlösen in Höhe von 261.000 € gegenüber der linken Kontenseite mit Kosten von insgesamt 251.000 € größer ist, liegt ein positives Betriebsergebnis von 10.000 € vor.

Umsatzkostenverfahren			
Herstellkosten des Umsatzes	180.000 €	Umsatzerlös	225.000 €
Verwaltungs/Vertriebs-GK	35.000 €		
Betriebsergebnis	10.000 €		
	225.000 €		225.000 €

Auch nach dem Umsatzkostenverfahren beträgt das Betriebsergebnis 10.000 €. Den Umsatzerlösen (225.000 €) werden die Selbstkosten gegenübergestellt, die für die abgesetzten Mengeneinheiten aufwendet worden sind (215.000 €).

3.4.4 Übungsaufgabe zur Erfolgsrechnung

Übungsaufgabe 9: Erfolgsrechnung
In einem Unternehmen werden zwei Produkte hergestellt. Für den vorherigen Monat liegen folgende Ergebnisse vor. Unterstellen Sie, dass die Herstellkosten sich proportional zur Produktionsmenge verhalten und die Bestandsveränderungen zu vollen Herstellkosten bewertet werden.

Produkt	A	B
Produktionsmenge (Stück)	8.000	5.000
Absatzmenge (Stück)	10.000	4.500
Umsatzerlöse / Stück (€)	15	14
Materialkosten (€)	36.000	30.000
Fertigungskosten (€)	30.000	28.000
Verwaltungs-/Vertriebsgemeinkosten (€)	16.000	15.000

Ermitteln Sie das Betriebsergebnis nach dem Gesamtkostenverfahren und Umsatzkostenverfahren in **Kontoform**.

Lösung

Gesamtkostenverfahren

Materialkosten	66.000 €	Umsatzerlöse A	150.000 €
Fertigungskosten	58.000 €	Umsatzerlöse B	63.000 €
Verwaltung/Vertrieb	31.000 €	Bestandsmehrung	5.800 €
Bestandsminderung	16.500 €		
Betriebsergebnis	47.300 €		
	218.800 €		218.800 €

Hinweis Für die Höhe der Bestandsminderung (hier Produkt A) müssen zuvor die Herstellkosten pro Stück ermittelt werden. Die Summe der Material- und Fertigungskosten beträgt bei Produkt A 66.000 €. Bei einer Produktionsmenge von 8000 Stück ergeben sich somit 8,25 € je Stück. Werden diese mit 2000 Stück multipliziert, resultieren daraus 16.500 €.
Bei der Bestandsmehrung (hier Produkt B) betragen die Herstellkosten pro Stück 11,60 €. Werden diese mit 500 Stück multipliziert, ergeben sich 5800 €.

Umsatzkostenverfahren

Herstellkosten A	82.500 €	Umsatzerlöse A	150.000 €
Herstellkosten B	52.200 €	Umsatzerlöse B	63.000 €
Verwaltung/Vertrieb A	16.000 €		
Verwaltung/Vertrieb B	15.000 €		
Betriebsergebnis	47.300 €		
	213.000 €		213.000 €

Hinweis Zur Ermittlung der Herstellkosten des Umsatzes müssen die Herstellkosten pro Stück (bei A 8,25 € bzw. bei B 11,60 €) mit der jeweiligen Absatzmenge multipliziert werden.

3.5 Planung und Kontrolle

3.5.1 Aufgaben der Planung und Kontrolle

Wie bereits in Kap. 2.3.1 verdeutlicht, sind Istkosten kein Maßstab für die Kosten einer künftigen Periode. Auch Normalkosten sind für diesen Zweck nur bedingt sinnvoll, weil damit die Gefahr besteht, dass Unwirtschaftlichkeiten auf künftige Zeiträume als Zielgröße festgeschrieben werden. Um dem zu begegnen, müssen Kosten ermittelt werden, die unter normalen Bedingungen und Arbeitsintensitäten und unter Berücksichtigung eines kostenbewussten Verhaltens erreicht werden können.

Plankosten sind die für einen **künftigen Zeitraum** (insbesondere Jahr) ermittelten Vorgabekosten. Sie basieren auf

- einer geplanten Beschäftigung (z. B. Produktionsmenge, Arbeitsstunden, Maschinenstunden)
- einem Normverbrauch (Menge) der Produktionsfaktoren und
- auf Planpreisen für die Bewertung des Verbrauchs der Produktionsfaktoren.

Im Kern lassen sich mit der Plankostenrechnung **drei Aufgaben** verbinden.

Aufgabe 1: Kontrolle der Wirtschaftlichkeit
Sie ist die wichtigste Aufgabe (vgl. Haberstock 2008b, S. 5) und wird in diesem Kapitel umfassend erläutert. In der Literatur besteht Einigkeit darüber, dass diese Aufgabe drei Teile umfasst (vgl. beispielsweise Ebert 2004, S. 138–141; Schmidt 2014, S. 198; Schweitzerund Küpper, S. 275):

- Planung der Kosten für eine künftige Periode.
- Ermittlung von Abweichungen zwischen Plankosten und Istkosten.
- Durchführung einer Analyse der Abweichungen und Einleitung von Korrekturmaßnahmen.

Aufgabe 2: Steuerung der betrieblichen Aktivitäten
Aufgabe ist die Bereitstellung entscheidungsrelevanter Informationen, insbesondere zu den Kosten. Die Fragestellungen entsprechen dabei im Kern jenen, die noch in den Kap. 4 und 5 im Rahmen der Teilkostenrechnung thematisiert werden (z. B. Sortimentsplanung, Planung des Produktions- und Absatzprogramms usw.). Werden für diese Fragestellungen keine Ist- bzw. Normalkosten angesetzt, erfolgt die Berechnung auf Basis der Grenzplankostenrechnung.

Aufgabe 3: Kalkulation von betrieblichen Leistungen
Hierzu gehört die Kalkulation von innerbetrieblichen Leistungen und der Produkte, die am Absatzmarkt abgesetzt werden sollen. Erfolgt deren Kalkulation nicht auf Istkosten (Nachkalkulation) oder Normalkosten, handelt es sich um ein Aufgabengebiet der Plankostenrechnung. Die Methoden der Kalkulation auf Vollkostenbasis sind bereits in Kap. 3.3 vorgestellt worden.

3.5.2 Planung von Erlösen und Kosten

Die **Absatzplanung** stellt den Ausgangspunkt der Planung dar. Dabei werden für die einzelnen Produkte sowie für die einzelnen Absatzmärkte (z. B. Regionen) Absatzmengen und Absatzpreise als Planwerte festgelegt. Unter Berücksichtigung vorhandener Lagerbestände leitet sich aus den Absatzmengen die **Produktionsplanung** ab. Vorhandene Stücklisten, Rezepturen oder Produktionsablaufpläne geben an, welche Mengen an Fertigungs- und Zulieferteilen benötigt werden. Auf dieser Basis kann dann auch auf den Materialverbrauch, insbesondere von Rohstoffen und Hilfsstoffen, geschlossen werden. Auf Basis der gesamten Fertigungszeiten kann auch der Betriebsstoffbedarf sowie Werkzeugbedarf ermittelt werden. Auch Probeläufe und Musterfertigungen sind mögliche Verfahren. Wenn andere Verfahren nicht zur Verfügung stehen oder zu aufwändig sind, können die typischen Planmengen pro Stück aus bisherigen Istwerten (Durchschnittswerte) ermittelt werden. Zwar können dadurch Unwirtschaftlichkeiten Eingang in die Planung finden, allerdings ist dies bei nachrangigen Materialien zu verschmerzen.

Die **Fertigungseinzelkosten** basieren auf Arbeitsstudien (vgl. Horsch 2000, S. 27–32), wobei verschiedene Verfahren angewendet werden können. Auf Basis der REFA-Methode wird der gesamte Arbeitsablauf in seine Arbeitsvorgänge zerlegt. Danach wird für jeden einzelnen Arbeitsvorgang die Zeit gemessen, die zu seiner Ausführung erforderlich ist. Außerdem sind der durchschnittliche Leistungsfaktor (siehe hierzu Kap. 3.1.2) der Mitarbeiter sowie die Rüst-, Bereitschafts-, Wege- und Erholungszeiten zu berücksichtigen. Unter Berücksichtigung der Produktionsmenge und der Kosten für eine Fertigungsstunde ergeben sich letztlich die Fertigungseinzelkosten.

Ausgehend von der Produktionsplanung muss für jeden Unternehmensbereich ermittelt werden, ob die vorhandenen **Kapazitäten** des Unternehmens (Maschinen, Räume, Personal, Lagerbestände) ausreichen oder ob zusätzliches Personal oder Sachanlagen (Investitionsplanung) benötigt werden. Aus dem Personalbedarf, der Nutzung von Maschinen, Gebäuden sowie der Betriebs- und Geschäftsausstattung lassen sich die Gemeinkosten planen. Letztlich müssen für alle Kostenstellen des Unternehmens Plankosten (Budgets) ermittelt werden. Im Kern kann die **Budgetierung** als Instrument der Planung angesehen werden, mit dem am Ende des Planungsprozesses die erstellten Pläne der einzelnen Kostenstellen bzw. Organisationseinheiten in wertmäßige Größen transformiert werden. Ein Budget ist somit ein in wertmäßigen Größen formulierter Plan, der

- einer Entscheidungseinheit (Kostenstelle) für
- die Erreichung eines bestimmten Ziels,
- für eine bestimmte Periode (z. B. Jahr)
- mit einem bestimmten Verbindlichkeitsgrad

vorgegeben wird.

Die Budgets basieren auf geeigneten Leistungsmaßstäben bzw. Bezugsgrößen einer Kostenstelle (z. B. Arbeitsstunden, Anzahl Lieferungen, Anzahl Kontrollen usw.). Sofern keine Leistungsmaßstäbe vorhanden sind, geschieht dies teilweise unter Berücksichtigung von Erfahrungswerten (z. B. in den Kostenstellen der Verwaltung). Damit finden aber Vergangenheitseinflüsse, insbesondere Unwirtschaftlichkeiten der Vergangenheit, Eingang in die Plankostenrechnung. Besser sind daher Kosten auf Basis einer Prozesskostenrechnung (siehe hierzu Kap. 6) oder einer Budgetierung von einer Null-Basis aus, was auch als Zero-Base-Budgeting bezeichnet wird. Die Budgetierung ist die Voraussetzung für eine wirksame **Kostenüberwachung** und **Kostenkontrolle** der Istkosten. Darüber hinaus dienen Budgets der Verhaltensbeeinflussung der Mitarbeiter, sofern die Plankosten als Zielgrößen verstanden werden, die Teil einer Zielvereinbarung zwischen Vorgesetztem und Mitarbeiter sind.

Ergebnisse der Planung sind

- der Erfolgsplan (geplantes Betriebsergebnis)
- die Planbilanz
- die Liquiditätsplanung (Gegenüberstellung von erwarteten Einzahlungen und Auszahlungen)
- die Mittelherkunftsplanung (bei entsprechendem Kapitalbedarf) bzw. die Planung der Mittelverwendung.

3.5.3 Kontrolle von Erlösen

Abbildung 3.50 verdeutlicht, dass zwischen Umsatzerlösabweichungen und Kostenabweichungen zu differenzieren ist. Während die Umsatzerlösabweichungen nach Umsatzpreis- und Absatzvolumenabweichung unterschieden werden, handelt es sich bei den Kostenabweichungen um Preis-, Verbrauchs- und Beschäftigungsabweichungen.

Eine Umsatzerlösabweichung setzt sich aus einer Umsatzpreisabweichung und einer Absatzvolumenabweichung zusammen. Sie ergibt sich bei der Differenz von

- geplanten und realisierten Produktpreisen (Umsatzpreisabweichung) und/oder
- geplanten und realisierten Absatzmengen (Absatzvolumenabweichung)

Dabei gilt:

Umsatzabweichung	= Istumsatz	−	Planumsatz
Umsatzabweichung	= Umsatzpreisabweichung	+	Absatzvolumenabweichung
Umsatzpreisabweichung	= (Istpreis − Planpreis)	×	Planabsatzmenge
Absatzvolumenabweichung	= (Istabsatzmenge − Planabsatzmenge)	×	Planpreis

3.5 Planung und Kontrolle

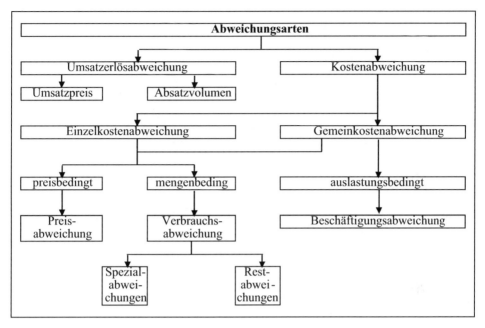

Abb. 3.50 Abweichungsarten

Fallbeispiel 18: Umsatzabweichung

	Produkt A		Produkt B		Summe	
	Ist	Plan	Ist	Plan	Ist	Plan
Absatzmenge (Stück)	1.000	900	2.000	2.200	3.000	3.100
Absatzpreis (€ / Stück)	10	14	40	35	-	-
Umsatz (€)	10.000	12.600	80.000	77.000	90.000	89.600

Es wird deutlich, dass der Istumsatz für beide Produkte zusammen 90.000 € beträgt, der Planumsatz dagegen 89.600 €. Daraus ergibt sich eine Umsatzabweichung von 400 €.

Umsatzpreisabweichung

Produkt A $(10-14) \times 900 = -3.600$	Umsatzpreisabweichung	Produkt B $(40-35) \times 2.200 = 11.000$
	7.400 €	

Absatzvolumenabweichung

Produkt A $(1.000 - 900) \times 14 = 1.400$	Absatzvolumenabweichung	Produkt B $(2.000 - 2.200) \times 35 = -7.000$
	−5.600 €	

Wird nun die Umsatzpreisabweichung (7.400 €) mit der Absatzvolumenabweichung (−5.600 €) addiert, ergibt sich eine Umsatzabweichung in Höhe von 1.800 €. Errechnet wurde allerdings eine von 400 €.

Der Unterschied wird durch die **Restabweichung** erklärt, die auch als Abweichung zweiten Grade bezeichnet wird. Diese ergibt sich immer dann, wenn eine Mengengröße (Plan-/Istabsatzmenge oder Plan-/Istverbrauchsmenge) mit einer Preisgröße (Planumsatzerlös pro Stück/Istumsatzerlös pro Stück oder Plankosten pro Stück/Istkosten pro Stück) multipliziert wird und es entweder bei der Mengengröße oder bei der Preisgröße Unterschiede zwischen Istwerten und Planwerten gibt.

Die folgende Grafik veranschaulicht dies:

Planerlöse werden durch das Rechteck $X_p \times P_p$ repräsentiert.
Isterlöse werden durch das Recktck $X_i \times P_i$ repräsentiert.

Erlösabweichungen sind die Flächen zwischen den o.g. Rechtecken:
- Umsatzpreisabweichung
- Absatzvolumenabweichung
- Restabweichung

Die Restabweichung lässt sich wie folgt ermitteln:

Restabweichung = (Istmenge − Planmenge) × (Istpreis − Planpreis)

3.5 Planung und Kontrolle

Restabweichung

Produkt A	Restabweichung	Produkt B
$(1.000 - 900) \times (10 - 14) = -400$		$(2.000 - 2.200) \times (40 - 35) = -1.000$
	-1400 €	

Die Umsatzabweichung setzt sich somit zusammen aus:

Umsatzpreisabweichung	7.400 €
+ Absatzvolumenabweichung	− 5.600 €
+ Restabweichung	− 1.400 €
= Umsatzabweichung	400 €

Häufig wird die Restabweichung der Preisabweichung zugeordnet. Dann gilt:

| Umsatzpreisabweichung | = (Istpreis − Planpreis) | × | Istabsatzmenge |

Umsatzpreisabweichung

Produkt A	Umsatzpreisabweichung	*Produkt B*
$(10 - 14) \times 1.000 = -4.000$		$(40 - 35) \times 2.000 = 10.000$
	6000 €	

Damit existiert keine Restabweichung mehr.

Interpretation Bei der **Umsatzpreisabweichung** trägt Produkt B mit 10.000 € umsatzerhöhend bei, da ein höherer Absatzpreis (40 €) als erwartet (35 €) realisiert werden konnte. Produkt A trägt dagegen mit 4.000 € umsatzmindernd bei, da nur ein geringerer Absatzpreis realisiert wird (10 €) als geplant (14 €). Insgesamt **positiver Effekt von 6.000 €**.

Bei der **Absatzvolumenabweichung** trägt Produkt A mit 1400 € umsatzerhöhend bei, da die Absatzmenge größer (1000 Stück) als geplant (900 Stück) ausgefallen ist. Dies kann auch auf den geringeren Absatzpreis zurückzuführen sein. Im Gegensatz dazu ergibt sich bei Produkt B eine Minderung von 7.000 €. Statt der 2.200 geplanten Mengeneinheiten konnten nur 2.000 Stück abgesetzt werden. Insgesamt ein **negativer Effekt von −5.600 €**.

3.5.4 Kontrolle von Einzelkosten

Im Mittelpunkt bei der Kontrolle von Einzelkosten steht die Verbrauchsabweichung. Diese setzt sich aus einer Preisabweichung und einer Verbrauchsmengenabweichung zusammen.

A) Preisabweichung

Abweichungen zwischen Plankosten und Istkosten können bei Einzelkosten daraus entstehen, dass die Preise pro Verbrauchseinheit voneinander abweichen. Beispielsweise kann der Einkaufspreis für Rohstoffe für eine künftige Periode pro kg statt 15 € (Planpreis) tatsächlich 18 € (Istpreis) betragen. Auch bei den Fertigungslöhnen können die geplanten Tariflöhne von den Istwerten abweichen.

B) Verbrauchsmengenabweichung

Im Mittelpunkt steht die Frage, ob mehr oder weniger Material oder Fertigungsstunden aufgewendet wurden als geplant. Darüber hinaus ist im Rahmen einer Ursachenanalyse zu klären, warum es zu Abweichungen gekommen ist. Interessant ist beispielsweise, ob eine Verbrauchsmengenabweichung im Materialbereich auf Grund von Fehlkalkulationen des Materialverbrauchs oder wegen eines überplanmäßigen Ausschusses zustande gekommen ist.

Einzelne Abweichungen können sein:

- mehr oder weniger Ausschuss bzw. Nachbesserungen
- Abweichungen von der Konstruktion oder Stückliste
- spezifische Kundenwünsche
- Vorgabezeiten unter- bzw. überschritten

Die Methode zur Kontrolle von Einzelkosten wird im folgenden Beispiel verdeutlicht.

Fallbeispiel 19: Kontrolle von Einzelkosten

Ein Unternehmen plant – gleichmäßig über ein Jahr verteilt – die Fertigung von 9.000 Stück eines Produktes. Es wird ein Planverbrauch von 3 kg/Stück eines Rohstoffes unterstellt. Der geplante Preis für ein kg des Rohstoffes beträgt 31 €. Tatsächlich wurden im Jahr 9.000 Stück produziert, in jedem Halbjahr 4.500 Stück. Sofern die Istbeschäftigung nicht der Planbeschäftigung entspricht, muss bei der Verbrauchsabweichung mit Sollkosten gerechnet werden (siehe hierzu Kap. 3.5.6). Es haben sich Istkosten in Höhe von 938.850 € ergeben. Zu berücksichtigen ist, dass genau zur Mitte des Jahres für das Fertigungsmaterial eine Preiserhöhung auf 35 € / kg erfolgt.

Istkosten (Istmenge × Istpreis)	938.850 €
– Plankosten (Planmenge × Planpreis)	837.000 €
= Kostenabweichung (Gesamt)	101.850 €

Es ist getrennt eine Verbrauchsmengenabweichung und eine Preisabweichung zu ermitteln.

Preisabweichung
Die Preisabweichung wird wie folgt ermittelt:

$$(\text{Istpreis} - \text{Planpreis}) \times \text{Planmenge}$$

Die Planmenge beträgt 27.000 kg (3 kg × 9.000 Stück).

Der Istpreis ergibt sich als Durchschnittspreis von 31 € im ersten Halbjahr und 35 € im zweiten Halbjahr und beträgt somit 33 €.

Folglich beträgt die Preisabweichung

$$(33 € - 31 €) \times 27.000 \,\text{kg} = 54.000 €$$

Verbrauchsmengenabweichung
Da die Istverbrauchsmenge nicht gegeben ist, könnte die Vermutung lauten:
Verbrauchsmengenabweichung = Gesamtabweichung − Preisabweichung

$$= 101.850 € - 54.000 € = 47.850 €$$

Zwar wird offensichtlich mehr Material verbraucht als geplant. Allerdings wird ein Teil des Materialverbrauchs nicht für 31 € / kg, sondern für 35 € / kg eingekauft. Insofern handelt es sich bei den 47.850 *nicht* um eine reine Mengenabweichung.

Da der **Mehrverbrauch** (Z) nicht gegeben ist, muss dieser ermittelt werden. Dabei wird davon ausgegangen, dass der Mehrverbrauch während des Jahres gleichmäßig erfolgt:

$$0,5 \,(\text{1. Jahreshälfte}) \times Z \,\text{kg} \times 31 € + 0,5 \,(\text{2. Jahreshälfte}) \times Z \,\text{kg} \times 35 € = 47.850 €$$

$$Z = 47.850 € : (0,5 \times 31 € + 0,5 \times 35 €)$$

$$Z = 47.850 € : 33 €/\text{kg} = 1.450 \,\text{kg}$$

In den 47.850 € sind Preissteigerungen von 4 € enthalten. Da die Preissteigerungen aber erst in der zweiten Jahreshälfte erfolgten, sind die 1450 kg durch zwei zu teilen = 725 €.

Bei diesen 2.900 € (725 kg × 4 €) handelt es sich um die **Restabweichung** (Abweichung zweiten Grades). Sie kann **gesondert** ausgewiesen werden. Häufig wird sie aber der **Preisabweichung** zugeschlagen.
Dann gilt:

$$\text{Preisabweichung} = (\text{Istpreis} - \text{Planpreis}) \times \text{Istmenge} = 56.900 €$$

Preisabweichung = $(35 € - 31 €) \times 14.225 \, kg \, (3 \, kg \times 4.500 \, Stück + 725 \, kg) = 56.900 €$

Die **Verbrauchsmengenabweichung** beträgt somit

Gesamtabweichung	101.850 €
– Preisabweichung	54.000 €
– Restabweichung	2.900 €
= *Verbrauchsmengenabweichung*	*44.950 €*

oder

Gesamtabweichung	101.850 €
– Preisabweichung	56.900 €
= *Verbrauchsmengenabweichung*	*44.950 €*

Zusammenfassung

Ist-preis	Preisabweichung 1. Grades 54.000 € (Istpreis - Planpreis) x Planmenge	Restabweichung 2.900 € (Abweichung 2. Grades) (Istmenge - Planmenge) x (Istpreis - Planpreis)
Plan-preis	Plankosten 2.250.000 € (Planmenge x Planpreis)	Mengenabweichung 1. Grades 44.950 € (Istmenge - Planmenge) x Planpreis
	Planmenge	Istmenge

3.5.5 Kontrolle von Gemeinkosten mittels starrer Plankostenrechnung

Bei einer starren Plankostenrechnung werden die Kosten – wie in Kap. 3.5.2 aufgezeigt – für jede Kostenstelle geplant. Die Planung erfolgt für eine vorab definierte Planbeschäftigung. Da die starre Plankostenrechnung eine Vollkostenrechnung ist, erfolgt **keine** Trennung in fixe und variable Kosten. Im Mittelpunkt stehen die **Gemeinkosten** (die Kontrolle von Einzelkosten wurde im vorherigen Kap. 3.5.4 vorgestellt).

Die Kostenkontrolle der Gemeinkosten erfolgt konsequenterweise ebenfalls kostenstellenbezogen. Die Einzelkosten werden nicht berücksichtigt. Folglich handelt es sich bei den Plankosten bzw. Istkosten um Plangemeinkosten und Istgemeinkosten.

3.5 Planung und Kontrolle

Bei der Kostenkontrolle von Gemeinkosten spielt die Preisabweichung eine untergeordnete Rolle. Zwar können beispielsweise die Istkosten für Energie, die Gehälter oder Versicherungsbeiträge auf Grund von Tariferhöhungen von den Istpreisen abweichen, aber es genügt dann, diese einfach aus den Istkosten herauszurechnen. Es wird dann von preisbereinigten Istkosten gesprochen.

Das folgende Beispiel einer Fertigungskostenstelle (Abb. 3.51) veranschaulicht eine starre Plankostenrechnung. Preisänderungen sind keine festzustellen. Für die Fertigung verschiedener Produkte werden 4.000 Arbeitsstunden erwartet. Die Berechnung des in der letzten Zeile ausgewiesenen **Plankostenverrechnungssatzes** dient der Verrechnung der Plankosten auf die Kostenträger (analog auch als Zuschlagsatz auf die Einzelkosten denkbar). Dabei werden die Plankosten der Periode (96.000 €) durch die geplante Beschäftigung (4.000 Stunden) dividiert. Es ergeben sich 24 € je Arbeitsstunde.

Ein Produkt, das planmäßig in der Kostenstelle 3 Arbeitsstunden erfordert, erhält somit Gemeinkosten in Höhe von 72 € zugerechnet ($3 \times 24 €$). Am Ende der Planperiode stellt sich heraus, dass die Istkosten 91.800 € betragen. Insgesamt beträgt die Beschäftigung nur 3.400 Stunden, was u. a. durch eine etwas geringere Menge an gefertigten Produkteinheiten (letztere könnten ebenfalls als Beschäftigungsmaßstab herangezogen werden, was aber ohne Belang ist) erklärt wird.

Kostenarten	Plankosten	Istkosten
Hilfsstoffe	12.000 €	10.200 €
Energiekosten	16.000 €	15.100 €
Sonstige Betriebsstoffe	4.500 €	4.100 €
Gehälter	27.000 €	27.000 €
Hilfslöhne	8.000 €	7.400 €
Lohnzusatzkosten	10.500 €	10.400 €
Kalk. Abschreibungen	13.500 €	13.100 €
Kalk. Zinsen	3.000 €	3.000 €
Kalk. Wagnisse	1.500 €	1.500 €
Summe Gemeinkosten	**96.000 €**	**91.800 €**
Beschäftigung (Stunden)	4.000 Std.	3.400 Std.
Plankostenverrechnungssatz	**24,00 € / Std.**	**27,00 € / Std.**

Abb. 3.51 Plankosten und Istkosten einer Fertigungskostenstelle

Mit der Budgetabweichung und der Gesamtabweichung können zwei Kostenabweichungen ermittelt werden:

Abbildung 3.52 zeigt die Vorgehensweise:

Budgetabweichung
Insgesamt wurde das Budget von 96.000 € um 4.200 € unterschritten.

$$\text{Budgetabweichung} = \text{Istkosten} - \text{Plankosten}$$

$$\text{Budgetabweichung} = 91.800\,€ - 96.000\,€ = -4.200\,€$$

Die Budgetabweichung lässt keine Rückschlüsse auf eine Kostenabweichung zu, da der Budgetabweichung auch eine geringere Beschäftigung von 600 Stunden gegenübersteht. Letztlich ist davon auszugehen, dass die variablen Kosten (sind nicht bekannt) sich ebenfalls verringern.

Gesamtabweichung
Für die Berechnung der Gesamtkosten werden den Istkosten (91.800 €) die verrechneten Plankosten gegenübergestellt. Letztere ergeben sich durch Multiplikation des Plankostenverrechnungssatzes (24 € je Arbeitsstunde) mit der Istbeschäftigung (3.400 Arbeitsstunden), folglich betragen sie 81.600 €.

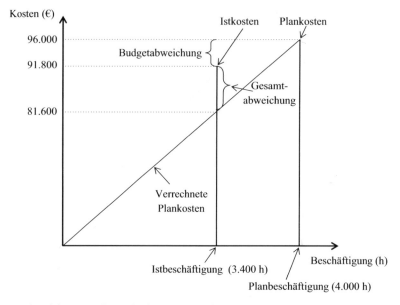

Abb. 3.52 Abweichungsanalyse mittels starrer Plankostenrechnung (modifiziert nach Kilger/Pampel/Vikas, S. 63)

3.5 Planung und Kontrolle

$$\text{Gesamtabweichung} = \text{Istkosten} - \text{verrechnete Plankosten}$$

$$\text{Gesamtabweichung} = 91.800\,€ - 81.600\,€ = 10.200\,€$$

Letztlich lässt sich die Gesamtabweichung auch aus den Differenzen aus Ist- und Plankostenverrechnungssatz multipliziert mit der Istbeschäftigung ermitteln.

$$\text{Gesamtabweichung} = (27\,€ - 24\,€) \times 3.400\,\text{Std.} = 10.200\,€$$

Die verrechneten Plankosten verdeutlichen, wie viele Gemeinkosten auf die Kostenträger verrechnet wurden. Auf Grund der geringeren Beschäftigung wurden zu wenige Gemeinkosten verrechnet.

Die Gesamtabweichung entspricht formal einer Kostenunterdeckung in der Normalkostenrechnung, so wie sie bereits beim Betriebsabrechnungsbogen (vgl. Kap. 3.2.6) ausgewiesen wurde. Materiell besteht aber ein deutlicher Unterschied. Während bei der Plankostenrechnung die Gesamtabweichung als echte Planungsdifferenz zu bewerten ist, handelt es sich bei einer Normalkostenrechnung um einen Schätzfehler.

Beurteilung
Durch die starre Plankostenrechnung wird die Kostenrechnung in das Gesamtsystem der betrieblichen Unternehmensplanung integriert. Durch die einfache Methode ist erstmalig eine Kostenkontrolle möglich, was bei einer Normalkostenrechnung nur bedingt möglich ist.

Wenn die Istbeschäftigung von der Planbeschäftigung deutlich abweicht, ist eine aussagekräftige Kostenkontrolle nicht möglich, da die Gesamtabweichung von zwei Faktoren beeinflusst wird (die Preisabweichung wäre bei Bedarf ermittelbar):

- Beschäftigungsänderungen (Plan- vs. Istproduktionsmenge)
- Verbrauchsänderungen (z. B. Materialverbrauch)

In Kostenstellen, bei denen keine geeigneten Beschäftigungsmaßstäbe vorliegen (z. B. bei vielen Verwaltungskostenstellen), ist letztlich nur eine starre Plankostenrechnung einsetzbar. Sofern keine Beschäftigungsmenge gegeben ist, kann kein Plankostenverrechnungssatz ermittelt werden. Es existiert dann nur eine Budgetabweichung.

Kritisch ist darüber hinaus zu sehen, dass es sich bei der starren Plankostenrechnung um eine Vollkostenrechnung handelt und es somit zu einer Proportionalisierung von fixen Kosten kommt. Die damit verbundenen Probleme werden im folgenden Verfahren (Flexible Plankostenrechnung) vorgestellt.

Zusammenfassend ist festzustellen, dass die starre Plankostenrechnung auf Grund der fehlenden Aufspaltung von fixen und variablen Kosten nur als erster Einstieg in eine Kostenkontrolle anzusehen ist. Einsetzbar ist sie für Kostenstellen, bei denen entweder keine sinnvollen Beschäftigungsmaßstäbe existieren oder keine (größeren) Beschäftigungsabweichungen existieren. Die Gesamtabweichung kann dann als Verbrauchsabweichung interpretiert werden. Wird aus dieser eine Preisabweichung herausgerechnet, lässt sich die Verbrauchsabweichung als Mengenabweichung (Unwirtschaftlichkeit) konkretisieren.

Fallbeispiel 20: Starre Plankostenrechnung
Ein Unternehmen plant eine künftige Periode und geht für die Einzel- und Gemeinkosten von folgenden Erwartungen aus:

Produktionsmenge	2.500 Stück
Materialeinsatz	200 Gramm/Stück
Materialpreis	20 €/kg
Fertigungszeit Mitarbeiter	6 Minuten/Stück
Maschinenzeit	4,8 Minuten/Stück
Zeitlohn	18 €/h
Variable Maschinenkosten	3 €/Maschinenminute
Fixe Fertigungskosten (inkl. Maschinenkosten)	20.000 €

Kosten Vorkalkulation	Menge/St	Verbrauch	Preis	Plankosten
Fertigungsmaterial	0,2 kg	500 kg	20 € / kg	10.000 €
Fertigungslöhne	6 Min.	250 h	18 € / kg	4500 €
Var. Maschinenkosten	4,8 Min.	200 h	180 € / h	36.000 €
∑ Variable Plankosten				50.500 €
Fixe Fertigungskosten				20.000 €
∑ Plankosten				70.500 €

Nachdem die Periode abgeschlossen ist, werden folgende Verbrauchsmengen und Preise festgestellt, aus denen sich die Istkosten ermitteln lassen. Es wurden – wie geplant – genau 2500 Stück hergestellt.

Kosten Nachkalkulation	Menge/St	Verbrauch	Preis	Istkosten
Fertigungsmaterial		550 kg	17 € / kg	9.350 €
Fertigungslöhne		240 h	20 € / kg	4.800 €
Var. Maschinenkosten		210 h	180 € / h	37.800 €
∑ Variable Istkosten				51.950 €
Fixe Fertigungskosten				20.000 €
∑ Istkosten				71.950 €

3.5 Planung und Kontrolle

Aus der Differenz der Plankosten und der Istkosten lässt sich die **Budgetabweichung** ermitteln. Diese beträgt 1.450 €. Da die Planbeschäftigung der Istbeschäftigung entspricht, ist eine gesonderte Berechnung der **verrechneten Plankosten** nicht notwendig, da diese den Plankosten entspricht. Die Budgetabweichung ist gleichzeitig eine **Verbrauchsabweichung**.

Verbrauchsabweichung	Plankosten	Istkosten	Abweichung
Fertigungsmaterial	10.000 €	9.350 €	–650 €
Fertigungslöhne	4.500 €	4.800 €	300 €
Var. Maschinenkosten	36.000 €	37.800 €	1.800 €
Summe			1.450 €

Die Abweichung zeigt, dass für Fertigungsmaterial 650 € weniger ausgegeben wurde als geplant. Dafür sind die Fertigungslöhne und variablen Maschinenkosten höher. Insgesamt sind die Istkosten um 1.450 € höher als die Plankosten.

Allerdings darf aus den Zahlen nicht gefolgert werden, dass der Materialverbrauch sehr effizient und der Personaleinsatz unwirtschaftlich war.

Deshalb muss die Verbrauchsabweichung in eine Preisabweichung und in eine Verbrauchsmengenabweichung (kurz Mengenabweichung) zerlegt werden.

Preisabweichung	Istmenge	Istpreis	Planpreis	Abweichung
Fertigungsmaterial	550 kg	17 € / kg	20 € / kg	–1.650 €
Fertigungslöhne	240 h	20 € / h	18 € / h	480 €
Var. Maschinenkosten	210 h	180 € / h	180 € / h	0 €
Summe				–1.170 €

Preisabweichung = Istmenge × (Istpreis – Planpreis)

Die Preisabweichung zeigt, dass der geringere Einkaufspreis für das Material dazu geführt hat, dass das Unternehmen 1650 € sparen konnte. Zwar waren die Löhne für die Mitarbeiter höher als geplant, es ergibt sich aber insgesamt ein Preisvorteil in Höhe von 1170 €.

Mengenabweichung	Planpreis	Istmenge	Planmenge	Abweichung
Fertigungsmaterial	20 € / kg	550 kg	500/ kg	1.000 €
Fertigungslöhne	18 € / h	240 h	250 €	–180 €
Var. Maschinenkosten	180 € / h	210 h	200 €	1.800 €
Summe				2.620 €

Verbrauchsmengenabweichung = Planpreis × (Istmenge – Planmenge)

Unwirtschaftlichkeiten zeigen sich sowohl beim Verbrauch des Materials, die sich auf 1.000 € summieren als bei längeren Maschinenlaufzeiten. Im Gegensatz dazu war der Personaleinsatz sehr effizient. Hier wurden weniger Stunden als geplant benötigt.

Zusammenfassend zeigen sich größere Unwirtschaftlichkeiten, die durch geringere Preise teilweise kompensiert wurden, sodass die gesamte Abweichung 1.450 € beträgt (−1.170 € + 2.620 €).

3.5.6 Kontrolle von Gemeinkosten mittels flexibler Plankostenrechnung

Die flexible Plankostenrechnung kann als Weiterentwicklung der starren Plankostenrechnung angesehen werden. Sie verfolgt das Ziel einer fundierteren Kontrolle durch eine detailliertere Abweichungsanalyse. Dazu ist es notwendig, dass – soweit möglich – für jede Kostenstelle die nach Kostenarten differenzierten Plankosten in fixe und variable Kosten aufzuspalten. Im Gegensatz zur starren Plankostenrechnung ist es nun möglich, bei veränderter Beschäftigung (z. B. Produktionsmenge: Planung 1000 Einheiten, Ist 1200 Einheiten) die Gesamtabweichung in eine Verbrauchs- und eine Beschäftigungsabweichung zu trennen.

In diesem Zusammenhang ist die Erklärung von zwei Begriffen notwendig: **Sollkosten** und **Beschäftigungsabweichung**.

Sollkosten
Sollkosten sind die an die tatsächliche Istbeschäftigung angepassten Plankosten. Sofern die Istbeschäftigung von der Planbeschäftigung abweicht, sind die Plankosten kein geeigneter Maßstab mehr für eine Wirtschaftlichkeitskontrolle. Deshalb müssen die variablen Plankosten an die Istbeschäftigung angepasst werden. Die fixen Plankosten bleiben unverändert.

Für die Berechnung der Sollkosten werden die variablen Planstückkosten mit der Istbeschäftigung multipliziert. Zu diesem Wert werden die fixen Plankosten addiert.

$$\text{Sollkosten} = \text{Fixe Plankosten} + \frac{\text{variable Plankosten} \times \text{Istbeschäftigung}}{\text{Planbeschäftigung}}$$

Beschäftigungsabweichung
Eine Beschäftigungsabweichung entsteht immer dann, wenn die Istbeschäftigung von der Planbeschäftigung abweicht. Sie beruht somit auf Fehleinschätzungen der Absatzplanung bzw. Produktionsplanung. Dabei sind ausschließlich die fixen Kosten relevant.

Dabei können zwei Situationen auftreten.

3.5 Planung und Kontrolle

Möglichkeit 1: Istbeschäftigung < Planbeschäftigung
Die geplante Kapazitätsauslastung wird nicht erreicht. Beispielsweise werden für die geplante Produktionsmenge Kapazitäten in der Form von Maschinen und Personal bereitgestellt, möglicherweise sogar Erweiterungsinvestitionen getätigt oder zusätzliches Personal eingestellt. Die damit verbundenen Kosten an kalkulatorischen Abschreibungen, kalkulatorischen Zinsen oder Gehältern bleiben – abgesehen von Preisabweichungen – trotz einer beispielsweise existierenden geringeren Beschäftigung unverändert auf dem Niveau der Planbeschäftigung.

Die Beschäftigungsabweichung ergibt sich, weil auf Grund der geringeren Istbeschäftigung die geplante Kapazität nicht in Anspruch genommen wird und somit zu wenige Fixkosten, beispielsweise in Form von Zuschlagsätzen, auf die Kostenträger verrechnet werden. Diese Unterdeckung von fixen Kosten wird als Leerkosten bezeichnet. Im Gegensatz dazu handelt es sich bei den über die Produkte verrechneten Fixkosten um Nutzkosten (siehe hierzu Kap. 2.2.1).

Beispiel
Im Rahmen der Vorkalkulation ist geplant, die Fixkosten von 20.000 € auf 1000 Einheiten zu verteilen. Somit entstehen geplante fixe Stückkosten in Höhe von 20 €. Werden tatsächlich nur 800 Einheiten hergestellt, sind nur 16.000 € (20 € × 800 Stück) der fixen Kosten verrechnet (kalkuliert) worden. Die Differenz von 4000 € stellt eine Beschäftigungsabweichung dar. Die Erklärung liefert die **Kostenremanenz**.

Möglichkeit 2: Istbeschäftigung > Planbeschäftigung
Die geplante Kapazitätsauslastung wird überschritten. Hier liegt der umgekehrte Fall vor. Es werden entsprechend zu viele Fixkosten auf die produzierten Einheiten verrechnet. Insofern liegt eine Überdeckung vor.

Beispiel
Analog zum o.g. Beispiel werden tatsächlich 1100 Einheiten hergestellt. Insofern sind nun 22.000 € (20 € × 1.100 Stück) an fixen Kosten verrechnet worden. Die Differenz von 2000 € stellt eine Beschäftigungsabweichung dar. Die Erklärung hierfür liefert der **Fixkostendegressionseffekt**.

Unabhängig davon, ob nun die Istbeschäftigung kleiner oder größer als die Planbeschäftigung ist, hat die Beschäftigungsabweichung keinen Einfluss auf die Höhe des Unternehmenserfolgs, da sie lediglich Bezug auf die Verrechnung der Fixkosten nimmt.

Berechnung der Beschäftigungsabweichung:

$$\text{Beschäftigungsabweichung} = \text{Sollkosten} - \text{verrechnete Plankosten}$$

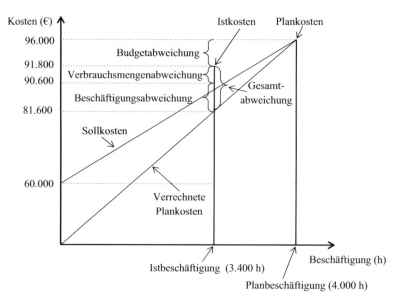

Abb. 3.53 Abweichungsanalyse mittels flexibler Plankostenrechnung (modifiziert nach Kilger/Pampel/Vikas, S. 67)

Abbildung 3.53 zeigt die Vorgehensweise:

Beispiel
Das Beispiel aus der starren Plankostenrechnung (vgl. Abb. 3.52) wird fortgeführt. Bei einer Planbeschäftigung von 4.000 Stunden ergeben sich Plan(gemein)kosten in Höhe von 96.000 €.

Neue Information: Die fixen Plankosten betragen 60.000 €, die variablen Plankosten betragen 36.000 €. Die Istkosten betragen wie in der Ausgangssituation 91.800 €. Die Istbeschäftigung beträgt 3.400 Arbeitsstunden. Preisänderungen sind keine festzustellen.

Gesamtabweichung
Die Gesamtabweichung beträgt (wie bei der starren Plankostenrechnung) 10.200 €. Den Istkosten werden die verrechneten Plankosten gegenübergestellt. Für die verrechneten Plankosten wird der Plankostenverrechnungssatz von 24 € (96.000 € : 4.000 Arbeitsstunden) mit der Istbeschäftigung (3.400 Arbeitsstunden) multipliziert. Es ergeben sich 81.600 €. Folglich beträgt die Gesamtabweichung 91.800 € − 81.600 € = 10.200 € Da nun zwischen fixen und variablen Plankosten unterschieden werden kann, ist eine differenziertere Kostenabweichung in Verbrauchs- und Beschäftigungsabweichung möglich.
Zunächst wird die **Verbrauchsmengenabweichung** ermittelt.
Dazu werden den Istkosten die Sollkosten gegenübergestellt.
Die Sollkosten betragen 90.600 €

Fixe Plankosten (60.000 €) + variabler Plankostensatz
(Variable Plankosten : Planbeschäftigung) × Istbeschäftigung (3.400 Arbeitsstunden)
= 60.000 € + (36.000 € : 4.000 h × 3.400 h) = 90.600 €

Verbrauchsmengenabweichung:

$$\text{Istkosten } (91.800\,€) - \text{Sollkosten } (90.600\,€) = 1.200\,€$$

Es ist eine Unwirtschaftlichkeit zu konstatieren.

Im nächsten Schritt (umgekehrte Reihenfolge ist möglich) erfolgt die Berechnung der **Beschäftigungsabweichung**
Dazu werden den Sollkosten die verrechneten Plankosten gegenübergestellt.
Beschäftigungsabweichung:

$$\text{Sollkosten } (90.600\,€) - \text{verrechnete Plankosten } (81.600\,€) = 9.000\,€$$

Interpretation: Es entstehen Leerkosten, da zu wenig fixe Kosten auf die Kostenträger verrechnet worden sind.

Bewertung
Im Gegensatz zur starren Plankostenrechnung ist eine verbesserte Kostenkontrolle möglich. Damit können alle Abweichungen systematisch ermittelt werden.

Die Hauptkritik ist in der rechnerischen Proportionalisierung der fixen Kosten zu sehen. Da die Kostenrechnung vorwiegend eine Rechnung für eine kurzfristige Planung darstellt, sind nur Kosten relevant, die durch kurzfristig veränderbare Parameter beeinflusst werden können. Als wichtigster Parameter ist zu entscheiden, welche Absatzmengen für die einzelnen Produkte am Markt angeboten werden sollen. Daraus lässt sich ableiten, welche Produktionsmengen mit den vorhandenen Kapazitäten (z. B. Maschinen, Mitarbeitern) produziert werden sollen und welche Verfahren hierfür einzusetzen sind bzw. ob eine Eigenfertigung oder ein Fremdbezug sinnvoll ist. Von diesen Entscheidungen sind aber die fixen Kosten nicht betroffen, sind also folglich nicht entscheidungsrelevant.

Da die Kostenstellenrechnung und folglich auch die Kalkulation auf geplanten Kosten unter Einschluss der fixen Kosten erfolgt, kann dies zu Fehlentscheidungen führen (vgl. hierzu auch noch die Kap. 4.3.5 und 5).

Zusammenfassung
Abbildung 3.54 fasst die einzelnen Kostenabweichungen und ihre Berechnung nochmals zusammen.

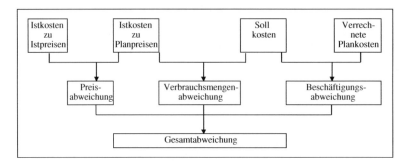

Abb. 3.54 Ermittlung der einzelnen Abweichungen

Mittels einer Verbrauchsmengenabweichung kann die Wirtschaftlichkeit der Nutzung von Produktionsfaktoren beurteilt werden. Im Mittelpunkt steht die **operative Effizienz** einer Kostenstelle (die Dinge richtig tun). Im Gegensatz dazu handelt es sich bei der Beschäftigungsabweichung um die **Effektivität**, die durch **strategische** Maßnahmen wie beispielsweise eine veränderte Technologie, Kapazität oder Standort beeinflusst werden kann. Deshalb kann zusammenfassend bei der Verbrauchsmengenabweichung von einer operativen Abweichung bzw. Effizienzabweichung und bei der Beschäftigungsabweichung von einer strategischen bzw. Effektivitätsabweichung gesprochen werden (vgl. beispielsweise Coenenberg u. a., S. 482).

Fallbeispiel 21: Flexible Plankostenrechnung
Ein Unternehmen **plant** einen kommenden Monat und geht von folgenden Erwartungen (Planungen) aus:

Produktionsmenge	25.000 Stück
Materialeinsatz	200 Gramm / Stück
Materialpreis	20 € / kg
Fertigungszeit Mitarbeiter (Vorgabezeit)	30 Minuten / Stück
Fertigungslohn	18 € / h
Gemeinkosten	75.000 €, davon 40% variabel

Nach Abschluss des Monats liegen folgende **Istwerte** vor:

Produktionsmenge	21.250 Stück
Materialeinsatz	3.800 kg
Materialpreis	21 € / kg
Fertigungszeit Mitarbeiter	10.500 h
Fertigungslohn	19 € / h
Gemeinkosten	74.000 € (keine Preisänderungen)

3.5 Planung und Kontrolle

Aus den Angaben können zunächst die **Plankosten** ermittelt werden.

Kosten	Menge/St	Verbrauch	Preis	Plankosten
Fertigungsmaterial	0,2 kg	5.000 kg	20 € / kg	100.000 €
Fertigungslöhne	30 Min.	12.500 h	18 € / kg	225.000 €
Gemeinkosten				75.000 €
∑ Plankosten				400.000 €

Im Anschluss wird der Beschäftigungsgrad ermittelt. Er beträgt 85 %.

$$\text{Rechnung } (21.250 \text{ Stück} : 25.000 \text{ Stück}) = 0,85 \times 100\% = 85\%$$

Verrechnete Plankosten:

Plankosten × Beschäftigungsgrad oder Plankosten : Planbeschäftigung × Istbeschäftigung

$$400.000\,\text{€} \times 0,85 = 340.000\,\text{€}$$

Im nächsten Schritt werden die **Sollkosten** ermittelt.
Bei den variablen Kosten werden die geplanten Kosten mit dem Beschäftigungsgrad multipliziert. Bei den fixen Gemeinkosten werden die der Planung herangezogen.

Kosten	Rechnung	Sollkosten
Fertigungsmaterial	100.000 € × 0,85	85.000 €
Fertigungslöhne	225.000 € × 0,85	191.250 €
variable Gemeinkosten	75.000 € × 0,4 × 0,85	25.500 €
fixe Gemeinkosten	75.000 € × 0,6	45.000 €
∑ Sollkosten		346.750 €

Aus den o.g. Istwerten können die **Istkosten** berechnet werden:

Kosten	Verbrauch	Preis	Istkosten
Fertigungsmaterial	3.800 kg	21 € / kg	79.800 €
Fertigungslöhne	10.500 h	19 € / kg	199.500 €
fixe Gemeinkosten	siehe Sollkosten		45.000 €
variable Gemeinkosten	74.000–45.000		29.000 €
∑ Istkosten			353.300 €

Wenn die Preisänderungen aus den Istkosten herausgerechnet werden, ergeben sich die **preisbereinigten Istkosten** (Istkosten zu Planpreisen).

Kosten	Verbrauch	Preis	Preisbereinigte Istkosten
Fertigungsmaterial	3.800 kg	20 € / kg	76.000 €
Fertigungslöhne	10.500 h	18 € / kg	189.000 €
Gemeinkosten			74.000 €
∑ Preisbereinigte Istkosten			339.000 €

Nun können die einzelnen **Abweichungen** ermittelt werden:
Gesamtabweichung (Istkosten − verrechnete Plankosten)

Istkosten	353.300 €
Verrechnete Plankosten	340.000 €
Gesamtabweichung	13.300 €

In der Gesamtabweichung in Höhe von 33.300 € sind mehrere Abweichungen enthalten. Zunächst wird die **Verbrauchsabweichung** ermittelt:

Verbrauchsabweichung (Istkosten − Sollkosten)

Istkosten	353.300 €
Sollkosten	346.750 €
Verbrauchsabweichung	6.550 €

Die **Preisabweichung**, die in der Verbrauchsabweichung enthalten ist, wird gesondert für Fertigungsmaterial und Fertigungslöhne ermittelt. Ansonsten wäre einfach die Gegenüberstellung der Summen von Istkosten (353.300 €) und preisbereinigten Istkosten (339.000 €) ausreichend. Preisabweichungen für die Gemeinkosten lagen keine vor.

Kosten	Istkosten	preisbereinigte Istkosten	Preisabweichung
Fertigungsmaterial	79.800 €	76.000 €	3.800 €
Fertigungslöhne	199.500 €	189.000 €	10.500 €
Preisabweichung			14.300 €

Darüber hinaus ist die **(Verbrauchs)Mengenabweichung** in der Verbrauchsabweichung enthalten. Diese wird gesondert für Fertigungsmaterial, Fertigungslöhne und Gemeinkosten ermittelt. Ansonsten wäre einfach die Gegenüberstellung der Summen von preisbereinigten Istkosten (339.000 €) und Sollkosten (346.750 €) ausreichend.

Kosten	preisbereinigte Istkosten	Sollkosten	Mengenabweichung
Fertigungsmaterial	76.000 €	85.000 €	−9.000 €
Fertigungslöhne	189.000 €	191.250 €	−2.250 €
Zwischensumme			−11.250 €
Gemeinkosten	74.000 €	70.500 €	3.500 €
Verbrauchsmengenabweichung			−7.750 €

Neben der Verbrauchsabweichung erklärt sich die Gesamtabweichung zusätzlich durch eine Beschäftigungsabweichung, da die Ist- und Planbeschäftigung voneinander abweicht.

Beschäftigungsabweichung = Sollkosten − verrechnete Plankosten

Sollkosten	346.750 €
Verrechnete Plankosten	340.000 €
Beschäftigungsabweichung	6.750 €

Die einzelnen **Teilabweichungen** lassen sich wieder zur Gesamtabweichung addieren:

Preisabweichung Einzelkosten	14.300 €
+ Mengenabweichung Einzelkosten	−11.250 €
+ Mengenabweichung Gesamtkosten	3.500 €
= Verbrauchsabweichung	6.550 €
+ Beschäftigungsabweichung	6.750 €
= Gesamtabweichung	13.300 €

3.5.7 Mehrfachflexible Plankostenrechnung

Wird nicht nur eine globale Verbrauchsmengenabweichung ermittelt, sondern diese weiter differenziert, kann von einer mehrfach flexiblen Plankostenrechnung gesprochen werden.

Die Verbrauchsmengenabweichung kann beispielsweise aufgespalten werden in eine

- Arbeitsstundenverbrauchsabweichung (Abweichung von den Vorgabezeiten)
- Rohstoffverbrauchsabweichung
- Energieverbrauchsabweichung
- Maschinenbelegungsabweichung (Verfahrensabweichung)
- Überstundenabweichung / Sonderschichtenabweichung
- Seriengrößenabweichung: Sie ergibt sich daraus, dass bei Beschäftigungsänderungen das Verhältnis zwischen Rüstzeiten und Ausführungsstunden nicht konstant ist und daher Differenzen zwischen den tatsächlichen und den geplanten Seriengrößen aufgetreten sind.
- Restverbrauchsabweichung

Die Restverbrauchsabweichung umfasst immer die nicht näher spezifizierten Verbrauchsmengenabweichungen.

Fallbeispiel 22: Mehrfachflexible Plankostenrechnung

In einem Unternehmen lassen sich pro Tag 25 Produkteinheiten herstellen. Das Unternehmen plant für einen Monat (es wird von 20 Arbeitstagen ausgegangen) mit 500 Produkteinheiten. Für die Fertigstellung einer Produkteinheit werden – bedingt durch die Automatisierung – drei Stunden benötigt. Die Fixkosten betragen in der Kostenstelle Fertigung 82.500 € je Monat.

Die Kostenplanung liefert folgende Daten:

Lohnkosten pro Fertigungsstunde (€)	35
Stromverbrauch pro Fertigungsstunde (kW)	250
Stromkosten pro kWh (€)	0,20
sonstige variable Gemeinkosten im Monat (€)	30.000

Durch Sonderschichten an den Wochenenden kann die Produktionsmenge über die geplanten Stückzahlen hinaus auf bis zu 700 Einheiten vergrößert werden. Dabei ist eine Zulage auf die Lohnkosten von 40 % zu zahlen. Die Stromkosten vermindern sich in dieser Zeit auf 0,15 € je kWh. Die Istproduktionsmenge des Unternehmens beträgt 650 Stück. Die Istkosten betragen 292.400 €. Weitere Preisabweichungen sind nicht festzustellen.

Aufgabe

Folgende Abweichungen sollen ermittelt werden:

- Abweichung für Sonderschichten
- Energieabweichung
- Restabweichung
- Beschäftigungsabweichung
- Gesamtabweichung

Lösung

1. Ermittlung der Plan- und Istbeschäftigung

Sinnvollerweise sind die Arbeitsstunden der Maßstab für die Beschäftigung.

$$\text{Planbeschäftigung}: 500\,\text{Stück} \times 3\,\text{h/Stück} = 1.500\,\text{h}$$

$$\text{Istbeschäftigung}: 650\,\text{Stück} \times 3\,\text{h/Stück} = 1.950\,\text{h}$$

2. Ermittlung der variablen Plankosten

Variable Plankosten	Menge	€ / Einheit	Zahl	€
Fertigungslöhne	3	35	500	52.500
Energiekosten	250	0,20	1500	75.000
Sonst. variable Gemeinkosten				30.000
∑ Variable Plankosten				157.500

3. Ermittlung der einzelnen Verbrauchsabweichungen

Planstückkosten (€ / h) (82.500 € + 157.500 €) / 1.500 h = 160 € / h

Variable Planstückkosten 157.500 € / 1.500 h = 105 € / h

Verrechnete Plankosten 1.950 h × 160 € / h = 312.000 €

Sollkosten (herkömmlich) 82.500 € + 105 € × 1.950 h = 287.250 €

Sonderschichtenabweichung 450 h × 14 € (40 % von 35 €) = 6.300 €

Energiepreisabweichung 250 kW × 450 h × −0,05 € / kWh (0,15 − 0,20) = −5.625 €

Modifizierte Sollkosten = herkömmliche Sollkosten einschließlich Sonderschichten und Energiepreisänderungen)

$$287.250\,€ + 6.300\,€ - 5.625\,€ = 287.925\,€ = 287.925\,€$$

Restverbrauchsabweichung (Istkosten − modifizierte Sollkosten)

$$292.400\,€ - 287.925\,€ = 4.475\,€ = 4.475\,€$$

4. Ermittlung der Beschäftigungsabweichung

Sollkosten (herkömmlich) − verrechnete Plankosten

$$287.250\,€ - 312.000\,€ = -24.750\,€$$

5. Ermittlung der Gesamtabweichung

Sonderschichten- + Energie- + Restverbrauchs- + Beschäftigungsabweichung

$$6.300\,€ - 5.625\,€ + 4.475\,€ - 24.750\,€ = -19.600\,€$$

oder

Istkosten − verrechnete Plankosten 292.400 € − 312.000 € = −19.600 €

3.5.8 Übungsaufgabe zur Plankostenrechnung

Übungsaufgabe 10: Flexible Plankostenrechnung
Die Plankosten der Kostenstelle Fertigung für April betragen 62.000 €, davon sind 55 % Fixkosten. Die Planbeschäftigung von 2000 Stück wird mit der Istbeschäftigung von 1940 Stück verfehlt. Die Istkosten liegen bei 65.412 €. Darin ist eine durchschnittliche Verteuerung von 3,5 % gegenüber den Planpreisen enthalten.

Berechnen Sie die Preisabweichung, die Beschäftigungsabweichung, die Verbrauchsabweichung und die Gesamtabweichung der Kostenstelle.

Lösung

1. Preisabweichung: Istkosten zu Istpreisen − Istkosten zu Planpreisen

$$65.412\,€ - 63.200\,€\ (65.412 : 1,035) = 2.212\,€$$

2. Beschäftigungsabweichung: Sollkosten − verrechnete Plankosten

Sollkosten: Fixe Plankosten + variabler Plankostensatz × Istbeschäftigung

Fix: 55 % von 62.000 € = 34.100 €, variabel: 45 % von 62.000 € = 27.900 €

$$34.100\,€ + (27.900\,€ / 2.000) \times 1.940 = 61.163\,€$$

Verrechnete Plankosten :
Plankostensatz × Istbeschäftigung: $(62.000 / 2.000) \times 1.940 = 60.140\,€$

Beschäftigungsabweichung : $61.163\,€ - 60.140\,€ = 1.023\,€$

3. Verbrauchsabweichung

Istkosten zu Planpreisen − Sollkosten : $63.200\,€ - 61.163\,€ = 2.037\,€$

4. Gesamtabweichung

= Preisabweichung + Beschäftigungsabweichung + Verbrauchsabweichung

$$2.212\,€ + 1.023\,€ + 2.037\,€ = 5.272\,€ \text{ oder}$$

= Istkosten zu Istpreisen − verrechnete Plankosten : $65.412\,€ - 60.140\,€ = 5.272\,€$

4 Teilkostenrechnung

> **Lernziele**
>
> In diesem Kapitel lernen Sie
> - wie variable und fixe Kosten aufgeteilt werden können.
> - was unter einem Deckungsbeitrag zu verstehen ist.
> - wie eine einstufige und mehrstufige Deckungsbeitragsrechnung aufgebaut werden kann und welche Informationen dadurch gewonnen werden.

Praktisch kein Unternehmen verzichtet bei der Kostenrechnung auf eine Vollkostenrechnung. Problematisch ist allerdings, dass bei der Vollkostenrechnung ein Teil der (überwiegend fixen) Gemeinkosten auf Kostenstellen und Kostenträger verrechnet werden, ohne dass die Schlüsselung sachlogisch einwandfrei begründbar ist. Die Vollkostenrechnung ist daher für die Vorbereitung einer Reihe von wichtigen betrieblichen Entscheidungen nur bedingt geeignet. Vielmehr wird auf diesem Gebiet die Teilkostenrechnung verwendet.

4.1 Kostenspaltung

Für die Aufgaben der Teilkostenrechnung ist eine Aufspaltung der Gemeinkosten in variable und fixe Bestandteile erforderlich. Die Einzelkosten sind hier unerheblich, da diese ohnehin variable Kosten darstellen. An Stelle des Begriffs Aufspaltung wird auch von Kostenauflösung gesprochen. Der Arbeitsaufwand ist nicht zu unterschätzen, da eine globale Betrachtung auf der gesamten Betriebsebene kaum sinnvoll ist. Zu bedenken ist vielmehr, dass

- die Kostenarten nicht in jeder Kostenstelle die gleichen Anteile haben,
- die Anteile der variablen und fixen Kosten einer Kostenart je nach Kostenstelle variieren.

Daher liegt der Anknüpfungspunkt vor allem auf der Ebene der Kostenstellen.

In der Literatur werden zahlreiche Methoden der Kostenspaltung vorgeschlagen.

Sinnvoll erscheint ein zweistufiges Verfahren:

Stufe 1: Planmäßige Kostenspaltung
Für jede Kostenstelle muss zunächst ein geeigneter Beschäftigungsmaßstab (z. B. Produktionsmenge, Prozessmenge) festgelegt werden. Auf Basis der erwarteten Beschäftigung sind für jede Kostenart die geplanten variablen und fixen Kosten zu ermitteln.

Stufe 2: Regressionsanalyse (Methode der kleinsten Quadrate)
Sowohl unter dem Gesichtspunkt der Plausibilität der Plandaten als auch für Zwecke der Nachkalkulation ist die Analyse von Daten aus früheren Perioden von Interesse. Dabei sind folgende Punkte zu berücksichtigen:

- Die Kosten werden nicht nur von der Beschäftigung beeinflusst.
- Die Besonderheiten einer Periode müssen zuvor aus den Istkosten herausgerechnet werden (z. B. untypisch hohe Instandhaltungskosten).
- Preisänderungen müssen aus den Istkosten herausgerechnet werden (z. B. durch Einsatz von Festpreisen). Für eine künftige Periode muss die Preisentwicklung berücksichtigt werden (z. B. erwartete Tarifvertragsabschlüsse).
- Für Prognosen künftiger Perioden dürfen die Zahlen der Vergangenheit nur herangezogen werden, wenn sich die Rahmenbedingungen (z. B. Fertigungsverfahren, Produktionskapazitäten, Personalbestand) nicht verändert haben.

Ausgehend von der Vermutung, dass die Kosten (abhängige Variable) von der Beschäftigungsmenge (unabhängige Variable) abhängen, wird eine Funktion entwickelt, die den Zusammenhang zwischen den beiden Variablen beschreibt.

Denkbar wäre zunächst eine rein grafische Lösung, die auch als **Streupunktdiagramm** (vgl. Zdrowomyslaw, S. 171) bezeichnet wird. Dazu wird ein Koordinatenkreuz gebildet (Abb. 4.1), wobei auf der x-Achse die Beschäftigung und auf der y-Achse die Kosten eingetragen werden. Jeder (um Sondereinflüsse bereinigte) Istwert wird dann als Punkt in das Koordinatenkreuz eingetragen. Die lineare Kostenfunktion wird dann so platziert, dass sich die Abweichungen der Iskosten von den Schätzwerten der Kostenfunktion möglichst minimieren.

Korrelationskoeffizient nach Bravais/Pearson und Bestimmtheitsmaß
Die Methode der kleinsten Quadrate ist mit der vorgestellten Methode **nicht** identisch. Insbesondere aus mathematischen Gründen wird der Verlauf der linearen Kostenfunktion

4.1 Kostenspaltung

Abb. 4.1 Streupunktdiagramm mit Kostenfunktion

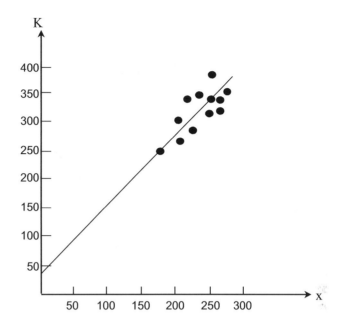

so bestimmt, dass die mittlere quadratische Abweichung zwischen der entwickelten Kostengeraden und den Istwerten minimiert wird, womit sich die Bezeichnung der Methode erklärt (vgl. grundsätzlich zur Methode Bourier, S. 199–206; Eckstein, S. 315–346).

Beispiel

Für eine Kostenstelle liegen für einzelne Monate folgende Informationen über Beschäftigung (in Stück) und Gemeinkosten (€) vor (Abb. 4.2):

Monat	Stück	Kosten	Monat	Stück	Kosten
Januar	205	691	Juli	210	799
Februar	170	643	August	140	581
März	191	746	September	320	1.279
April	152	596	Oktober	228	827
Mai	265	955	November	252	910
Juni	290	1.010	Dezember	241	875

Abb. 4.2 Ausgangsdaten Regressionsanalyse

Die folgende Tabelle (Abb. 4.3) ist wie folgt aufgebaut:

- Spalte 1: Beschäftigung in den jeweiligen Monaten
- Spalte 2: Gesamtkosten in den jeweiligen Monaten
- Spalte 3: Beschäftigungsabweichung (BA) = Beschäftigung eines Monats − durchschnittliche Beschäftigung
- Spalte 4: Kostenabweichung (KA) = Kosten in einem Monat − durchschnittliche Kosten
- Spalte 5: Multiplikation der Ergebnisse der Spalten 3 und 4
- Spalte 6: Ergebnis der Spalte 3 zum Quadrat

1	2	3	4	5	6
Stück	Gemeinkosten	BA	KA	BA • KA	BA ^{2}
205	691	-17	-135	2.295	289
170	643	-52	-183	9.516	2.704
191	746	-31	-80	2.480	961
152	596	-70	-230	16.100	4.900
265	955	43	129	5.547	1.849
290	1.010	68	184	12.512	4.624
210	799	-12	-27	324	144
140	581	-82	-245	20.090	6.724
320	1.279	98	453	44.394	9.604
228	827	6	1	6	36
252	910	30	84	2.520	900
241	875	19	49	931	361
2.664	**9.912**	-	-	**116.715**	**33.096**

Abb. 4.3 Arbeitstabelle Regressionsanalyse

Variable Stückgemeinkosten

Zur Ermittlung der variablen Stückgemeinkosten werden zunächst die durchschnittliche monatliche Beschäftigung sowie die durchschnittlichen monatlichen Gemeinkosten ermittelt. Anschließend werden die Abweichungen von beiden Mittelwerten pro Monat berechnet (Spalte 3 und Spalte 4), miteinander multipliziert und über alle Monate addiert (Spalte 5). Dieses Ergebnis wird durch die Summe der quadrierten Beschäftigungsabweichungen (Spalte 6) dividiert.

Die variablen Stückgemeinkosten betragen somit:

$$116.715 \; € : 33.096 = 3,5 \; €/\text{Stück} \; (\text{exakt} : 3,52656 \; €)$$

Fixe Kosten

Die fixen Kosten ergeben sich durch Umstellung der allgemeinen Kostenfunktion.

$$K_f = K - k_v \cdot x$$

Die durchschnittliche Beschäftigung eines Monats beträgt

$$222 \; \text{Stück} \; (2.664 \; \text{Stück} : 12 \; \text{Monate}).$$

Die durchschnittlichen Gesamtkosten eines Monats betragen

$$826 \; € \; (9.912 \; € : 12 \; \text{Monate})$$

Somit ergibt sich:

$$K_f = 826 \; €/\text{Monat} - 3,52656 \; €/\text{Stück} \times 222 \; \text{Stück}/\text{Monat}$$
$$K_f = 43,1 \; €$$

Frage: Welchen Erklärungswert hat die gefundene Lösung?
Möglicherweise ist der Erklärungswert gering, was im konkreten Beispiel bedeuten würde, dass die Kosten kaum von der Beschäftigung beeinflusst werden. Natürlich könnte auch das Gegenteil stimmen. Zur Bewertung der Qualität der Lösung existiert der Korrelationskoeffizient r (vgl. zu dessen Berechnung Bourier, S. 208–214). Dieser beschreibt die Stärke des linearen Zusammenhangs zwischen zwei quantitativen Merkmalen, hier x (Beschäftigung) und y (Kosten). Die möglichen Ergebnisse liegen innerhalb des Intervalls ($-1 \leq r \leq +1$).

Das Ergebnis $r=1$ kommt dann zu Stande, wenn alle beobachteten Kostenwerte exakt durch die Kostenfunktion erklärt werden. Die Beschäftigungsmenge wäre dann die einzige Erklärung für unterschiedlich hohe Kosten. Umgekehrt wäre es bei $r=-1$. Bezogen auf das Beispiel, hieße das, dass mit zunehmender Beschäftigung die Kosten sinken. Zöfel (vgl. S. 152) spricht bei einer Korrelation von 0,7 bereits von einem hohen Zusammenhang. Bourier (vgl. S. 214) sieht diesen ab einem Wert von 0,8 für gegeben.

Das Bestimmtheitsmaß r^2 gibt den Anteil an der Gesamtvarianz (Varianz = Maß für die Streuung der beobachteten Werte um ihren Mittelwert) an, der durch die Variable x und somit durch die lineare Regression erklärt wird. Bei einem $r=0,8$ ergibt sich für r^2 ein Wert von 0,64. Danach lassen sich 64 % der Varianz der Kosten auf die Beschäftigungsmenge des Unternehmens zurückführen. Für die verbliebenen 36 % zeichnen sich nicht weiter berücksichtigte Faktoren verantwortlich (z. B. verschiedene Mitarbeiterproduktivitäten). Wenn sich herausstellt, dass eine Variable (hier Beschäftigung) allein keinen befriedigenden Erklärungsgehalt liefert, ist der Einsatz einer multiplen Regression erforderlich. Die gefundene Kostenfunktion hat einen hohen Erklärungswert. Ausgehend von der Formel für r (beträgt im konkreten Beispiel 0,97058147) ergibt sich für r^2 ein Wert von 0,94202838.

Ausgehend von dieser Kostenfunktion kann nun für jede beliebige Beschäftigungsmenge die Höhe der zu erwartenden Kosten ermittelt werden. Darüber hinaus besteht die Möglichkeit zur Plausibilisierung von Plankosten.

4.2 Deckungsbeitrag

Der absolute **Stückdeckungsbeitrag** (db) ergibt sich aus der Differenz des Erlöses je Mengeneinheit eines bestimmten Produktes (Stückerlös) und den variablen Kosten je Mengeneinheit (variable Stückkosten).

Aus dem Produkt des absoluten Stückdeckungsbeitrages und der Absatzmenge einer Periode wird der absolute Deckungsbeitrag ermittelt. Für ein Unternehmen mit mehreren Produkten setzt sich der **Gesamtdeckungsbeitrag** aus der Summe aller Deckungsbeiträge der einzelnen Produkte zusammen. Das **Betriebsergebnis** des Unternehmens resultiert aus dem Gesamtdeckungsbeitrag abzüglich der fixen Kosten.

Da die Teilkostenrechnung sehr häufig die Entscheidungsfindung unterstützen soll, kann die Grundidee des Deckungsbeitrages auch anders interpretiert werden: Der Deckungsbeitrag bildet die Differenz zwischen den von einer Entscheidung abhängenden Erlösen und den auf Grund dieser Entscheidung entstehenden Kosten. Als Beispiel einer Entscheidung kann die Frage angeführt werden: Soll Produkt A weiterhin im Sortiment bleiben oder soll es eliminiert werden?

Ein positiver Deckungsbeitrag signalisiert, dass nicht nur die Kosten abgedeckt werden, die mit der Entscheidung direkt in Verbindung stehen, sondern darüber hinaus noch ein Überschuss erwirtschaftet wird, mit dem ein Teil der übrigen (fixen) Kosten abgedeckt werden kann. Ein negativer Deckungsbeitrag indiziert dagegen, dass die auf Grund der Entscheidung entstehenden zusätzlichen Erlöse niedriger sind als die zusätzlichen Kosten.

4.3 Einstufige Deckungsbeitragsrechnung – Direct Costing

4.3.1 Kostenartenrechnung

Bei der einstufigen Deckungsbeitragsrechnung ist für eine Kostenartenrechnung eine Aufteilung in fixe und variable Kosten notwendig. Abbildung 4.4 zeigt die Ergebnisse für eine Periode.

4.3.2 Kostenstellenrechnung

Die Kostenstellenrechnung hat bei der Teilkostenrechnung die gleichen Aufgaben wie in der Vollkostenrechnung. Auch der Aufbau des Betriebsabrechnungsbogens ist im Wesentlichen identisch. Allerdings findet in jeder Kostenstelle eine Aufteilung in fixe und variable Kosten statt (siehe Abb. 4.5).

Zu berücksichtigen ist, dass die fixen Kosten nicht für die Berechnung des Zuschlagsatzes herangezogen werden, sondern direkt in die Erfolgsrechnung eingehen. Bei einer innerbetrieblichen Leistungsverrechnung werden nur die variablen Gemeinkosten (GK) an die Hauptkostenstellen weitergereicht. Die fixen Gemeinkosten (GK) gehen direkt in die Erfolgsrechnung ein.

Für die Kalkulation (siehe Abb. 4.6) werden Zuschlagsätze für die variablen Gemeinkosten ermittelt. Als Bezugsgröße dienen die

- Materialeinzelkosten (für die variablen Materialgemeinkosten)
- Fertigungseinzelkosten (für die variablen Fertigungsgemeinkosten)
- Variablen Herstellkosten (für die variablen Verwaltungs- und Vertriebsgemeinkosten)

4.3 Einstufige Deckungsbeitragsrechnung – Direct Costing

Kostenart	Gesamt (€)	Fix (€)	Variabel (€)
Einzelkosten			
Materialeinzelkosten	320.000	0	320.000
Fertigungseinzelkosten	160.000	0	160.000
Sondereinzelkosten der Fertigung	30.000	0	30.000
Sondereinzelkosten des Vertriebs	25.000	0	25.000
Summe	**535.000**	**0**	**535.000**
Gemeinkosten			
Hilfsstoffe	95.600	0	95.600
Betriebsstoffe	142.345	5.000	137.345
Hilfslöhne	42.265	19.099	23.166
Gehälter	181.191	181.191	0
Miete / Leasing	52.571	52.571	0
Gebühren / Steuern	14.383	14.383	0
Kommunikation	31.456	23.592	7.864
Versicherungsbeiträge	9.267	9.267	0
Kalkulatorische Abschreibungen	93.500	84.150	9.350
Kalkulatorische Zinsen	32.432	32.432	0
Kalkulatorische Wagnisse	9.430	4.715	4.715
Summe	**704.440**	**426.400**	**278.040**
Gesamtkosten	**1.239.440**	**426.400**	**813.040**

Abb. 4.4 Kostenartenrechnung auf Basis von Teilkosten

Kosten	Material	Fertigung 1	Fertigung 2	Verwaltung/ Vertrieb	Summe
Variable Gemeinkosten (€)	38.400	144.000	91.000	4.640	278.040
Fixe Gemein-kosten (€)	66.400	140.000	120.000	100.000	426.400
∑ Gemein-kosten (€)	104.800	284.000	211.000	104.64n0	704.440
Zuschlags-basis	MEK 320.000	FEK 1 90.000	FEK 2 70.000	var. HK 753.400	-
Zuschlagsatz	12	160	130	0,62	-

Abb. 4.5 Kostenstellenrechnung auf Basis von Teilkosten

Produkt	Rennrad
Materialeinzelkosten	345,00 €
variable Materialgemeinkosten (12 %)	41,40 €
Fertigungseinzelkosten 1	100,00 €
variable Fertigungsgemeinkosten 1 (160 %)	160,00 €
Fertigungseinzelkosten 2	60,00 €
variable Fertigungsgemeinkosten 2 (130 %)	78,00 €
variable Herstellkosten	**784,40 €**
variable Verwaltungs-/Vertriebsgemeinkosten (0,62 %)	4,86 €
variable Selbstkosten	**789,26 €**

Abb. 4.6 Kalkulation auf Basis einer einstufigen Deckungsbeitragsrechnung

4.3.3 Kostenträgerstückrechnung

Angebotspreis
Im Rahmen der Kalkulation werden bei einer einstufigen Deckungsbeitragsrechnung nur die variablen Kosten erfasst. Allerdings muss ein Preis erzielt werden, mit dem auch eine Deckung der fixen Kosten erreicht und darüber hinaus ein Gewinn erzielt werden kann.

Die Ermittlung des Angebotspreises kann durch einen Zuschlag eines absoluten Plan-Stückdeckungsbeitrages auf die variablen Stückkosten erfolgen. Beispielsweise beträgt dieser beim Produkt Rennrad 120 €.

$$\text{Angebotspreis} = 797,97 \text{ €} + 120 \text{ €} = 917,97 \text{ €}$$

4.3.4 Erfolgsrechnung

Nachfolgendes Beispiel (Abb. 4.7) verdeutlicht die Unterschiede bei der Produkterfolgsrechnung zwischen der Vollkostenrechnung und der Teilkostenrechnung.

Erkenntnisse
- Ausgehend von der Vollkostenrechnung könnte die Entscheidung gefällt werden, das Produkt Rennrad aus dem Sortiment zu nehmen. Dadurch würde sich (vermeintlich) das Betriebsergebnis um 8.640 € erhöhen.
- Bei Anwendung der Deckungsbeitragsrechnung lassen sich die förderungswürdigen und eliminationsverdächtigen Produktarten besser identifizieren. Es wird deutlich, dass

4.3 Einstufige Deckungsbeitragsrechnung – Direct Costing

Umsatzkostenverfahren auf Vollkostenbasis

Fahrradtyp	Rennrad	Trekkingrad	Cityrad	Summe
Bruttoumsatzerlöse *	384.600	574.200	440.000	1.398.800
Erlösschmälerungen	22.700	36.800	38.000	97.500
Nettoumsatzerlöse	361.900	537.400	402.000	1.301.300
Volle Selbstkosten	370.540	478.615	390.285	1.239.440
Betriebsergebnis	-8.640	58.785	11.715	61.860

* immer ohne Umsatzsteuer, da Umsatzsteuer ohne Relevanz für Kostenrechnung

Umsatzkostenverfahren auf Teilkostenbasis

Fahrradtyp	Rennrad	Trekkingrad	Cityrad	Summe
Bruttoumsatzerlöse	384.600	574.200	440.000	1.398.800
Erlösschmälerungen	22.700	36.800	38.000	97.500
Nettoumsatzerlöse	361.900	537.400	402.000	1.301.300
Variable Kosten	335.100	272.900	205.040	813.040
Deckungsbeitrag	26.800	264.500	196.960	488.260
Fixe Kosten				426.400
Betriebsergebnis				61.860

Abb. 4.7 Erfolgsrechnung bei Voll- und Teilkostenrechnung

das Rennrad einen positiven Deckungsbeitrag erwirtschaftet, was zunächst einmal für die Beibehaltung im Sortiment spricht.
- Problematisch ist, dass die Fixkosten nicht näher analysiert werden.

Nachdem nun die grundsätzlichen Unterschiede der Erfolgsrechnung bei Voll- und Teilkostenrechnung präsentiert wurden, werden im folgenden Fallbeispiel über mehrere Perioden hinweg die Unterschiede vertieft.

Fallbeispiel 23: Erfolgsrechnung auf Teilkostenbasis
In einem Einproduktunternehmen ist bei einer Produktionsmenge von 1.000 Stück folgende Kostensituation gegeben:

- Herstellkosten 170.000 €
  - davon fix 90.000 €
  - davon variabel 80.000 €
- Verwaltungskosten 20.000 €
- Vertriebskosten 10.000 €

Abgesehen von den variablen Herstellkosten sind die übrigen Kosten zu 100 % fix. Die variablen Herstellkosten verhalten sich proportional zur Produktionsmenge. Der Verkaufspreis pro Stück beträgt nach Abzug von Erlösminderungen 220 €.

Aufgabe
Welche Ergebnisse liefert eine Erfolgsrechnung auf Basis des Umsatzkostenverfahrens für die einzelnen Monate, wenn zum einen von einer Vollkostenrechnung, zum anderen von einer Teilkostenrechnung ausgegangen wird? Interpretieren Sie die Ergebnisunterschiede.

1. Betrachtung: konstante Produktionsmenge und variierende Absatzmenge

In den Monaten Januar und Februar werden je 1.000 Einheiten hergestellt. Verkauft werden im Januar 800 Einheiten und im Februar 1.200 Einheiten.

Vollkosten	Januar	Februar	Teilkosten	Januar	Februar
Umsatz	176.000	264.000	Umsatz	176.000	264.000
Fixe HK d. Prod.	90.000	90.000			
Var. HK d. Prod.	80.000	80.000	Var. HK d. Prod.	80.000	80.000
$\sum$ HK d. Prod.	170.000	170.000			
+/– BV	34.000	34.000	+/– BV	16.000	16.000
– HK des Umsatzes	136.000	204.000	– variable HK des U.	64.000	96.000
= Bruttoergebnis	40.000	60.000	= Deckungsbeitrag	112.000	168.000
– Verwaltungskosten	20.000	20.000	– fixe HK	90.000	90.000
– Vertriebskosten	10.000	10.000	– Verwaltungskosten	20.000	20.000
			– Vertriebskosten	10.000	10.000
= Betriebsergebnis	10.000	30.000	= Betriebsergebnis	– 8.000	48.000

Erklärung der Rechnung

Die Umsatzzahlen ergeben sich für den Januar aus Absatzmenge (800) multipliziert mit dem Preis (220 €/Stück) = 176.000 € bzw. für den Februar aus Absatzmenge (1.200) multipliziert mit dem Preis (220 €/Stück) = 264.000 €.

Die Höhe der Umsatzerlöse stimmt immer bei Vollkostenrechnung und Teilkostenrechnung überein.

Vollkostenrechnung

Zunächst werden die Herstellkosten des Umsatzes in drei Schritten errechnet:
- Berechnung der Herstellkosten der Produktion (HK d. Prod.). Dabei werden die fixen Herstellkosten der Produktion (Fixe HK d. Prod.) mit den variablen Herstellkosten der Produktion (Var. HK d. Prod.) addiert. Mit dem Begriff „der Produktion" ist genau genommen die Höhe der Herstellkosten bei der Produktionsmenge gemeint. Da sowohl im Januar als auch im Februar 1.000 Stück hergestellt werden, sind die Herstellkosten der Produktion identisch (siehe auch Ausgangssituation).
- Da die Produktionsmenge und die Absatzmenge in beiden Monaten nicht identisch sind, ergeben sich Bestandsveränderungen (BV). Die Herstellkosten pro Stück betragen im Januar 170 € (170.000 € : 1.000 Stück). Die Bestandsmehrung des Januar beträgt 200 Stück (1.000 Produktionsmenge – 800 Absatzmenge). Der Wert der Bestandsmehrung beträgt somit 170 €/Stück multipliziert mit 200 Stück = 34.000 €.

4.3 Einstufige Deckungsbeitragsrechnung – Direct Costing

Im Februar liegt dagegen eine Bestandsminderung vor (ebenfalls 200 Stück). Diese wird pro Mengeneinheit mit 170 € (maßgebend ist die Bewertung aus dem Monat des Lageraufbaus) bewertet. Bei 200 Stück, was einem kompletten Lagerabbau entspricht, ergeben sich somit wiederum 34.000 €.

- Die Herstellkosten des Umsatzes beziehen sich im Januar auf die 800 verkauften Einheiten. Deshalb müssen von den Herstellkosten der Produktion (170.000 €) die Bestandsmehrungen subtrahiert werden. Somit ergeben sich die Herstellkosten des Umsatzes. (170.000 € – 34.000 € = 136.000 €)

Im Februar dagegen werden den Herstellkosten der Produktion (170.000 €) die Kosten für die Bestandsminderung (34.000 €) hinzuaddiert. Somit betragen die Herstellkosten des Umsatzes im Februar 204.000 €.

Vom nun vorliegenden Bruttoergebnis werden die Verwaltungs- und Vertriebskosten subtrahiert. Es ergibt sich das Betriebsergebnis.

Bei der **Teilkostenrechnung** wird zunächst der Deckungsbeitrag ermittelt:
- Gemäß Ausgangssituation betragen die variablen Herstellkosten bei 1.000 Stück Produktionsmenge 80.000 €. Da sowohl im Januar als auch im Februar 1.000 Mengeneinheiten produziert werden, sind jeweils 80.000 € anzusetzen.
- Die Bestandsveränderungen werden in der Teilkostenrechnung nur mit den variablen Stückkosten bewertet. Die variablen Herstellkosten pro Stück betragen 80 € (80.000 € dividiert durch 1.000 Stück Produktionsmenge). Somit beträgt der Wert der Bestandsmehrung im Januar 16.000 € (200 Stück multipliziert mit 200 Stück), die Bestandsminderung im Februar ebenfalls 16.000 €.
- Die variablen Herstellkosten des Umsatzes ergeben sich aus den variablen Herstellkosten der Produktion (80.000 €) abzüglich (Januar) den Bestandsmehrungen von 16.000 €) = 64.000 € bzw. zuzüglich (Februar) den Bestandsminderungen von 16.000) = 96.000 €.
- Der Deckungsbeitrag ergibt sich dann aus Umsatz abzüglich der Herstellkosten des Umsatzes.

Im nächsten Schritt werden vom Deckungsbeitrag die fixen Herstellkosten von 90.000 € sowie die Verwaltungs- und Vertriebskosten (da im Beispiel komplett fix) subtrahiert. Es ergibt sich das Betriebsergebnis.

Interpretation
Über beide Monate betrachtet, beträgt das summarische Ergebnis in beiden Fällen 40.000 €. Die Aufteilung unterscheidet sich jedoch.

Ergebnis nach	Januar	Februar	Gesamt
Vollkostenrechnung	10.000	30.000	40.000
Teilkostenrechnung	− 8.000	48.000	40.000
Differenz	18.000	18.000	0

In der **Teilkostenrechnung** werden – unabhängig von der Absatzmenge – die fixen Herstellkosten der jeweiligen Periode angelastet, in der sie anfallen. Das sind in jedem Monat 90.000 €.

In der **Vollkostenrechnung** werden dagegen die auf die Absatzmenge anteilig entfallenden fixen Herstellkosten der jeweiligen Periode angelastet. Das sind im Januar 72.000 €. Rechnung: 90.000 € /1.000 Stück × 800 Stück. Die übrigen 18.000 € befinden sich in der Bestandsmehrung und werden somit nicht dem Januar zugerechnet. Daraus erklärt sich die Differenz im Betriebsergebnis.

Im Februar betragen die verrechneten Herstellkosten 90.000 €/1.000 Stück × 1.200 Stück = 108.000 € Der Februar wird somit nicht nur mit den fixen Kosten des Monats selbst, sondern darüber hinaus mit 18.000 € belastet, die sich aus der Bestandsminderung ergeben und letztlich im Januar entstanden sind.

Das konstante Betriebsergebnis von 40.000 € als Summe der beiden Monate Januar und Februar – sowohl bei Vollkostenrechnung als auch bei Teilkostenrechnung – ist dem Umstand geschuldet, dass die Bestandsmehrung von 200 Stück (Januar) im folgenden Monat komplett wieder aufgelöst wird und somit die Bestandsminderung im Februar ebenfalls 200 Stück umfasst. Kommt es dagegen zu einem geringen Lagerabbau würde dies zu unterschiedlichen Betriebsergebnissen führen. In der Langfristperspektive ist dieser Aspekt allerdings zu vernachlässigen, da es betriebswirtschaftlich nicht sinnvoll ist Lagerbestände immer weiter aufzubauen.

Fazit
Die Ursache liegt in der Zurechnung fixer Kostenbestandteile auf die Produkte. Unterschiede im Ergebnis liegen folglich dann vor, wenn die hergestellte Menge und die verkaufte Menge voneinander abweichen. Die Ergebnisdifferenzen spiegeln sich auch in der Bewertung der Produktbestände wider. Diese werden in der Vollkostenrechnung zu vollen Kosten bewertet, in der Teilkostenrechnung nur zu variablen Kosten.

2. Betrachtung: variierende Produktionsmenge und konstante Absatzmenge
In den darauffolgenden Monaten werden im März 1.500 Einheiten und im April 500 Einheiten hergestellt. Verkauft werden sowohl im März als auch April je 1.000 Einheiten.

4.3 Einstufige Deckungsbeitragsrechnung – Direct Costing

Vollkosten			Teilkosten		
	März	April		März	April
Umsatz	220.000	220.000	Umsatz	220.000	220.000
Fixe HK d. Prod.	90.000	90.000			
Var. HK d. Prod.	120.000	40.000	Var. HK d. Prod.	120.000	40.000
∑ HK d. Prod.	210.000	130.000			
+/− BV	70.000	70.000	+/− BV	40.000	40.000
− HK des Umsatzes	140.000	200.000	− variable HK des U.	80.000	80.000
= Bruttoergebnis	80.000	20.000	= Deckungsbeitrag	140.000	140.000
			− fixe HK	90.000	90.000
− Verwaltungskosten	20.000	20.000	− Verwaltungskosten	20.000	20.000
− Vertriebskosten	10.000	10.000	− Vertriebskosten	10.000	10.000
= Betriebsergebnis	50.000	−10.000	= Betriebsergebnis	20.000	20.000

Erklärung der Rechnung

Vollkostenrechnung
Die Herstellkosten der Produktion werden analog zum Januar/Februar ermittelt. Den fixen Kosten (90.000 €) werden die variablen Herstellkosten der Produktion hinzuaddiert. Da die variablen Herstellkosten je Stück 80 € betragen, ergeben sich im März bei 1.500 Stück insgesamt 120.000 € bzw. im April bei 500 Stück insgesamt 40.000 €.

Die (vollen) Herstellkosten je Stück betragen im März 140 € (210.000 €: 1.500 Stück). Insofern ergibt sich für die Bestandsmehrung von 500 Stück (Produktionsmenge 1.500– Absatzmenge 1.000 Stück) ein Wert von 70.000 € (500 Stück × 140 €/Stück).

Im April ergibt sich ein umgekehrtes Bild. Den Herstellkosten der Produktion (130.000 €) werden die 70.000 € Bestandsminderung hinzuaddiert.

Teilkostenrechnung
Bei der Teilkostenrechnung unterbleibt die Proportionalisierung der fixen Herstellkosten. Der Periode werden lediglich die variablen Herstellkosten der Absatzmenge zugeordnet.

Interpretation
Über beide Monate betrachtet, beträgt das summarische Ergebnis in beiden Fällen 40.000 €. Die Aufteilung unterscheidet sich jedoch.

Ergebnis nach	März	April	Gesamt
Vollkostenrechnung	50.000	−10.000	40.000
Teilkostenrechnung	20.000	20.000	40.000
Differenz	30.000	30.000	0

Die Ursache ist wiederum in der unterschiedlichen Behandlung der fixen Kosten und der Lagerbestände zu sehen. Auf Grund der hohen Produktionsleistung im März und der daraus resultierenden niedrigen fixen Stückkosten ergibt sich ein hohes Betriebsergebnis. Dies kehrt sich im April um. Bei einem konstanten Absatz bleibt das Betriebsergebnis in der Teilkostenrechnung konstant. Damit wird auch die absatzmarktorientierte Sicht der Teilkostenrechnung verdeutlicht.

3. Betrachtung: variierende Produktionsmenge und variierende Absatzmenge
In den darauffolgenden Monaten werden im Mai 1.500 Einheiten produziert und 1.300 Einheiten abgesetzt und im Juni 1.200 Einheiten produziert und 1.400 abgesetzt.

Vollkosten			Teilkosten		
	Mai	Juni		Mai	Juni
Umsatz	286.000	308.000	Umsatz	286.000	308.000
Fixe HK d. Prod.	90.000	90.000	Var. HK d. Prod.	120.000	96.000
Var. HK d. Prod.	120.000	96.000	+/− BV	16.000	16.000
∑ HK d. Prod.	210.000	186.000	− variable HK des U.	104.000	112.000
+/− BV	28.000	28.000			
− HK des Umsatzes	182.000	214.000			
= Bruttoergebnis	104.000	94.000	= Deckungsbeitrag	182.000	196.000
− Verwaltungskosten	20.000	20.000	− fixe HK	90.000	90.000
− Vertriebskosten	10.000	10.000	− Verwaltungskosten	20.000	20.000
			− Vertriebskosten	10.000	10.000
= Betriebsergebnis	74.000	64.000	= Betriebsergebnis	62.000	76.000

Erklärung der Rechnung

Vollkostenrechnung
Die Herstellkosten der Produktion werden analog zu den bisherigen Monaten ermittelt. Den fixen Kosten (90.000 €) werden die variablen Herstellkosten der Produktion hinzuaddiert. Da die variablen Herstellkosten je Stück 80 € betragen, ergeben sich im Mai bei 1.500 Stück insgesamt 120.000 € bzw. im Juni bei 1.200 Stück insgesamt 96.000 €.

Die (vollen) Herstellkosten je Stück betragen im Mai 140 € (210.000 €: 1.500 Stück). Insofern ergibt sich für die Bestandsmehrung von 200 Stück (Produktionsmenge 1.500 − Absatzmenge 1.300 Stück) ein Wert von 28.000 €.

Im Juni werden den Herstellkosten der Produktion (186.000 €) die 28.000 € Bestandsminderung hinzuaddiert.

4.3 Einstufige Deckungsbeitragsrechnung – Direct Costing

Teilkostenrechnung

Wie schon verdeutlicht, werden bei der Teilkostenrechnung vom Deckungsbeitrag die fixen Herstellkostenkosten sowie die fixen Verwaltungs- und Vertriebskosten zugerechnet.

Interpretation

Über beide Monate betrachtet, beträgt das summarische Ergebnis in beiden Fällen 138.000 €. Die Aufteilung unterscheidet sich jedoch.

Ergebnis nach	Mai	Juni	Gesamt
Vollkostenrechnung	74.000	64.000	138.000
Teilkostenrechnung	62.000	76.000	138.000
Differenz	12.000	12.000	0

Der Einsatz der Vollkostenrechnung führt zu folgendem Ergebnis: Die Absatzmenge steigt von Mai auf Juni um 100 Stück bzw. 7,7%, gleichzeitig sinkt das Betriebsergebnis um 10.000 € bzw. 13,5%! Das Ergebnis unterstreicht, dass bei der Erfolgsrechnung eine Vollkostenrechnung wenig Aussagekraft hat. Die Teilkostenrechnung ist wesentlich besser für eine marktorientierte Abbildung des Erfolges geeignet.

Allerdings ist auf Grund handelsrechtlicher Vorschriften sowohl nach IFRS als auch seit dem Inkrafttreten des Bilanzrechtsmodernisierungsgesetzes in 2009, das im HGB verankert ist, eine mit dem externen Rechnungswesen vereinheitlichte Betriebsergebnisrechnung nach Teilkosten nicht möglich. Dies steht dem Wunsch einer verstärkten Harmonisierung des Rechnungswesens entgegen.

Zum Problem der Erfolgsrechnung nach dem Vollkostenverfahren eine kleine Anekdote. Der Sachverhalt soll sich während einer Sitzung zugetragen haben. An dieser Sitzung nahmen der Präsident, der Verkaufsleiter, der technische Direktor, der Finanzdirektor und der Controller teil. Präsentiert wurde das Betriebsergebnis zweier Vergleichsmonate, das bei fast gleichem Umsatz in einem Monat höher war, weil eine Bestandsmehrung erfolgte. Typischerweise konnte der Präsident den Ergebnisunterschied nicht verstehen, während der Produktionsleiter es richtig findet, dass das Betriebsergebnis von der Produktions- und nicht von der Absatzmenge abhängig ist und nur der Controller die Zusammenhänge richtig durchschaut. Die Kritik des Verkaufsleiters findet ihren Niederschlag in folgendem Zitat „Hold it! Hold everything, Chief! I've got the answer. It's super colossal! We make money when we produce. We don't make money when we sell. So all those salesmen I've got running around in the country are wasting their time – right? Here's what we'll do. We make the salesman quit selling. We bring them into the plant, put them on the production line, and produce like mad. And we'll get rich – right?" (Kilger, S. 69).

4.3.5 Planung und Kontrolle mittels Grenzplankostenrechnung

Die Grenzplankostenrechnung (Synonym: flexible Plankostenrechnung auf Teilkostenbasis) stellt eine Weiterentwicklung der flexiblen Plankostenrechnung dar und ist im Wesentlichen von Plaut mit wissenschaftlicher Fundierung von Kilger (vgl. Kilger/Pampel/Vikas, S. 85–87) entwickelt worden. Sie zeichnet sich durch folgende Merkmals aus:

- Im Gegensatz zur starren und flexiblen Plankostenrechnung handelt es sich bei der Grenzplankostenrechnung um eine Teilkostenrechnung.
- Im Gegensatz zur flexiblen Plankostenrechnung erfolgt eine Trennung von variablen und fixen Kosten nicht nur in der Kostenstellenrechnung, sondern auch in der Kostenträgerstückrechnung. Damit wird der Hauptmangel einer durchgängigen Proportionalisierung von Fixkosten verhindert.
- Für die Kostenkontrolle der einzelnen Kostenstellen wird nur eine Verbrauchsabweichung ermittelt. Da die variablen Sollkosten den verrechneten (variablen) Plankosten entsprechen, existiert bei der Grenzplankostenrechnung keine Beschäftigungsabweichung.

Beispiel
Es gelten die gleichen Informationen wie im Beispiel der flexiblen Plankostenrechnung (vgl. Abb. 4.8):

Zeitbezug	Plankosten	Istkosten
Variable Kosten (€)	36.000	31.800
Fixe Kosten (€)	60.000	60.000
Gesamtkosten (€)	96.000	91.800
Beschäftigung (Arbeitsstunden)	4.000	3.400

Abb. 4.8 Beispiel Grenzplankostenrechnung

Die Abweichungsanalyse beschäftigt sich ausschließlich mit den variablen Kosten. Wie bei einer flexiblen Plankostenrechnung kann zwischen einer Budgetabweichung und einer Verbrauchsabweichung unterschieden werden.

Budgetabweichung
Diese stellt die Differenz zwischen den variablen Istkosten und den variablen Plankosten gegenüber:

$$\text{Budgetabweichung} = 31.800\ \text{€} - 36.000\ \text{€} = -4.200\ \text{€}$$

4.3 Einstufige Deckungsbeitragsrechnung – Direct Costing

Verbrauchsmengenabweichung
Diese stellt die Differenz zwischen den variablen Istkosten und den verrechneten Plankosten dar. Zur Ermittlung der verrechneten Plankosten wird der variable Plankostenverrechnungssatz (36.000 € : 4.000 h = 9 €/h) mit der Istbeschäftigung (3400 h) multipliziert. Sie betragen somit 30.600 €.

$$\text{Verbrauchsmengenabweichung} = 31.800 \text{ €} - 30.600 \text{ €} = 1.200 \text{ €}$$

Abbildung 4.9 zeigt die Vorgehensweise:

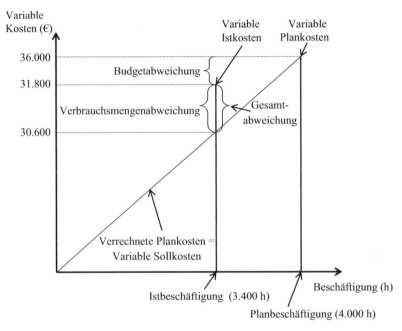

Abb. 4.9 Abweichungsanalyse mittels Grenzplankostenrechnung (modifiziert nach Däumler/Grabe 2004, S. 85–86; Kilger/Pampel/Vikas, S. 78)

Beurteilung
Das Verfahren ist speziell für Kostenstellen und Bereiche der industriellen Massenfertigung mit einem hohen Anteil von variablen Kosten von Bedeutung. Es handelt sich um ein anerkanntes Verfahren zur Ermittlung der Verbrauchsabweichung. Kernziel ist die Ermittlung der variablen Stückkosten und die Analyse von Produktivitätsentwicklungen. Da eine Proportionalisierung von fixen Kosten unterbleibt, stehen für eine entscheidungsorientierte Kostenrechnung (vgl. Kap. 5) entsprechend entscheidungsrelevante Informationen zur Verfügung.

4.4 Mehrstufige Deckungsbeitragsrechnung

Hauptproblem der einstufigen Deckungsbeitragsrechnung ist das weitgehende Ausblenden der fixen Kosten. Da in vielen Unternehmen der Anteil der variablen Kosten an den Gesamtkosten in den letzten Jahrzehnten abgenommen hat, wird kritisiert, dass immer weniger Kosten zur Ermittlung von Deckungsbeiträgen herangezogen werden (vgl. Dierkes/Kloock, S. 1164). Durch die Trennung von Deckungsbeiträgen der Produkte einerseits und dem Fixkostenblock andererseits entsteht vielmehr der Eindruck, dass beide Rechengrößen nebeneinander stehen und nichts miteinander zu tun haben.

Bei der mehrstufigen Deckungsbeitragsrechnung, die Agthe bereits 1959 entwickelt hat (vgl. S. 404–418), wird dagegen der Fixkostenblock stufenweise aufgespalten. Dadurch soll ein besserer Einblick in die Erfolgsstruktur des Unternehmens gewährt werden. Außerdem ergeben sich aus der Fixkostenstruktur Erkenntnisse für Rationalisierungsmaßnahmen.

4.4.1 Kostenartenrechnung

Im Vergleich zur einstufigen Deckungsbeitragsrechnung unterscheidet sich die mehrstufige Deckungsbeitragsrechnung durch die zusätzliche Aufspaltung der fixen Kosten:

Um die Zuordnung besser verstehen zu können, wird von folgendem Beispiel ausgegangen: Ein Unternehmen produziert

- im Unternehmensbereich **Kautschuk**
  - in der Produktgruppe I **Reifen** für den Pkw- (Produktart A) und Lkw-Bereich (Produktart B).
  - in der Produktgruppe II **Industrietransportbänder** (ITB), die je nach Stärke die Produktarten C und D bilden.
- im Unternehmensbereich **Automotive**
  - in der Produktgruppe III **Bremssysteme** (Produktarten E und F).
  - in der Produktgruppe IV **Steuerungsgeräte** für ESP (Produktart G) und Airbag (Produktart H).

Produktartenfixkosten
Hierunter sind fixe Kosten einzuordnen, die direkt mit einer bestimmten Produktart verbunden sind. Dies gilt z. B. für die Kosten von Spezialwerkzeugen oder für die fixen Maschinenkosten (z. B. kalkulatorische Abschreibung, kalkulatorische Zinsen) von Fertigungsanlagen, auf denen nur eine Produktart gefertigt wird. Auch Patentgebühren für die Gewährung des Produkt-Know-hows können Produktartenfixkosten sein. Diese Kosten lassen sich nicht einer konkreten Produkteinheit zurechnen, sondern nur der Gesamtzahl innerhalb einer Abrechnungsperiode.

4.4 Mehrstufige Deckungsbeitragsrechnung

Produktgruppenfixkosten
Die fixen Kosten lassen sich nicht einer einzigen Produktart, sondern einer Produktgruppe zurechnen. Dies gilt beispielsweise für einen Teil der fixen Gemeinkosten im Fertigungsbereich: Bei Maschinen, auf denen nach entsprechender Umrüstung Reifen der Produktarten A, B und C hergestellt werden, sind die fixen Maschinenkosten der Produktgruppe zuzuordnen. Gleiches gilt für Personalkosten, sofern die Mitarbeiter für eine Produktgruppe eingesetzt werden (und nicht anderweitig). Auch Teile von Marketing- und Vertriebskosten (z. B. Kosten für Reifenwerbung) können mit einer Produktgruppe in Verbindung stehen. Wichtig zum Verständnis ist, dass im Gegensatz zur Vollkostenrechnung nicht versucht wird, die fixen Kosten der Produktgruppe anschließend auf die Produktarten zuzuschlüsseln. Daraus würden wiederum Probleme der Zurechnung entstehen, die ja gerade die Teilkostenrechnung vermeiden will.

Bereichsfixkosten
Hier handelt es sich um fixe Kosten, die zwar nicht einer konkreten Produktgruppe, aber zumindest dem Bereich (z. B. Kautschuk oder Automotive) zugeordnet werden können. Auch hier können wiederum Teile von Fertigungskosten (z. B. für die gemeinsame Kautschukherstellung) ermittelt werden. Gleiches gilt für Personalkosten von Mitarbeitern, wenn sie dem Bereich einwandfrei zugerechnet werden können (z. B. Bereichsleiter) oder von Mitarbeitern einer Gruppe oder gar Abteilung, wenn sie dem Bereich zuzuordnen sind (z. B. Forschung und Entwicklung im Kautschukbereich).

Unternehmensfixkosten
Alle übrigen fixen Kosten, die nicht den ersten drei Ebenen zugerechnet werden können, sind Unternehmensfixkosten.

4.4.2 Kostenstellenrechnung

Die Aufspaltung der fixen Kosten wirkt sich auch auf die Kostenstellenrechnung aus, da die in den Kostenarten enthaltenen fixen Kosten den definierten Ebenen (Produktartenfix, Produktgruppenfix, Bereichsfix, Unternehmensfix) zugerechnet werden. Allerdings erfolgt keine Schlüsselung wie in der Vollkostenrechnung.

4.4.3 Erfolgsrechnung

Abbildung 4.10 stellt einer einstufigen Deckungsbeitragsrechnung den Informationsgewinn einer mehrstufigen Deckungsbeitragsrechnung gegenüber (Angaben in 1000 €).

Einstufige Deckungsbeitragsrechnung

Produktart	A	B	C	D	E	F	G	H	Summe
Bruttoumsatzerlöse	758	946	174	292	590	260	516	464	4.000
- Erlösschmälerungen	40	61	13	15	69	21	36	45	300
= Nettoumsatzerlöse	718	885	161	277	521	239	480	419	3.700
- Variable Kosten	277	478	75	198	237	255	160	120	1.800
= Deckungsbeitrag 1	441	407	86	79	284	-16	320	299	1.900
- Fixe Kosten									1.700
= Betriebsergebnis									200

Mehrstufige Deckungsbeitragsrechnung

Unternehmensbereich	Kautschuk				Automotive				
Produktgruppe	Reifen		ITB		Bremsen		Steuerung		
Produktart	A	B	C	D	E	F	G	H	Summe
Bruttoumsatzerlöse	758	946	174	292	590	260	516	464	4.000
- Erlösschmälerungen	40	61	13	15	69	21	36	45	300
= Nettoumsatzerlöse	718	885	161	277	521	239	480	419	3.700
- Variable Kosten	277	478	75	198	237	255	160	120	1.800
= Deckungsbeitrag 1	441	407	86	79	284	-16	320	299	1.900
- Produktartenfixkosten	174	107	40	84	126	30	133	106	800
= Deckungsbeitrag 2	267	300	46	- 5	158	-46	187	193	1.100
	567		41		112		380		
- Produktgruppenfixk.	297		85		23		95		500
= Deckungsbeitrag 3	270		- 44		89		285		600
	226				374				
- Bereichsfixkosten	90				60				150
= Deckungsbeitrag 4	136				314				450
	450								
- Unternehmensfixkosten	250								250
=Betriebsergebnis	200								200

Abb. 4.10 Ein- und mehrstufige Deckungsbeitragsrechnung im Vergleich

Die Ergebnisse zeigen, dass

- das Betriebsergebnis übereinstimmend bei beiden Methoden 200 beträgt.
- das Produkt F als einziges Produkt einen negativen Deckungsbeitrag 1 hat.
- sich die fixen Kosten in Höhe von 1.700 in die Kategorien Produktartenfixkosten (800), Produktgruppenfixkosten (500), Bereichsfixkosten (150) und Unternehmensfixkosten (250) aufspalten lassen.

4.4 Mehrstufige Deckungsbeitragsrechnung

- Produkt D nach der Verrechnung der Produktartenfixkosten defizitär ist und einen Deckungsbeitrag 2 von -5 aufweist.
- die Produktgruppe Industrietransportbänder (ITB) nach der Verrechnung der Produktgruppenfixkosten defizitär ist und der Deckungsbeitrag 3 insgesamt -44 beträgt.

Von den negativen Deckungsbeiträgen kann aber nicht automatisch auf eine Eliminierung geschlossen werden.

Im Folgenden werden hierzu einige Begründungen genannt:

1. Ein Kunde bezieht von einem Unternehmen, das den Charakter eines Systemlieferanten hat, nicht nur Produkt D, sondern auch Produkt H. Die beiden Produkte weisen somit einen Verbundeffekt auf. Würde nun Produkt D eliminiert, werden möglicherweise auch keine Aufträge für Produkt H getätigt.
2. Ein Produkt steht erst am Anfang seines Lebenszyklus. Es ist zu vermuten, dass in dieser Phase zunächst nur geringe Absatzmengen realisiert werden, denen aber hohe fixe Kosten gegenüberstehen. Es wird erwartet, dass in einigen Monaten die Nachfrage deutlich zunimmt.
3. Der Produktbereich Industrietransportbänder hat zurzeit unter einer Wirtschaftskrise zu leiden, da die Nachfrage der Unternehmen deutlich eingebrochen ist. Geringe Absatzmengen und entsprechende Umsatzerlöse stehen vergleichsweise hohen Produktarten- und Produktgruppenfixkosten gegenüber. Da der Unternehmensbereich aber als sehr wettbewerbsfähig eingestuft wird, handelt es sich um eine vorübergehende Problematik.

Es wird deutlich: Die Kosten- und Erlösrechnung darf nicht nur nackte Zahlen liefern. Wichtig ist auch deren Bewertung durch das sachkundige Controlling.

Ausgehend von den o. g. Ausführungen wird deutlich, dass die Analyse der fixen Kosten für jedes Unternehmen von Bedeutung ist. Neben der Information darüber, auf welcher Ebene die fixen Kosten anfallen (Produktartenfixkosten usw.) sind noch relevant:

- Information darüber, welcher Anteil der fixen Kosten auszahlungswirksam ist.
- Information darüber, wie schnell im Bedarfsfall die fixen Kosten nach entsprechenden Entscheidungen (z. B. Kündigungen, Desinvestitionen) abgebaut werden können (vgl. Kap. 2.2.1).
- Informationen darüber, aus welchen Kostenarten die fixen Kosten resultieren.

4.4.4 Kostenträgerstückrechnung

Die Kalkulation der Selbstkosten im Rahmen einer mehrstufigen Deckungsbeitragsrechnung erfolgt – ähnlich wie bei einer Vollkostenrechnung – über Zuschlagsätze.

Kostenbestandteil	Berechnung	k (€)
Proportionale Stückkosten	KV : x = 277.000 € : 13.850 Stück	20,00
+ Produktartenfixkosten	in % der variablen Kosten des Produktes (174 : 277) x 100 % = 62,82 %	12,56
+ Produktgruppenfixkosten	in % der variablen Kosten der Produktgruppe (297 : 755) x 100 % = 39,34 %	7,87
+ Bereichsfixkosten	in % der variablen Kosten des Bereichs (90 : 1.028) x 100 % = 8,75 %	1,75
+ Unternehmensfixkosten	in % der variablen Kosten des Betriebs (250 : 1.800) x 100 % = 13,89 %	2,78
= Selbstkosten		44,96

Abb. 4.11 Kalkulation auf Basis einer mehrstufigen Deckungsbeitragsrechnung

Abbildung 4.11 zeigt dies am Beispiel des Produktes Reifen A. Zunächst ist die Produktionsmenge von A festzustellen. Diese beträgt in der Periode 13.850 Stück. Die Selbstkosten des Produktes A betragen danach 44,96 € pro Produkteinheit.

Allerdings erfolgt auch bei einer mehrstufigen Deckungsbeitragsrechnung keine verursachungsgerechte Fixkostenverrechnung. Insbesondere ist zu berücksichtigen, dass fixe Kosten nicht unmittelbar durch die Herstellung von Produkten entstehen, sondern durch die Bereitstellung von Produktionsfaktoren (Maschinen, Personal), sodass die fixen Kosten zumindest kurzfristig auch dann anfallen, wenn nicht produziert wird.

Darüber hinaus ist festzuhalten, dass ein Produkt je mehr Fixkosten zugerechnet bekommt, desto höher die variablen Kosten einer Produktgruppe oder eines Unternehmensbereiches sind.

Problematisch ist auch die Bewertung von Beständen für fertige und unfertige Erzeugnisse für die Handels- und Steuerbilanz, da die dort genannten Zuschläge für Material, Fertigung und Verwaltung fehlen.

Somit ist diese Information kaum zuverlässiger als die einer Vollkostenrechnung.

4.4.5 Kundenerfolgsrechnung

Das folgende Beispiel zeigt, dass eine mehrstufige Deckungsbeitragsrechnung nicht nur Produkte analysiert. Von Interesse sind beispielsweise auch Kundenuntersuchungen. Ein solcher Kunden-Deckungsbeitrag (vgl. Abb. 4.12) kann beispielsweise aufzeigen, ob überproportional hohe Kosten für Werbung oder Vertriebskosten entstehen oder ob vergleichsweise hohe Preisnachlässe (Rabatte, Boni, Skonti) gewährt werden.

4.4 Mehrstufige Deckungsbeitragsrechnung

Position		€	%
	Umsätze auf Basis Nettolistenpreis (ohne Umsatzsteuer)	2.456.500	100,00
−	Sofortrabatte	294.780	12,00
	Skonti	43.234	1,76
=	Barverkaufspreis	2.118.486	86,24
−	Variable Kosten		
	Material / Zulieferteile	1.262.641	51,40
	Fertigungslöhne	181.781	7,40
	Sondereinzelkosten (z.B. Werkzeuge, Transport)	54.975	2,24
	Fremdleistungen	104.845	4,27
	Sonstige	17.300	0,70
	Summe variable Kosten	1.621.542	66,01
=	Kunden-Deckungsbeitrag I	496.944	20,23
−	Kundenspezifische Vertriebskosten (z.B. Außendienst)	29.500	1,20
	Kundenspezifische Marketingkosten (z.B. Verkaufsförderung)	18.300	0,75
=	Kunden-Deckungsbeitrag II	449.144	18,28
−	Kosten für zusätzliche Leistungen / Serviceleistungen	68.430	2,79
=	Kunden-Deckungsbeitrag III	380.714	15,50
−	Zusätzliche Preisnachlässe (z.B. nachträgliche Rabatte, Boni)	17.150	0,70
=	Kunden-Deckungsbeitrag IV	363.564	14,80

Abb. 4.12 Berechnung eines Kunden-Deckungsbeitrages

4.4.6 Übungsaufgabe zur mehrstufigen Deckungsbeitragsrechnung

Übungsaufgabe 11: Mehrstufige Deckungsbeitragsrechnung
Ein stark diversifizierter Industriebetrieb führt monatlich die kurzfristige Erfolgsrechnung nach dem System der mehrstufigen Deckungsbeitragsrechnung durch. Folgende Daten liegen für einen Monat vor:

Produktart	Listenpreis/Stück (ohne Umsatzsteuer)	Absatzmenge	kv	Produktartenfixkosten
A	15	15.000	4,25	55.100
B	22,40	28.000	12,24	78.800
C	46	15.000	22,60	160.000
D	52	12.000	25,20	190.000
E	118	8.000	70,30	94.000
F	140	6.000	82,00	88.000

Die Produktgruppe Solartechnik umfasst die Produkte A und B.
Die Produktgruppe Messtechnik umfasst die Produkte C und D.
Die Produktgruppe Medizintechnik umfasst die Produkte E und F.

Die Unternehmensfixkosten betragen 150.000 €.
Die Produktgruppenfixkosten betragen für die Solartechnik 56.500 €, für die Messtechnik 145.000 € und für die Medizintechnik 165.000 €.
Das Unternehmen erwartet Rabatte und Skonto zusammen in Höhe von 15% des Listenpreises.

Aufgabe

a. Berechnen Sie im Rahmen einer mehrstufigen Deckungsbeitragsrechnung das Betriebsergebnis. Weisen Sie als Zwischenergebnisse für die Periode die Erlöse auf Basis des Listenpreises, die Erlösschmälerungen, die Nettoumsatzerlöse, die variablen Kosten und die Deckungsbeiträge aus.
b. Kalkulieren Sie die Selbstkosten des Produktes E.
c. Am Markt wird für das nächste Geschäftsjahr eine 8%ige Preisreduzierung für das Produkt A erwartet (Basis Nettoerlös). Berechnen Sie, wie sich die Absatzmenge von Produkt A ändern muss, damit das Betriebsergebnis aus a) unverändert bleibt.
d. Das Erzeugnis C könnte für 34 €/Stück von einem anderen Unternehmen bezogen werden. Sollte dieses Angebot angenommen werden, wenn die Produktartenfixkosten des Produktes C in diesem Fall abgebaut werden können, die übrigen Fixkosten von dieser Entscheidung unbeeinflusst bleiben und die Absatzmenge sich in absehbarer Zukunft nicht verändert?
e. Laut Marktforschung könnte die Absatzmenge des Produktes B um 15.000 Stück erhöht werden, wenn der Nettoverkaufspreis/Stück um 2,10 € gesenkt würde. In diesem Falle würden jedoch die Produktionskapazitäten nicht ausreichen. Es müssten Maschinen angeschafft werden, die zu zusätzlichen Produktartenfixkosten von 29.000 € im Monat führen würden. Sollte unter diesen Umständen der Preis gesenkt werden?
f. Es gilt die Ausgangssituation. Das Unternehmen steht vor der Frage, ob der Werbeetat um 50.000 € erhöht werden soll. Die Marketingabteilung empfiehlt, den Werbeetat nur einer Produktgruppe zusätzlich zur Verfügung zu stellen, weil nur dann der Effekt erzielt werden kann, dass sich für diese Produktgruppe die Absatzmenge um 15% erhöht. Das Unternehmen hat noch freie Kapazitäten und kann diese hinzukommende Absatzmenge mühelos produzieren. Für welche Produktgruppe sollte gegebenenfalls der zusätzliche Werbeetat eingesetzt werden, wenn als Zielsetzung die Erhöhung des Betriebsergebnisses angestrebt wird?
g. Es gilt die Ausgangssituation. Die Produktgruppe Medizintechnik ist bislang von einem Produktmanager betreut worden. Die Geschäftsleitung möchte für das Produkt E eine Produktmanagerin einstellen. Dadurch nehmen die Produktartenfixkosten um 6.000 € zu. Der bisherige Mitarbeiter wäre dann ausschließlich für das Produkt F zuständig. Die Geschäftsleitung geht davon aus, dass durch diese Maßnahme der Absatz des Produktes E gesteigert werden kann. Um wie viel Prozent muss die Absatzmenge des Produktes E mindestens steigen, um ein unverändertes Betriebsergebnis zu erzielen?
h. Es gilt die Ausgangssituation. Berechnen Sie, wie viel Prozent Gewinn – bezogen auf das Betriebsergebnis und den Erlös auf Basis des Listenpreises – das Unternehmen in der abgelaufenen Rechnungsperiode erzielt hat!

4.4 Mehrstufige Deckungsbeitragsrechnung

Lösung

a)

Produktgruppe	Solartechnik		Messtechnik		Medizintechnik	
Produktart	A	B	C	D	E	F
Erlöse Basis Listenpreis	225.000	627.200	690.000	624.000	944.000	840.000
− Erlösschmälerungen	33.750	94.080	103.500	93.600	141.600	126.000
= Nettoumsatzerlöse	191.250	533.120	586.500	530.400	802.400	714.000
− Variable Kosten	63.750	342.720	339.000	302.400	562.400	492.000
= Deckungsbeitrag 1	127.500	190.400	247.500	228.000	240.000	222.000
− Produktartenfixkosten	55.100	78.800	160.000	190.000	94.000	88.000
= Deckungsbeitrag 2	72.400	111.600	87.500	38.000	146.000	134.000
− Produktgruppenfixkosten	184.000		125.500		280.000	
	56.500		145.000		165.000	
= Deckungsbeitrag 3	127.500		−19.500		115.000	
− Unternehmensfixkosten			127.500			
			150.000			
= Betriebsergebnis			73.000			

b)

Kostenbestandteil	Berechnung	k (€)
Proportionale Stückkosten		70,30
+ Produktartenfixkosten	in % der variablen Kosten des Produktes (94.000 : 562.400) × 100% = 16,71%	11,75
+ Produktgruppenfixkosten	in % der variablen Kosten der Produktgruppe (165.000 : 1.054.400) × 100% = 15,65%	11,00
+ Unternehmensfixkosten	in % der variablen Kosten des Betriebs (150.000 : 2.102.270) × 100% = 7,14%	5,02
= Selbstkosten		98,07

c)

neuer Nettopreis Produkt A = 12,75 € − 8 % = 11,73 €
db Produkt A neu = 11,73 € − 4,25 € = 7,48 €
DB 1 alt : db neu = 127.500 € : 7,48 € = 17.045,5 Stück (17.046 Stück)
zusätzliche Absatzmenge: 2.046 Stück

d)

Lösungsalternative 1: Deckungsbeitrag 2 neu: 586.500 € (Nettoumsatzerlöse) − 510.000 € (Variable Kosten 15.000 Stück × 34 €/Stück) = 76.500 € (Deckungsbeitrag 1). Da die Produktartenfixkosten entfallen, beträgt auch der Deckungsbeitrag 2 76.500 €.

Da der Deckungsbeitrag 2 alt 87.500 € beträgt, ist die Eigenfertigung vorzuziehen, da dieser 11.000 € höher ist als bei Fremdvergabe.

Lösungsalternative 2:

Kosten Fremdfertigung : 15.000 Stück × 34 €/Stück = 510.000 €
Kosten Eigenfertigung : 15.000 Stück × 22,60 €/Stück + 160.000 € = 499.000

Ergebnis: Eigenfertigung ist vorzuziehen, da die Kosten um 11.000 € niedriger liegen.

e)
Nettoerlös pro Stück 16,94 €
db neu 4,70 €
Absatzmenge neu 43.000 Stück
DB 1 neu 202.100 €
Produktartenfixkosten neu 107.800 €
DB 2 neu 94.300 €
DB 2 alt 111.600 €
Ergebnis: Die Maßnahme ist nicht sinnvoll.

f)

Produkt	A	B	C	D	E	F
Zusätzliche Absatzmenge	2.250	4.200	2.250	1.800	1.200	900
db	8,50	6,80	16,50	19	30	37
Zusätzlicher DB	19.125	28.560	37.125	34.200	36.000	33.300
Zusätzlicher DB Produktgruppe	47.685		71.325		69.300	
Werbekosten	50.000		50.000		50.000	
Änderung DB 3	−2.315		21.325		19.300	

Entscheidung: Die Maßnahme ist für die Produktgruppe Solartechnik nicht sinnvoll, da sich der DB 3 um 2315 € verschlechtert. Bei den Produktgruppen Messtechnik (+21.325 €) bzw. Medizintechnik (+19.300 €) ergibt sich eine Steigerung des DB 3. Da die Maßnahme nur für eine Produktgruppe durchgeführt werden kann, sollte diese für die Produktgruppe Messtechnik erfolgen.

g)
Zusätzliche Produktartenfixkosten bei Produkt E: 6.000 €
Bisheriger db: 30 €
Zusätzliche Stückzahl: 6.000 : 30 = 200 Stück
Prozentualer Zuwachs: 2,5 % (200 Stück : 8.000 Stück)

4.4 Mehrstufige Deckungsbeitragsrechnung

h)
Gesamtumsatz (Listenpreis): 3.950.200 €
Betriebsergebnis: 73.000 €
Prozentwert (Umsatzrendite auf das Betriebsergebnis): 1,85 %

Rechenhinweise
Bei Teilaufgabe c) muss daran gedacht werden, dass der DB konstant bleiben muss und nicht der Umsatz! Ansonsten wird vernachlässigt, dass sich die variablen Kosten durch die zusätzlich produzierten Einheiten erhöhen und sich somit der Deckungsbeitrag der Produktart reduziert.

Bei den Teilaufgaben f) und g) ist eine ausschließliche Betrachtung der Veränderungen, die durch die jeweilige Maßnahme hervorgerufen werden (z. B. zusätzlicher Deckungsbeitrag, zusätzliche Produktartenfixkosten) am sinnvollsten, weil sich dadurch einerseits der Vorteil/Nachteil der Maßnahme sofort erkennen lässt und andererseits der Rechenaufwand reduziert wird.

Entscheidungsorientierte Kostenrechnung 5

Lernziele

In diesem Kapitel lernen Sie wie mit Hilfe der Teilkostenrechnung betriebswirtschaftliche Entscheidungen fundiert getroffen werden können. Konkret lernen Sie dabei
- wie eine Gewinnschwellenanalyse zu erstellen ist.
- was unter einer Preisuntergrenze und Preisobergrenze zu verstehen ist und können beurteilen, wann ein Kundenauftrag angenommen werden sollte.
- ein optimales Produktions- und Absatzprogramm zu erstellen.
- zu beurteilen, welche Fertigungsverfahren unter dem Gesichtspunkt der Kostenminimierung zum Einsatz kommen sollten.
- die Alternativen Eigenfertigung und Fremdbezug kostenrechnerisch zu bewerten.

5.1 Break-Even-Analyse

5.1.1 Grundlagen

Kernfrage
Wie viele Produkteinheiten muss ein Unternehmen am Markt mindestens verkaufen, damit im Unternehmen weder Gewinn noch Verlust entsteht? Dabei wird von der so genannten Gewinnschwelle (Break-Even-Point) gesprochen.

Als **Informationsbasis** sind hierfür notwendig:

- Der Preis (p) pro verkaufter Einheit (Stück, l, kg, t usw.). Dabei sind vom Bruttoverkaufspreis die Erlösschmälerungen (Rabatte, Skonti) abzuziehen.
- Die variablen Kosten pro produzierter Einheit (k_v).
- Die fixen Kosten (K_f) pro Periode (Monat, Quartal, Jahr).

Methode

Der Break-Even-Point liegt im Schnittpunkt der Fixkostenfunktion und der Deckungsbeitragsfunktion sowie im Schnittpunkt der Erlös- und Gesamtkostenfunktion.

Beispiel

Ein Unternehmen hat Fixkosten in Höhe von 5.000.000 €. Der Preis für das Produkt beträgt 250 €, die variablen Stückkosten betragen 200 €.

$$K_f = p \cdot x - k_v \cdot x \quad \text{oder} \quad p \cdot x = K_f + k_v \cdot x$$
$$5.000.000\,€ = 50(db) \cdot x \quad\quad 250x = 5.000.000\,€ + 200x$$
$$x = 100.000 \text{ (Break-Even-Menge)}$$
$$100.000 \cdot 250 = 25.000.000\,€ \text{ (Break-Even-Umsatz)}.$$

Mit anderen Worten: Erst ab einem Umsatz von 25.000.000 € wird die Gewinnschwelle erreicht.

Abbildung 5.1 geht über das Grundmodell der Break-Even-Analyse hinaus und veranschaulicht zusätzlich, an welcher Stelle Einflussmöglichkeiten bestehen.

Preispolitik

Verdeutlicht wird die Spanne zwischen Bruttoerlös und Nettoerlös. Je mehr Rabatte, Skonti, Boni usw. gewährt werden, desto weiter verschiebt sich die Break-Even-Menge nach rechts.

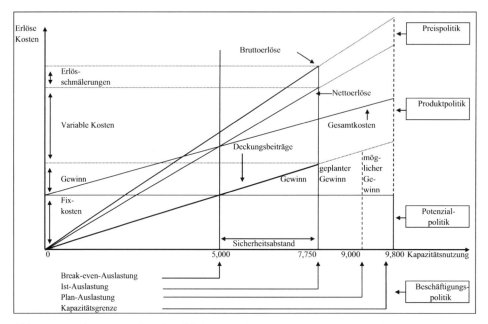

Abb. 5.1 Break-Even-Analyse (modifiziert nach Schweitzer/Trossmann, S. 57)

Produktpolitik
Die Attraktivität des Produktprogrammes beeinflusst nicht nur die Durchsetzbarkeit eines bestimmten Marktpreises, sondern hat unmittelbar Einfluss auf die Absatzmenge. Vorhandene Synergieeffekte zwischen den Produkten beeinflussen wiederum die Höhe der variablen Kosten (z. B. Marktmacht gegenüber den Lieferanten).

Potenzialpolitik
Auf Grund von Investitionen in Fertigungstechnik, Forschung und Entwicklung, Personal usw. entstehen fixe Kosten, die kurzfristig, teilweise auch nicht mittelfristig, abgebaut werden können.

Beschäftigungspolitik
Auf Grund der Kapazitätsgrenze sind beim jetzigen Stand Wachstumsgrenzen erkennbar. Mehr als 9800 Produkteinheiten können pro Periode nicht gefertigt werden. Allerdings wird deutlich, dass die geplante Produktions- und Absatzmenge (9000 Stück) deutlich verfehlt worden ist. Die Istauslastung (7750 Stück) liegt allerdings immer noch über der Break-Even-Menge (5000 Stück). Die Differenz zwischen Ist-Auslastung und Break-Even-Auslastung zeigt den Sicherheitsabstand (2750 Stück).

5.1.2 Kennzahlen der Break-Even-Analyse

Aus der Ermittlung der Deckungsbeitragsumsatzrate und des Erfolgsbeitrages lassen sich speziell für die Produkte des Unternehmens weitergehende Informationen gewinnen. Dagegen liefern sowohl die Sicherheitsstrecke als auch die Sicherheitsspanne Informationen zur aktuellen Auslastung im Verhältnis zur Break-Even-Menge.

A) Deckungsbeitragsumsatzrate (Ertragsstärke)
Dadurch, dass der Deckungsbeitrag zum Nettoumsatzerlös ins Verhältnis gesetzt wird, lässt sich für alle Produkte des Unternehmens der DBU-Koeffizient ermitteln. Er verdeutlicht, wie viel Euro Deckungsbeitrag durch je 100 € Nettoerlös mit einem Produkt erwirtschaftet wird.

$$DBU = \frac{\text{Deckungsbeitrag je Produktart}}{\text{Nettoumsatzerlös je Produktart}}$$

Der DBU-Koeffizient kann zwischen null und eins liegen. Auf Basis einer ABC-Analyse (Abb. 5.2) können innerhalb des eigenen Sortimentes Produkte mit vergleichsweise

- hohem DBU-Koeffizienten als A-Produkte,
- mittlerem Koeffizienten als B-Produkte,
- niedrigem Koeffizienten als C-Produkte

klassifiziert werden.

Abb. 5.2 ABC-Analyse auf Basis des DBU-Koeffizienten (modifiziert nach Graumann, S. 256)

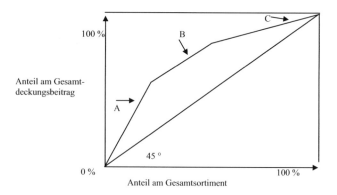

Als Durchschnittswert für das gesamte Sortiment gilt:

$$DBU = \frac{Gesamtdeckungsbeitrag}{Gesamte\ Nettoumsatzerlöse}$$

Darüber hinaus kann mit Hilfe des DBU-Koeffizienten der Break-Even-Umsatz ermittelt werden.

$$Break\text{-}Even\text{-}Umsatz = \frac{Fixe\ Kosten}{DBU\text{-}Koeffizient}$$

Beispielsweise betragen der Deckungsbeitrag eines Unternehmens 20.000 € und der Nettoerlös 50.000 €. Daraus ergibt sich ein DBU-Koeffizient von 0,40. Damit ergeben sich aus jedem € Umsatz 0,40 € für die Fixkostendeckung bzw. zur Steigerung des Betriebsergebnisses.

Löst man den DBU-Koeffizienten nach p auf, ergibt sich:

$$p = \frac{k_v \times 100}{100 - DBU\ (hier\ prozentual)}$$

Aus dieser Formel errechnet sich der **Mindestpreis**, der erzielt werden muss, um eine bestimmte DBU-Rate zu realisieren.

Beispiel
Die Unternehmensleitung gibt dem Vertrieb als Sollgröße für die Preisfindung einen DBU-Koeffizienten in Höhe von 0,30 (30%) vor. Die variablen Stückkosten betragen 130 €.

$$p = \frac{130 \times 100}{100 - 30} = 185,71\ €$$

5.1 Break-Even-Analyse

B) Erfolgsbeitrag

Die Kennzahl liefert den **prozentualen Anteil** des durch eine Produktart oder Produktgruppe erzielten Deckungsbeitrages. Dabei wird der Deckungsbeitrag der Produktart bzw. Produktgruppe mit dem Gesamtdeckungsbeitrag des Unternehmens ins Verhältnis gesetzt.

$$\text{Erfolgsbeitrag} = \frac{\text{Deckungsbeitrag je Produktart oder -gruppe}}{\text{Gesamtdeckungsbeitrag}}$$

Beispiel
Die folgende Abb. 5.3 zeigt die beiden Kennzahlen im Kontext einer Deckungsbeitragsrechnung.

Fahrradtyp	Rennrad	Trekkingrad	Cityrad	Summe
Bruttoumsatzerlöse	384.600	574.200	440.000	1.398.800
Erlösschmälerungen	22.700	36.800	38.000	97.500
Nettoumsatzerlöse	361.900	537.400	402.000	1.301.300
Variable Kosten	335.100	272.900	205.040	813.040
Deckungsbeitrag	26.800	264.500	196.960	488.260
DBU (%)	7,41	49,22	49,00	37,52
Erfolgsbeitrag (%)	5,49	54,17	40,34	100,00
Fixe Kosten				426.400
Betriebsergebnis				61.860

Abb. 5.3 Deckungsbeitragsumsatzrate und Ertragsstärke

C) Sicherheitsstrecke
Sie gibt an, welcher Umsatzrückgang maximal eintreten darf, ohne dass das Unternehmen in die Verlustzone gerät.

$$\text{Sicherheitsstrecke} = \text{Istumsatz} - \text{Break-Even-Umsatz}$$

D) Sicherheitsspanne
Diese Kennzahl signalisiert, um wie viel Prozent der Break-Even-Umsatz unter dem tatsächlichen Umsatz liegt. Je größer die Sicherheitsspanne, desto besser die Absatz- und Erlössituation.

$$\text{Sicherheitsspanne} = \left(1 - \left\{\frac{\text{Fixe Kosten}}{(p - k_v) \times \text{tatsächliche Absatzmenge}}\right\}\right) \times 100$$

$$= (1 - 426.400 / 488.260) \times 100$$

$$= 12{,}67\%$$

oder

$$\text{Sicherheitsspanne} = \frac{\text{Istumsatz} - \text{Break-Even-Umsatz}}{\text{Istumsatz}} \times 100$$

Break-Even-Umsatz = Fixe Kosten / DBU = 426.400 / 0,3752 = 1.136.460,55 €

Sicherheitsspanne = (1.301.300 − 1.136.460,55) / 1.301.300 × 100 = 12,67%

E) Cash-Punkt
Im Vergleich zur Ermittlung der Break-Even-Menge werden nicht die gesamten fixen Kosten, sondern nur deren liquiditätswirksamen Teile in die Analyse aufgenommen. Beispielsweise führen die kalkulatorischen Abschreibungen nicht zu einer Auszahlung. Dies gilt auch für die Differenz zwischen den kalkulatorischen Zinsen und den tatsächlich zu zahlenden Fremdkapitalzinsen. Der Cash-Punkt wird immer vor der Break-Even-Menge erreicht. Mit dessen Erreichung sind alle liquiditätswirksamen Kosten abgedeckt.

F) Kapazitätsgrad
Wird der erzielte Deckungsbeitrag durch die fixen Kosten dividiert, so erhält man den Kapazitätsgrad. Die Kennzahl bewertet die Angemessenheit der vorhandenen Kapazität im Verhältnis zur vorhandenen Marktsituation. Ein Wert von 1,8 erklärt, dass mit der vorhandenen Kapazität die Produkte kostenmäßig so produziert werden können, dass die anfallenden Fixkosten 1,8fach abgedeckt sind. Ein Wert von 1,0 würde hingegen bedeuten, dass die Break-Even-Menge erreicht worden ist und die Fixkosten gerade noch abgedeckt sind.

G) Sensitivitätsanalyse
Durch die Sensitivitätsanalyse sollen die Auswirkungen der Veränderung einer Einflussgröße auf eine Zielgröße ermittelt werden.

Übungsaufgabe 12: Sensitivitätsanalyse bei der Break-Even-Analyse
Ein Unternehmen hat eine Produktions- und Absatzmenge von 10.000 Stück. Die fixen Kosten betragen 790.000 €, von denen 150.000 € nicht liquiditätswirksam sind. Die variablen Stückkosten liegen bei 245 €, der Stückerlös bei 352 €.
Ermitteln Sie zunächst für die Ausgangssituation die folgenden Kennzahlen:

- den DBU (in Prozent mit 2 Nachkommastellen)
- die Break-Even-Menge (ohne Nachkommastelle)
- den Break-Even-Umsatz (auf Basis des DBU-Wertes) ohne Nachkommastelle
- den Cash-Punkt (ohne Nachkommastelle)
- den Kapazitätsgrad (2 Nachkommastellen)

5.1 Break-Even-Analyse

- die Sicherheitsspanne (in % mit 2 Nachkommastellen)
- die notwendige Wachstumsrate des Break-Even-Umsatzes (BEU) in Prozent mit zwei Nachkommastellen.

Prüfen Sie dann darüber hinaus, wie sich die folgenden Veränderungen auf die o.g. Kennzahlen auswirken, wobei jede Situation für sich betrachtet wird.

- Erhöhung der liquiditätswirksamen Fixkosten um 158.000 €
- Erhöhung der variablen Kosten um 11%
- Preissenkung um 5%

Erstellen Sie eine Matrix mit 11 Zeilen und 4 Spalten.
In den Zeilen werden dargestellt: Stückerlös, variable Stückkosten, Stückdeckungsbeitrag, Fixkosten sowie die o.g. sieben Kennzahlen.
In den Spalten werden dargestellt: Die Ergebnisse der 4 Berechnungen (Ausgangssituation sowie drei veränderte Simulationen).

Lösung

Maßgröße	Ausgangssituation	Fixkosten + 20%	Variable Kosten + 11%	Preis – 5%
Stückerlös	352,00	352,00	352,00	334,40
k_v	245,00	245,00	271,95	245,00
Db	107,00	107,00	80,05	89,40
Fixkosten	790.000	948.000	790.000	790.000
DBU (%)	30,40	30,40	22,74	26,73
Break-Even-Menge	7.383	8.860	9.869	8.837
Break-Even-Umsatz	2.598.816	3.118.421	3.473.888	2.955.093
Cash-Punkt	5981	7458[a]	7995	7159
Kapazitätsgrad	1,35	1,13	1,01	1,13
Sicherheitsspanne (%)	26,17	11,40	1,31	11,63
Wachstumsrate BEU (%)	–	20,00	33,67	13,71

[a] Hinweis: Die nicht liquiditätswirksamen Fixkosten betragen immer noch 150.000 €

948.000 € – 150.000 € = 798.000 € : 107 € (db) = 7.458 €.

5.1.3 Übungsaufgabe zur Break-Even-Analyse

Übungsaufgabe 13: Break-Even-Analyse
Der Apfelsafthersteller Trunk GmbH produziert bislang 5.000.000 Liter Apfelsaft der Sorte „Kraichgau-Sonne". Dabei entstehen Gesamtkosten in Höhe von 2.550.000 €. Der

Fixkostenanteil beträgt ein Drittel der Gesamtkosten. Am Markt herrscht ein starker Wettbewerb. Der Vertrieb kann pro Liter einen Preis von 0,60 € erzielen. Das Unternehmen zahlt an eine Genossenschaft 0,06 € pro Liter. Diese Kosten sind in den o.g. Gesamtkosten noch nicht enthalten.

a. Wie hoch ist die Break-Even-Menge und der Break-Even-Umsatz? Wie hoch ist das Betriebsergebnis bei 5.000.000 Litern?
b. Wie viele Liter Saft muss die Trunk GmbH verkaufen, um ein Betriebsergebnis in Höhe von 300.000 € zu erzielen? Stellen Sie die Ergebnisse unter a) (ohne Break-Even-Umsatz) und b) grafisch dar. Berücksichtigen Sie außerdem, dass die Kapazitätsgrenze bei 6.000.000 Litern liegt.
c. Wie hoch ist die Sicherheitsspanne, das heißt um wie viel Prozent darf die aktuelle Kapazitätsauslastung höchstens sinken, wenn ein Verlust vermieden werden soll?
d. Ein Handelsunternehmen schlägt vor, die Kapazität voll auszulasten. Allerdings muss dann der Preis pro Liter auf 0,55 € gesenkt werden. Außerdem erwartet der Handel die Beteiligung an einer Verkaufsförderungsaktion in Höhe von 50.000 €. Wo liegt die neue Break-Even-Menge? Wie hoch wäre das neue Betriebsergebnis? Soll das Unternehmen die Maßnahme durchführen?
e. Durch ein technisch verbessertes Herstellverfahren können die variablen Kosten (ohne Zahlungen an Genossenschaft) je Liter um 15% (gegenüber der Ausgangssituation) gesenkt werden. Die fixen Kosten erhöhen sich jedoch gleichzeitig um 30.000 €. Wie hoch ist die Break-Even-Menge? Wie hoch wäre das neue Betriebsergebnis? Soll das Unternehmen die Maßnahme durchführen?

Lösung
a)

$$\text{B-E-Menge:} \frac{K_f}{p-k_v} \frac{850.000}{0,60-0,34-0,06} = 4.250.000 \text{ Liter}$$

$$\text{B-E-Umsatz: } 4.250.000 \text{ Liter} \times 0,60 \text{ €/Liter} = 2.550.000 \text{ €}$$

$$\text{Erlöse: } 0,60 \cdot 5.000.000 = 3.000.000 \text{ €}$$

$$\text{Kosten: } 2.550.000 + 0,06 \cdot 5.000.000 = 2.850.000 \text{ €}$$

$$\text{Betriebsergebnis: } 150.000 \text{ €}$$

b)

$$\frac{K_f + \text{Betriebsergebnis}}{p-k_v} \frac{850.000 + 300.000}{0,20} = 5.750.000 \text{ Liter}$$

5.1 Break-Even-Analyse

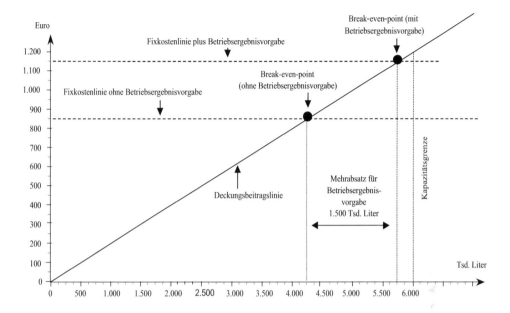

c)
$$\text{Sicherheitsspanne} = \left(1 - \left\{\frac{850.000}{(0,60 - 0,34 - 0,06) \cdot 5.000.000}\right\}\right) \cdot 100 = 15\%$$

Bei gegebener Produktions- und Absatzmenge und Kostenstruktur darf die Kapazitätsauslastung um nicht mehr als 15% sinken, ohne dass ein Verlust entsteht.

d)
$$K_f / db = (850.000\ € + 50.000\ €) / (0,55 - 0,34 - 0,06) = 6.000.000\ \text{Liter}$$

Die Break-Even-Menge würde die Kapazitätsgrenze des Unternehmens erreichen, das Betriebsergebnis wäre daher 0. Der Vorschlag ist zu verwerfen. Grundsätzlich ist allerdings auf Basis der Break-Even-Menge alleine eine Entscheidung nicht möglich! Denkbar ist, dass trotz größerer Break-Even-Menge der Gesamtgewinn höher ist.

Beispiel
- Kapazitätsgrenze beträgt nun 7.500.000 Liter
- Kapazität kann voll ausgelastet werden

Danach würde sich ein Betriebsergebnis in Höhe von 225.000 € ergeben.

e)
Neue Situation:

$K_f = 880.000\ €$

$k_v = 0,289 + 0,06 = 0,349$

$p = 0,60$

$db = 0,60 - 0,349 = 0,251$

$x = 0,251 \cdot x = 880.000$ €

$x = 3.505.976$ Liter

Die Verfahrensänderung ist von Vorteil, da die Break-Even-Menge fällt und ein Anstieg des Betriebsergebnisses (bei 5.000.000 l) auf 375.000 € (aktuell 150.000 €) erzielt würde. In diesem Fall ist die Break-Even-Menge aussagekräftig, weil sich bei höherem Stückdeckungsbeitrag einerseits und geringerer Break-Even-Menge andererseits immer ein höherer Gesamtgewinn als in der Ausgangssituation ergibt.

5.2 Preisgrenzen

Gegenstand von Preisgrenzen

Preisgrenzen sind kritische Werte, deren Überschreiten bzw. deren Unterschreiten ein bestimmtes Handeln im Unternehmen nach sich zieht. Somit sind Preisgrenzen entscheidungsregelnd.

Abbildung 5.4 zeigt, welche Arten von Preisgrenzen existieren.

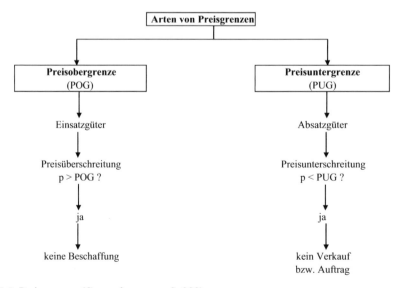

Abb. 5.4 Preisgrenzen (Coenenberg u. a., S. 388)

5.2 Preisgrenzen

5.2.1 Preisobergrenze

Begriff

Die Preisobergrenze (POG) stellt den Grenzwert dar, der bei Nutzung eines bestimmten Produktionsfaktors zu einem Deckungsbeitrag von 0 führt.

$$\text{Preisobergrenze} = \frac{\text{Umsatzerlöse} - \text{sonstige kumulierte } k_v \times \text{Produktionsmenge}}{\text{Mengeneinsatz}}$$

bzw. pro Stück

$$\text{Preisobergrenze} = \text{Umsatzerlös} / \text{Stück} - \text{sonstige } k_v$$

In den k_v-Wertgrößen sind nur die bislang aufgelaufenen Kosten berücksichtigt, nicht hingegen die Kosten für den Produktionsfaktor, dessen Preisobergrenze ermittelt wird.

Folgende Einflussfaktoren wirken auf die Relevanz des Sachverhaltes ein:

- **Dringlichkeit des Bedarfs:** Bei hohem Lagerbestand ist der Kaufzwang gering und es kann in aller Ruhe nach dem günstigsten Lieferanten gesucht bzw. temporäre Preiserhöhungen (z. B. Rohöl) abgewartet werden.
- **Verfügbarkeit von Substitutionsgütern:** Können beispielsweise bestimmte Werkstoffe durch den Einsatz anderer Materialien substituiert werden, wirken sich die Kosten des Substitutionsgutes auf die Preisobergrenze für das Beschaffungsgut aus.
- **Möglichkeiten und Kosten der Eigenfertigung:** z. B. nach erheblicher Preiserhöhung der Lieferanten oder auf Grund einer mittlerweile existierenden Unterauslastung wird ein ursprünglich vom Lieferanten erstelltes Bauteil selbst gefertigt. Das Thema Eigenfertigung vs. Fremdbezug wird gesondert in Kap. 5.5 behandelt.

Beispiel

In ein Endprodukt gehen neben anderen Einsatzfaktoren die Bauteile A, B und C ein. Während A und B selbst hergestellt werden, wird C von einem Lieferanten bezogen. Die sonstigen kumulierten kv betragen 2,80 €, der Stückpreis p=5 €, der Bedarf/Produkteinheit m=2, die Stückzahl der zu fertigenden Produkte beträgt 10.000 Stück.

$$\text{Preisobergrenze} = \frac{5 - 2,80}{2} = 1,10 \text{ €}$$

Unterhalb eines Preises von 1,10 € pro Bauteil C entsteht noch ein positiver db. Betragen die Kosten für ein Bauteil C über 1,10 € entsteht ein negativer db.

Zeile	Endprodukte	Gesamt	A	B	C
1	Produktions- und Absatzmenge	370	200	50	120
2	Verbrauch				
2a	pro Stück des Produktes		4	6	2
2b	insgesamt (Zeile 1 x 2a)		800	300	240
3	Nettopreis des Endproduktes/Stück		15	20	10
4	Nettoumsatz (Zeile 1 x 3)	5.200	3.000	1.000	1.200
5	Sonstige k_v (ohne Gut x)				
5a	pro Stück des Produktes		10	12	6,5
5b	insgesamt (Zeile 1 x 5a)	3.380	2.000	600	780
6	Kostenobergrenze	1.820	1.000	400	420
7	POG = (Zeile 6 : 2b)		1,25	1,33	1,75

Abb. 5.5 Ermittlung der Preisobergrenze

Bestimmung einer Preisgrenze unter Verwendung eines Beschaffungsgutes für verschiedene Kostenträger

Hier ist zunächst eine Kostenobergrenze für jedes Produkt zu bilden (Abb. 5.5). Zeile 7 macht deutlich, dass die Preisobergrenze von Produkt zu Produkt variiert. Bei A ist die Preisobergrenze bereits bei 1,25 € erreicht, bei C sind es dagegen 1,75 €.

5.2.2 Preisuntergrenze

Bei der Preisuntergrenze (PUG) ist zu unterscheiden zwischen einer

kurzfristigen Preisuntergrenze
Zu berücksichtigen sind die Kosten, die kurzfristig änderbar sind (k_v).
und einer

langfristigen Preisuntergrenze
Zu berücksichtigen sind die maßgebenden Kosten eines Produktes (k).

Fallbeispiel 24: Preisuntergrenze und Zusatzauftrag
Auf Grund einer geringen Nachfrage ist ein Unternehmen zurzeit kapazitätsmäßig nicht voll ausgelastet. Während die Gesamtkapazität bei 20.000 Stück pro Monat liegt, werden aktuell 12.000 Stück hergestellt. Die variablen Kosten betragen 3.300.000 €, die fixen Kosten 2.400.000 €. Die Produkte lassen sich für 450 € am Markt absetzen. Ein Kunde aus dem Ausland wäre einmalig bereit, für einen Zusatzauftrag über die Herstellung von 2.000 Stück 430 € pro Stück zu zahlen. Ohne den Zusatzauftrag betragen die Stückkosten 475 €. Diese ergeben sich aus der Summe der fixen und der variablen Kosten (5.700.000 €), die durch die Produktions-/Absatzmenge von 12.000 Stück dividiert wird. Langfristig betrachtet ist zur Existenzsicherung des Unternehmens ein Absatzpreis nötig, der nicht unter 475 € liegt. Allerdings werden zurzeit nur 450 € erzielt, sodass das Unternehmen pro Produkteinheit einen Verlust von 25 € erleidet. Da sich beim Zusatzauftrag der Preis pro Stück

5.2 Preisgrenzen

auf 430 € belaufen soll, stellt sich die Frage, ob es sinnvoll ist, den Auftrag anzunehmen, der den Verlust um weitere 45 € pro Stück erhöht. Ausgehend von der **Vollkostenrechnung** wäre die Überlegung somit:

$$\text{Aktuelle Auslastung: } (p - k) \cdot x = (450 - 475) \cdot 12.000 = -300.000 \text{ €}$$

$$\text{Zusatzauftrag: } (p - k) \cdot x = (430 - 475) \cdot 2.000 = -90.000 \text{ €}$$

$$\text{Betriebsergebnis} = -390.000 \text{ €}$$

Allerdings führt diese Überlegung zu einem falschen Ergebnis.

Teilkostenrechnung
Wichtig ist, dass sowohl im Rahmen der aktuellen Auslastung als auch durch die Aufnahme des Zusatzauftrages ein positiver Stückdeckungsbeitrag erzielt wird.

Deckungsbeitrag aktuelle Auslastung:

$$(p - k_v) \cdot x = (450 - 275) \cdot 12.000 = 2.100.000 \text{ €}$$

Die 275 € für die k_v ergeben sich aus den K_v von 3.300.000 € dividiert durch die Produktions-/Absatzmenge 12.000.

Deckungsbeitrag Zusatzauftrag

$$(p - k_v) \cdot x = (430 - 275) \cdot 2.000 = 310.000 \text{ €}$$

Das **Betriebsergebnis** gemäß Teilkostenrechnung lautet wie folgt:

Deckungsbeitrag aktuelle Auslastung	2.100.000 €
Deckungsbeitrag Zusatzauftrag	310.000 €
Summe Deckungsbeitrag	2.410.000 €
Fixe Kosten	2.400.000 €
Betriebsergebnis	10.000 €

Fazit
An Stelle eines vermeintlichen Verlustes von –390.000 € liegt durch die Annahme des Zusatzauftrages sogar ein positives Betriebsergebnis mit 10.000 € vor.

Erkenntnis
Sofern ein Absatzpreis erzielt wird, der über den variablen Stückkosten liegt, entsteht ein Deckungsbeitrag, der wiederum zur Verbesserung des Betriebsergebnisses führt, weil ein Teil der fixen Kosten abgedeckt wird. Insofern liegt im konkreten Beispiel die kurzfristige

Preisuntergrenze bei 275 €. Allerdings ist zu bedenken, dass mit der Annahme von Zusatzaufträgen nicht die Preispolitik des Unternehmens gegenüber seinen Stammkunden zu Nichte gemacht werden darf.

5.2.3 Übungsaufgabe zur Preisgrenzenermittlung

Übungsaufgabe 14: Preisgrenzen
Die Feinwerktechnik AG stellt in ihrer Göttinger Niederlassung ausschließlich das Produkt FX 2100 her. Die Geschäftsleitung erwartet für die nächste Planungsperiode eine Kapazitätsauslastung von 75% bei Produktion und Absatz von 180.000 Stück zum Verkaufspreis von 50 € pro Stück. Ein Kapazitätsabbau soll zurzeit nicht erfolgen, weil im nächsten Jahr wieder mit Vollauslastung gerechnet wird. Im Personalbereich sind auf Grund von Betriebsvereinbarungen keine Kündigungen beabsichtigt.

Der zuständige Mitarbeiter im Bereich Kostenrechnung/Controlling geht von folgenden Planwerten aus:

- Als Werkstoffe werden Kunststoffe verwendet. Das Unternehmen benötigt für die geplante Produktionsmenge Rohstoffe, deren Kosten 3.420.000 € betragen. Der Mengenbedarf ist proportional zur Produktionsmenge.
- Für Kleinteile existieren unechte Gemeinkosten in Höhe von 354.000 €. Der Bedarf ist proportional zur Produktionsmenge.
- Die Fertigungslöhne betragen 450.000 €. Dabei handelt es sich um variable Akkord- und Prämienlöhne.
- Die Gehälter betragen 1.180.000 € und gelten als fixe Kosten.
- Für zu beschaffende Zwischenprodukte entstehen Einzelkosten in Höhe von 1.574.800 €.
- Die kalkulatorischen Abschreibungen betragen 420.000 € und stellen fixe Kosten dar.
- Die kalkulatorischen Zinsen betragen 180.000 € und sind fixe Kosten.
- Die Energiekosten werden mit 280.000 € eingeplant. Darin sind fixe Grundgebühren in Höhe von 20.000 € enthalten.
- Für die Produktverpackungskosten werden 3,20 € pro Stück kalkuliert. Die Höhe der Verpackungskosten ist von der Produktionsmenge abhängig.
- Der Vertrieb erfolgt über selbständige Handelsvertreter. Diese erhalten eine vom Umsatz abhängige Provision. Auf Basis der Absatzplanung wird von 270.000 € ausgegangen.

Aufgabe
a. Wie hoch sind die variablen und fixen Kosten sowie die variablen und fixen Stückkosten?
b. Nach Abschluss der genannten Planung wird ein Zusatzauftrag über die Herstellung von 40.000 Stück des Produktes FX 2100 in Aussicht gestellt. Allerdings ist der Kunde nicht bereit, 50 €/Stück zu bezahlen. Es werden harte Preisverhandlungen erwartet.

5.2 Preisgrenzen

Stellen Sie fest, ob der Auftrag im Rahmen der verfügbaren Kapazität realisiert werden kann und ermitteln Sie darüber hinaus die kurzfristige Preisuntergrenze? Ermitteln Sie außerdem die langfristige Preisuntergrenze (ohne Zusatzauftrag).

c. Bei den Preisverhandlungen stellt sich heraus, dass der Kunde einen Kaufpreis von 40 pro Stück des Produktes FX 2100 akzeptieren würde. Allerdings möchte er, dass der Werkstoff Kunststoff durch Aluminium substituiert wird. Alle sonstigen betrieblichen Daten bleiben konstant. Der zuständige Fertigungsingenieur ermittelt, dass zur Herstellung einer Produkteinheit FX 2100 3 kg Aluminium benötigt werden. Ermitteln Sie die Preisobergrenze für den Einkauf von 1 kg Aluminium.

Lösung

a)

Kostenart	K_v	K_f
Rohstoffe	3.420.000	
Kleinteile	354.000	
Fertigungslöhne	450.000	
Gehälter		1.180.000
Zwischenprodukte	1.574.800	
Kalk. Abschreibungen		420.000
Kalk. Zinsen		180.000
Energiekosten	260.000	20.000
Produktverpackungskosten	576.000	
Verkaufsprovision	270.000	
Summe	6.904.800	1.800.000
Stückkosten	38,36	10

b)
Neue Auslastung: 220.000 Stück. Dies entspricht einer Auslastung von 91,7%.

Bei der Ermittlung der **kurzfristigen Preisuntergrenze** ist die Verkaufsprovision herauszurechnen, da diese prozentual vom bisherigen Verkaufspreis abhängt. Der Prozentsatz beträgt 3% (270.000 € Provision bei 9 Mio. € Umsatz; 180.000 Stück × 50 €/Stück = 9 Mio. €), bisher 1,5 €/Stück.

An variablen Stückkosten verbleiben somit $38,36 - 1,50 = 36,86$ €/Stück

$$PUG = 36,86 + 0,03 \times p$$

$$0,97 \, PUG = 36,86$$

$$PUG = 38,00 \, €$$

Langfristige Preisuntergrenze (ohne Zusatzauftrag, Auslastung 180.000 Stück):

38,36 – 1,50 € (Verkaufsprovision in der Ausgangssituation) + 10 € fixe Stückkosten

$$46,86 \text{ €} + 0,03 \text{ PUG} = \text{PUG}$$

$$46,86 \text{ €} = 0,97 \text{ PUG}$$

$$48,31 \text{ €} = \text{PUG}$$

Kontrolle:
Bei einem Preis von 48,31 € ergibt sich eine Provision in Höhe von 1,45 €.
Die Stückkosten betragen somit 46,86 € + 1,45 € = 48,31 €, was auch dem Preis entspricht.

c)
Bei der Ermittlung der Preisobergrenze für das Aluminium müssen die variablen Stückkosten sowohl um die bisherigen Rohstoffkosten als auch die Verkaufsprovision bereinigt werden.

Rohstoffkosten pro Stück (bislang): 3.420.000 € / 180.000 Stück = 19 €/Stück.

38,36 € – 19 € (Rohstoffkosten) – 1,50 € (Verkaufsprovision) + 1,20 €
(neue Verkaufsprovision bei 3% von 40 €) = 19,06 €

Somit gilt:

$$19,06 \text{ €} + 3 \times p = 40,00 \text{ €}$$

$$3 \times p = 20,94 \text{ €}$$

$$p = 6,98 \text{ €}$$

Die Preisobergrenze für ein kg Aluminium liegt bei 6,98 €.

5.3 Planung des Produktions- und Absatzprogramms

Mit der Programmplanung sind zwei Fragen verbunden:

Frage 1 (operativ)
Welche Produkte sollen in welchen Mengen auf Basis der vorhandenen Kapazitäten produziert werden?

Frage 2 (strategisch)
Ist eine Kapazitätsausweitung (z. B. zusätzliche Produktionsanlagen, zusätzliche Mitarbeiter) zur Erzielung zusätzlicher Einzahlungsüberschüsse sinnvoll?

Die Aufgabe 1 wird nach den Methoden der Kosten- und Erlösrechnung gelöst. Es handelt sich um eine eher **kurzfristige Entscheidung**, innerhalb der das Unternehmen unverändert bleibt. Investitionen spielen hier keine Rolle.

Die Aufgabe 2 wird nach den Methoden der Investitionsrechnung gelöst. Es handelt sich um eine eher **langfristige Entscheidung**. Die aktuellen Kapazitäten stehen zur Disposition. Entweder kommt es zu einem Abbau von Kapazitäten oder zu Kapazitätserweiterungen. Auf Grund der Kostenremanenz (vgl. Kap. 1.2.1) fußt die Bewertung der Vorteilhaftigkeit eines Investitionsobjektes auf einer Investitionsrechnung, die den gesamten Zeitraum für dessen Nutzungsdauer umfasst.

5.3.1 Übersicht über die Methoden

Im Prinzip könnten alle Produkte, die zu einer Erhöhung des Betriebsergebnisses beitragen, in möglichst großer Zahl produziert werden.

Einschränkung 1: Höchstmengen
Die Absatzmöglichkeiten der Produkte zu anvisierten Preisen sind begrenzt. Ein Überangebot führt zu Zugeständnissen beim Preis.

Einschränkung 2: Mindestmengen
- langfristige Lieferverpflichtungen
- Mindestmengen, die möglicherweise sogar das Betriebsergebnis mindern.
  - Markteinführung (zunächst auf Grund geringer Mengen Verlustbringer, mittelfristig positive Erwartung).
  - Systemlieferant muss gesamtes Sortiment abdecken.
  - Verbundeffekte (z. B. Lockvogel-Angebote des Handels).

Varianten der Programmplanung (Abb. 5.6) sind:

5.3.2 Programmplanung bei ausreichenden Kapazitäten

Denkbar wären verschiedene Entscheidungsregeln:

null Engpässe	beliebig (x ≥ 2)	Alle Produktionsfaktoren stehen in ausreichendem Maße zur Verfügung. Es existieren ausreichende technische Kapazitäten, Mitarbeiter, Rohstoffe, Lagerkapazität usw. Lediglich auf Mindest- und Höchstmengen ist zu achten.
ein Engpass	beliebig (x ≥ 2)	Einer der benötigten Produktionsfaktoren ist knapp. Daher kann die mögliche Absatzmenge nicht produziert werden. Die einzelnen Produkte konkurrieren beispielsweise um die knappe Kapazität einer bestimmten Werkzeugmaschine.
mehrere Engpässe	zwei	Mehrere Produktionsfaktoren sind knapp. Die Produkte konkurrieren um mehrere knappe Kapazitäten. Lösung durch lineare Optimierung.
mehrere Engpässe	beliebig (x ≥ 2)	Mehrere Produktionsfaktoren sind knapp. Mehr als zwei Produkte konkurrieren um knappe Kapazitäten. Lösung durch Simplex-Algorithmus.

Abb. 5.6 Übersicht über Verfahren der Programmplanung

1. **Vollkostenrechnung (g = p − k)**
   − Nettostückgewinn (g) positiv: Produktion steigern bis zur Höchstmenge
   − Nettostückgewinn (g) negativ: Produktion Null oder Mindestmenge
2. **Teilkostenrechnung**
   − Absoluter db positiv: Produktion steigern bis zur Höchstmenge
   − Absoluter db negativ: Produktion Null oder Mindestmenge

Fallbeispiel 25: Programmplanung bei ausreichenden Kapazitäten
Ein Unternehmen stellt die Produkte A, B und C her:

Produkt	Stück/Monat Zurzeit	Stück/Monat Maximal	Stück/Monat Minimum	p €/Stück	k €/Stück	kv €/Stück	K €/Monat
A	15.000	15.000	8000	10	12	5	180.000
B	15.000	20.000	10.000	15	11	6	165.000
C	15.000	15.000	6000	9	7	3	105.000

Aufgabe
Wie hoch ist das Betriebsergebnis, wenn

a. die Entscheidungsregel der Vollkostenrechnung herangezogen wird?
b. die Entscheidungsregel der Teilkostenrechnung herangezogen wird?

5.3 Planung des Produktions- und Absatzprogramms

Lösung

a)

Produkt	p	k	p–k	x neu	Erlös	K	G
A	10	12	−2	8000	80.000	96.000	−16.000
B	15	11	4	20.000	300.000	220.000	80.000
C	9	7	2	15.000	135.000	105.000	30.000
Betriebsergebnis							94.000

b)

Produkt	p	k_v	$p - k_v$	x neu	DB
A	10	5	5	15.000	75.000
B	15	6	9	20.000	180.000
C	9	3	6	15.000	90.000
DB					345.000
K_f					240.000
Betriebsergebnis					105.000

Ergebnis

Es gilt die Entscheidungsregel nach der Teilkostenrechnung.
Der Fehler nach der Vollkostenrechnung besteht in der Verteilung der fixen Kosten auf die Produkte. Da die fixen Kosten kurzfristig nicht veränderbar sind, sind sie auch nicht entscheidungsrelevant. Solange ein Produkt einen positiven Deckungsbeitrag aufweist, deckt es nicht nur die eigenen variablen Kosten, sondern auch noch einen Teil der fixen Kosten und sollte daher bis zur Höchstmenge produziert werden.

Rechenhinweis zu den fixen Kosten von 240.000 €: Gemäß Aufgabenstellung betragen bei A die Gesamtkosten 180.000 €. Hierauf entfallen 75.000 € variable Kosten (5 € × 15.000 Stück). Die übrigen 105.000 € sind als fixe Kosten auf Produkt A verrechnet worden.
Bei B sind es 90.000 € variable Kosten und folglich 75.000 € fixe Kosten.
Bei C sind es 45.000 € variable Kosten und folglich 60.000 € fixe Kosten.
Die Summe der fixen Kosten beläuft sich auf 240.000 €.

5.3.3 Programmplanung bei einer Kapazitätsbeschränkung

Ausgangspunkt

Einer der notwendigen Einsatzfaktoren (einzelne Fertigungsanlage, Materialengpass, Personalengpass) weist (kurzfristig) einen Engpass auf. Der Engpass führt dazu, dass nicht alle Produkte, die am Markt abgesetzt werden könnten, tatsächlich produziert werden können. Sofern mehrere Engpässe existieren, kommt nachgenannte Methode nicht zum Einsatz.

Fallbeispiel 26: Programmplanung bei einer Kapazitätsbeschränkung
Einem Unternehmen liegen folgende ökonomische und technische Informationen vor. Darüber hinaus ist zu berücksichtigen, dass die Fixkosten 400.000 € betragen. Die Gesamtkapazität der Anlagen beträgt im Monat 900 h.

Produkt	x	p (€/Stück)	k_v (€/Stück)	t Engpass-Belastung je Einheit (h/Stück)	T Engpasszeit je Produktart (gesamt)
A	60	16.000	11.800	6	360
B	60	12.000	10.000	4	240
C	60	13.900	11.500	3	180
D	60	9.000	7.500	2	120

Die Kapazität von 900 h wird vollständig in Anspruch genommen.
Das Betriebsergebnis in der Ausgangssituation beträgt:

$$DB - K_f = (252.000 \, € + 120.000 \, € + 144.000 \, € + 90.000 \, €) - 400.000 \, € = 206.000 \, €$$

Berechnung der **Förderwürdigkeit** von Produkten
Stellen Sie sich vor, dass für die Programmplanung ein Meeting mit drei Mitarbeitern stattfindet: Dem Leiter Vertrieb, dem Leiter Produktion und dem Leiter Controlling.

a) Stückdeckungsbeitrag
Der Leiter Vertrieb orientiert sich an den absoluten Stückdeckungsbeiträgen der Produkte. Er ermittelt für Produkt A einen db von 4.200 €, für B von 2.000 € und für C von 2.400 € und für D von 1.500 €. Insofern favorisiert er Produkt A und schlägt vor, die gesamte verfügbare Fertigungszeit für die Produktion von A zu verwenden. Werden die 900 Stunden durch 6 Stunden dividiert, die für eine Einheit A notwendig sind, ergibt sich eine Produktionsmenge von 150 Einheiten.

Das Betriebsergebnis wäre somit 150 Stück × 4.200 € (db) − 400.000 (K_f) = 230.000 €.

b) Stückzeit
Der Leiter Produktion ist anderer Meinung. Er verweist auf die vergleichsweise lange Fertigungsdauer von A und favorisiert deshalb Produkt D, weil dieses pro Produkteinheit nur zwei Stunden benötigt. Auf Basis der 900 verfügbaren Stunden lassen sich somit 450 Einheiten des Produktes D herstellen.

Das Betriebsergebnis wäre somit 450 Stück × 1.500 € (db) − 400.000 (K_f) = 275.000 €.

c) Relativer Stückdeckungsbeitrag

Der Controller wendet ein, dass eine isolierte Betrachtung von Stückdeckungsbeitrag (db) und Stückzeiten (t) nicht sinnvoll ist, sondern beide Aspekte durch eine gemeinsame Rechengröße, nämlich dem relativen Stückdeckungsbeitrag, zur Geltung kommen. Zu favorisieren ist danach jenes Produkt, das pro Engpassstunde den höchsten Stückdeckungsbeitrag erwirtschaftet.

Die Tabelle verdeutlicht die relativen Stückdeckungsbeiträge der Produkte an diesem Beispiel:

Produkt	db	T	Relativer db	Rang
A	4.200	6	4.200 : 6 = 700 €	3
B	2.000	4	2.000 : 4 = 500 €	4
C	2.400	3	2.400 : 3 = 800 €	1
D	1.500	2	1.500 : 2 = 750 €	2

Würde die Gesamtkapazität von 900 h nur auf die Produktion von C-Produkten eingesetzt, könnten 300 Stück hergestellt werden. Daraus ergibt sich:

$$300 \text{ Stück} \times 2.400 \text{ € (db)} = 720.000 \text{ € (DB)} - 400.000 \text{ € } (K_f) = 320.000 \text{ €}$$

Schlussfolgerung

Maßgebend ist der relative Stückdeckungsbeitrag.
Das Betriebsergebnis auf Vorschlag des Produktionsleiters hin mit 275.000 € liegt nur deshalb vor dem Vorschlag des Vertriebsleiters mit 230.000 €, weil er mit Produkt D das Produkt mit dem zweitbesten relativen Stückdeckungsbeitrag vorgeschlagen hat, während der Vertriebsleiter sich für Produkt A ausgesprochen hat, das auf Rang 3 liegt.

Mindestmengen/Höchstmengen

In den meisten Fällen ist davon auszugehen, dass die Höchstmenge begrenzt ist, zu der sich ein Produkt zum geplanten Preis absetzen lässt. Gleichzeitig führen längerfristige Lieferverträge dazu, dass es auch eine Mindestmenge gibt.

Ausgehend vom o.g. Beispiel wird nun unterstellt:

Produkt	Höchstmenge	Mindestmenge
A	80	30
B	100	40
C	75	50
D	90	40

1. Schritt: Ermittlung der Engpassbelastung für die Produktion der Mindestmengen

Produkt	Mindestmenge	Engpassbelastung/ Stück (h)	Zeitbedarf je Produkt (h)
A	30	6	180
B	40	4	160
C	50	3	150
D	40	2	80

Von den 900 h Gesamtkapazität sind somit 570 h bereits belegt.

2. Schritt: Ermittlung der noch frei verfügbaren Kapazität

$$900 \text{ Stunden} - 570 \text{ Stunden} = 330 \text{ Stunden}$$

3. Schritt: Planung von zusätzlichen Produktionsmengen auf Basis relativer db

Rangfolge	zusätzlich zu den Mindestmengen produzierte Einheiten	Zeitbedarf (h)	noch verfügbare freie Engpasszeit (h)
1. Rang: C	25	75	330–75=255
2. Rang: D	50	100	255–100=155
3. Rang: A	25	150	155–150=5
4. Rang: B	1	4	5–4=1

Hinweis Nach der Produktion von Produkt D stehen noch 155 h zur Verfügung, von denen 150 h für die Produktion von Produkt A genutzt werden können. In den restlichen 5 h kann keine ganze A-Einheit mehr hergestellt werden. Insofern kommt es dazu, dass vor dem Erreichen der Höchstmenge von Produkt A doch noch mit Produkt B eines mit einem geringeren Rang produziert wird, da sich davon noch eine Mengeneinheit produzieren lässt.

Auf dieser Basis ergibt sich folgendes optimales Betriebsergebnis

Produkt	Produktionsmenge	db	DB
A	55	4.200	231.000
B	41	2.000	82.000
C	75	2.400	180.000
D	90	1.500	135.000
DB			628.000
K_f			400.000
Betriebsergebnis			228.000

5.3 Planung des Produktions- und Absatzprogramms

Fazit

Auf Basis der vorhandenen Restriktionen (Kapazität, Mindestmengen, Höchstmengen) gibt es keine andere Verteilung der Produkte, um zu einem höheren oder zumindest gleich hohen Betriebsergebnis zu kommen.

Übungsaufgabe 15: Programmplanung bei einer Kapazitätsbeschränkung

Die Produktpalette eines Unternehmens umfasst die Produkte A, B, C und D. Es liegen folgende Daten vor, die für einen Monat gelten:

Produkt	A	B	C	D
Preis pro Stück	17	12	13	15
k_v	10	11,10	3,40	10
Mindestabsatzmenge	1.000	5.400	0	1.150
Höchstabsatzmenge	10.000	18.000	6.000	6.000
Zeitbedarf (Minuten/Stück)	5	3	12	10

Die Produkte werden auf mehreren Maschinen gefertigt, deren Gesamtkapazität bei 3.000 h liegt. Die Fixkosten betragen 120.000 €.

Aufgabe

a. Legen Sie fest, welche Mengen der Produkte A, B, C und D im folgenden Monat produziert und verkauft werden sollen, damit das optimale Betriebsergebnis erzielt wird. Wie hoch ist der Zeitbedarf in Minuten zur Produktion der Mindestmenge, der Zusatzmenge und der Gesamtmenge für die Produkte?
b. Durch die Leistung von Sonderschichten (zusätzliche Kosten von 22,80 €/Std.) kann die Kapazität nochmals *um bis zu* 400 Stunden erhöht werden.
Erläutern Sie die Änderungen, die Sie am Produktionsprogramm vornehmen. Um wieviel Euro verändert sich das B*etriebser*gebnis?
c. Es besteht die Möglichkeit, ein neues Produkt W in das Absatzprogramm aufzunehmen. Die variablen Kosten dieses Produktes betragen 12 €/Stück, die Fertigungszeit 15 Min./Stück.
Ab welchem Preis (Preisuntergrenze) verbessert die Aufnahme des Produktes W das Betriebsergebnis?
Beziehen Sie sich in Ihrer Lösung auf die ursprüngliche Situation (keine Berücksichtigung von Überstunden).

Lösung

a)

Produkt	A	B	C	D	Gesamt
db	7,00	0,90	9,60	5,00	–
Relativer db	1,40	0,30	0,80	0,50	–
Rangfolge	1	4	2	3	–
Mindestmenge (Stück)	1.000	5.400	0	1.150	–
Zeitbedarf für Mindestmenge (Minuten)	5.000	16.200	0	11.500	32.700
Zusatzmenge (Stück)	9.000	0	6.000	3.030	–
Zeitbedarf für Zusatzmenge (Minuten)	45.000	0	72.000	30.300	147.300
Gesamtmenge (Stück)	10.000	5.400	6000	4.180	–
DB	70.000	4.860	57.600	20.900	153.360
Fixkosten					120.000
Betriebsergebnis					33.360

b)
Bei den Produkten B und D ist die Höchstgrenze der Absatzmenge noch nicht erreicht. Da D in der Rangfolge vor B steht, ist es sinnvoll, eine weitere Produktion von D zu prüfen.

Prüfvorgang Produkt D In 400 zusätzlichen Stunden (= 24.000 min) könnten weitere 2.400 Stück hergestellt werden, wobei dann allerdings die Höchstmenge von 6.000 Stück überschritten würde. Insofern könnten maximal noch 1.820 Stück (6.000 Stück – 4.180 Stück) produziert werden. Hierfür sind 18.200 min erforderlich. Auf Grund der Sonderschichten entstehen zusätzliche Kosten von 22,80 €/Std. Daraus ergeben sich pro Produkteinheit 22,80 €: 6 Stück (60 min: 10 min/Stück) zusätzliche variable Stückkosten in Höhe von 3,80 €. Der Stückdeckungsbeitrag reduziert sich somit:

$$db_{neu} = 5,00 - 3,80\ € = 1,20\ €$$

$$DB_{zusätzlich} = 1,20\ € \times 1.820\ Stück = 2.184\ €.$$

Prüfvorgang Produkt B Im Rahmen der restlichen verfügbaren Fertigungszeit von 5.800 min könnten von Produkt B noch zusätzlich 1.933 Einheiten gefertigt werden (5.800 min: 3 min/Stück). Zusammen mit der Mindestmenge von 5.400 Stück würde sich somit eine Gesamtproduktion von 7.333 Stück ergeben, die unterhalb der Höchstmenge von 18.000 Stück liegt.

Allerdings muss zuvor der neue db ermittelt werden.

$$db\ neu = 0,90\ € - 1,14\ € = -0,24\ €.$$

5.3 Planung des Produktions- und Absatzprogramms

Die 1,14 € ergeben sich wie folgt: 22,80 €/Std.: 20 Stück (60 min: 3 min/Stück). Damit wird deutlich, dass die Produktion zusätzlicher Mengeneinheiten von Produkt B das Betriebsergebnis belasten würde.

Fazit
Das Betriebsergebnis erhöht sich um die zusätzlichen Deckungsbeiträge des Produktes D um 2.184 €. Die Sonderschichten werden nur im Umfang von 18.200 min = 303,33 h in Anspruch genommen.

c)
Da eine Engpasssituation gegeben ist, gilt das Opportunitätskostenprinzip, das heißt das Produkt W müsste mindestens den relativen db des Produktes erbringen, das es verdrängt. Dies wäre in diesem Fall das Produkt D (0,50 € pro Minute).

k_v W	12,00 €
Opportunitätskosten (15 Minuten x 0,50)	7,50 €
Preisuntergrenze	19,50 €

Der Preis von Produkt W müsste über 19,50 € betragen.

5.3.4 Programmplanung bei mehreren Kapazitätsbeschränkungen

A) Eigenständige und gemeinsame Nutzung von Produktionsfaktoren

Eigenständige Nutzung von Produktionsfaktoren
Werden einzelne Produktionsfaktoren (z. B. Maschinen) nur für ein einziges Produkt benötigt, ergibt sich folgende maximale Produktionsmenge: Gesamtkapazität: Zeit für Herstellung einer Produkteinheit Eine Berücksichtigung von weiteren Größen (z. B. Deckungsbeitrag) ist überflüssig.

Gemeinsame Nutzung von Produktionsfaktoren
Wird ein Produktionsfaktor von mehreren Produkten in Anspruch genommen, ergeben sich im Hinblick auf die Produktionsmengen mehrere Alternativen.

Beispiel Ein Unternehmen produziert die Produkte A und B. Beide werden u. a. auf einer bestimmten Werkzeugmaschine produziert, die monatlich max. 600 h zur Verfügung steht.

Für eine Produkteinheit A werden 4 h, für eine Produkteinheit B 5 h benötigt.

$$\text{Bedingung: } T = t\, x_a + t\, x_b$$

$$\text{Bedingung: } 600 = 4\, x_a + 5\, x_b$$

T vorhandene Kapazität
t_a Zeitbedarf für eine Produktionseinheit A
t_b Zeitbedarf für eine Produktionseinheit B
x_a Mengeneinheiten Produkt A
x_b Mengeneinheiten Produkt B

Werden mehrere Produktionsfaktoren von mehreren Produkten in Anspruch genommen und ergeben sich zur Herstellung der Absatzhöchstmengen der Produkte Kapazitätsengpässe, ist eine Optimierung des Produktions- und Absatzprogramms über eine relative Stückdeckungsbeitragsrechnung nicht möglich.

Zur Lösung kann auf verschiedene Verfahren zurückgegriffen werden. Die angewendeten Verfahren, insbesondere die lineare Optimierung und die Simplex-Methode, gehören zum Fachgebiet des Operations Researchs (vgl. hierzu insbesondere Domschke/Drexl, S. 13–48; Runzheimer u. a., S. 9–34, darüber hinaus Däumler/Grabe 2006, S. 59–110; Ewert/Wagenhofer, S. 98–106; Witthoff, S. 178–191).

Beispiel Es existiert folgende Ablauforganisation im Produktionsprozess (Abb. 5.7)

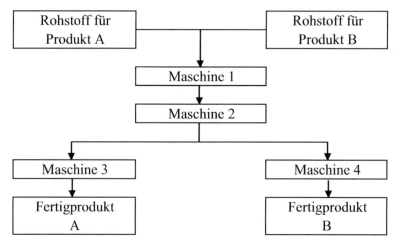

Abb. 5.7 Ablauforganisation im Produktionsprozess

5.3 Planung des Produktions- und Absatzprogramms

Informationen zu den Kapazitäten (Abb. 5.8):

Maschinen	T (Std. / Monat)	t_a (Std. / Stück)	t_b (Std. / Stück)
1	600	4	5
2	960	8	6
3	1.440	16	-
4	1.000	-	10

Abb. 5.8 Informationen zu den Kapazitäten

Im nächsten Schritt werden diese Daten in Gleichungen umgewandelt (Abb. 5.9). Außerdem wird deutlich, dass beispielsweise auf der Maschine 1 alternativ entweder 150 Einheiten des Produktes A oder 120 Einheiten des Produktes B hergestellt werden können.

Restriktion	Gleichungen	Maximale Menge Produkt A	Maximale Menge Produkt B
1	$600 = 4\,x_a + 5\,x_b$	150	120
2	$960 = 8\,x_a + 6\,x_b$	120	160
3	$1.440 = 16\,x_a$	90	-
4	$1.000 = 10\,x_b$	-	100

Abb. 5.9 Aufstellung eines Gleichungssystems zur Programmplanung

Ergebnis

Es sind alle x_a und x_b – Kombinationen produzierbar, die maximal die Kapazitätsgrenze einer Restriktion berühren.

B) Zielfunktion

Aus der o.g. Betrachtung von Restriktionen ist noch nicht klar, wie viele Mengeneinheiten des Produktes A bzw. B zu produzieren sind. Klar ist allerdings, dass ein Optimum der Deckungsbeiträge erzielt werden soll.

Deshalb ist neben den Restriktionen auch die Zielfunktion zu formulieren. Die Zielfunktion entspricht dabei einer Deckungsbeitragsfunktion, mit deren Hilfe die optimale Mengenkombination gefunden wird. Ausgehend von o.g. Beispiel handelt es sich um eine Gerade mit einer x_a/x_b – Kombination, mit der ein beliebig hoher Deckungsbeitrag erreicht wird.

Zielfunktion

$$x_b = \underset{\underset{\text{Ordinatenabschnitt}}{\uparrow}}{\frac{DB}{db_b}} - \underset{\underset{\text{Steigung}}{\uparrow}}{\frac{db_a}{db_b}} \cdot x_a$$

Gegebene Werte

Produkt A: Stückdeckungsbeitrag (db)	50 €
Produkt B: Stückdeckungsbeitrag (db)	80 €

Für die Höhe des Gesamtdeckungsbeitrages (DB) wird ein **beliebiger** Wert herangezogen. Dieser beträgt 4.000 €. Hierzu müssen entweder 80 Produkte A oder 50 Produkte B verkauft werden. Werden an Stelle des Zieldeckungsbeitrages von 4.000 € beispielsweise doppelt so viel, also 8.000 € vorgegeben, verdoppeln sich auch die hierfür benötigen Absatzmengen der Produkte A (160) bzw. B (100). Entsprechend weiter liegt die Zielfunktion vom Ursprung entfernt. Allerdings ändert dies nichts an deren Steigung, die ja das Verhältnis der Stückdeckungsbeiträge der Produkte A zu B bildet.

C) Lösung auf Basis der linearen Optimierung

Sofern nur zwei Produkte hergestellt werden, kann bei mehreren Engpässen die Methode der linearen Optimierung herangezogen werden. Da für alle Produkte eine Nichtnegativitätsbedingung gilt, wird nur der erste Quadrant eines Koordinatensystems benötigt.

Abbildung 5.10 zeigt die einzelnen Restriktionen sowie die Zielfunktion.
Produkt A wird auf der x-Achse abgetragen, Produkt B auf der y-Achse.

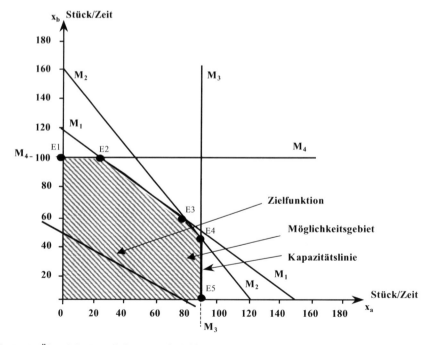

Abb. 5.10 Übersicht Restriktionen und Zielfunktion

5.3 Planung des Produktions- und Absatzprogramms

Eckpunkt	Restriktion	Produktionsmenge A	Produktionsmenge B
1	4	0	100
2	1 und 4	25	100
3	1 und 2	75	60
4	2 und 3	90	40
5	3	90	0

Abb. 5.11 Mögliche optimale Eckpunkte

Das optimale Produktions- und Absatzprogramm darf keine Restriktion überschreiten. Eine Restriktion stellt somit eine **Kapazitätsbegrenzung** dar. Die Gesamtheit aller Restriktionen führt zur Kapazitätslinie. Alle Produktkombinationen, die sich innerhalb oder auf dieser Kapazitätslinie befinden, sind realisierbar. Grafisch wird deshalb auch vom Möglichkeitsgebiet gesprochen.

Ausgehend von den einzelnen Restriktionen ergeben sich 5 mögliche Punkte für ein Optimum des Betriebsergebnisses (Abb. 5.11).

Liegt die Zielfunktion innerhalb der Kapazitätslinie (wie im Beispiel), so wird die Zielfunktion parallel in Richtung Kapazitätslinie verschoben, bis der **letzte** Eckpunkt erreicht wird.

Liegt die Zielfunktion außerhalb der Kapazitätslinie, so wird die Zielfunktion parallel in Richtung Kapazitätslinie verschoben, bis der **erste** Eckpunkt erreicht wird.
  Lösung: Eckpunkt E2 liefert das Optimum.

Überprüfung
E2 bildet den Schnittpunkt der Maschinen 1 (Restriktion 1) und 4 (Restriktion 4).

$$600 = 4x_a + 5x_b$$

$$1.000 = 10x_b$$

Bei zwei Gleichungen mit zwei Variablen kann die Additionsmethode angewendet werden. Damit eine Variable entfällt (hier x_b) wird Gleichung 1 mit dem Faktor 2 multipliziert. Anschließend wird von der nun veränderten Gleichung 1 die Gleichung 2 subtrahiert. Ergebnis ist eine Gleichung mit einer Variablen, die dann aufgelöst wird.

$$\begin{aligned}1.200 &= 8x_a + 10x_b \\ -1.000 &= 10x_b \\ \hline 200 &= 8x_a \\ 25 &= x_a\end{aligned}$$

Abb. 5.12 Deckungsbeiträge der Eckpunkte

Eckpunkt	Erzielter Deckungsbeitrag (€)
1	8.000
2	9.250
3	8.550
4	7.700
5	4.500

Setzt man in die Ausgangsgleichung 1 nun für x_a 25 Mengeneinheiten ein, ergeben sich für x_b 100 Einheiten. Der Gesamtdeckungsbeitrag liegt damit bei

$$25 \text{ Stück A} \times 50 \text{ € (db)} + 100 \text{ Stück B} \times 80 \text{ € (db)} = 9.250 \text{ €}$$

Die Abb. 5.12 zeigt die bei den Eckpunkten E1 bis E5 erzielten Deckungsbeiträge.

D) Lösung auf Basis der kombinatorischen Methode
Bei mehr als zwei Produkten reicht eine zweidimensionale (grafische) Betrachtung nicht mehr aus. Spätestens mit 4 Produkten (vierdimensional) ist das grafische Ergebnis nicht mehr deutlich.

Eine mathematische Lösung kann darin bestehen, jede Gleichung (Restriktion) mit jeder anderen Gleichung zu kombinieren. Allerdings nimmt der Umfang an notwendigen Berechnungen stark überproportional zu:

$$N = n \cdot (n-1) / 2$$

N Anzahl der zu prüfenden Gleichungen
n Anzahl der Restriktionen

Bei 5 Restriktionen müssten 10 Mal die Gleichungen per Additionsmethode aufgelöst werden. Bei 10 Restriktionen besteht hierfür ein Bedarf von 45 und bei 20 Restriktionen sogar einer von 190 Berechnungen per Additionsmethode.

Außerdem: Ein hoher Anteil der gefundenen „Lösungen" ist unzulässig, weil durch die kombinatorische Methode keine simultane Prüfung aller Restriktionen verfolgt wird und zum Teil die Schnittpunkte von zwei Restriktionen außerhalb der Kapazitätslinie liegen. Die „Lösung" müsste durch Einsetzen in alle Gleichungen nochmals überprüft werden.

Fazit
Die Methode ist bei einer größeren Zahl von Restriktionen unzweckmäßig.

E) Lösung auf Basis der Simplex-Methode

Durch diese Methode kann der Rechenaufwand bei größeren Programmplanungen (im Vergleich zur kombinatorischen Methode) deutlich reduziert werden. Da nur Lösungen bewertet werden, die gleichzeitig alle Restriktionen erfüllen, bezeichnen Ewert/Wagenhofer (S. 106) die Simplex-Methode auch als „intelligentes Verfahren".

Fallbeispiel 27: Simplex-Methode

Es wird das Beispiel aus der linearen Optimierung (2-Produkt-Fall) angewendet. Klar ist, dass hierzu eine Berechnung durch die mathematisch anspruchsvollere Simplex-Methode nicht erforderlich wäre. Allerdings hat die bereits bekannte Lösung den Vorteil, dass die Schrittfolge der Methode besser gezeigt werden kann.

Es bestehen folgende Restriktionen

Restriktion	Nummer	Produkt A	Operation	Produkt B	Operation	Kapazität
Maschine 1	(1)	$4\,x_a$	+	$5\,x_b$	$\leq$	600
Maschine 2	(2)	$8\,x_a$	+	$6\,x_b$	$\leq$	960
Maschine 3	(3)	$16\,x_a$			$\leq$	1.440
Maschine 4	(4)			$10\,x_b$	$\leq$	1.000
DB	(5)	$50\,x_a$	+	$80\,x_b$	=	DB Maximum

Außerdem sind die Nichtnegativitätsbedingungen zu berücksichtigen:

$$x_a \geq 0$$

$$x_b \geq 0$$

Dies ist deshalb notwendig, weil ein Produkt mit negativem db – rein mathematisch – zu einem Gewinnbringer wird, wenn die negativen db mit den negativen Stückzahlen multipliziert werden.

Möglicherweise bestehen auch noch weitere Restriktionen, z. B. Höchstmengen für die Produkte A und B. Sofern Restriktionen ohnehin schon erkennbar gegen andere Restriktionen verstoßen, können diese außen vor bleiben. Beträgt beispielsweise die Absatzhöchstmenge für das Produkt B 200 Einheiten, wäre diese Restriktion überflüssig, da nach Restriktion Nr. 4 ohnehin nicht mehr als maximal 100 Einheiten hergestellt werden können (Kapazität 1.000 h: 10 h pro Stück = 100 Stück).

Vorgehensweise

Für die Durchführung der Rechnung ist es vorteilhaft, wenn die Ungleichungen von (1) bis (4) durch Einführung von Schlupfvariablen in Gleichungen verwandelt werden. **Mathematisch** stellt die Schlupfvariable den Betrag dar, um den die kleinere Seite einer Ungleichung zu erhöhen ist, damit aus der Ungleichung eine Gleichung wird. **Ökonomisch stellt die Schlupfvariable einen „freien Rest" dar.** Sie gibt bei maschinellen Restriktionen die noch freie Kapazität an, bei Absatzrestriktionen zeigt der Wert, wie viele Einheiten bei unbeschränkten Kapazitäten noch am Markt abgesetzt werden könnten. Auch für die Schlupfvariablen gilt die Nichtnegativitätsbedingung: Die freie Restkapazität kann ebenso wenig negativ sein wie der Abstand zwischen Ist- und Höchstabsatz.

a) Erste Iteration

1. Aufstellen eines Simplex-Tableaus
Zur Vereinfachung der Darstellung erfolgt darüber hinaus eine vereinfachte Schreibweise der Gleichungen. Dabei werden nur die Koeffizienten eingetragen. Die Spalten erklären, auf welche Variable sich der Koeffizient bezieht.

Nr.	x_a	x_b	x1	x2	x3	x4	Kapazität
(1)	4	5	1	0	0	0	600
(2)	8	6	0	1	0	0	960
(3)	16	0	0	0	1	0	1.440
(4)	0	10	0	0	0	1	1.000
(5)	50	80	0	0	0	0	0

Wichtig ist die Kenntnis der Bedeutung der einzelnen Variablen:

x_a Produktionsmenge für Produkt A
x_b Produktionsmenge für Produkt B
x1 Schlupfvariable 1: mögliche Restkapazität der Maschine 1
x2 Schlupfvariable 2: mögliche Restkapazität der Maschine 2
x3 Schlupfvariable 3: mögliche Restkapazität der Maschine 3
x4 Schlupfvariable 4: mögliche Restkapazität der Maschine 4

2. Wahl der Pivotspalte
Im Gegensatz zur kombinatorischen Methode werden bei der Simplex-Methode nur Lösungen ermittelt, die unter Berücksichtigung aller Restriktionen möglich sind. Bezogen auf die Grafik aus Abb. 5.10 werden letztlich die einzelnen Eckpunkte (vgl. Abb. 5.11) geprüft.

Wenn der Wert für x_a zunimmt, so steigt der Gesamtdeckungsbeitrag mit jeder Einheit um 50 €, mit jeder Einheit x_b dagegen um 80 €. Es ist also naheliegend, die Variable mit dem größten positiven Koeffizienten in der Zielfunktion als neue Basisvariable festzulegen. Fazit: Spalte x_b ist die Pivotspalte.

5.3 Planung des Produktions- und Absatzprogramms

3. Wahl der Pivotzeile

Nach der Festlegung auf das Produkt B ist zu fragen, welche Restriktion als erste bei wachsendem x_b berührt wird.

Da das Erreichen einer Restriktion dazu führt, dass die dazugehörige Schlupfvariable gleich Null wird, ist zu untersuchen, bei welchen x_b-Werten die Basisvariablen x1, x2, x3 und x4 Null werden.

Restriktion 1: Maximal können 120 Einheiten x_b produziert werden (600 : 5)
Restriktion 2: Maximal können 160 Einheiten x_b produziert werden (960 : 6)
Restriktion 3: berührt x_b nicht
Restriktion 4: Maximal können 100 Einheiten x_b produziert werden (1000 : 10)

Fazit: Zeile 4 ist die Pivotzeile.
Durch die Festlegung der Pivotspalte und der Pivotzeile wird der Eckpunkt E1 geprüft!

4. Tableau-Umformung

Hier sind zwei Schritte notwendig.
1. Division der Pivotzeile durch das Pivotelement. Das Pivotelement liegt im Kreuzpunkt von Pivotspalte und Pivotzeile und beträgt hier 10. Dadurch entsteht an Stelle des bisherigen Pivots eine 1, was die folgenden mathematischen Operationen vereinfacht.

$$\text{Pivotzeile} = 0x_a + 1x_b + 0x1 + 0x2 + 0x3 + 0{,}1x4 = 100$$

2. Herstellen von Nullen oberhalb und unterhalb der Basiseins, sodass bis auf das Pivot nur Nullen in der Pivotspalte stehen. Zu diesem Zweck sind geeignete Vielfache der Pivotzeile zu den anderen Zeilen zu addieren oder von ihnen zu subtrahieren.

Somit gilt:

Zeile 1: fünffache Pivotzeile subtrahieren
Zeile 2: sechsfache Pivotzeile subtrahieren
Zeile 3: unverändert lassen, da x_b bereits 0
Zeile 5: 80fache Pivotzeile subtrahieren.

Nach der Umformung ergibt sich folgendes Simplex-Tableau:

Nr.	x_a	x_b	x1	x2	x3	x4	Kapazität
(1)	4	0	1	0	0	−0,5	100
(2)	8	0	0	1	0	−0,6	360
(3)	16	0	0	0	1	0	1.440
(4)	0	1	0	0	0	0,1	100
(5)	50	0	0	0	0	−8	−8.000

Rechenweg (dargestellt bei Zeile 1)

$4 x_a - 5$ mal	$0 x_a$ (Pivotzeile) $= 4 x_a$
$5 x_b - 5$ mal	$1 x_b$ (Pivotzeile) $= 0 x_b$
$1 \times 1 - 5$ mal	0×1 (Pivotzeile) $= 1 \times 1$
$0 \times 2 - 5$ mal	0×2 (Pivotzeile) $= 0 \times 2$
$0 \times 3 - 5$ mal	0×3 (Pivotzeile) $= 0 \times 3$
$0 \times 4 - 5$ mal	$0,1 \times 4$ (Pivotzeile) $= -0,5 \times 4$
$600 - 5$ mal	100 (Pivotzeile) $= 100$

Bei Gleichung 4 ist nun für x_b das Ergebnis ablesbar. Dies geschieht dadurch, dass in der Spalte x_b die Zahl eins gesucht (so genannte Ankereins) und in der Ergebnisspalte (letzte Spalte) das Resultat abgelesen wird.

Es werden von x_b 100 Einheiten hergestellt. Bei einem Stückdeckungsbeitrag von 80 € ergibt sich ein Gesamtdeckungsbeitrag von 8.000 €. Der Deckungsbeitrag wird in der Zielfunktion negativ ausgewiesen, obwohl er in der Realität positiv ist. So lange in der Zielfunktion (Gleichung 5) noch ein positiver Koeffizient steht, wird deutlich, dass die gefundene Lösung noch nicht das Optimum erreicht hat. Deshalb werden die Schritte zur Festlegung von Pivotspalte, Pivotzeile, Umformung der Pivotzeile und Umformung des Tableaus wiederholt.

b) Zweite Iteration
Die Pivotspalte ist x_a (höchster positiver Koeffizient).
x_a wird am stärksten durch die Restriktion der neuen Gleichung 1 tangiert.
Im Rahmen der noch verfügbaren Zeit von 100 Stunden lassen sich bei einem Zeitbedarf von 4 h/Stück nur noch 25 Einheiten herstellen.
Die Restriktionen bei
Gleichung 2: 45 Einheiten (360: 8),
Gleichung 3: 90 Einheiten (1.440: 16)
Gleichung 4: entfällt, da $x_a = 0$
zeigen, dass bei den anderen Maschinen mehr als 25 x_a hergestellt werden könnten.
Fazit: Pivotzeile ist Gl. 1.
Durch die Festlegung der Pivotspalte und der Pivotzeile wird der Eckpunkt E2 geprüft!

Schritt 1 Division der Pivotzeile (1) durch das Pivotelement 4.

$$\text{Pivotzeile} = 1x_a + 0x_b + 0,25x1 + 0x2 + 0x3 - 0,125x4 = 25$$

Schritt 2 Zeile 2: achtfache Pivotzeile subtrahieren
    Zeile 3: 16fache Pivotzeile subtrahieren
    Zeile 4: unverändert lassen, da x_a bereits 0
    Zeile 5: 50fache Pivotzeile subtrahieren

5.3 Planung des Produktions- und Absatzprogramms

Schritt 3 Durch Umformung ergibt sich nun folgendes Simplex-Tableau:

Nr.	x_a	x_b	x1	x2	x3	x4	Kapazität
(1)	1	0	0,25	0	0	−0,125	25
(2)	0	0	−2	1	0	0,4	160
(3)	0	0	−4	0	1	2	1.040
(4)	0	1	0	0	0	0,1	100
(5)	0	0	−12,5	0	0	−1,75	−9.250

Aus dem Tableau kann die Lösung abgelesen werden:
Werden von x_a (siehe 1. Gleichung) 25 Einheiten und von x_b (siehe 4. Gleichung) 100 Einheiten hergestellt, kann der Deckungsbeitrag ermittelt werden, der 9.250 € beträgt.

Da es in der Zielfunktion **keine** positiven Koeffizienten mehr gibt, ist die gefundene Lösung das Optimum. Die Eckpunkte E3, E4 und E5 müssen deshalb nicht durch weitere Iterationen geprüft werden. Die bestätigt auch Abb. 5.12. Der Eckpunkt E2 liefert den höchsten Deckungsbeitrag.

Ergebnis der Schlupfvariablen

x1 = 0   Maschine 1 ist voll ausgelastet.
             Die Restkapazität beträgt 0 Stunden (deshalb auch keine Ankereins).
x2 = 160   Maschine 2 hat noch eine Restkapazität von 160 Stunden.
x3 = 1.040   Maschine 3 hat noch eine Restkapazität von 1.040 Stunden.
x4 = 0   Maschine 4 ist voll ausgelastet.
             Die Restkapazität beträgt 0 Stunden (deshalb auch keine Ankereins).

Zusammenfassung der notwendigen Schrittfolge

1. Aufstellung der Zielfunktion und der Nebenbedingungen.
2. Umformen der Nebenbedingungen in Gleichungen.
3. Herstellung eines ersten Simplex-Tableaus.
4. Festlegen Pivotspalte (= größter positiver Koeffizient in der Zielfunktion).
5. Festlegung Pivotzeile (Zeile mit dem kleinsten Quotienten = engste Restriktion).
6. Tableau-Umformung
    a. Division der Pivotzeile durch Pivotelement, Ergebnis = Basiseins.
    b. Herstellen von Nullen ober- und unterhalb der Basiseins durch Addition bzw. Subtraktion geeigneter Vielfache der Pivotzeile.
7. Wiederholen der Schritte 4–6 bis Zielfunktionszeile keine positiven Koeffizienten mehr enthält. Dann ist das Optimum erreicht.
8. a) Ablesen der optimalen Lösung aus dem Endtableau.
    b) Interpretation der Ergebnisse.

5.4 Verfahrensauswahl

Bei der kurzfristigen Verfahrensplanung handelt es sich um eine laufende Aufgabe der Fertigungsvorbereitung (vgl. Schweitzer/Küpper, S. 551). Dabei muss entschieden werden

- nach welchen technischen Verfahren die Produkte hergestellt werden. Daraus leitet sich wiederum ab, welche Werkstoffe, Vorformen und Energiearten eingesetzt werden müssen.
- auf welchen Maschinen die Produkte hergestellt werden.

5.4.1 Kurzfristige Entscheidung bei ausreichenden Kapazitäten

Fallbeispiel 28: Verfahrensauswahl bei ausreichenden Kapazitäten
Ein Unternehmen stellt Maschinenteile her.

Neben der normalen Auslastung werden für einen zusätzlichen Auftrag 8500 Einheiten hergestellt. Zur Verfügung stehen drei Fertigungsanlagen, die ausreichende Kapazitäten aufweisen.

Die Kostenverläufe sind für

$$\text{Maschine 1}: K1 = 2.000 + 0,8x$$

$$\text{Maschine 2}: K2 = 4.100 + 0,5x$$

$$\text{Maschine 3}: K3 = 6.000 + 0,3x$$

Aus den Kostenverläufen leiten sich – je nach Auslastung – folgende Ergebnisse ab.

X	5.000	5.500	6.000	6.500	7.000	7.500	8.000	8.500	9.000	9.500	10.000
K1	6.000	6.400	6.800	7.200	7.600	8.000	8.400	8.800	9.200	9.600	10.000
K2	6.600	6.850	7.100	7.350	7.600	7.850	8.100	8.350	8.600	8.850	9.100
K3	7.500	7.650	7.800	7.950	8.100	8.250	8.400	8.550	8.700	8.850	9.000

Eine auf dieser Basis getroffene Entscheidung, die einer Vollkostenrechnung entspricht, würde bei 8500 Stück wie folgt ausfallen:

Maschine	Gesamtkosten K bei x = 8.500	Stückkosten (k)	Entscheidung
1	8.800	1,04	Rang 3
2	8.350	0,98	Rang 1
3	8.550	1,01	Rang 2

Somit würde Maschine 2 ausgewählt, da Maschine 1 gegenüber Maschine 2 nur unterhalb einer Beschäftigung von 7.000 Stück überlegen wäre (die Kosten sind bei 7.000 Stück identisch). Dagegen wäre Maschine 3 der Maschine 2 oberhalb einer Beschäftigung von 9500 Stück überlegen (die Kosten sind bei 9.500 Stück identisch).

Diese Entscheidung ist aber deshalb falsch, weil bei den zur Wahl stehenden Maschinen nur Kosten relevant sind, die zusätzlich entstehen bzw. wegfallen. Somit handelt es sich um die unmittelbar von den Fertigungsmengen abhängigen Kosten wie Werkstoffe, Energie, Werkzeuge, Formen, Kosten für die Umrüstung, Kosten für Einrichten und Anlaufen. Diese Kosten sind in den variablen Stückkosten erfasst. Die fixen Kosten (kalkulatorische Abschreibungen, kalkulatorische Zinsen) sind bei einer kurzfristigen Entscheidung nicht entscheidungsrelevant. Vielmehr würden die fixen Kosten der Maschinen im Gesamtumfang von 12.100 € als Teil des Fixkostenblockes des Unternehmens unabhängig von der Auswahlentscheidung anfallen. Es handelt sich um so genannte sunk costs.

Maschine	Variable Kosten bei 8500 Stück
1	6.800
2	4.250
3	2.550

Damit wird deutlich, dass Maschine 3 auszuwählen ist, da die Kosten mit 2.550 € um 1.700 € niedriger liegen als bei Maschine 2 und sogar um 4.250 € niedriger liegen als bei Maschine 1.

5.4.2 Kurzfristige Entscheidung bei Kapazitätsbeschränkung

Sofern die Absatzmöglichkeiten für ein Produkt so hoch sind, dass nicht alle Mengeneinheiten auf der Maschine mit den niedrigsten variablen Kosten (im Fallbeispiel 28 ist es die Maschine 3) gefertigt werden können, wird die Restmenge auf der nächst günstigeren Maschine, also der Maschine 2, hergestellt. Erst wenn Maschine 3 und Maschine 2 komplett ausgelastet wären, wird Maschine 1 herangezogen.

Fallbeispiel 29: Verfahrensauswahl bei einer Kapazitätsbeschränkung
Die Produkte A, B und C können alternativ auf drei Maschinen gefertigt werden.

Von Produkt A können 160 Stück, von B 300 Stück und von C 440 Stück in der Periode veräußert werden.

Maschinendaten				Fertigungszeiten der Produkte (h/Stück)			Variable Kosten der Produkte (€/Stück)		
Maschine	Kapazität (h)	Mh fix[a]	Mh var.[a]	A	B	C	A	B	C
1	400	2.000	80	2	0,5	0,9	160	40	72
2	360	4.100	50	3	1	1,08	150	50	54
3	400	6.000	40	2,5	0,5	0,75	100	20	30

[a] Mh fix sind die in einer Periode fixen Maschinenkosten
Mh var. sind die variablen Maschinenkosten pro Stunde

Auf Basis der Daten wird deutlich, dass eine Produktion aller drei Produkte auf der Maschine drei zu den niedrigsten variablen Stückkosten führt. Allerdings stehen auf dieser Anlage nur 400 Stunden zur Verfügung, während der Gesamtbedarf bei 880 h (160 A × 2,5 h + 300 B × 0,5 h + 440 C × 0,75 h) liegt.

Die optimale Lösung wird analog zur relativen Stückdeckungsbeitragsrechnung auf Basis der relativen Kostendifferenzen ermittelt. Entscheidungsrelevant sind dabei nur die variablen Kosten.

Die relativen Kostendifferenzen resultieren aus den jeweiligen **Kostennachteilen**, die pro freiwerdender Zeiteinheit zusätzlich entstehen, wenn ein Produkt nicht auf der Maschine mit den geringsten Kosten, sondern auf einer anderen Maschine mit höheren Kosten produziert wird.

Produkt	A	B	C
Absolute Kostendifferenz (€/Stück) Zwischen Maschine 1 und 3	160−100=60	40−20=20	72−30=42
Absolute Kostendifferenz (€/Stück) Zwischen Maschine 2 und 3	150−100=50	50−20=30	54−30=24
Relative Kostendifferenz (€/h) Zwischen Maschine 1 und 3	60/2,5=24	20/0,5=40	42/0,75=56
Relative Kostendifferenz (€/h) Zwischen Maschine 2 und 3	50/2,5=20	30/0,5=60	24/0,75=32

Schritt 1
Der relative Kostennachteil ist bei einer Verlagerung des Produktes A auf Maschine 2 mit 20 € am niedrigsten. Damit können A-Einheiten zumindest bis zur Kapazitätsgrenze der Maschine 2 von 360 h gefertigt werden. Da eine A-Einheit auf der Maschine 2 pro Stück 3 h Fertigungszeit benötigt, können dort 120 A-Einheiten hergestellt werden.

Schritt 2
Von den insgesamt zu produzierenden 160 A-Einheiten können die restlichen 40 A-Einheiten auf Maschine 1 gefertigt werden, da hier mit 24 € der zweitniedrigste Kostennachteil existiert.

Schritt 3

Allerdings ist auch nach der Verlagerung der A-Produkte auf die Maschinen 1 und 2 eine Produktion aller Einheiten der Produkte B und C auf Maschine 3 nicht möglich, da hierfür eine Kapazität von 480 h (300 B x 0,5 h + 440 C x 0,75 h) erforderlich ist.

Schritt 4

Der nächstniedrigste Kostennachteil ergibt sich mit 32 € bei einer Verlagerung von C-Einheiten auf Maschine 2. Allerdings ist Maschine 2 bereits ausgelastet (siehe Schritt 1).

Schritt 5

Der nächstniedrigste Kostennachteil ergibt sich mit 40 € bei einer Verlagerung von B-Einheiten auf Maschine 1. Maschine 3 muss um 80 h entlastet werden (480 h bei kompletter Produktion von B und C bei gleichzeitiger Kapazität von 400 h). Dies bedeutet, dass von den 300 B-Einheiten insgesamt 160 B-Einheiten (80 h : 0,5 h/Stück = 160 Stück) auf Maschine 1 produziert werden.

Die folgende Tabelle fasst die einzelnen Stückzahlen und die Kapazitätsauslastung zusammen.

Maschine	1		2		3		Summe
	Stück	h	Stück	h	Stück	h	Stück
Produkt A	40	80	120	360	0	0	160
Produkt B	160	80	0	0	140	70	300
Produkt C	0	0	0	0	440	330	440
Summe h	–	160	–	360	–	400	–

Fazit

Die Kapazität der Maschinen 2 und 3 ist komplett verplant. Auf Maschine 1 steht noch eine Restkapazität von 240 h zur Verfügung. Sofern mehrere Kapazitätsbeschränkungen (z. B. nicht nur für Maschinen, sondern auch für Personal usw.) auftreten, wird die Lösung mittels linearer Optimierung oder Simplex-Algorithmus gefunden. Die Vorgehensweise entspricht dabei jener der Programmplanung.

5.4.3 Langfristige Entscheidung

Bei langfristigen Entscheidungen handelt es sich um eine Investitionsentscheidung, da die Entscheidung für oder gegen ein bestimmtes Produktionsverfahren bzw. eine Maschine eine mehrjährige Nutzungsdauer zur Folge hat. Eine solche Entscheidung kann mit Hilfe einer Kostenvergleichsrechnung oder einer Kapitalwertrechnung getroffen werden, wobei auch die fixen Kosten entscheidungsrelevant sind.

5.5 Eigenfertigung oder Fremdbezug

5.5.1 Kostenrechnerische Entscheidungsbasis und sonstige Entscheidungskriterien

In den 1990er Jahren hat sich ein Paradigmenwechsel weg von der Diversifikationsstrategie hin zu einer Reduzierung der betrieblichen Leistungen auf Kernkompetenzen vollzogen. Damit einhergehen Konzepte des Lean-Management/Lean-Production (vgl. hierzu Bea/Haas, S. 517–518; Macharzina/Wolf, S. 509–512), die auch zu einer deutlichen Abnahme in der Fertigungstiefe geführt haben, beispielsweise in der Automobilindustrie. Basisüberlegung ist, dass eine Konzentration auf das Kerngeschäft zu einer Spezialisierung auf Gebiete führt, auf denen das Unternehmen über komparative Kostenvorteile verfügt.

Es geht also ganz praktisch um die Entscheidung über

- Eigenfertigung von Einzelteilen bzw. Produkten oder deren Zukauf von Lieferanten.
- Eigenständige Durchführung von Leistungen oder Vergabe von Dienstleistungsverträgen, z. B. Lohn- und Gehaltsabrechnung (Personalabteilung vs. Dienstleister), Transport (Fuhrpark vs. Spedition), Werbung (Werbeabteilung vs. Werbeagentur).

Annähernd 100 empirische und nicht empirische Arbeiten sind seit Mitte der 1990er Jahre in wissenschaftlichen Zeitschriften veröffentlicht worden. Matiaske/Mellewigt (vgl. S. 646–647) zeigen in einer metaanalytischen Auswertung dieser Arbeiten, dass es im Kern die Kostenvorteile sind, die mit der Outsourcingentscheidung angestrebt werden. Zu den Kostenvorteilen gehört auch die so genannte Branchenarbitrage. Diese ergibt sich beispielsweise daraus, dass der externe Dienstleister für seine Mitarbeiter über günstigere tarifvertragliche Regelungen als der Auftraggeber verfügt und daraus Kostenvorteile entstehen. Allerdings zeigen verschiedene Untersuchungen auch, dass viele Unternehmen mit dem Ergebnis des Outsourcings nicht oder nur eingeschränkt zufrieden sind. Beispielsweise haben sich die Kostenvorteile nicht bestätigt oder die gewünschte Leistung wird nicht kundenspezifisch erbracht (vgl. Schewe/Kett, S. 139).

A) Kostenrechnerische Entscheidungsbasis

Entscheidungen über Eigenfertigung vs. Fremdbezug sind als Sonderfall der Verfahrenswahl (siehe hierzu Kap. 5.4) einzuordnen. Dabei bildet die Alternative des Fremdbezugs ein weiteres Fertigungsverfahren, das neben den Möglichkeiten der Eigenfertigung in die Entscheidungsfindung mit eingeht. Darüber hinaus kann die Eigenfertigung auch als spezielle Preisobergrenze (siehe hierzu Kap. 5.2.1) verstanden werden.

a) Kurzfristige Entscheidung bei ausreichenden Kapazitäten

Die Entscheidung soll durch ein Fallbeispiel verdeutlicht werden.

5.5 Eigenfertigung oder Fremdbezug

Fallbeispiel 30: Eigenfertigung oder Fremdbezug bei ausreichenden Kapazitäten
Ein Unternehmen produziert vier verschiedene Produkte. Für die geplanten Produktionsmengen ist die Kapazität (Fertigungsanlagen, Mitarbeiter) ausreichend. Alternativ können die Produkte auch von Lieferanten bezogen werden.

Produkt	Produktionsmenge	Fremdbezugspreis (€)	Variable Stückkosten (€)	Gesamte Stückkosten (€)
Radio	200.000	60	40	55
DVD-Recorder	350.000	150	105	120
TV-Gerät	500.000	250	270	300
CD-Player	250.000	90	60	100

Welche Produkte sollen selbst produziert werden, welche dagegen vom Lieferanten bezogen werden?

Entscheidung nach der Vollkostenrechnung
Gemäß Vollkostenrechnung wäre die Argumentation wie folgt:

Entscheidungsregel	Ergebnis	Produkte
Fremdbezugspreis ≥ Stückkosten	Eigenfertigung	DVD-Recorder, Radio
Fremdbezugspreis < Stückkosten	Fremdbezug	CD-Player, TV-Gerät

Wenn diese Entscheidung getroffen würde, ergibt sich folgende Situation: Die Kosten durch Eigenfertigung der CD-Player betragen 25 Mio. €. Im Falle der Fremdvergabe sind die Gesamtkosten für die CD-Player aber nicht gesunken, sondern auf 32,5 Mio. € gestiegen. Dies erklärt sich daraus, dass in den Stückkosten von 100 € fixe Kosten von 40 € enthalten sind, die kurzfristig betrachtet, nicht entscheidungsrelevant sind, da sich diese durch die getroffene Entscheidung nicht reduzieren. Insofern entstehen nicht nur Kosten in Höhe von 22,5 Mio. € (90 €/St. × 250.000 Stück) für den Fremdbezug, sondern auch 10 Mio. € (40 € × 250.000 Stück) für die existierenden fixen Kosten.

Entscheidung nach der Teilkostenrechnung
Gemäß Teilkostenrechnung wird von einer veränderten Entscheidungsregel ausgegangen. Danach sind kurzfristig nur die variablen Kosten relevant.

Entscheidungsregel	Ergebnis	Produkte
Fremdbezugspreis ≥ variable Stückkosten	Eigenfertigung	DVD-Recorder, Radio, CD-Player
Fremdbezugspreis < variable Stückkosten	Fremdbezug	TV-Gerät

b) Kurzfristige Entscheidungen bei Kapazitätsbeschränkungen

Aus einer Vollauslastung der Kapazitäten ergeben sich entweder ein Engpass oder mehrere Engpässe. Mit der Entscheidung zur Eigenfertigung eines Produktes wird gleichzeitig die Produktionsmenge eines anderen Produktes reduziert oder gar komplett verhindert. In einem solchen Fall sind die Opportunitätskosten zu berücksichtigen. Diese stellen einen entgangenen Gewinn der nicht produzierbaren Einheiten dar. Für eine Fremdfertigung werden daher nicht nur Produkte ausgewählt, deren variable Stückkosten höher sind als die Kosten des Fremdbezugs (wie gerade unter Punkt a festgestellt), sondern auch deren Opportunitätskosten pro Engpasseinheit am niedrigsten liegen.

Fallbeispiel 31: Eigenfertigung oder Fremdbezug bei Kapazitätsbeschränkungen

Wie bereits schon im Fallbeispiel 30 vorgestellt, bietet ein Unternehmen seinen Kunden vier Produkte an. Die folgende Tabelle zeigt, dass das Produkt TV-Geräte von einem Lieferanten bezogen wird, da der Fremdbezugspreis (Spalte 3) niedriger ist als die bei einer Eigenfertigung entstehenden variablen Kosten (Spalte 4).

Auf Grund einer einzelnen Kapazitätsbegrenzung stehen für einen kürzeren Zeitraum nur 75.000 h (= 4.500.000 min) zur Verfügung. Deshalb können die übrigen Produkte nicht mit den Produktionsmengen (Spalte 2) selbst hergestellt werden. Der Lieferant, der für das Unternehmen die TV-Geräte herstellt, wäre bereit, auch andere Produkte vorübergehend zu produzieren.

Relevant ist die Kapazitätsinanspruchnahme einer Produkteinheit (Spalte 5). Dabei wird deutlich, wie viele Minuten eine Produkteinheit die Kapazität bindet. Anschließend wird die Differenz zwischen Fremdbezugspreis (Spalte 3) und den variablen Stückkosten (Spalte 4) durch die Kapazitätsinanspruchnahme (Spalte 5) dividiert. Dieser Wert, der in Spalte 6 ausgewiesen wird, stellt die Opportunitätskosten pro Minute dar. Bei einem Fremdbezug der CD-Player würden Opportunitätskosten in Höhe von 10 € pro Minute entstehen. Da die Opportunitätskosten bei dem Produkt am höchsten sind, wird diesem die Rangfolge 1 zugewiesen. Deshalb wird dieses Produkt komplett selbst gefertigt. Nach der notwendigen Produktionszeit von 750.000 min (= 12.500 h) verbleiben noch 3.750.000 h (= 62.500 h) für die Eigenfertigung.

Im Rahmen der zur Verfügung stehenden Restkapazität können auch die DVD-Recorder (Rang 2) komplett selbst produziert werden (Produktionszeit: 3.150.000 min (= 52.500 h).

Innerhalb der verbleibenden Restkapazität von 600.000 min bzw. 10.000 h können noch 120.000 Radios (600.000 min: 5 min/Stück) selbst hergestellt werden. Die übrigen 80.000 Stück werden vom Lieferanten bezogen.

5.5 Eigenfertigung oder Fremdbezug

1	2	3	4	5	6	7
Produkt	Produktions-menge (Stück)	Fremdbezugs-preis (p_F) (€)	k_v (€)	Kapazitäts-Inanspruchnahme (Minuten/Stück)	$(p_F - k_v)$/ Minute	Rang
Radio	200.000	60	40	5	4	3
DVD-Recorder	350.000	150	105	9	5	2
TV-Gerät	500.000	250	270	–	–	–
CD-Player	250.000	90	60	3	10	1

Produkt	Produktionsmenge Eigenfertigung	Produktionsmenge Fremdfertigung
Radio	120.000	80.000
DVD-Recorder	350.000	0
TV-Gerät	0	500.000
CD-Player	250.000	0

Sofern mehrere Engpässe auftreten, wird die Lösung mittels linearer Optimierung oder Simplex-Methode gefunden. Die Vorgehensweise entspricht dabei jener der Programmplanung (siehe hierzu Kap. 5.3.4).

3. Langfristige Entscheidung
Analog zum Verfahrensvergleich hat eine langfristige Entscheidung für oder gegen einen Fremdbezug von Lieferungen und Leistungen Investitionscharakter. Folge ist, dass auch die fixen Kosten entscheidungsrelevant sind, da davon auszugehen ist, dass diese im Zeitverlauf abgebaut werden können (z. B. Personalabbau, Werksschließung).

Abbildung 5.13 veranschaulicht, dass bei längerfristiger Entscheidung die Option Fremdbezug parallel zu Verfahren der Eigenfertigung betrachtet werden sollte. Die Kostenvergleichsrechnung als Methode der Investitionsrechnung stellt die einzelnen Kostenfunktionen gegenüber. Danach ist die Option Fremdbezug (Verfahren 1) dann vorteilhaft, wenn die langfristige Bedarfsmenge nicht über xkr1 hinausgeht. Falls doch, wäre die Eigenfertigung (Verfahren 3) vorzuziehen. Das Verfahren 2 ist dem Verfahren 3 bei einer Beschäftigung über xkr 1 hinaus immer unterlegen.

Kostenrechnerisch sind bei einem Kostenvergleich die so genannten Cost of Ownership zu quantifizieren. Diese enthalten alle Kosten, die bei externem Bezug zusätzlich entstehen bzw. bei interner Fertigung entfallen würden. In diesem Zusammenhang sind auch die Transaktionskosten von Bedeutung. Picot (S. 147) versteht unter einer Transaktion jede „Übertragung von Gütern, Dienstleistungen, Verfügungs- oder Nutzungsrechten

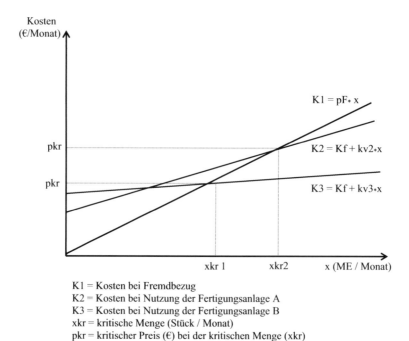

K1 = Kosten bei Fremdbezug
K2 = Kosten bei Nutzung der Fertigungsanlage A
K3 = Kosten bei Nutzung der Fertigungsanlage B
xkr = kritische Menge (Stück / Monat)
pkr = kritischer Preis (€) bei der kritischen Menge (xkr)

Abb. 5.13 Eigenfertigung vs. Fremdbezug

(Property Rights), die sich zwischen natürlichen oder juristischen Personen vollzieht". Erfolgt der Leistungsaustausch innerhalb des Unternehmens, beispielsweise zwischen zwei Geschäftsbereichen, wird von einer internen Transaktion gesprochen. Eine externe Transaktion ist dagegen ein Tauschvorgang auf dem Beschaffungs- bzw. Absatzmarkt mit Lieferanten und Kunden. Somit sind Transaktionskosten „die spezifischen Kosten bei der Anbahnung und Durchführung derartiger Tauschvereinbarungen", wobei die Höhe der Transaktionskosten sowohl von der Leistung als auch von der gewählten Koordinationsform (Eigenfertigung vs. Fremdbezug) abhängt. Die Differenzen von Transaktionskosten zwischen Eigenfertigung und Fremdbezug werden überwiegend nicht absolut, sondern in der relativen Höhe geschätzt. Allerdings ist zumindest in Teilen eine Quantifizierung durch Prozesskostenrechnung (siehe hierzu Kap. 6) möglich. Dabei können für Such-, Verhandlungs- und Absicherungsprozesse zumindest bei bereits vorliegenden Daten die Kosten ermittelt werden (vgl. Coenenberg u. a., S. 377–383).

B) Entscheidungskriterien außerhalb der Kosten- und Erlösrechnung
Die abschließende Entscheidung von Eigenfertigung oder Fremdbezug ist nicht so sehr kurzfristig, sondern langfristig einzuordnen. Insofern existieren strategische Aspekte, die über die Überlegungen der Kosten- und Erlösrechnung hinausgehen.

Wichtige Entscheidungskriterien sind:

- **Zuverlässigkeit**
  Diese kann wie folgt operationalisiert werden:
  - Zeitlich: Schnelligkeit der Lieferung/Leistung bei Fremdbezug.
  - Kosten: Stabilität der Kostenvorteile.
  - Qualität: Einhaltung der geforderten Spezifikation, Flexibilität bei Anpassungen an veränderte Wünsche (z. B. bei neuen Produkten).

- **Know-how-Abfluss**
  Werden Kernelemente eines Produktes nicht mehr selbst gefertigt, sondern von Lieferanten bezogen, kommt es möglicherweise zu Imageproblemen oder gar zum Verlust der Technologieführerschaft. Im Gegensatz dazu kann der Lieferant sein Produkt mehreren Unternehmen, also auch Wettbewerbern anbieten.

- **Konkurrenzaspekte**
  Ein Lieferant, der über maßgebliche Teile an der gesamten Wertschöpfungskette verfügt, kann selbst in die Weiterverarbeitung vordringen.

- **Langfristige Kapitalbindung**
  Eine Eigenfertigung setzt Investitionen und einen längerfristigen Bedarf voraus. Durch Fremdfertigung lassen sich langfristig die Kostenstrukturen hin zu mehr variablen Kosten verbessern.

- **Reversibilität**
  Relevant ist auch die Frage, ob und gegebenenfalls wie schnell eine getroffene Entscheidung hin zur Fremdvergabe wieder rückgängig gemacht werden kann. So stellt sich beispielsweise während einer Wirtschaftskrise in vielen Unternehmen die Frage, wie der aktuellen Unterbeschäftigung begegnet werden kann und inwiefern in der Vergangenheit ausgelagerte Leistungen wieder in das Unternehmen integriert werden können. Warum sollten beispielsweise Wartungsarbeiten an ein Serviceunternehmen vergeben werden, wenn es in nicht ausgelasteten Bereichen hierfür qualifizierte Mitarbeiter gibt?

5.5.2 Übungsaufgabe zur Entscheidung zwischen Eigenfertigung und Fremdbezug

Übungsaufgabe 16: Eigenfertigung oder Fremdbezug
Ein Automobilhersteller fertigt ein bestimmtes Motorenteil für das Modell Golo bislang selbst. Pro Monat wird dieses Teil in der eigenen Werksgießerei 5.000 mal hergestellt. Auf Basis einer Vollkostenrechnung betragen die Stückkosten 350 €. Die variablen Stückkosten betragen 220 €. Ein Lieferant würde 280 € verlangen. Kapazitätsengpässe liegen nicht vor.

Langfristig könnten bei einer endgültigen Fremdvergabe 70% der aktuellen Fixkosten abgebaut werden. Allerdings werden zusätzliche Prozesse ausgelöst. Auf Basis einer Prozesskostenrechnung wird erwartet, dass die jährlichen Logistikkosten um 720.000 € und die Kosten auf Grund zusätzlicher Prüfprozesse des Qualitätsmanagements um jährlich 840.000 € zunehmen.

Aufgabe
a. Wie entscheiden Sie kostenrechnerisch aus kurzfristiger Sicht?
b. Wie entscheiden Sie aus langfristiger Sicht, wenn auch künftig von 5.000 Einheiten pro Monat ausgegangen wird?
c. Wie entscheiden Sie, wenn das gleiche Bauteil künftig auch im Modell Gupo eingebaut werden kann, im Rahmen der zur Verfügung stehenden Kapazität die Produktionsmenge auf 6.500 Stück pro Monat erhöht werden könnte und die Höhe der Prozesskosten bei Fremdvergabe unverändert bleiben?
d. Wo liegt die kritische Produktionsmenge, bei der eine Entscheidung für oder gegen eine Eigenfertigung kostenrechnerisch zum gleichen Ergebnis führen würde?

Lösung
a) Kurzfristige Sicht

$$k_v (220\ €) < k_F (280\ €)$$

Daher ist eine Fremdvergabe kurzfristig nicht empfehlenswert.

b) Langfristige Sicht bei 5.000 Stück im Monat (60.000 Stück im Jahr)
Von den fixen Kosten (k_f = 130 €, bei 5.000 Stück im Monat bzw. 60.000 Stück im Jahr) in Höhe von 7.800.000 € pro Jahr sind 70% abbaubar (5.460.000 €), 30% verbleiben als unternehmensfixe Kosten (2.340.000 €) auch bei Fremdvergabe. Darüber hinaus entstehen bei Fremdvergabe neue fixe Kosten in Höhe von 1.560.000 €.

Die relevanten Stückkosten bei Fremdvergabe setzen sich zusammen aus

- 280 € (Preis des Lieferanten)
- 39 € (verbleibende unternehmensfixe Kosten)
- 26 € (Prozesskosten)

und betragen 345 €.

Entscheidung
k bei Eigenfertigung (350 €) > k bei Fremdvergabe (345 €)
Bei einer Produktionsmenge von 5.000 Stück/Monat ist eine Fremdvergabe empfehlenswert, da die Stückkosten 5 € niedriger als bei Eigenfertigung sind.

Hinweis
Alternativ können die nicht abbaubaren fixen Kosten in Höhe von 2.340.000 € bei beiden Alternativen außen vor bleiben, weil sie nicht entscheidungsrelevant sind.

c) Langfristige Sicht bei 6.500 Stück im Monat (78.000 Stück im Jahr)
Die relevanten Stückkosten bei Fremdvergabe setzen sich zusammen aus

- 280 € (Preis des Lieferanten)
- 30 € (verbleibende unternehmensfixe Kosten, 2.340.000 €: 78.000 Stück)
- 20 € (Prozesskosten, 1.560.000 €: 78.000 Stück)

und betragen 330 €.

Die relevanten Stückkosten bei Eigenfertigung setzen sich zusammen aus

- 220 € variablen Stückkosten
- 100 € fixe Kosten = fixe Kost €: 78.000 Stück)

und betragen 320 €.

Entscheidung
k bei Eigenfertigung (320 €) < k bei Fremdvergabe (330 €)
Bei einer Produktionsmenge von 6.500 Stück/Monat ist eine Eigenfertigung empfehlenswert, da die Stückkosten 10 € niedriger als bei Fremdvergabe sind.

d) Kritische Menge

$$7.800.000\ € + 220x = 3.900.000\ € + 280x$$
$$\uparrow \qquad\qquad\qquad \uparrow$$
Kosten bei Eigenfertigung Kosten bei Fremdfertigung

$$x = 65.000$$

Bei einer Jahresproduktion von 65.000 Stück ergibt sich weder ein Vorteil für die Eigenfertigung noch für den Fremdbezug. Liegt die Jahresproduktion über (unter) 65.000 Stück, ist die Eigenfertigung (Fremdfertigung) vorzuziehen.

Prozesskostenrechnung 6

> **Lernziele**
>
> In diesem Kapitel lernen Sie
> - ein Kostenrechnungssystem kennen, das auf Basis der im Unternehmen stattfindenden Prozesse die dabei entstehenden Gemeinkosten ermittelt.
> - wie eine Kostenverrechnung mittels Prozesskostenrechnung erfolgen kann und welche Schlussfolgerungen sich daraus ableiten lassen. Sie können anschließend erklären, wie eine prozessorientierte Kostenstellenrechnung, Kalkulation und Kostenkontrolle durchzuführen ist.
> - wie die Prozesskostenrechnung zu bewerten ist. Sie können anschließend positive Aspekte benennen und Grenzen bzw. Schwächen des Kostenrechnungssystems aufzeigen.

6.1 Grundlagen

6.1.1 Ausgangssituation

Ausgangsbasis der Prozesskostenrechnung sind Publikationen aus den Jahren 1987 und 1988 von Cooper, Johnson und Kaplan (vgl. Cooper, S. 210–220 bzw. S. 345–351) zum Thema Activity Based Costing bzw. Transaction Costing. Im Gegensatz zum Einsatzbereich im Fertigungsbereich (vgl. Gaiser, S. 68) fokussiert das von Horvath/Mayer (erstmalig 1989, vgl. S. 214–219) weiterentwickelte System eher die indirekten Leistungsbereiche, also Tätigkeiten, die nicht unmittelbar in die für den Absatzmarkt bestimmten Produkte eingehen. Darüber hinaus werden auch fixe Kosten berücksichtigt, um damit auch mittel- und langfristige Entscheidungen vorzubereiten.

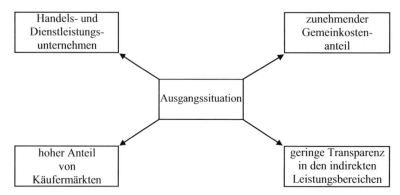

Abb. 6.1 Ausgangssituation der Prozesskostenrechnung

Frühe Ansätze einer prozessorientierten Kostenrechnung gab es bereits in den 1970er Jahren bei der Siemens AG. Problem sind damals die EDV-technisch noch nicht beherrschbaren Datenmengen und der (damals) noch nicht existierende wirtschaftliche Druck gewesen (vgl. Behnke/Niemand, S. 99; Ziegler, S. 304–317).

Abbildung 6.1 verdeutlicht die Grenzen einer klassischen Zuschlagskalkulation.

Zunehmender Gemeinkostenanteil
Der Anteil der Gemeinkosten ist in den letzten Jahren angewachsen. Gleichzeitig ist die Bedeutung der Fertigungseinzelkosten rückläufig. Dadurch wird die Schlüsselung von Gemeinkosten über Zuschlagsätze problematisch, zumal die Proportionalität zu den Einzelkosten vielfach in Zweifel zu ziehen ist.

Geringe Transparenz in den indirekten Leistungsbereichen
Die Ausweitung der Gemeinkosten erklärt sich durch die zunehmende Bedeutung von Aufgaben der indirekten Leistungsbereiche (vgl. Horvath/Mayer, S. 214; Kümpel, S. 1022). Dazu zählen vor allem:

- Entwicklung
- Einkauf
- Logistik
- Produktionsvorbereitung (auf Grund kleiner Serien)
- Qualitätsmanagement
- Marketing und Vertrieb
- Controlling
- Personalmanagement

Hoher Anteil von Käufermärkten
Die Unternehmen sind vielfach gezwungen, für die Kunden maßgeschneiderte Lösungen zu erstellen. Dies führt zu einer zunehmenden Anzahl von Produktvarianten und Kleinse-

rien. Der zusätzliche Arbeitsaufwand in den Unternehmen, der mit den Produktvarianten und Kleinserien verbunden ist, wird durch die Zuschlagskalkulation nicht korrekt erfasst. Vielmehr werden über die Zuschlagssätze die Kosten auf alle Produkte des Unternehmens umgelegt.

Handels- und Dienstleistungsunternehmen
Die Beispiele in den Kap. 3.3.2 und 3.3.5 haben gezeigt, dass die Methoden der Kalkulation auch für Dienstleistungsunternehmen anwendbar sind. Allerdings tragen diese Verfahren nur bedingt zur Transparenz der Kostenentstehung bei.

6.1.2 Begriffe Prozess und Prozesskostenrechnung

Zunächst werden die Begriffe Prozess und Prozesskostenrechnung erläutert.

Prozess
Ein Prozess ist eine auf die Erbringung eines Leistungsoutputs gerichtete Kette von Aktivitäten und somit gekennzeichnet durch

- einen Leistungsoutput
- Qualitätsmerkmale
- eine Ressourceninanspruchnahme
- einen Kosteneinflussfaktor (Kostentreiber)
- einen im Regelfall messbaren Zeitaufwand

Prozesskostenrechnung
Die Prozesskostenrechnung ist eine auf den Gemeinkostenbereich, insbesondere auf die indirekten Leistungsbereiche, ausgerichtete Vollkostenrechnung, die logisch verbundene Aktivitäten als kostentreibende Faktoren identifiziert.

6.1.3 Einsatzbereich der Prozesskostenrechnung

Die Prozesskostenrechnung kann nicht alle Probleme der klassischen Vollkostenrechnung lösen. Wie Abb. 6.2 zeigt, beschränkt sich ihr Einsatzbereich auf Prozesse, die mehr oder weniger standardisiert (repetitiv) ablaufen und dabei der Entscheidungsspielraum des Mitarbeiters eher begrenzt ist. Für innovative Prozesse (z. B. Neuproduktentwicklung) und für repetitive Prozesse mit größeren Entscheidungsspielräumen (z. B. im Rahmen der Personalführung) empfiehlt sich der Einsatz der Prozesskostenrechnung daher nicht.

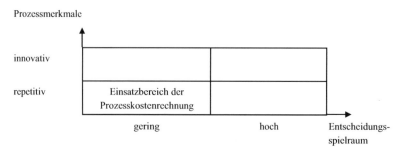

Abb. 6.2 Prinzipieller Einsatzbereich der Prozesskostenrechnung (modifiziert nach Coenenberg u. a., S. 163; Striening, S. 62)

Abbildung 6.3 prüft eine Zuordnung zu den einzelnen Gemeinkostenteilen.

Auf Grund des Arbeitsaufwandes bei der Einführung der Prozesskostenrechnung sollte eine Konzentration auf die relevantesten Betriebsteile erfolgen, also auf

- die betrieblichen Kostenschwerpunkte,
- betriebliche Ressourcen, die von verschiedenen Produkten unterschiedlich beansprucht werden,
- Ressourcen, deren Kosten im klassischen Kostenrechnungssystem am wenigsten verursachungsgerecht verrechnet werden (z. B. Aufwendungen für Einkauf/Logistik, Fertigungssteuerung).

Teil der Gemeinkosten	Einsatzempfehlung für Prozesskostenrechnung
Materialgemeinkosten	Ja (z.B. Einkauf und Eingangslogistik).
Fertigungsnahe Gemeinkosten	Nein, hier sollte vorrangig die Grenzplankostenrechnung eingesetzt werden. Von Relevanz ist auch die mehrstufige Deckungsbeitragsrechnung. Auch die Maschinenstundensatzrechnung dürfte besser als die Prozesskostenrechnung geeignet sein.
Allgemeine Fertigungsgemeinkosten	Ja (z.B. Fertigungsplanung, Qualitätssicherung).
Verwaltungsgemeinkosten	Nur sehr eingeschränkt, da die Zuordnung auf einzelne Produkte häufig nicht gelingt (z.B. Prozesse der Abteilungen im Rechnungswesen) oder weil der Arbeitsaufwand eines Prozesses uneinheitlich ist (z.B. bei Erstellung eines Finanzplans, Durchführung einer Investitionsrechnung oder eines Personalbeschaffungs- und Personalauswahlprozesses). Daher bleibt es in den meisten Fällen bei einem Verwaltungsgemeinkostenzuschlagsatz.
Vertriebsgemeinkosten	Ja (z.B. Kundendienst, Distributionslogistik).

Abb. 6.3 Einsatzbereich der Prozesskostenrechnung nach Gemeinkostenteilen

6.1 Grundlagen

Hauptziele der Prozesskostenrechnung	
Steigerung der Effektivität und Effizienz	**Verursachungsgerechte Kostenverrechnung**
Verbesserung der Kostentransparenz und Kontrolle Aufdeckung von Schwachstellen in der Prozessorganisation sowie stärkere Prozesssicht statt Funktions-/Bereichsorientierung Kontrolle der Kapazitätsauslastung Unterstützung von make-or-buy-Entscheidungen	Verursachungsgerechte Zuordnung der Kosten auf Produkte und Kostenstellen sowie Identifikation profitabler Produkte und Kunden - Allokationseffekt - Degressionseffekt - Komplexitätseffekt

Abb. 6.4 Hauptziele der Prozesskostenrechnung

6.1.4 Hauptziele der Prozesskostenrechnung

Abbildung 6.4 veranschaulicht die Hauptziele der Prozesskostenrechnung. Die Abbildung verdeutlicht, dass zwei Ziele maßgebend sind:

- Steigerung der Effektivität und Effizienz
- Verursachungsgerechte Kostenverrechnung für eine strategische Kalkulation

A) Steigerung der Effektivität und Effizienz

- Durch die systematische Bestandsaufnahme interner Aktivitäten werden erstmalig deren Kosten verdeutlicht. Beispielsweise sind die Kosten für den Besuch von Kunden im Rahmen des Außendienstes oder für die Durchführung einer Bestellung in einer klassischen Kostenrechnung unbekannt.
- Bei der Erfassung der Prozesse werden auch die Schwachstellen in der Prozessorganisation deutlich. Wichtig ist die Entwicklung einer stärkeren Prozesssicht statt einer Funktions-/Bereichsorientierung. Darüber hinaus müssen Prozesse reduziert werden, die im engeren Sinne keinen Nutzen bringen. Dabei wird auch von „non-value-activities" gesprochen. Dazu zählen z. B. Nacharbeiten, Doppelarbeiten oder Kundenbeschwerden.
- Die Prozesskostenrechnung kontrolliert die zur Verfügung stehenden Ressourcen, beispielsweise wird eine Ermittlung der Über- bzw. Unterauslastung des Personals durchgeführt.
- Die Prozesskostenrechnung kann Entscheidungen zwischen Eigenfertigung und Fremdbezug unterstützen. Relevant sind schließlich nicht nur die veränderten variab-

len Kosten, sondern auch Informationen über Prozesse, die bei einer Fremdvergabe entfallen bzw. den Aufbau von zusätzlich erforderlichen Prozessen, die auf Grund einer Fremdvergabe neu entstehen.

B) Verursachungsgerechte Kostenverrechnung für eine strategische Kalkulation
Zur Erreichung dieses Zieles lassen sich aus der Prozesskostenrechnung drei Effekte aufzeigen, die für eine strategische Planung im Unternehmen genutzt werden können (vgl. Coenenberg u. a., S. 174–178; Fandel u. a., S. 413–414; Kalenberg, S. 305–307).

a) Allokationseffekt
Durch die Prozesskostenrechnung soll eine verursachungsgerechtere Zuordnung von Kosten auf Kostenstellen bzw. Kostenträger erfolgen. Ziel ist eine Reduzierung der Schlüsselung von Gemeinkosten, die über einen Zuschlagsatz und somit proportional auf Basis der Einzelkosten verrechnet werden. Die Prozesskostenrechnung macht deutlich, dass sich die Gemeinkosten typischerweise nicht proportional zur Zuschlagsbasis verhalten. Deshalb werden die Gemeinkosten über die in Anspruch genommenen Prozesse verrechnet. Der Allokationseffekt zeigt die Fehlallokation von Gemeinkosten bei klassischer (Zuschlags-) Kalkulation auf und weist auf die notwendige Umverteilung der Kosten hin.

b) Degressionseffekt
Der Degressionseffekt verdeutlicht die Anpassung der Gemeinkosten an die jeweilige Stückzahl. Während in der Zuschlagskalkulation die Gemeinkosten je Mengeneinheit eines Produktes gleich groß sind, fallen diese bei der Prozesskostenrechnung degressiv. Damit wird beispielsweise der Unterschied der anfallenden Gemeinkosten bei kleinen bzw. großen Bestellmengen (kleine vs. große Aufträge bzw. Losgrößen) aufgezeigt.

Der Degressionseffekt wird durch Abb. 6.5 verdeutlicht. Die ersten beiden Balken auf der linken Seite zeigen, dass bei einer Zuschlagskalkulation die Stückkosten bei einem Klein-

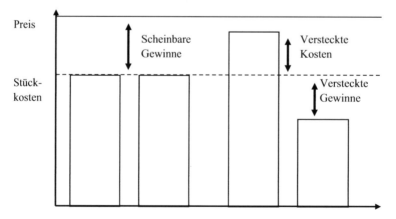

Abb. 6.5 Stückkosten in Abhängigkeit von Auftragsgröße und Kalkulationsverfahren

6.1 Grundlagen

Kosten	Zuschlagskalkulation Kleinkunde (1 Stück)	Zuschlagskalkulation Großkunde (10 Stück)
Materialeinzelkosten	20	200
Materialgemeinkosten	5	50
Fertigungseinzelkosten	15	150
Fertigungsgemeinkosten	30	300
Herstellkosten	70	700
Verwaltungs-/Vertriebskosten	21	210
Selbstkosten	91	910
Selbstkosten / Stück	91	91

Abb. 6.6 Beispiel eines Degressionseffektes

kunden, der beispielsweise eine Produkteinheit nachfragt (linker Balken), genauso hoch ausfallen, wie bei einem Großkunden, der 10 Stück eines Produktes nachfragt. So gesehen ist die Differenz zwischen Preis und Stückkosten (scheinbar) gleich hoch.

Abbildung 6.6 verdeutlicht dies an einem Beispiel: Ausgehend von 20 € für Materialeinzelkosten pro Stück und Fertigungseinzelkosten von 15 € pro Stück und Zuschlagsätzen für Material- (25 %), Fertigungs- (200 %) und Verwaltungs-/Vertriebsgemeinkosten (30 %) resultieren daraus.

Es wird deutlich, dass übereinstimmend Selbstkosten pro Stück in Höhe von 91 € ermittelt werden. Vielmehr ist aber zu vermuten und durch eine Prozesskostenrechnung auch zu belegen, dass in der Realität der Auftrag des Kleinkunden versteckte Kosten beinhaltet, die so gut wie nichts vom gedachten Gewinn übrig lassen (Abb. 6.5 Balken von links). Im Gegensatz dazu sind die Stückkosten beim Großkunden (Balken ganz rechts) tatsächlich niedriger und die Gewinnspanne entsprechend höher. Erklärt wird dies dadurch, dass der notwendige Arbeitsaufwand zur Bearbeitung einer Kundenbestellung von der nachgefragten Menge weitestgehend unabhängig ist und es somit zu einem Degressionseffekt kommt.

c) Komplexitätseffekt
Neben den bislang diskutierten Kosteneinflussfaktoren (siehe hierzu Kap. 2.2.1) verdeutlicht die Prozesskostenrechnung, dass die **Komplexität** einschließlich des **Variantenreichtums** von Produkten ein wichtiger Kosteneinflussfaktor der Gemeinkostenverursachung darstellt.

Je nach **Komplexität** des Produktes werden bei der Herstellung unterschiedlich viele Prozesse ausgelöst. Besteht ein Produkt aus einer großen Zahl von Bauteilen, ist zu vermuten, dass vergleichsweise viele Einkaufs- und Logistikprozesse entstehen. Deshalb muss bereits zum Zeitpunkt der Produktentwicklung darauf geachtet werden, dass die Komplexität des Produktes unter Wahrung der Qualitätsanforderungen minimiert wird, da in dieser Phase 75–85 % der kumulierten Produktlebenszykluskosten festgelegt werden (vgl. Horsch 2003, S. 23). Außerdem wird verdeutlicht, dass Standardteile gegenüber Spezialteilen zu einer geringeren Anzahl an Dispositions- und Steuerungsprozessen führen.

Variantenreichtum bedeutet, dass die Verfügbarkeit eines umfangreichen Sortiments in vielen Unternehmen als wichtiges Verkaufsargument angesehen wird, wobei die daraus resultierenden Kosten nicht hinreichend reflektiert werden (vgl. Erichsen, S. 176). Zu berücksichtigen ist, dass eine große Zahl an Produktvarianten zu höheren Kosten vor allem in den Bereichen

- Materialdisposition (größere Zahl an Lieferanten, Ein- und Auslagern, Transport, höherer Materialbestand),
- Fertigungssteuerung (Fertigungsplanung, Rüstvorgänge) und
- Qualitätssicherung

führen.

Gleichwohl geht es nicht darum, künftig nur noch wenige Basisprodukte herzustellen, sondern die oft ausufernde Zahl von Produktvarianten, die sich nur geringfügig voneinander unterscheiden, zu begrenzen. Dadurch sollen profitable Produkte und Kunden identifiziert werden.

Die Zuschlagskalkulation berücksichtigt diesen Einflussfaktor nicht. Daher werden auf Produkte mit höherer Komplexität in der Tendenz zu niedrige Gemeinkosten verrechnet, während es bei Produkten mit geringerer Komplexität zu hohe Gemeinkosten sind.

Untersuchungsergebnis 15: Hauptziele der Prozesskostenrechnung
Wie in Kap. 2.3.3 verdeutlicht, setzen 45,2 % der befragten Industrieunternehmen die Prozesskostenrechnung ein. Die übrigen Unternehmen verweisen vor allem auf den hohen Erfassungsaufwand, der mit dem Verfahren zweifellos verbunden ist.

Aus dem Blickwinkel der Nutzer sind folgende Ziele von Bedeutung. Die Skala reicht dabei von 5 (sehr wichtig) bis 1 (nicht wichtig).

Ziel	Skalenwert
Stärkung Kostenbewusstsein	4,3
Verbesserung Kostentransparenz und Kontrolle	4,1
Verbesserung der Prozessqualität	3,6
Verbesserung Budgetierung	3,5
Verbesserung Kalkulation	3,4
Ermittlung von Verrechnungspreisen	2,9

6.1 Grundlagen

Es wird deutlich, dass vor allem die Stärkung des Kostenbewusstseins und die Verbesserung der Kostentransparenz und Kontrolle von besonderer Relevanz sind. Aber auch die Verbesserung der Prozessqualität, die Verbesserung der Budgetierung und die Verbesserung der Kalkulation sind von überdurchschnittlichem Interesse.

6.1.5 Vergleich zwischen Prozesskostenrechnung und Zuschlagskalkulation

Abbildung 6.7 veranschaulicht die Unterschiede in der Kalkulation zwischen der Zuschlagskalkulation und der Prozesskostenrechnung. Es wird erkennbar, dass die Einzelkosten unabhängig von der gewählten Kalkulationsmethode auf die Kostenträger übertragen werden. Im Fokus stehen ausschließlich die Gemeinkosten.

Allerdings wird es nicht komplett gelingen alle Gemeinkosten durch die Prozesskostenrechnung auf die Kostenträger zu verrechnen. Vielmehr wird der verbleibende Teil über Restgemeinkostenzuschlagssätze kalkuliert. Neben einem einzigen Zuschlagsatz, der einer

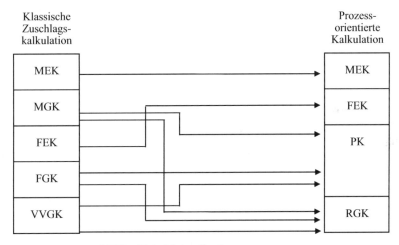

Abb. 6.7 Vergleich Prozesskostenrechnung vs. klassische Zuschlagskalkulation

summarischen Zuschlagskalkulation ähnelt, sind auch differenzierte Restgemeinkostenzuschlagsätze denkbar, sodass die

- verbleibenden Materialgemeinkosten traditionell über die Materialeinzelkosten,
- verbleibenden Fertigungsgemeinkosten über die Fertigungseinzelkosten,
- verbleibenden Verwaltungs-/Vertriebsgemeinkosten über die Herstellkosten verrechnet werden.

Die Existenz von Maschinenstundensätzen führt dazu, dass es zu einer Dreiteilung bei den Fertigungsgemeinkosten kommt:

- Ein erster Teil wird über Maschinenstundensätze erfasst. Die Maschinenstundensätze können dabei als gesonderte Prozesskostensätze verstanden werden.
- Ein zweiter Teil wird über Prozesse verrechnet, die andere Bezugsgrößen (Kostentreiber) als die Maschinenstunden haben.
- Schließlich bleibt im dritten Teil der Fertigungsgemeinkosten ein Zuschlagsatz, der seine Bezugsbasis in den Fertigungslöhnen findet.

6.2 Kostenstellenrechnung

6.2.1 Festlegung der zu untersuchenden Hauptprozesse

Eine Prozesskostenrechnung setzt zunächst eine Untersuchung der im Unternehmen durchgeführten Prozesse voraus. Hierfür muss zunächst überlegt werden, für welche Hauptprozesse eine Prozesskostenrechnung eingeführt werden soll.

Abbildung 6.8 verdeutlicht folgende Hierarchie (vgl. auch Horvath/Mayer, S. 216; Mayer 1998, S. 6–9):

- An der Spitze stehen die Hauptprozesse. Dabei handelt es sich um eine „Kette homogener Aktivitäten, die demselben Kostentreiber" zuzurechnen sind. Die Aktivitäten verlaufen im Regelfall kostenstellenübergreifend.
- Teilprozesse (TP): Dabei handelt es sich um eine Kette homogener Aktivitäten, die innerhalb einer einzelnen Kostenstelle verlaufen und für die ein gemeinsamer Kostentreiber gefunden werden kann. Teilprozesse können in einen oder in mehrere Hauptprozesse eingehen. In der Abbildung sind drei Kostenstellen ersichtlich. Die Teilprozesse der ersten Kostenstelle sind durch 1.1–1.4 gekennzeichnet (zweite Kostenstelle 2.1–2.2, dritte Kostenstelle 3.1–3.3).
- Tätigkeiten: Teilprozesse setzen sich aus mehreren Tätigkeiten zusammen.

6.2 Kostenstellenrechnung

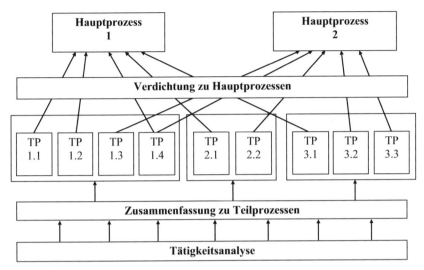

Abb. 6.8 Prinzip der Hauptprozessverdichtung. (Mayer 1991, S. 86)

6.2.2 Hauptprozess und Hauptprozessverdichtung

Ergebnis der Prozesskostenrechnung sind Kostensätze für die Hauptprozesse. Beispiele für Hauptprozesse sind:

- Materialbeschaffung
- Abwicklung Wareneingang
- Maschinenrüstung
- Wartung
- Qualitätskontrolle
- Personalverwaltung
- Händler betreuen
- Durchführung einer Ausschreibung
- Kundenbestellung
- Gewährleistungsabwicklung
- Abwicklung Versand

Die Hauptprozesse setzen sich aus verschiedenen Teilprozessen zusammen. Dies setzt voraus, die Kosten für die einzelnen relevanten Teilprozesse zu kennen.

Abbildung 6.9 zeigt ein Beispiel einer Hauptprozessverdichtung. Ziel ist es, die Prozesskosten für die einmalige Durchführung des Hauptprozesses „Abwicklung Wareneingang" zu ermitteln. Für die Realisierung des Hauptprozesses sind mit „Wareneingang bearbeiten" und „Waren einlagern" zwei Teilprozesse erforderlich. Die einzelnen Teilprozesse bestehen aus einer Anzahl von Tätigkeiten.

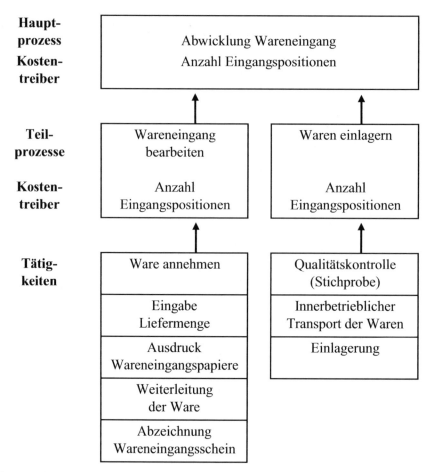

Abb. 6.9 Beispiel einer Hauptprozessverdichtung

Dieses Prinzip lässt sich auch an einem anderen Beispiel erklären (Abb. 6.10). Für den Hauptprozess „Rohstoffe beschaffen" wird deutlich, dass sich dieser aus 8 verschiedenen Teilprozessen zusammensetzt, wobei mit den Abteilungen Einkauf, Warenannahme, Qualitätsprüfung und Lager vier verschiedene Bereiche (Kostenstellen) funktionsübergreifend zusammenarbeiten.

Die Abbildung veranschaulicht alle Teilprozesse, die innerhalb einer Kostenstelle existieren. Für die Realisierung eines bestimmten Hauptprozesses wird also immer nur eine Teilmenge der existierenden Teilprozesse benötigt. Die übrigen Teilprozesse gehen in andere Hauptprozesse ein. Denkbar ist auch, dass ein bestimmter Teilprozess für verschiedene Hauptprozesse relevant ist. Beispielsweise wird der Teilprozess „Bedarf planen" nicht nur für den Hauptprozess „Rohstoff beschaffen", sondern auch für den Hauptprozess „Betriebsstoffe beschaffen" benötigt.

6.2 Kostenstellenrechnung

Teilprozesse der relevanten Kostenstellen **Hauptprozess "Rohstoffe beschaffen"**

Einkauf 110	Warenannahme 140	Qualitätsprüfung 160	Lager 170	Rohstoffe beschaffen
111 Bedarf planen	141 Rohstoffe und F-Teile	161 Werkstofftest für Rohstoffe	171 Rohstoffe und F-Teile	111 Bedarf planen
112 Angebot einholen	142 Hilfsstoffe	162 Bewertung Neulieferanten	172 Hilfsstoffe	112 Angebot einholen
113 Angebot bearbeiten	143 Betriebsstoffe	163 Belastungstests FE	173 Betriebsstoffe	113 Angebot bearbeiten
114 Bestellung aufgeben	144 Geräte und Anlagen	164 Qualitätsstatistiken	174 Unfertige Erzeugnisse	114 Bestellung aufgeben
115 Lieferantenpflege	145 Reklamationsabwicklung		175 Fertige Erzeugnisse	115 Lieferantenpflege
116 Beschaffung Anlagen			176 Bereitstellung Rohstoffe	141 Rohstoffe und F-Teile
117 Zollformalität			177 Lagerstatistik	161 Werkstofftest für Rohstoffe
118 Preisverhandlungen führen				171 Rohstoffe und F-Teile

Abb. 6.10 Hauptprozess Rohstoffe beschaffen

6.2.3 Tätigkeiten der Teilprozesse

Die Teilprozesse sind Gegenstand einzelner Tätigkeiten (vgl. Posluschny/Treuner, S. 40–42), die über folgende Quellen erhoben werden können:
Hinweis: F-Teile = Fertigteile, FE = Fertige Erzeugnisse

- Stellenbeschreibung
- Interview mit den Stelleninhabern
- Stellenaufschreibung (Protokolle der Stelleninhaber)
- Arbeitsanweisungen
- Ablaufdiagramme

Zum besseren Verständnis wird dies am Hauptprozess „Versand" erklärt (Abb. 6.11). Der Hauptprozess besteht aus fünf Teilprozessen. Jedem Teilprozess können einzelne Tätigkeiten zugeordnet werden. Ziel der Tätigkeitsanalyse ist eine bessere Einschätzung des Personalbedarfs für die Durchführung der einzelnen Teilprozesse.

6.2.4 Kostenverrechnung auf Teilprozesse

Zur Ermittlung der Kosten eines Teilprozesses werden diesem die beanspruchten personellen Kapazitäten zugeordnet. Da es sich bei den indirekten Leistungsbereichen um personalintensive Tätigkeiten handelt (sonst würde eine Maschinenstundensatzrechnung durchgeführt), erfolgt die Verrechnung der Kosten über benötigte Mitarbeitermannjahre.

Teilprozess	Tätigkeiten
Versandterminierung	Berechnung von Transportzeit
	Berechnung von Dispositionsdatum
	Berechnung von Kommissionierdatum
Lieferungsbearbeitung	Lieferpapiere erstellen
	Nummer der Versandeinheit erstellen
Kommissionierung	Bereitstellung der Ware an Bereitstellplätzen
	Entnahme der geforderten Warenmenge
	Zusammenführen der Entnahmemengen
	Verpacken der Entnahmemengen
	Beschickung der Bereitstellplätze mit Nachschub
Transportdisposition	Routenplanung
	Kommunikation mit Logistic Provider
	Ladepapiere erstellen
	Verladung der Lieferungen
Warenausgang buchen	Lagerbuchhaltung aktualisieren
	Fortschreibung in der Finanzbuchführung

Abb. 6.11 Tätigkeiten und Teilprozesse des Hauptprozesses Versand

Der Begriff Mannjahr ist ein Terminus, der häufig im Projektmanagement verwendet wird. Zur Bewertung des Arbeitsaufwandes wird dieser in Manntagen, Mannwochen, Mannmonaten usw. ermittelt (vgl. Horsch 2003, S. 237). Der Begriff definiert, wie lange die Bearbeitungsdauer anzusetzen ist, wenn eine Aktivität nur von einem Mitarbeiter ausgeführt würde. Werden einem Teilprozess beispielsweise 0,5 Mannjahre zugeordnet, können natürlich auch zwei oder mehr Mitarbeiter den Teil ihrer Arbeitszeit für die Bearbeitung dieses Teilprozesses bereitstellen.

Die vorhandenen personellen Kapazitäten müssen letztlich über die Teilprozesse der Kostenstelle erklärt werden. Die Menge der in einer Kostenstelle bearbeiteten Prozesse multipliziert mit deren Zeitbedarf einer einmaligen Bearbeitung eines Prozesses muss – sofern die Berechnung in sich schlüssig ist – in der Nähe der hierfür reservierten Gesamtjahresarbeitszeit der eingeplanten Mitarbeiter liegen. Deutliche Abweichungen weisen auf Fehleinschätzungen, Fehlen von Teilprozessen bzw. Mitarbeitertätigkeiten oder Unter-/ Überauslastungen hin.

6.2.5 Kostentreiber

Ein Kostentreiber ist eine Messgröße, die die Häufigkeit der Durchführung eines Haupt- bzw. Teilprozesses quantifiziert. Dabei müssen nach Mayer (vgl. 1998, S. 10) die Kostentreiber der Teilprozesse nicht mit dem des Hauptprozesses übereinstimmen.

Beispiel: Material bestellen

6.2 Kostenstellenrechnung

Kostentreiber wäre hier z. B. die „Anzahl der Bestellungen". Die Zahl wird im Regelfall auf das Jahr bezogen (geplante Anzahl der Bestellungen, Ist-Zahl der Bestellungen). Es wird unterstellt, dass mit jeder Bestellung der gleiche Prozess und somit der gleiche Aufwand ausgelöst wird. Damit wird deutlich, dass sich zwar die Kosten proportional zum Kostentreiber verhalten, allerdings nicht zur Produktionsmenge (wie es die Zuschlagskalkulation unterstellt).

Teilprozesse, die quantitativ messbar sind und somit auch über einen Kostentreiber verfügen, werden als **leistungsmengeninduziert (lmi)** bezeichnet (vgl. Horvath/Mayer, S. 216).

Teilprozesse, die nicht sinnvoll messbar sind (z. B. Leitung einer Abteilung), werden als **leistungsmengenneutral (lmn)** bezeichnet und haben daher auch keinen Kostentreiber.

Abbildung 6.12 stellt für eine Reihe von Bereichen wichtige Haupt- und Teilprozesse sowie deren mögliche Kostentreiber vor (vgl. Michel u. a., S. 236; Posluschny/Treuner, S. 121; Ziegler, S. 306).

Letztlich ist der Gedanke eines Kostentreibers nicht neu. Auch Kilger/Pampel/Vikas (vgl. S. 269) verwenden im Rahmen der Grenzplankostenrechnung direkte Bezugsgrößen einschließlich für Kostenstellen außerhalb des Fertigungsbereiches.

Bereich	Hauptprozess / Teilprozess	Kostentreiber
Entwicklung	Neuprodukte einführen	Anzahl Neuprodukte
	Neuteile einführen	Anzahl Neuteile
	Produktänderungen	Anzahl Änderungen
Einkauf	Lieferanten betreuen	Anzahl Lieferanten
	Beschaffung Serienmaterial	Anzahl Bestellungen
	Beschaffung Gemeinkostenmaterial	Anzahl Bestellungen
Lager	Teile verwalten	Anzahl aktiver Teilenummern
Fertigung	Fertigungsauftragskommissionierung	Anzahl Stücklistenpositionen
	Fertigungsauftragssteuerung	Anzahl Operationen Arbeitsplan
	Qualitätsprüfung	Anzahl geprüfter Produkte
	Varianten betreuen	Anzahl Varianten
Vertrieb	Auftragsabwicklung Inland	Anzahl Aufträge
	Auftragsabwicklung Export	Anzahl Aufträge
	Versandterminierung	Anzahl Bestellungen
	Lieferungsbearbeitung	Anzahl Lieferungen
	Kommissionierung	Anzahl Lieferpositionen
	Transportdisposition	Anzahl Lieferungen
	Warenausgang buchen	Anzahl Lieferpositionen
	Kunden betreuen	Anzahl Kunden
Personal	Personal betreuen	Anzahl Mitarbeiter
	Lohn- und Gehaltsabrechnung	Anzahl Abrechnungen

Abb. 6.12 Beispiele für Kostentreiber von Haupt- und Teilprozessen. (Eigene Abbildung, Beispiele u. a. aus Mayer 1998, S. 7; Posluschny/Treuner, S. 121)

6.2.6 Bildung der Prozesskostensätze

A) Vorgehensweise für leistungsmengeninduzierte (lmi) Teilprozesse
Um die benötigten personellen Ressourcen bereitzustellen, ist die Kenntnis über die **Prozessmenge** von Bedeutung. Die Prozessmenge umfasst dabei die Häufigkeit, mit der ein Prozess in einer Abrechnungsperiode wiederholt wird. In Abhängigkeit von der Prozessmenge und der Bearbeitungszeit für die einmalige Durchführung eines Prozesses kann auf den notwendigen Personalbedarf geschlossen werden.

Ausgehend von einer geplanten Produktions- bzw. Absatzmenge ist die Anzahl der notwendigen Hauptprozesse zu ermitteln. Durch die Angabe von Prozesskoeffizienten (Zahl der Teilprozesse zur einmaligen Durchführung eines Hauptprozesses) kann dann auch die Anzahl der Teilprozesse ermittelt werden. Abschließend wird der Teilprozesskostensatz ermittelt. Dabei werden die geplanten Prozesskosten durch die Prozessmenge dividiert.

B) Vorgehensweise für leistungsmengenneutrale (lmn) Teilprozesse
Hier existieren zwei Lösungswege:
Wenn die Bedeutung der lmn-Teilprozesse in einer Kostenstelle nur gering ist, können diese über die lmi-Prozesse verrechnet werden. Bei make-or-buy-Entscheidungen dürfen allerdings nur die lmi-Kosten herangezogen werden. Alternativ werden Unternehmensbereiche, die überwiegend aus lmn-Prozessen bestehen, über herkömmliche Zuschlagsätze verrechnet.

Abbildung 6.13 veranschaulicht die Berechnung der Teilprozesse am Beispiel der Kostenstelle Vertrieb.

Rechenhinweise
- Werden die 1.188.000 € auf die 13,2 Mitarbeitermannjahre verteilt, ergeben sich 90.000 € pro Mannjahr.
- Prozesskosten lmi = Mitarbeitermannjahre × 90.000 €
- Prozesskosten lmn = lmi × 10 % Verrechnungssatz (Σ lmn: Σ lmi × 100 %)
- Prozesskosten gesamt = lmi + lmn
- Prozesskostensatz = lmi: Prozessmenge bzw. gesamt : Prozessmenge

6.3 Kalkulation der Hauptprozesskosten

Bei der Kalkulation eines Hauptprozesses werden die Kosten der benötigten Teilprozesse, die sich im Regelfall aus verschiedenen Kostenstellen herleiten, addiert. Es ist nicht unbedingt davon auszugehen, dass zur einmaligen Durchführung eines Hauptprozesses genau einmal ein Teilprozess benötigt wird. Vielmehr kann die Anzahl der benötigten Teilprozesse größer als eins oder kleiner als eins sein. Im folgenden Beispiel des Hauptprozesses „Rohstoffe beschaffen" werden pro Bestellung im Durchschnitt 3 Angebote eingeholt. Die notwendige Anzahl der Teilprozesse pro durchgeführten Hauptprozess zeigt der Prozesskoeffizient.

6.3 Kalkulation der Hauptprozesskosten

Ermittlung der Teilprozesskostensätze der Kostenstelle Vertrieb									
Teilprozess		Maßgröße (Kostentreiber)		MJ *	Prozesskosten (T € / Jahr)			Prozesskostensatz (€ / Prozess)	
Nr.	Bezeichnung	Art	Menge		lmi	lmn	gesamt	lmi	gesamt
1	Kundenbestellungen bearbeiten	Bestellungen	5.000	2,5	225	22,50	247,50	45,00	49,50
2	Kundengespräche beim Kunden	Gespräche	1.200	3,0	270	27,00	297,00	225,00	247,50
3	Akquisition Neukunden	Gespräche	750	1,5	135	13,50	148,50	180,00	198,00
4	Messen	Messen	25	1,2	108	10,80	118,80	4.320,00	4.752,00
5	Rechnung und Versandpapiere erstellen	fakturierte Aufträge	5.000	2,3	207	20,70	227,70	41,40	45,54
6	Reklamationen	Reklamationen	750	1,5	135	13,50	148,50	180,00	198,00
7	Abteilung leiten	-	-	1,2	108	-	-	-	-
Summen				13,2	1.188	108	1.188		
Verrechnungssatz für lmn: 108.000 € / 1.080.000 € = 0,1 = 10 %									
* MJ = Mitarbeitermannjahre									

Abb. 6.13 Ermittlung der Teilprozesskostensätze der Kostenstelle Vertrieb

Fallbeispiel 32: Kalkulation der Hauptprozesskosten

Die nachfolgende Tabelle listet die Grunddaten des Hauptprozesses „Rohstoffe beschaffen" auf.

Insgesamt erfolgen im Jahr 1000 Rohstoffbestellungen.

Teilprozesse	Kostenstelle	Prozessmenge	Prozesskostensatz	Prozesskoeffizient
Bedarf planen	Einkauf	1.000	200	1
Angebot einholen	Einkauf	3.000	40	3
Angebot bearbeiten	Einkauf	1.250	340	1,25
Bestellung aufgeben	Einkauf	1.000	230	1
Lieferantenpflege	Einkauf	200	150	0,2
Warenannahme Rohstoffe	Warenannahme	500	400	0,5
Werkstofftests für Rohstoffe	Qualitätsprüfung	250	300	0,25
Einlagerung Rohstoffe	Lager	300	250	0,3

Zur Kalkulation der Kosten des Hauptprozesses kann auf zweierlei Weise verfahren werden.

Alternative 1

Die Hauptprozesskosten werden durch Multiplikation der Prozessmenge der Teilprozesse mit dem Prozesskostensatz des Teilprozesses ermittelt. Die Gesamtsumme der Hauptprozesskosten (HP-Kosten) wird durch die Hauptprozessmenge (hier 1000 Bestellungen in einem Jahr) dividiert.

Teilprozesse	Prozessmenge	Prozesskostensatz	Hauptprozesskosten
Bedarf planen	1.000	200	200.000
Angebot einholen	3.000	40	120.000
Angebot bearbeiten	1.250	340	425.000
Bestellung aufgeben	1.000	230	230.000
Lieferantenpflege	200	150	30.000
Warenannahme Rohstoffe	500	400	200.000
Werkstofftests für Rohstoffe	250	300	75.000
Einlagerung Rohstoffe	300	250	75.000
Summe der HP-Kosten			1.355.000
Hauptprozessmenge (Bestellungen)			1.000
Hauptprozesskostensatz (€/Bestellung)			1.355

Alternative 2

Die Hauptprozesskosten werden durch Multiplikation des Prozesskostensatzes des Teilprozesses mit dem jeweiligen Prozesskoeffizienten des Teilprozesses ermittelt. Die Summe ergibt den Hauptprozesskostensatz für eine einmalige Durchführung des Hauptprozesses (hier Bestellung).

Teilprozesse	Prozessmenge	Prozesskostensatz	Prozesskoeffizient	Hauptprozesskosten
Bedarf planen	1.000	200	1	200
Angebot einholen	3.000	40	3	120
Angebot bearbeiten	1.250	340	1,25	425
Bestellung aufgeben	1.000	230	1	230
Lieferantenpflege	200	150	0,2	30
Warenannahme Rohstoffe	500	400	0,5	200
Werkstofftests für Rohstoffe	250	300	0,25	75
Einlagerung Rohstoffe	300	250	0,3	75
Hauptprozesskostensatz (€/Bestellung)				1.355

6.4 Prozessorientierte Kalkulation

Fallbeispiel 33: Prozessorientierte Kalkulation
Für die Kostenstelle Einkauf und Logistik wird folgendes Einkaufsbudget ermittelt:

Kostenarten	Plan (€)
Gehaltskosten	690.000
Kommunikation	62.000
Büromaterial	15.000
Kalkulatorische Abschreibung	22.000
Kalkulatorische Zinsen	6.000
Sonstige Kosten	30.000
Summe Materialgemeinkosten	825.000
Mitarbeiter in der Abteilung Einkauf/Logistik	10
Einkaufsleiter	1

Die Materialeinzelkosten betragen 5.500.000 €.

Aufgabe

a. Ermitteln Sie mit Hilfe der Zuschlagskalkulation die Materialkosten für folgende Aufträge:

Aufträge	A	B
Bezeichnung	Standard-Artikel	Sonderanfertigung
Materialeinzelkosten/Stück (€)	11.000	15.680

b. Das Unternehmen stellt auf die Prozesskostenrechnung um. Die Abteilung Einkauf und Logistik plant nach der durchgeführten Tätigkeits- und Teilprozessanalyse folgendes Mengengerüst.

Prozess-Nr.	Teilprozess	Kostentreiber	Prozessmenge	Mannjahre
1	Angebote einholen	Anzahl Angebote	3.000	2
2	Bestellungen durchführen	Anzahl Bestellungen	1.500	4,5
3	Touren planen	Anzahl Transporte	375	1,5
4	Termine überwachen	Anzahl Bestellungen	1.500	1,25
5	Reklamationen bearbeiten	Anzahl Reklamationen	300	0,75
6	Abteilung leiten			1

Ermitteln Sie die Planprozesskostensätze der Teilprozesse. Weisen Sie für die lmi-Prozesse gesondert die lmi-Kosten, die lmn-Kosten und die Gesamtsumme der Prozesskosten aus.

c. Ermitteln Sie mit Hilfe der Prozesskostenkalkulation (mit dem Planprozesskostensatz gesamt) die Materialgemeinkosten für einen Auftrag A und B, wenn pro Auftrag folgende Mengen an Teilprozessen benötigt werden.

Prozess-Nr.	Teilprozess	A-Auftrag	B-Auftrag
1	Angebote einholen	4	12
2	Bestellungen durchführen	2	6
3	Touren planen	0,5	1
4	Termine überwachen	2	6
5	Reklamationen bearbeiten	0,4	1,2

Lösung

a)

$$\text{Materialgemeinkostenzuschlagsatz} = \frac{\text{Materialgemeinkosten} \times 100}{\text{Materialeinzelkosten}}$$

$$= \frac{825.000\ € \times 100}{5.500.000} = 15\%$$

Auftrag	A	B
Materialeinzelkosten (€)	11.000	15.680
Materialgemeinkosten (€)	1.650	2.352
Σ Materialkosten (€)	12.650	18.032

b)

Prozess-Nr.	Teilprozess	Prozessmenge	Mannjahre	Plankosten	Prozesskostensatz lmi	Prozesskostensatz lmn	Prozesskostensatz Gesamt
1	Angebote einholen	3.000	2	150.000	50	5	55
2	Bestellungen durchführen	1.500	4,5	337.500	225	22,50	247,50

6.4 Prozessorientierte Kalkulation

Prozess-Nr.	Teilprozess	Prozessmenge	Mannjahre	Plankosten	Prozesskostensatz lmi	Prozesskostensatz lmn	Prozesskostensatz Gesamt
3	Touren planen	375	1,5	112.500	300	30	330
4	Termine überwachen	1.500	1,25	93.750	62,50	6,25	68,75
5	Reklamationen bearbeiten	300	0,75	56.250	187,50	18,75	206,25
6	Abteilung leiten		1	75.000			

Verrechnungssatz lmn : 75.000 € × 100 / 750.000 € = 10 %

Rechenhinweise

- Kosten pro Mitarbeitermannjahr (MJ) = 825.000 €: 11 MJ = 75.000 €/MJ
- Plankosten = Mannjahre × 75.000 €/MJ
- Prozesskostensatz lmi = Plankosten: Prozessmenge
- Prozesskostensatzlmn = lmi × 10 % Verrechnungssatz (Σ lmn: Σ lmi × 100 %)
- Prozesskostensatz gesamt = lmi + lmn

c)

Position	Auftrag A		Auftrag B	
	Prozesszahl	Prozesskosten	Prozesszahl	Prozesskosten
Prozess 1	4	220	12	660
Prozess 2	2	495	6	1.485
Prozess 3	0,5	165	1	330
Prozess 4	2	137,50	6	412,50
Prozess 5	0,4	82,50	1,2	247,50
Σ Gemeinkosten	–	1.100	–	3.135
Einzelkosten	–	11.000	–	15.680
Σ Materialkosten	–	12.100	–	18.815

Kosten- und Prozessgrößen	Kosten / Prozessmenge
Geplante Prozessmenge pro Jahr	500
Prozesskostensatz	150 €
Istprozessmenge eines Jahres	380
Istkosten	72.000 €
Plankosten	75.000 € (500 x 150 €)
Verrechnete Planprozesskosten	57.000 € (380 x 150 €)
Budgetabweichung	- 3.000 € (72.000 € - 75.000 €)
Gesamtabweichung	15.000 € (72.000 € - 57.000 €)

Abb. 6.14 Ermittlung der Kostenabweichung mittels Prozesskostenrechnung

6.5 Gemeinkostenkontrolle

Bei der Gemeinkostenkontrolle ist zu berücksichtigen, dass sich die Prozesskosten **nicht** durch die Verringerung der Prozessmenge abbauen lassen. Vielmehr werden Ressourcen (z. B. Mitarbeiter) zur Bewältigung einer bestimmten Prozessmenge eingeplant. Die Reduzierung dieser Kosten ist erst nach Realisierung eines Kapazitätsabbaus möglich.

Auf Grund des hohen Fixkostenanteils in den indirekten Leistungsbereichen reicht eine jährliche Prozesskostenkontrolle in der Regel aus. Auf Grund der Dominanz fixer Kosten genügt es, wenn die Abweichungsermittlung auf der Basis einer starren Plankostenrechnung erfolgt (Abb. 6.14).

$$\text{Verrechnete Planprozesskosten} = \text{Istprozessmenge} \times \text{Planprozesskostensatz}$$

Beispiel
Die ermittelte Abweichung ist eine Gesamtabweichung, die nicht in eine Beschäftigungs- und Verbrauchsabweichung aufteilbar ist. Sie wird in der Tendenz als Beschäftigungsabweichung interpretiert. Diese Beschäftigungsabweichung wird als Maßstab für die Auslastung der personellen Kapazität angesehen. Abweichungen zu den Kostenstellenbudgets sind entweder Leerkosten (bei Unterauslastung) oder in Anspruch genomme Zusatzkapazität (bei Überauslastung).

6.6 Beurteilung der Prozesskostenrechnung

Die Prozesskostenrechnung hat eine kontroverse Diskussion darüber ausgelöst, ob sie einen Fortschritt im Vergleich zu bisherigen Lösungsansätzen (z. B. Grenzplankostenrechnung, mehrstufige Deckungsbeitragsrechnung) leistet oder eher einen Rückschritt bedeutet (vgl. Coenenberg u. a., S. 180–182; Fandel u. a., S. 422; Glaser, S. 275–288;

6.6 Beurteilung der Prozesskostenrechnung

Kilger/Pampel/Vikas, S. 15–22; Kloock, S. 183–192 bzw. S. 237–245; Schweitzer/Küpper, S. 382–388; Witthoff, S. 354–357).
Im Folgenden werden einige wesentliche Punkte ausgeführt:

Positiv zu bemerken ist:

- Durch die Prozesskostenrechnung kommt es zu einer erhöhten Transparenz in den indirekten Leistungsbereichen, die sonst nur als Teil von Gemeinkostenzuschlagsätzen verrechnet werden.
- Kosten, die nicht zu einer Erhöhung des Kundennutzens beitragen (z. B. Reklamationen, Nacharbeiten usw.) werden aufgezeigt und verdeutlichen eine notwendige verbesserte Gestaltung einzelner betrieblicher Prozesse.
- Da die Prozesskostenrechnung die Gemeinkosten nicht nach der Gießkanne (durch prozentuale Beaufschlagung der Wertbasen) ermittelt, sondern eine verursachungsgerechtere Kalkulation anhand der beanspruchten betrieblichen Ressourcen anstrebt, wächst in den einzelnen Kostenstellen das Verantwortungsgefühl (bzw. der Druck) für die dort entstandenen Kosten.
- Die Prozesskostenrechnung ist nicht für einen kurzfristigen Soll-Ist-Vergleich, sondern für die mittelfristige Kostensteuerung (z. B. Aufbau oder Abbau von Ressourcen) von Bedeutung.
- Die Prozesskostenrechnung zwingt zu einem kostenstellenübergreifenden Denken und Handeln. Optimierungen von Prozessen und somit auch Kostensenkungen sind nur zu erzielen, wenn einem funktionalen Denken ein ganzheitliches Verständnis gegenübergestellt wird. Durch Prozessverantwortliche (process owner) kann die Zusammenarbeit verbessert werden.
- Durch die Information des Komplexitätseffektes kann die Prozesskostenrechnung die Entwicklung prozessoptimaler Produkte fördern. Ein einfacher modularer Aufbau führt beispielsweise zu geringeren Einkaufs-, Logistik- und Montagekosten. Darüber hinaus macht der Komplexitätseffekt auf das Problem der Variantenvielfalt als Kosteneinflussfaktor aufmerksam.

Grenzen/Schwächen

- Überwiegend gilt die Prozesskostenrechnung als ungeeignet, wenn es um eine kurzfristige (unterjährige) Planung und Kontrolle geht. Die nicht verursachungsgerechte Verrechnung der fixen Kosten wird bereits bei der starren und flexiblen Plankostenrechnung kritisiert (vgl. Kap. 3.5.5 und 3.5.6).

- Ebenso ist die Prozesskostenrechnung für andere, eher kurzfristig relevante dispositive Fragestellungen (z. B. Programmplanung, make-or-buy-Entscheidungen, Verfahrensauswahl) ungeeignet, da es sich bei der Prozesskostenrechnung um eine Vollkostenrechnung handelt. Eine Kenntnis der Grenzkosten ist hierfür unabdingbar, die aber nicht durch die Prozesskostenrechnung geliefert wird.
- Bei der Produktkalkulation ist zu berücksichtigen, dass der Prozesskostensatz maßgeblich von der geplanten Kapazitätsauslastung abhängt. Bei geringer Auslastung können daher die Kosten nicht für Preisentscheidungen herangezogen werden. Hier ist auf den Einsatz der Teilkostenrechnung zu verweisen (z. B. kurzfristige Preisuntergrenze).
- Problematisch ist die Prämisse einer linearen Beziehung zwischen Ressourcenverzehr und Prozessmenge. Aus Gründen von Größendegressionseffekten (z. B. auf Grund von Spezialisierung oder Automatisierung) und Lerneffekten ist nicht davon auszugehen, dass eine Verdoppelung der Prozessmengen (z. B. Anzahl Beschaffungsvorgänge) zu einer Verdoppelung der Prozesskosten führt.
- Da die Prozesskostenrechnung eine Vollkostenrechnung ist, kommt es zu mehreren Schlüsselungen von Gemeinkosten, was die Qualität der Ergebnisse beeinflussen kann.
  - Erstens werden die Gemeinkosten den Kostenstellen zugeordnet. Diese Schlüsselung ist bei allen Vollkostenrechnungssystemen notwendig.
  - Zweitens werden die Gemeinkosten einer Kostenstelle den Teilprozessen zugeordnet (z. B. über Mitarbeitermannjahre). Da es sich aber nicht ausschließlich um Personalkosten handelt, werden die übrigen Kosten im Verhältnis zu den Personalkosten verrechnet.
  - Die Kosten der lmn-Teilprozesse müssen auf die lmi-Teilprozesse verrechnet werden. Die im Regelfall verwendete Proportionalisierung zwischen lmn- und lmi-Prozesskosten bedeutet eine Ungenauigkeit.
  - Da die Kostentreiber der Teilprozesse nicht immer mit denen der Hauptprozesse identisch sind, ist eine weitere Schlüsselung notwendig. Dabei ist die Beziehung zwischen den einzelnen Kostentreibern nicht immer eindeutig.
  - Sofern Teilprozesse Leistungen für mehrere Hauptprozesse erbringen, muss eine zusätzliche Schlüsselung erfolgen.
  - Letztlich ist im Regelfall eine Schlüsselung der Kosten der Hauptprozesse für die Zurechnung auf die Kostenträger bzw. Kostenträgereinheiten erforderlich.
- Es besteht ein hoher Aufwand der Implementierung einer Prozesskostenrechnung. Hinzu kommt die fortlaufende Ermittlung und Überprüfung der Prozesskosten. Parallel mit Organisationsuntersuchungen und Prozessoptimierungen wird zumindest die Datenbeschaffung erleichtert.
- Die Prozesskostenrechnung ist nur für repetitive Prozesse geeignet. Damit sind bestimmte Gemeinkostenbereiche (z. B. Forschung und Entwicklung, Unternehmensleitung) von vornherein ausgeklammert. Hierfür sind Restgemeinzuschlagssätze notwendig.

- Der Prozesskostensatz stellt einen Durchschnittswert dar, möglicherweise kommt es aber doch zu größeren Abweichungen (z. B. je nach Lieferant).
- Die Analyse der indirekten Leistungsbereiche ist für die dort beschäftigten Mitarbeiter Neuland und kann daher zu Widerständen führen.

Fazit

Trotz der Begrenzungen stellt die Prozesskostenrechnung eine Bereicherung für die Kostenrechnung dar. Die indirekten Leistungsbereiche, die einen wachsenden Kostenanteil auf sich vereinen, werden im Rahmen der klassischen Kostenrechnung nur unzureichend beleuchtet.

Target Costing 7

> **Lernziele**
>
> In diesem Kapitel lernen Sie
> - warum die Notwendigkeit für Unternehmen besteht, sich bereits bei der Neuproduktentwicklung mit den zu erwartenden Herstellkosten zu beschäftigen.
> - wie Zielkosten ermittelt werden und warum eine Dynamisierung der Zielkosten sinnvoll ist.
> - in einem konkreten Fallbeispiel alle notwendigen Schritte von der Zielkostenplanung bis zur Kontrolle und Abweichungsanalyse. Außerdem können Sie anschließend bewerten, von welchen Kriterien der Erfolg des Target Costing abhängig ist.

7.1 Konzept des Target Costing

7.1.1 Notwendigkeit

Massenprodukte, die auf der Basis gängiger Technologien hergestellt werden, können in Deutschland nur selten wettbewerbsfähig produziert werden. Hinzu kommt, dass einfache Technologien leicht und schnell imitiert werden (vor allem von aufstrebenden Wirtschaftsnationen). Deshalb sind Unternehmen gezwungen, Wettbewerbsvorsprünge immer wieder neu zu erarbeiten. Dabei erwächst die wirtschaftliche Bedeutung neuer Produkte, deren Lebenszyklus tendenziell sinkt (vgl. Horsch 2003, Vorwort und S. 13).

Deshalb reicht es nicht aus, dass die Neuproduktentwicklung alleine als Aufgabe der Entwicklung, Konstruktion, Designabteilung und Produktionsvorbereitung angesehen wird. Angesichts des Wettbewerbs in vielen Märkten lassen sich die auf Basis einer kostenorientierten Kalkulation ermittelten Preisvorstellungen häufig nicht durchsetzen. Vielmehr müssen sich die Produktkosten an den am Markt durchsetzbaren Preisen orientieren. Im Gegensatz zur klassischen Kalkulation geht es also nicht um die Beantwortung der Frage, was ein Produkt kosten wird, sondern was es unter Berücksichtigung von Gewinnerwartungen der Eigenkapitalgeber kosten darf.

Target Costing geht aber über die retrograde Kalkulation (vgl. hierzu Kap. 3.3.5) hinaus. Die Kosten sind nämlich nicht ohne weiteres von der technischen Seite des Produktes zu trennen, sondern im Sinne eines „Design to Cost" bei der Entwurfsplanung und Konstruktion gleichberechtigt mit den technischen Parametern einzubeziehen, zumal die Produktkosten im Wesentlichen durch die Konstruktionsprinzipien des Produktes festgelegt sind (vgl. Horsch 2003, S. 173).

Nach einer Studie von Creese und Moore (vgl. 1990, S. 25) werden ca. 75–85 % der kumulierten Produktlebenskosten während der Produkt- und Prozessplanung festgelegt. Diese ergeben sich vor allem aus der Konstruktion der Bauteile, der Materialwahl und der Planung des Fertigungsprozesses, die nicht nur den Marktzyklus, sondern auch den Nachsorgezyklus (Garantie-, Entsorgungskosten) beeinflussen.

7.1.2 Bestimmung der Zielkosten

Unter Berücksichtigung des erwarteten Lebenszyklus werden unter Berücksichtigung eines Zielgewinns (target profit) die vom Markt erlaubten Kosten (allowable costs) ermittelt. Es empfiehlt sich von diesen noch Teile der produktfernen Gemeinkosten (Verwaltungs-, Vertriebsgemeinkosten, aber auch Teile der Fertigungs- und Materialgemeinkosten) zu subtrahieren. Zur Unterscheidung kann dann auch von modifizierten Zielkosten gesprochen werden.

Nachdem die Zielkosten ermittelt worden sind, hat die Entwicklung die Aufgabe, ein Produktkonzept zu erstellen, das sowohl den Zielkosten als auch den Kundenanforderungen genügt. Um die Marktnähe sicherzustellen, ist eine möglichst aktuelle und differenzierte Ermittlung der Kundenbedürfnisse notwendig. Neben Marktumfragen oder direktem Kundenkontakt der Vertriebsmitarbeiter wird auf die Methode des Conjoint Measurement zurückgegriffen. Dabei werden während des Entwicklungsprozesses des neuen Produktes einzelne Studien/Modelle mit unterschiedlichen Merkmalskombinationen ausgewählten denkbaren Kunden zur Beurteilung vorgelegt. Ziel ist insbesondere die Erkenntnis über Nutzenvorstellungen und gewünschte Produkteigenschaften der potenziellen Kunden und damit letztlich die Sicherstellung der Akzeptanz des neuen Produktes. Darüber hinaus wird die Zahlungsbereitschaft erfragt, die wiederum vom Preis-Leistungsverhältnis des Produktes abhängt. Bezüglich des Preises ist zumindest bei Standardprodukten auch eine Orientierung an Wettbewerbern denkbar.

7.1 Konzept des Target Costing

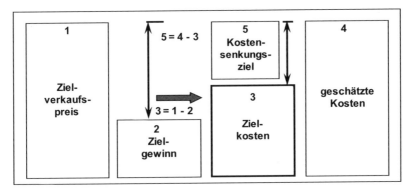

Abb. 7.1 Bestimmung der Zielkosten

Für einen aktuellen Prototypen wird kalkuliert, was dieser in der Serienfertigung kosten würde. Diese drifting costs (es wird auch von Standardplankosten gesprochen), werden den modifizierten Zielkosten (auch als Zielherstellkosten bezeichnet) gegenübergestellt. Sehr häufig ergibt sich ein Kostensenkungsbedarf, der dann über weitere Rationalisierungsmaßnahmen reduziert werden muss (vgl. hierzu Abb. 7.1).

7.1.3 Dynamisierung des Target Costing

Häufig werden bei der Vorstellung des Target Costing sowohl der Zielverkaufspreis als auch die Zielkosten bzw. modifizierte Zielkosten als rein statische Rechengröße verstanden. Vielmehr muss aber das Target Costing eng mit dem gesamten Lebenszyklus abgestimmt werden, sodass eine Verschmelzung mit einer Lebenszykluskostenrechnung notwendig ist. Dies ist aus folgenden Gründen erforderlich:

Preis
Ein konstanter Preis wiederspricht den Überlegungen, dass Preise in der Einführungsphase, Marktwachstums- und Reifephase eines Produktes regelmäßig höher sind als in der Sättigungs- und Degenerationsphase. Es ist also von häufig fallenden Preisen auszugehen.

Kosten
Gleiches gilt für die Höhe der Kosten. Einerseits schwankt die Produktionsmenge während des Lebenszyklus auf Grund höherer Absatzmengen in der Marktwachstums- und Reifephase und geringeren Absatzmengen in der Einführungs- und Degenerationsphase. Insofern ergeben sich unterschiedliche Fixkostendegressionseffekte. Andererseits ist während des Lebenszyklus von Erfahrungskurveneffekten auszugehen. Die grundlegende Aussage der Erfahrungskurve (vgl. hierzu Coenenberg/Fischer/Schultze, S. 423–424) besagt, dass mit jeder Verdoppelung der kumulierten Produktionsmenge die auf die Wertschöpfung bezogenen, inflationsbereinigten Stückkosten potenziell um einen bestimmten Prozentsatz sinken. Diese empirisch feststellbare Regelmäßigkeit stellt allerdings kein Naturgesetz dar. Sie ist vielmehr das Ergebnis von drei Einflussfaktoren.

- Erstens ergeben sich Übungsgewinne durch wiederholte Arbeitsverrichtungen (Lernkurve) der Mitarbeiter, die bei wiederholter Verrichtung der gleichen Tätigkeit lernen, diese effizienter durchzuführen.
- Zweitens ergeben sich Einflüsse durch den während des Lebenszyklus sich ergebenden technischen Fortschritt. Beispielsweise können Produkte durch die Einführung neuer Technologien und/oder veränderter Prozesse durch Standardisierung und modularem Aufbau in größeren Stückzahlen und schneller hergestellt werden.
- Drittens kommen Kostensenkungen durch weitere Rationalisierungsmaßnahmen hinzu, die sich auch außerhalb der Fertigung auf die Produktivität auswirken.

Insgesamt ist somit von uneinheitlichen, tendenziell sinkenden Stückkosten auszugehen.

Zusammenfassend ist festzustellen, dass sowohl die Zielpreise als auch die Zielkosten über den Lebenszyklus nicht konstant sind. Statische Betrachtungen können daher nur als gewichteter Mittelwert interpretiert werden.

Beispiel

Die modifizierten Zielkosten pro Produkteinheit sind dann erreicht, wenn der barwertige Umsatz den barwertigen Kosten entspricht. Folgende Angaben sind von Bedeutung:

- Es wird von einem Lebenszyklus von 4 Jahren ausgegangen.
- Das Produkt wird zunächst entwickelt (Periode 0). Die Auszahlungen für die Entwicklung betragen 408.000 €.
- Anschließend wird das Produkt vier Jahre am Markt (Marktzyklus) verkauft (Perioden 1, 2, 3, 4).
- Die Renditeerwartung des Unternehmens beträgt 6 % vom Umsatz (Umsatzrentabilität).
- Die Kapitalkosten (Kalkulationszinssatz) betragen 10 %.
- Der am Markt durchsetzbare Zielpreis beträgt 70 €.
- Die Absatzzahlen für die Perioden 1–4 sind Planwerte des Unternehmens.
- Die Gemeinkosten, die nicht direkt vom Produkt beeinflusst werden können, betragen in den Perioden des Marktzyklus 200.000 €.

Mittels der folgenden Rechnung (Abb. 7.2) wird ermittelt, wie hoch die Zielkosten eines Produktes pro Produkteinheit sein dürfen.

Hinweise

Zeile 1: Es wird ein Lebenszyklus von vier Jahren erwartet. Die Absatzzahlen sind Planwerte.
Zeile 2: Ergebnisse von Zeile 1 werden abgezinst, z. B. im 2. Jahr: $16.000/1{,}1^2$. Für die Berechnung werden nicht nur Auszahlungen diskontiert, sondern auch Absatzzahlen.
Zeile 3: Umsatz = Zielpreis (70 €) × Absatzmenge (Zeile 1)

7.1 Konzept des Target Costing

Zeile	Werte	0	1	2	3	4	Summe
1	Absatz (Stück)	0	10.000	16.000	14.000	8.000	48.000
2	Barwert Zeile 1	0	9.091	13.223	10.518	5.464	38.296
3	Umsatz	0	700.000	1.120.000	980.000	560.000	3.360.000
4	Gewinn (6 %)	0	42.000	67.200	58.800	33.600	201.600
5	AC	0	658.000	1.052.800	921.200	526.400	3.158.400
6	Barwert Zeile 5	0	598.182	870.083	692.111	359.538	2.519.914
7	Gemeinkosten	0	200.000	200.000	200.000	200.000	800.000
8	Barwert Zeile 7	0	181.818	165.289	150.263	136.603	633.973
9	Abschreibung F+E	0	85.000	136.000	119.000	68.000	408.000
10	Modifizierte AC						1.477.941
11	Modifizierte AC/St						38,592

Abb. 7.2 Dynamisierte Zielkosten

Zeile 4: Das Unternehmen erwartet eine Umsatzrentabilität von 6 %. Daher werden von jeder Umsatzgröße der Jahre 1–4 jeweils 6 % ermittelt.
Zeile 5: Allowable costs (AC) = Umsatz (Zeile 3) – Gewinnvorgabe (Zeile 4).
Zeile 6: Die Werte von Zeile 5 werden diskontiert.
Zeile 7: Im Rahmen des Projektes werden Auszahlungen für Gemeinkosten in Höhe von 200.000 € pro Produktionsjahr kalkuliert. Diese sind produktfern (z. B. Verwaltung).
Zeile 8: Die Werte von Zeile 7 werden diskontiert.
Zeile 9: Die Auszahlungen für die Entwicklung werden fiktiv aktiviert und über die Produktionszeit auf die Perioden (ähnlich einer Abschreibung) verteilt. Verteilt man die 408.000 € Entwicklungskosten auf die geplanten 48.000 Produkteinheiten ergibt sich ein Stückkostenwert in Höhe von 8,50 €. Jede Periode wird entsprechend der geplanten Produktionsmengen belastet (z. B. Periode 1: 10.000 Stück × 8,50 €).
Zeile 10: Die modifizierten Zielkosten ergeben sich, wenn von den diskontierten Allowable costs (Zeile 6: 2.519.914 €) die diskontierten Gemeinkosten (Zeile 8: 633.973 €) und die verrechneten Auszahlungen für die Entwicklung (Zeile 9) subtrahiert werden. Diese sind die Kostenobergrenze für die insgesamt in den vier Jahren herzustellenden Produkteinheiten.
Zeile 11: Division Ergebnis Zeile 10 durch Ergebnis Zeile 2. Die modifizierten Allowable costs pro Stück betragen 38,59 €.

Überprüfung im Rahmen einer Investitionsrechnung

Die folgende Rechnung (Abb. 7.3) zeigt die Lebenszyklusrechnung analog einer Kapitalwertrechnung. Wenn die zuvor errechneten modifizierten Zielkosten mit 38,59 € pro Stück korrekt sind, muss sich ein Kapitalwert von Null ergeben, da die Zielkosten den Charakter eines kritischen Wertes haben. Danach gilt:

Zeile	Zahlung	Werte	0	1	2	3	4
A	-	Absatzmenge	-	10.000	16.000	14.000	8.000
B	Einzahlung	Umsatz	0	700.000	1.120.000	980.000	560.000
C	Auszahlung	Gewinn	0	42.000	67.200	58.800	33.600
D	Auszahlung	Gemeinkosten	0	200.000	200.000	200.000	200.000
E	Auszahlung	F + E	408.000	0	0	0	0
F	Auszahlung	HK	0	385.920	617.472	540.288	308.736
G	Ein - Aus	Überschuss	-408.000	72.080	235.328	180.912	17.664
H	Ein - Aus	Barwert	-408.000	65.527	194.486	135.922	12.065
I	Kapitalwert						0

Abb. 7.3 Kontrollrechnung der dynamisierten Zielkosten

- Das Unternehmen bietet das Produkt zu dem am Markt realisierbaren Preis an (70 €).
- Das Unternehmen erzielt die geforderte Rendite (im Beispiel 6 % vom Umsatz).
- Die Kapitalkosten betragen 10 %. Insofern werden die Einzahlungsüberschüsse mit 10 % diskontiert.

Rechenhinweise
Zeile A: Die Absatzmengen entsprechen der Zeile 1 der vorherigen Abb. 7.2.
Zeile B: Die Umsätze stammen aus Zeile 3 der vorherigen Abb. 7.2 (Zeile A × Absatzpreis pro Stück 70 €).
Zeile C: Der Gewinn beträgt 6 % vom Umsatz und wird entnommen (Auszahlung).
Zeile D: Die Gemeinkosten stammen aus Zeile 7 der vorherigen Abbildung und sind gegeben. Die Kosten können nicht direkt durch das Produkt beeinflusst werden (Kosten für produktferne Prozesse).
Zeile E: Bei der Investitionsrechnung werden die 408.000 € für die Forschung und Entwicklung (F+E) in der Periode 0 angesetzt. Eine Verrechnung auf die Perioden erfolgt hier nicht, da die Auszahlung komplett vor dem Marktzyklus erfolgt.
Zeile F: Die Auszahlungen für die Herstellkosten ergeben sich aus einer Multiplikation der Absatzmenge (Zeile A) mit den in der vorherigen Abbildung ermittelten modifizierten Herstellkosten pro Stück (38,592 €).
Zeile G: Wie bei einer Kapitalwertrechnung üblich, werden für alle Perioden die Einzahlungsüberschüsse gebildet. Dabei werden vom Ergebnis der Zeile B (Einzahlung) alle Auszahlungen (Ergebnisse der Zeilen C, D, E und F) subtrahiert.
Zeile H: Die Ergebnisse der Zeile G werden mit 10 % diskontiert. Die Entwicklungsaufwendungen fallen zum Zeitpunkt 0 (also vor dem Marktzyklus) an und brauchen deshalb nicht diskontiert werden.
Zeile I: Die diskontierten Periodenergebnisse werden summiert. Die Periodenergebnisse aus den Perioden 1–4 entsprechen den Auszahlungen für Forschung und Entwicklung, sodass sich ein Kapitalwert von 0 ergibt.

7.2 Fallbeispiel zum Target Costing

7.2.1 Produktfunktionen

Ein Unternehmen plant die Entwicklung eines neuen Mobilfunkgerätes. Im Rahmen einer Conjoint-Analyse werden folgende Produktfunktionen identifiziert:

- gute Sprachqualität
- Handlichkeit
- leichte Bedienbarkeit
- Internet-Zugang, E-Mailfunktion
- gute Foto-/Videoqualität
- attraktives Design
- geringes Gewicht
- lange Stand-by-Dauer
- schnelle Wiederaufladbarkeit

Absolute Basisleistungen, beispielsweise die grundsätzliche Funktionstüchtigkeit, Erfüllung gesetzlicher Standards sowie Sicherheitsvorschriften werden selbstverständlich vorausgesetzt.

Die genannten Produktfunktionen sind aus Sicht der potenziellen Kunden nicht alle gleich wichtig, weshalb eine Gewichtung nötig ist (Abb. 7.4). Ausgehend von einer Gesamtpunktzahl von 100 % wird eine gute Sprachqualität mit 18% der Gesamtpunkte als wich-

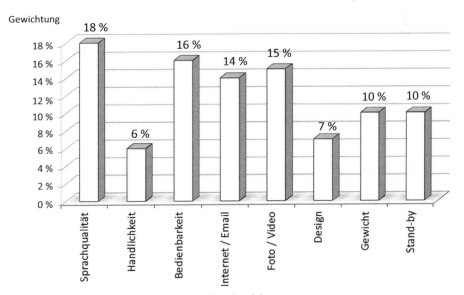

Abb. 7.4 Gewünschte Produktfunktion und ihre Gewichtung

Abb. 7.5 Ermittlung der modifizierten Zielkosten

Zielverkaufspreis (netto)	250 €
- Handelsspanne	30 €
= Händlerabgabepreis (netto)	220 €
- Zielgewinn	22 €
= Zielkosten	198 €
- Kosten für produktferne Prozesse	48 €
= Modifizierte Zielkosten	150 €

tigste Funktion gesehen, die schnelle Wiederaufladbarkeit hingegen als weniger wichtig mit 4%.

7.2.2 Zielverkaufspreis und Zielkosten

Die Kunden sind bereit, für ein Mobilfunkgerät mit den zuvor genannten Produktfunktionen 250 € (ohne Umsatzsteuer) zu bezahlen. Der Einzelhandel erwartet als Handelsspanne 30 €, sodass der Händlerabgabepreis 220 € beträgt. Der Zielgewinn des Mobilfunkgeräteherstellers beträgt 10% vom Händlerabgabepreis und somit 22 €. Die sich daraus ergebenden Zielkosten (198 €) werden um einen Kostenblock produktferner Gemeinkosten reduziert (48 €), der durch das Instrument des Target Costing nicht unmittelbar beeinflussbar ist (z. B. Kosten für Forschung, Marketing, Verwaltung). Diese werden als Kosten für produktferne Prozesse bezeichnet. Die so ermittelten modifizierten Zielkosten betragen 150 € (Abb. 7.5).

7.2.3 Zerlegung der Zielkosten auf die Produktkomponenten

Sehr häufig besteht ein Produkt aus mehreren Bauteilen bzw. Komponenten. Um die Zielkosten auf die Komponenten herunterzubrechen, sind zwei Methoden zu unterscheiden:

A) Komponentenmethode
Hier werden die modifizierten Zielkosten direkt auf die Produktkomponenten verteilt. Dies geschieht mit Hilfe eines Referenzmodells, beispielsweise anhand der Kostenstrukturen des Vorgängermodells oder eines artverwandten Produktes.

Im folgenden Beispiel (siehe Abb. 7.6) wird davon ausgegangen, dass für ein Nachfolgeprodukt eines Mobilfunkgerätes die modifizierten Zielkosten 150 € betragen. Das Unternehmen überträgt nun die Kostenstrukturen des bisherigen Produktes auf das neue Produkt.

7.2 Fallbeispiel zum Target Costing

Komponente	Bisheriges Modell	%-Anteile Bisheriges Modell	Zielkosten Neues Modell
Gehäuse	25,20	14	21,00
Display	30,60	17	25,50
Elektronik	64,80	36	54,00
Chipkarte	16,20	9	13,50
Objektiv	21,60	12	18,00
Lautsprecher	9,00	5	7,5
Akku/Ladegerät	12,60	7	10,5
Herstellkosten	180,00	100	150

Abb. 7.6 Zielkosten mittels Komponentenmethode

Beispiel
Die Herstellkosten des Gehäuses für das aktuellen Modell betragen 25,20 €. Dies sind 14 % der aktuellen modifizierten Herstellkosten von 180 €. Die Zielkosten des neuen Modells betragen 150 €. Insofern darf das Gehäuse nur noch 21 € kosten. Rechnung: 150 € × 0,14 (14 %) = 21 €.

Sinnvoll erscheint diese Methode, wenn der Innovationsgrad des neuen Produktes gering ist. Brünger und Faupel (vgl. 2010, S. 173) unterstellen, dass eine isolierte Betrachtung einzelner Produktkomponenten auf Grund der Abhängigkeiten zwischen den Komponenten häufig schwierig ist.

Problematisch an der Komponentenmethode ist:

- Mögliche Kostensenkungspotenziale werden nicht erkannt.
- Eine an den Marktbedürfnissen ausgerichtete Bewertung der einzelnen Produktkomponenten findet nicht statt. Es besteht daher die Gefahr, dass sich die Entwickler mehr auf das Material und die Verfahren konzentrieren als auf die vom Kunden gewünschten Funktionen. Die Kunden könnten ein höheres oder geringeres Qualitätsniveau einfordern, was entsprechend höhere oder geringe Herstellkosten rechtfertigen würde.
- Nicht für innovative Produkte nutzbar.

B) Funktionsmethode
Im Gegensatz zur Komponentenmethode wird im Rahmen einer Expertenbefragung ermittelt, welche prozentuale Bewertung der einzelnen Produktkomponente zur Erfüllung einer bestimmten Funktion beigemessen wird (Abb. 7.7). So werden im Beispiel der Komponente „Gehäuse" 60 % zur Erfüllung der Funktion „Handlichkeit" zugeordnet.

Anschließend wird die Bedeutung jeder Komponente ermittelt (Abb. 7.8). Dazu wird der Wert einer jeden Funktion mit dem Betrag multipliziert, den die jeweilige Komponente zur Erfüllung der Funktion leistet. Auf jede der Komponenten werden 100 Punkte verteilt. Das Resultat daraus ergibt die Bedeutung der jeweiligen Produktkomponente in Prozent.

Funktionen	Sprachqualität	Handlichkeit	Bedienbarkeit	Internet/Email	Foto/Video	Design	Gewicht	Stand-by	schnelles Laden	Summe
Komponenten	0,18	0,06	0,16	0,14	0,15	0,07	0,10	0,10	0,04	1,00
Gehäuse		60	25			50	60			
Display		10	25	40		40	10			
Elektronik	50		30	40			10			
Chipkarte			10	20	10		5			
Objektiv		10			70		5			
Lautsprecher	50	10	10		20		5			
Akku/Ladegerät		10				10	5	100	100	
Spaltensumme	100	100	100	100	100	100	100	100	100	

Abb. 7.7 Beitrag der Komponenten zur Erfüllung der Produktfunktionen

Funktionen	Sprachqualität	Handlichkeit	Bedienbarkeit	Internet/Email	Foto/Video	Design	Gewicht	Stand-by	schnelles Laden	Summe
Komponenten	0,18	0,06	0,16	0,14	0,15	0,07	0,10	0,10	0,04	1,00
Gehäuse		3,6	4			3,5	6			17,1
Display		0,6	4	5,6		2,8	1			14
Elektronik	9		4,8	5,6			1			20,4
Chipkarte			1,6	2,8	1,5		0,5			6,4
Objektiv		0,6			10,5		0,5			11,6
Lautsprecher	9	0,6	1,6		3		0,5			14,7
Akku/Ladegerät		0,6				0,7	0,5	10	4	15,8
Spaltensumme	100	100	100	100	100	100	100	100	100	100

Abb. 7.8 Bedeutung der Komponenten

Im Beispiel wird die Funktion „Handlichkeit" mit 6% = 0,06 gewichtet. Die Komponente „Gehäuse" ist mit 60 für diese Funktion bewertet. Somit beträgt das spezifische Gewicht $60 \times 0,06 = 3,6\%$.

7.2.4 Ermittlung des Kostensenkungsziels

Abbildung 7.9 liefert folgende Informationen:
Spalte 1 zeigt den berechneten Nutzenanteil der einzelnen Komponenten zur Erfüllung der vom Kunden gewünschten Funktionen (siehe hierzu auch Abb. 7.8).

7.2 Fallbeispiel zum Target Costing

Spalte	1	2	3	4	5	6
Komponenten	Nutzenanteil der Komponenten (%)	Drifting Costs absolut (€)	Modifizierte Zielkosten absolut (€)	Kostenanteil der drifting costs auf Basis der modifizierten Zielkosten (%)	Zielkostenindex	Kostensenkungsziel absolut (€)
Gehäuse	17,1	33,00	25,65	22	0,78	7,35
Display	14	19,50	21,00	13	1,08	-1,50
Elektronik	20,4	37,50	30,60	25	0,82	6,90
Chipkarte	6,4	18,00	9,60	12	0,53	8,40
Objektiv	11,6	34,50	17,40	23	0,50	17,10
Lautsprecher	14,7	16,50	22,05	11	1,34	-5,55
Akku/Ladegerät	15,8	27,00	23,70	18	0,88	3,30
Spaltensumme	100	186,00	150,00	124	-	36,00

Abb. 7.9 Ermittlung des Kostensenkungsziels

Spalte 2 liefert auf Basis des aktuellen Prototypen mit den zurzeit eingesetzten Werkstoffen, Technologien usw. für die einzelnen Komponenten die momentan für realistisch gehaltenen Stückkosten (drifting costs). Diese summieren sich auf insgesamt 186 €.

Spalte 3 ermittelt für jede Komponente die modifizierten Zielkosten. Dabei besteht die Annahme, dass jede Komponente über ein Budget verfügen darf, das ihrem Nutzenanteil entspricht. Der Zielkostenwert einer Komponente ergibt sich, wenn die gesamten modifizierten Zielkosten (150 €) mit dem jeweiligen Nutzenanteil der Komponente multipliziert wird. Beispielsweise beträgt der Nutzenanteil beim Gehäuse 17,1 %. Folglich betragen die Zielkosten für diese Komponente 150 × 0,171 (für 17,1 %) = 25,65 €.

Spalte 4 veranschaulicht den Kostenanteil der drifting costs (Spalte 2) auf der Basis der modifizierten Zielkosten des gesamten Produktes. Für das Gehäuse gilt, dass die drifting costs mit 33 € genau 22 % der gesamten modifizierten Zielkosten von 150 € ausmachen. Rechnung: 33 € : 150 € × 100 % = 22 %. Über alle Komponenten hinweg ergeben sich 124 %. Damit liegen die momentanen Plankosten (drifting costs) 24 % über den Zielkosten (Rechnung: 186 €: 150 € × 100 % bzw. Summe der Prozentwerte der einzelnen Komponenten).

Spalte 5 zeigt den Zielkostenindex. Dieser stellt den Nutzenanteil einer Komponente (Spalte 1) den Kostenanteil der drifting costs auf Basis der Zielherstellkosten (Spalte 4) gegenüber. Liegt der Wert bei kleiner 1, ergibt sich für die Komponente ein Kostensenkungsbedarf, ist er größer 1, besteht (theoretisch) Bedarf für eine qualitative Aufwertung der Komponente.

Spalte 6 ermittelt den notwendigen Kostensenkungsbedarf in Euro. Dieser ergibt sich, wenn vom Spaltenwert 2 der Spaltenwert 3 subtrahiert wird. Die Komponente „Gehäuse" ist auf Basis des aktuellen Prototypen um 7,35 € zu teuer. Es besteht ein entsprechender Kostensenkungsbedarf. Auf das ganze Produkt bezogen, beträgt der Kostensenkungsbedarf 36 €.

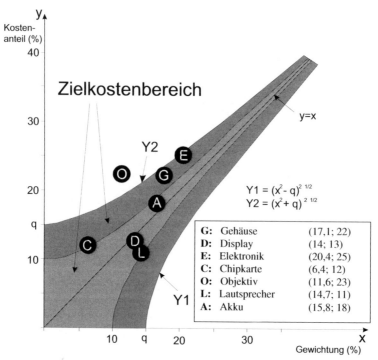

Abb. 7.10 Zielkostenkontrolldiagramm

Das Zielkostenkontrolldiagramm visualisiert die notwendigen Maßnahmen der Kostensenkung bzw. Produktaufwertung (Abb. 7.10). Dabei wird der Nutzenanteil (Spalte 1) auf der x-Achse und der Kostenanteil der drifting costs an den modifizierten Zielkosten (Spalte 4) gegenübergestellt. Idealerweise ist der Kostenanteil analog zur Komponentenbedeutung ($y=x$) und damit genau auf der 45 Grad-Linie (vgl. Weber und Schäffer 2014, S. 364). Dies ist allerdings nur bei einem Zielkostenindex von 1,0 der Fall.

Im Regelfall kommt es zu folgenden Alternativen:

- Entweder muss wie bei den Komponenten „Chip" und „Objektiv" nach Kosteneinsparungsquellen gesucht werden, weil der Kostenanteil höher ist als die Bedeutung der Komponente aus Kundensicht (Zielkostenindex < 1) oder
- es sind wie bei den Komponenten „Lautsprecher" und „Display" Funktionsverbesserungen vorzunehmen, da die einzelnen Produkte eventuell zu „billig" realisiert worden sind und dies den Erwartungen des Kunden nicht entspricht (Zielkostenindex > 1).

Durch Definition einer Zielkostenzone können akzeptable von inakzeptablen Abweichungen unterschieden werden. Bei der Wahl der Zielkostenzone ist die Festlegung des Parameters q von Bedeutung. Im Allgemeinen gilt, dass je wichtiger die Kosten im Wettbewerb sind, desto kleiner sollte q gewählt werden. Deisenhofer (vgl. S. 106–107) sieht für die Automobilindustrie einen q-Wert von 10 für sinnvoll. Durch die Festlegung von q können die Grenzen der Zielkostenzone ermittelt werden:

$$y1 = (x^2 - q^2)^{1/2}$$

$$y2 = (x^2 + q^2)^{1/2}$$

Dabei ist es sinnvoller, bei Komponenten mit hoher Bedeutung und hohen Kostenanteilen nur geringe Abweichungen zuzulassen als bei weniger wichtigen mit geringerem Kostenanteil. Im folgenden Beispiel wird sowohl ein q von 10 (innere Zielkostenzone) als auch ein q von 15 (äußere Zielkostenzone) herangezogen, um die Bedeutung des Faktors q zu verdeutlichen.

Handlungsbedarf besteht vor allem für Komponenten außerhalb der Zielkostenzone. Aber auch Komponenten innerhalb der Zielkostenzone dürfen nicht vernachlässigt werden, zumal sich durch eine Häufung knapp innerhalb der Zielkostenzone (aber oberhalb der 45-Grad-Linie) befindlicher Komponenten eine deutliche Abweichung von den target costs ergeben kann.

Werden die modifizierten Zielkosten überschritten, ist nochmals nach Kosteneinsparungen zu suchen oder – wenn dies nicht möglich ist – muss überlegt werden, ob die Gewinnspanne gesenkt oder das ganze Vorhaben zurückgestellt wird.

Da die drifting costs der Komponenten im Regelfall über den modifizierten Zielkosten liegen, gehen die Hauptanstrengungen dahin, bei Komponenten, die bislang zu teuer sind (Zielkostenindex < 1), Kosteneinsparungen vorzunehmen. Da dies häufig nicht bis auf die Ebene entsprechend ihrer Komponentenbedeutung gelingt (Zielkostenindex = 1), ist **nicht** davon auszugehen, dass automatisch für alle Komponenten, deren drifting costs unter den modifizierten Zielkosten liegen (Zielkostenindex > 1), eine qualitative Aufwertung und damit einhergehende Kostenerhöhung akzeptabel ist. Letztere dient an erster Stelle der Kompensation zur Erreichung der target costs für das Gesamtprodukt.

7.3 Beurteilung des Target Costing

Das Target Costing wird abschließend wie folgt bewertet.

Positiv ist, dass ein Denken vom Absatzmarkt her erfolgt und somit ein vom Markt bezahlter Preis und nicht die Höhe der Selbstkosten den Ausgangspunkt darstellt. Damit ist das Unternehmen zu permanenter Rationalisierung gezwungen. Mit dem Target Costing wird ein Instrument zur Verfügung gestellt, mit dessen Hilfe die Planung und Kontrolle der Kosten über den gesamten Wertschöpfungsprozess und über den gesamten Lebenszyklus hinweg gesteuert werden kann. Kostenreduzierungen erfolgen nicht pauschal nach der „Rasenmähermethode", sondern selektiv und vorrangig bei Komponenten, die beim Kunden nur einen geringen Nutzen stiften. Die **Grenzen des Verfahrens** bestehen in der Verlässlichkeit der Conjoint Analyse, Preisprognose und des Lebenszyklus.

1. **Verlässlichkeit der Conjoint Analyse**
Zentral für die Verteilung der vom Markt erlaubten Kosten auf die Komponenten des Produktes ist die damit in Verbindung stehende Erfüllung der vom Kunden erwarteten Funktionen des Produktes. Dies setzt nicht nur eine korrekte Erfassung der Kundenerwartungen voraus, sondern darüber hinaus eine korrekte Zuordnung, welche Funktionen durch welche Komponenten erfüllt werden. Selbst wenn dies möglich sein sollte, bleibt immer noch unklar, warum der Nutzenanteil einer Komponente der einzige Anhaltspunkt für die Bestimmung deren Zielkosten sein soll.

2. **Verlässlichkeit der Preisprognose**
Beispiel
Zum Zeitpunkt der Planung wird eine Gesamtabsatzmenge während des Lebenszyklus von 500 Stück und ein Marktpreis von 1.000 € je Stück unterstellt. Das Unternehmen strebt eine Umsatzrendite von 10 % an. Die Istsituation zeigt, dass die Absatzmenge von 500 Stück realisiert werden konnte. Allerdings konnte am Absatzmarkt nur ein Preis von 900 € durchgesetzt werden.

Ergebnis
Der Planumsatz beträgt 500.000 €, der Plangewinn somit 50.000 € (10 %). Die Gesamtkosten dürfen daher 450.000 € betragen, pro Stück somit 900 €. Lassen sich am Markt allerdings nur 900 € als Preis durchsetzen, ergibt sich bei Stückkosten von 900 € ein Gewinn und eine Rendite von 0. Bei einem Preis von 900 € hätten die allowable costs nur 810 € betragen dürfen.

3. **Verlässlichkeit des Lebenszyklus und der realisierbaren Absatzmenge**
Ist die veranschlagte Gesamtabsatzmenge niedriger als erwartet, werden zu wenige fixe Kosten (z. B. Entwicklungskosten) auf die Produkte verrechnet.

Beispiel
Zum Zeitpunkt der Planung wird eine Gesamtabsatzmenge während des Lebenszyklus von 500 Stück (5 Jahre a 100 Stück) und ein Marktpreis von 1.000 € je Stück unterstellt. Das Unternehmen strebt eine Umsatzrendite von 10 % an. Die Istsituation zeigt, dass auf Grund eines verkürzten Lebenszyklus die Absatzmenge nur 400 Stück beträgt. Immerhin konnte der geplante Absatzpreis von 1.000 € je Stück realisiert werden. Es wird unterstellt, dass die fixen einen Anteil von 50 % aufweisen.

Ergebnis

Planumsatz:	500.000 €
Zielrendite (absolut)	50.000 € (10% Umsatzrentabilität)
allowable costs:	450.000 € (500.000–50.000 €)
Istumsatz:	400.000 € (400 Stück a 1.000 €)
Istkosten	405.000 €
	Annahme:
	Umsetzung der allowable costs, keine Verbrauchs-/Preisabweichung)
	Fixe Kosten: 50% von 450.000 € = 225.000 €
	Variable Stückkosten: 50% von 450.000 € = 225.000 €: 500 Stück (Planmenge) = 450 €
	Variable Gesamtkosten: 450 € × 400 Stück (Istmenge) = 180.000 €
	225.000 + 180.000 € = 405.000 €
Rendite	–5.000 € (400.000–405.000 €) bzw. –1,25% Umsatzrendite

Zusammenfassend ist das Target Costing nicht als reines „Recheninstrument" zu verstehen. Die gefundenen Zielwerte sind nur ein erster Schritt. Beispielsweise müssen sie noch mit unternehmensinternen und unternehmensexternen Vergleichswerten (Benchmarking) abgeglichen werden. Sie sind vielmehr ein Instrument der Verhaltenssteuerung sowie ein Hilfsmittel der zielorientierten Kommunikation zwischen Entwicklung, Produktion und Marketing und können zur Reduzierung der hier häufig existierenden Sprach- und Denkbarrieren beitragen.

Literatur

Agthe, K.: Stufenweise Fixkostendeckungsrechnung im System des Direct Costing, in: Zeitschrift für Betriebswirtschaft, Heft Nr. 7, 1959, S. 404–418

Baumgärtner, J.: Rechnungswesen, in: P. Horvath/T. Reichmann (Hrsg.), Vahlens Großes Controllinglexikon, 2. Aufl., München 2003: Vahlen, S. 646–648

Barth, T./Barth, D.: Controlling, München 2004: Oldenbourg

Barth, T./Barth, D./Kyank, M./Litz, A.: Einfluss des BilMoG auf das Controlling, in: BBK, Heft Nr. 9, 2008, S. 465–476

Bea, F.X./Haas, J.: Strategisches Management, 6. Aufl., Stuttgart 2013: Lucius & Lucius

Behnke, C.W.F./Niemand, S.: Prozesskostenmanagement auf der Grundlage einer vorhandenen Prozessorganisation bei der Siemens Med CT, in: Horvath & Partner GmbH (Hrsg.), Prozesskostenmanagement, 2. Aufl., München 1998: Vahlen, S. 97–113

Bleis, C.: Kostenrechnung und Kostenrelevanz, München/Wien 2007: Oldenbourg

Böhnert, A.-A.: Benchmarking, Hamburg 1999: Kovac

Bourier, G.: Beschreibende Statistik, 11. Aufl., Wiesbaden 2013: Springer Gabler

Brünger, C./Faupel, C.: Target Costing – Pragmatische Ansätze für eine erfolgreiche Anwendung, in: Zeitschrift für Controlling & Management, Heft Nr. 3, 2010, S. 170–174

Coenenberg, A.G./Fischer, T.M./Günther, T.: Kostenrechnung und Kostenanalyse, 8. Aufl., Stuttgart 2012: Schäffer-Poeschel

Coenenberg, A.G./Haller, A./Mattner, G./Schultze, W.: Einführung in das Rechnungswesen, 5. Aufl., Stuttgart 2014: Schäffer-Poeschel

Cooper, R.: Activity-Based Costing – Was ist ein Activity-Based Cost-System?, in: Kostenrechnungspraxis, 1990, Heft Nr. 4, S. 210–220

Cooper, R.: Activity-Based Costing – Einführung von Systemen des Activity-Based Costing, in Kostenrechnungspraxis, 1990, Heft Nr. 6, S. 345–351

Creese, R.C./Moore, T.: Cost Modeling for Concurrent Engineering, in: Cost Engineering, Heft Nr. 6, 1990, S. 23–27

Däumler, K.-D./Grabe, J.: Kostenrechnung 1, 10. Aufl., Herne/Berlin 2009: NWB

Däumler, K.-D./Grabe, J.: Kostenrechnung 2, 9. Aufl., Herne/Berlin 2009: NWB

Dierkes, S./Kloock, J.: Deckungsbeitragsrechnungen und ihr Einsatz als Planungsinstrumente, in: WISU – Das Wirtschaftsstudium, Heft Nr. 8/9, 2008, S. 1163–1170

Dörrie, U./Preißler, P.: Grundlagen Kosten- und Leistungsrechnung, 8. Aufl., München/Wien 2004: Oldenbourg

Domschke, W./Drexl, A.: Einführung in Operations Research, 5. Aufl., Berlin u.a. 2002: Springer

Eberlein, J.: Betriebliches Rechnungswesen und Controlling, München/Wien 2006: Oldenbourg

Ebert, G.: Kosten- und Leistungsrechnung, 10. Aufl., Wiesbaden 2004: Gabler

Eckstein, P.P.: Statistik für Wirtschaftswissenschaftler, 4. Aufl., Wiesbaden 2014: Springer Gabler
Erichsen, J.: Kostenmanagement im Betrieb – Produktionskosten senken, in: BBK, Heft Nr. 3, 2007, S. 169–178
Ewert, R./Wagenhofer, A.: Interne Unternehmensrechnung, 8. Aufl., Berlin u.a. 2014: Springer
Fandel, G./Heuft, B./Paff, A./Pitz, T.: Kostenrechnung, 3. Aufl., Berlin u.a. 2009: Springer
Freidank, C.-C.: Kostenrechnung, 8. Aufl., München/Wien 2008: Oldenbourg
Gabele, E./Fischer, P.: Kosten- und Erlösrechnung, München 1992: Vahlen
Gaiser, B.: Prozesskostenrechnung und Activity Based Costing (ABC), in: Horvath & Partner GmbH (Hrsg.), Prozesskostenmanagement, 2. Aufl., München 1998: Vahlen, S. 3–45
Glaser, H.: Prozesskostenrechnung – Darstellung und Kritik, in: Zeitschrift für betriebswirtschaftliche Forschung, Heft Nr. 3, 1992, S. 275–288
Götze, U.: Kostenrechnung und Kostenmanagement, 5. Aufl., Berlin u.a. 2010: Springer
Graumann, M.: Kostenrechnung und Kostenmanagement, 5. Aufl., Herne 2013: NWB
Gutenberg, E.: Einführung in die Betriebswirtschaftslehre, Wiesbaden 1975 (Nachdruck von 1958): Gabler
Haberstock, L.: Kostenrechnung I, 13. Aufl., Berlin 2008 a: ESV
Haberstock, L.: Kostenrechnung II, 10. Aufl., Berlin 2008 b: ESV
Heyd, R. /Meffle, G: Das Rechnungswesen der Unternehmung als Entscheidungsinstrument, Bd. 1: Sachdarstellung und Fallbeispiele, 6. Aufl., München 2008: Oldenbourg
Hoberg, P.: Wie „Fix" sind Personalkosten?, in: Controller Magazin, Heft Nr. 1, 2006, S. 14–21
Hoitsch, H.-J./Lingnau, V.: Kosten- und Erlösrechnung, 6. Aufl., Berlin u.a. 2007: Springer
Hoke, M.: Konzernsteuerung auf Basis eines intern und extern vereinheitlichten Rechnungswesens, Bamberg 2001: Difo-Druck
Horsch, J.: Personalplanung, Herne/Berlin 2000: NWB
Horsch, J.: Innovations- und Projektmanagement, Wiesbaden 2003: Gabler
Horvath & Partners: Das Controllingkonzept, 7. Aufl., München 2009: DTV
Horvath, P.: Controlling, 12. Aufl., München 2011: Vahlen
Horvath, P./Mayer, R.: Prozesskostenrechnung – Der neue Weg zu mehr Kostentransparenz und wirkungsvolleren Unternehmensstrategien, in: Controlling, Heft Nr. 4, 1989, S. 214–219
IW (Institut der deutschen Wirtschaft): Deutschland bleibt teurer Standort, in: iw-dienst, Nr. 3, 2014, S. 4–8
Joos, T.: Controlling, Kostenrechnung und Kostenmanagement, 2. Aufl., Wiesbaden 2002: Gabler
Jórasz, W.: Kosten- und Leistungsrechnung, 5. Aufl., Stuttgart 2009: Schäffer-Poeschel
Kalenberg, F.: Kostenrechnung, 3. Aufl., München/Wien 2013: Oldenbourg
Känel von, S. Kostenrechnung und Controlling, Bern/Stuttgart/Wien 2008: Haupt
Kicherer, H.-P.: Kostenrechnung und Kostenmanagement, 3. Aufl., München 2008: Beck
Kilger, W.: Flexible Plankostenrechnung und Deckungsbeitragsrechnung, 10. Aufl., Wiesbaden 1993: Gabler
Kilger, W./Pampel, J./Vikas, K.: Flexible Plankostenrechnung und Deckungsbeitragsrechnung, 13. Aufl., Wiesbaden 2012: Gabler
Klein, G.A.: Unternehmenssteuerung auf Basis der International Accounting Standards, München 1999: Vahlen
Kloock, J.: Prozesskostenrechnung als Rückschritt und Fortschritt der Kostenrechnung (Teil1), in: Kostenrechnungspraxis, Heft Nr. 4, 1992, S. 183–192
Kloock, J.: Prozesskostenrechnung als Rückschritt und Fortschritt der Kostenrechnung (Teil2), in: Kostenrechnungspraxis, Heft Nr. 5, 1992, S. 237–245
Kosiol, E.: Kritische Analyse der Wesensmerkmale des Kostenbegriffes, in: E. Kosiol/F. Schlieper (Hrsg.), Betriebsökonomisierung durch Kostenanalyse, Absatzrationalisierung und Nachwuchserziehung, Festschrift für Rudolf Seyffert zu seinem 65. Geburtstag, Köln 1958 Westdeutscher Verlag, S. 7–37

Literatur

Krüger, G.: Ermittlung der effektiven Lohn- und Gehaltsstundensätze, in: BBK, Heft Nr. 7, 2008, S. 351–362

Kümpel, T.: Prozesskostenrechnung, in: WISU – Das Wirtschaftsstudium, Heft Nr. 8/9, 2004, S. 1022–1025

Küpper, H.-U. u. a.: Controlling, 6. Aufl., Stuttgart 2013: Schäffer-Poeschel

Küting, K./Lorson, P.C.: Harmonisierung des Rechnungswesens aus Sicht der externen Rechnungslegung, in: Kostenrechnungspraxis, Sonderheft Nr. 3, 1999, S. 47–57

Lang, H./Eichholz, R.R.: Kosten- und Leistungsrechnung, finanzwirtschaftliches Management, München 2014: Beck

Lemser, B.: Die Kosten der Abfallproduktion, in: BBK, Heft Nr. 5, 2007, S. 267–276

Liessmann, K. (Hrsg.), Gabler Lexikon Controlling und Unternehmensrechnung, Wiesbaden 1997: Gabler

Littkemann, J.: Unternehmenscontrolling, Herne/Berlin 2006: NWB

Lücke, W.: Die kalkulatorischen Zinsen im betrieblichen Rechnungswesen, in: Zeitschrift für Betriebswirtschaft, 35. Jg., 1965, Ergänzungsheft, S. 3–28

Macha, R.: Grundlagen der Kosten- und Leistungsrechnung, 5. Aufl., München 2010: Vahlen

Macharzina, K./Wolf, J.: Unternehmensführung, 7. Aufl., Wiesbaden 2010: Gabler

Männel, W.: Harmonisierung des Rechnungswesens für ein integriertes Ergebniscontrolling, in: Kostenrechnungspraxis, Sonderheft Nr. 3, 1999, S. 13–29

Matiaske, W./Mellewigt, T.: Motive, Erfolge und Risiken des Outsourcing – Befunde und Defizite der empirischen Outsourcing-Forschung, in: Zeitschrift für Betriebswirtschaft, Heft Nr. 6, 2002, S. 641–659

Mayer, R.: Prozesskostenrechnung und Prozesskostenmanagement, in: IFuA Horvath & Partner GmbH (Hrsg.), Prozesskostenmanagement, München 1991: Vahlen, S. 73–99

Mayer, R.: Prozesskostenrechnung – State of the Art, in: Horvath & Partner GmbH (Hrsg.), Prozesskostenmanagement, 2. Aufl., München 1998: Vahlen, S. 3–45

Mayer, E./Liessmann, K./Mertens, H.W.: Kostenrechnung, 7. Aufl., Stuttgart 1997: Schäffer-Poeschel

Mellerowicz, K.: Kosten und Kostenrechnung, Bd. 1: Theorie der Kosten, 5. Aufl., Berlin 1973: de Gruyter

Meyer-Piening, A.: Zero-Base-Planning als analytische Personalplanungsmethode im Gemeinkostenbereich, Stuttgart 1994: Schäffer-Poeschel

Michel, R./Torspecken, H.-D./Jandt, J.: Neuere Formen der Kostenrechnung mit Prozesskostenrechnung, 4. Aufl., München/Wien 1998: Hanser

Möller, K.: Kostenmanagement, in: P. Horvath/T. Reichmann (Hrsg.), Vahlens Großes Controllinglexikon, 2. Aufl., München 2003: Vahlen, S. 414–415

Müller, M.: Harmonisierung des externen und internen Rechnungswesens, Wiesbaden 2006: DUV

Peemöller, V.H.: Controlling, 5. Aufl., Herne/Berlin 2005: NWB

Pfaff, D.: Rechnungswesen, Verbindung externes und internes, in: R. Bühner (Hrsg.), Management-Lexikon, München/Wien 2001: Oldenbourg, S. 665–667

Picot, A.: Ökonomische Theorien der Organisation – Ein Überblick über neuere Ansätze und deren betriebswirtschaftliches Anwendungspotenzial, in: D. Ordelheide/B. Rudolph/E. Büsselmann (Hrsg.), Betriebswirtschaftslehre und ökonomische Theorie, Stuttgart 1991: Poeschel, S. 143–170

Plinke, W./Rese, M.: Industrielle Kostenrechnung, 7. Aufl., Berlin u.a.: 2006: Springer

Posluschny, P./Treuner, F.: Prozesskostenmanagement, München 2009: Oldenbourg

Reichmann, T.: Controlling mit Kennzahlen und Managementberichten, 8. Aufl., München 2011: Vahlen

Rickards, R.C.: Kostensteuerung kompakt, München/Wien 2008: Oldenbourg

Roever, M.: Gemeinkosten-Wertanalyse – Erfolgreiche Antwort auf die Gemeinkosten-Problematik, in: Zeitschrift für Betriebswirtschaft, Heft Nr. 6, 1980, S. 686–690

Rüth, D.: Kostenrechnung I, 3. Aufl., München/Wien 2012: Oldenbourg
Runzheimer, B./Cleff, T./Schäfer, W.: Operations Research 1, 8. Aufl., Wiesbaden 2005: Gabler
Schewe, G./Kett, I.: Maßgeschneidert – Die unternehmensspezifische Situation und ihr Einfluss auf die richtige Form des Outsourcing, in: Zeitschrift Führung und Organisation, Heft Nr. 3, 2007, S. 138–145
Schmalenbach, E.: Kostenrechnung und Preispolitik, 8. Aufl., Köln und Opladen 1963: Westdeutscher Verlag
Schmidt, A.: Kostenrechnung, 7. Aufl., Stuttgart 2014: Kohlhammer
Schröder, C.: Die Struktur der Arbeitskosten in der deutschen Wirtschaft, Institut der deutschen Wirtschaft, IW-Trends 2/2014, Köln 2014
Schweitzer, M./Küpper, H.-U.: Systeme der Kosten- und Erlösrechnung, 10. Aufl., München 2011: Vahlen
Schweitzer, M./Troßmann, E.: Break-Even-Analysen, 2. Aufl., Berlin 1998: Duncker & Humblot
Seidenschwarz, W.: Target Costing – Marktorientiertes Zielkostenmanagement, München 1993: Vahlen
Steger, J.: Kosten- und Leistungsrechnung, 5. Aufl., München/Wien 2010: Oldenbourg
Stelling, J.: Kostenmanagement und Controlling, 3. Aufl., München/Wien 2009: Oldenbourg
Stibbe, R.: Kostenmanagement, 3. Aufl., München 2009: Oldenbourg
Strauch, J.: Harmonisierung von Controlling und Rechnungslegung in der internationalen Unternehmung, in: W. Berens/A. Born/A. Hoffjan (Hrsg.), Controlling international tätiger Unternehmen, Stuttgart 2000: Schäffer-Poeschel, S. 177–205
Striening, H.-D.: Prozess-Management, Frankfurt am Main 1988: Peter Lang
Sturm, R.: Kostenrechnung, München/Wien 2005: Oldenbourg
VDI-Richtlinie 3258 Blatt 1: Kostenrechnung mit Maschinenstundensätzen – Begriffe, Beschreibungen, Zusammenhänge, Düsseldorf 1962: VDI-Verlag
VDI-Richtlinie 3258 Blatt 2: Kostenrechnung mit Maschinenstundensätzen – Erläuterungen und Beispiele, Düsseldorf 1964: VDI-Verlag
Währisch, M.: Kostenrechnungspraxis in der deutschen Industrie, Wiesbaden 1998: Gabler
Walter, W.G./Wünsche, I.: Einführung in die moderne Kostenrechnung, 4. Aufl., Wiesbaden 2013: Gabler
Warnecke, H.J./Bullinger, H.-J./Hichert, R./Voegele, A.: Kostenrechnung für Ingenieure, 5. Aufl., München/Wien 1996: Hanser
Weber, J./Schäffer, U.: Einführung in das Controlling, 14. Aufl., Stuttgart 2014: Schäffer-Poeschel
Witthoff, H.-D.: Kosten- und Leistungsrechnung der Industriebetriebe, 4. Aufl., Stuttgart 2001: Schäffer-Poeschel
Wöhe, G.: Einführung in die Allgemeine Betriebswirtschaftslehre, 17. Aufl., München 1990: Vahlen
Wöhe, G.: Einführung in die Allgemeine Betriebswirtschaftslehre, 25. Aufl., München 2013: Vahlen
Wöltje, J.: Kosten- und Leistungsrechnung, Freiburg/München 2012: Haufe
Zdrowomyslaw, N.: Kosten-, Leistungs- und Erlösrechnung, 2. Aufl., München/Wien 2001: Oldenbourg
Zehbold, C.: Lebenszykluskostenrechnung, Wiesbaden 1996: Gabler
Ziegenbein, K.: Controlling, 10. Aufl., Ludwigshafen 2012: Kiehl
Ziegler, H.: Prozessorientierte Kostenrechnung im Hause Siemens, in: Betriebswirtschaftliche Forschung und Praxis, Heft Nr. 4, 1992, S. 304–317
Zimmermann, G.: Grundzüge der Kostenrechnung, 8. Aufl., München 2001: Oldenbourg
Zingel, H.: Kosten- und Leistungsrechnung, Weinheim 2008: Wiley
Zöfel, P.: Statistik für Wirtschaftswissenschaftler, München u. a. 2003: Pearson

Sachverzeichnis

A
Abgrenzungsrechnung, 13
Absatzvolumenabweichung, 171
Abschreibung, 66
  degressive, 67
  kalkulatorische, 66, 88, 108, 146
  lineare, 67
Abschreibungsmethode, 74
Abzugskapital, 81
Akkordlohn, 61
Anderskosten, 45
Anschaffungskosten, 80, 147
Äquivalenzziffernkalkulation, 121
Aufwand, 4, 10
Ausgabe, 4
Auszahlung, 4

B
Benchmarking, 17
Beschäftigung, 24, 176
Beschäftigungsabweichung, 170, 181, 190
Betriebsabrechnungsbogen, 93
Betriebsergebnis, 14, 23, 69, 155, 197, 233
Betriebsstoffe, 37, 47
Break-Even-Analyse, 221
Budgetierung, 168

C
Controlling, 20

D
Deckungsbeitrag, 197
  relativer, 240
Deckungsbeitragsumsatzrate (DBU), 223
Degressionseffekt, 182
Dienstleistungskosten, 45, 65
Divisionskalkulation, 115, 119, 120
Durchschnittswertansatz, 78

E
Eigenfertigung, 231, 259
Einnahme, 4, 5, 9
Einzahlung, 4, 5
Einzelkosten, 36, 172
Erfolgsbeitrag, 225
Erfolgsrechnung, 18, 23, 155, 162, 165, 200, 211
Erlös, 9, 10, 155
Erlösrechnung, 1, 9, 15, 37, 157, 168
Erlösstellenrechnung, 161
Ertrag, 3, 4, 10

F
Fertigungseinzelkosten, 94, 135, 168
Fertigungsgemeinkosten, 94, 135
Fertigungskosten, 94, 150
Fertigungslöhne, 37, 59, 108, 133
Fertigungsverfahren, 113
Festpreis, 7

Finanzbuchführung, 23, 77
Finanzrechnung, 3
Fixkostendegression, 30
Fremdbezug, 259

G
Gehälter, 37, 59, 60, 108
Gemeinkosten, 36, 37, 46, 175, 181
 primäre, 93, 95, 110
 sekundäre, 97
Gemeinkostenwertanalyse, 17
Gesamtkosten, 26
Gesamtkostenverfahren, 156, 162
Gozintograph, 50
Grenzkosten, 31
Grenzplankostenrechnung, 42, 208
Grundkosten, 45, 65

H
Harmonisierung des Rechnungswesens, 88
Hauptkostenstellen, 91
Hauptprozess, 278
Herstellkosten, 94
Herstellungskosten, 94
Hilfskostenstellen, 92
Hilfsstoffe, 46

I
Inventurmethode, 49
Investitionsrechnung, 299
Istkosten, 37

K
Kalkulation, 112
 Äquivalenzziffernkalkulation, 121
 Divisionskalkulation, 115
 Kuppelkalkulation, 126
 Zuschlagskalkulation, 131
Kapazität, 25, 168, 238, 256
Kapital, betriebsnotwendiges, 76, 97
Komplexitätseffekt, 275
Kosten
 Begriff der, 4
 fixe, 27
 intervallfixe, 26
 kalkulatorische, 45, 80
  Kritik, 85

 pagatorische, 6
 variable, 26
 wertmäßige, 6
Kosten- und Erlösrechnung
 Aufgaben, 18
 Begriff, 15
 Ziele, 17
Kostenabweichung, 106
Kostenartenrechnung, 43
Kostendifferenzierung, 24
Kostendurchschnittsprinzip, 96
Kostenmanagement, 16, 41
Kostenspaltung, 193
Kostenstelle, 90
Kostenstellenbeziehungen, 98
Kostenstelleneinzelkosten, 89, 95
Kostenstellengemeinkosten, 89, 95
Kostenstellenrechnung, 87, 198, 211, 278
Kostenträger, 35
Kostenträgerstückrechnung, 112
Kostentragfähigkeitsprinzip, 96
Kostentreiber, 282
Kostenüberdeckung, 107
Kostenunterdeckung, 106
Kostenverläufe, 26
Kostenverursachungsprinzip, 95
Kuppelkalkulation, 126

L
Lebenszykluskostenrechnung, 16
Leerkosten, 29
Leistung, 9
Leistungsverrechnung, innerbetriebliche, 9, 99
Lenkungspreis, 7
Löhne, 60, 108

M
Maschinenstundensatzrechnung, 144
Materialeinzelkosten, 47
Materialgemeinkosten, 47
Materialkosten, 46
Materialverlustkosten, 58
Mengenschlüssel, 97
Miete, kalkulatorische, 85

N
Nachkalkulation, 106
Normalkosten, 39

Nutzkosten, 29
Nutzungsdauer, 67, 75

P
Personalkosten, 58
Personalzusatzkosten, 59
Plankosten, 176, 185
Plankostenrechnung, 37, 40, 44, 191
   flexible, 181, 185
   mehrfachflexible, 188
   starre, 175
Plankostenverrechnungssatz, 176
Planpreis, 440, 172, 191
Prämienlohn, 60
Preisabweichung, 174, 187
Preisbewertung, 7
Preisgrenzen, 230
Preisobergrenze, 230
Preisuntergrenze, 232
Programmplanung, 238, 243, 245
Prozess, 91, 271
Prozesskostenrechnung, 269
   Bewertung, 290

R
Rabatt, 53
Raumkosten, 108, 148
Rechnungswesen, 1
   externes, 3
   Harmonisierung, 88
   internes, 3
Remanenz, 29
Restwertansatz, 78
Rohstoffe, 46
Rückrechnung, 47

S
Schlüssel, 96
Sensitivitätsanalyse, 226
Sicherheitsspanne, 225
Sicherheitsstrecke, 225
Simplex-Methode, 250
Skonto, 52
Skontrationsmethode, 49
Sondereinzelkosten
   der Fertigung, 36
   des Vertriebs, 36

Steuern, 66
Streupunktdiagramm, 194
Stückkosten, 30
Substanzverlust, 69

T
Target Costing, 16, 295
Teilkostenrechnung, 40, 193
Teilprozess, 280

U
Umsatzerlösabweichung, 170
Umsatzkostenverfahren, 156, 162
Umsatzpreisabweichung, 171
Umsatzsteuer, 53, 158
Unternehmerlohn, kalkulatorischer, 84

V
Verbrauchsabweichung, 179, 187, 191
Verfahrensauswahl, 255
Verrechnungspreis, 8
Versicherungskosten, 65
Verteilungsverfahren, 128
Vertriebsgemeinkosten, 94
Verwaltungsgemeinkosten, 94
Vollkostenrechnung, 40
Vorkalkulation, 106

W
WACC, 88
Wagnisse, kalkulatorische, 82
Wertschlüssel, 97
Wiederbeschaffungskosten, 77
Wiederbeschaffungszeitwert, 70
Wirtschaftlichkeitskontrolle, 88

Z
Zero-Base-Budgeting, 17
Zielfunktion, 247
Zinsen, kalkulatorische, 75
Zinssatz, 77, 79
Zugangsmethode, 49
Zusatzkosten, 11, 45
Zuschlagskalkulation, 131
Zweikreissystem, 11